헤지로 기업과 투자 수익 N배 올리기

**투자 퀀트와
함께하는 위험 헤지**
Hedge for Corporation

투자 퀀트와 함께하는 위험 헤지 헤지로 기업과 투자 수익 N배 올리기

지은이 이승환
디자인 SPI, 김수연
펴낸이 김정은

펴낸곳 차밍시티(서울프라퍼티인사이트)
등록번호 제 2022-000136호
주소 서울특별시 중구 세종대로 136, 3층
전화 02-857-4875 **팩스** 02-6442-4871
전자우편 charmingcity@seoulpi.co.kr
홈페이지 https://seoulpi.io
초판 발행일 2023년 07월 07일

값 28,000원
ISBN 979-11-979966-2-7 (93320)

해당 책 판매를 통한 차밍시티 수익의 일부는 도시의 문제 해결을 위해 기부됩니다.

이 책은 저작권법에 의해 국내에서 보호를 받는 저작물입니다. 저작권자의 승인 없이 본문의 내용을 무단으로 복제하거나 다른 매체에 기록할 수 없습니다.

헤지로 기업과 투자 수익 N배 올리기
투자 퀀트와 함께하는 위험 헤지
Hedge for Corporation

이승환 지음

차밍시티

헤지에 대한 이야기를 시작하며

헤지라는 말의 원래 의미는 덤불 같은 것으로 경계선을 둘러치는 것을 뜻했습니다. 동물들이나 사람들이 침입하는 것을 막기 위한 울타리였을 테니 위험을 막는 방벽이라고 할 수 있지요. 헤지의 용도는 위험을 줄이는 것이므로 어떻게 보면 맞는 듯도 하지만, 헤지 펀드에서 사용하는 헤지 기법들은 사실 위험 자체를 막는 것은 아닙니다. 위험을 상쇄시킨다고 해야 할 것입니다. 침입자가 들어오지 못하게 원천적으로 막는 것과 침입자가 들어와 헤집고 다녀도 그 영향이 최소화되도록 하는 것에는 차이가 있습니다. 만약에 커다란 불황이 닥친다면 아무리 큰 펀드라고 해도 불황을 막을 방법이 없습니다. 다만 그로 인해 손해가 나는 투자와 수익이 나는 투자를 상쇄시킬 수는 있으니 우리는 그것을 불황을 헤지한다고 합니다.

그런데 높은 수익률을 목표로 하는 헤지 펀드들이 어찌하여 위험을 줄이는 헤지에 중심을 둘까요? 수익을 늘리는 쪽에 중심을 두어야 하는 것이 아닐까요? 그 이유는 위험이 사라지면 수익만 남기 때문입니다. 물론 위험이 사라져도 일 억 원 이익이 날 것이 이 억 원이 되지는 않습니다. 도리어 헤지 비용 때문에 이익이 조금 줄어들 수도 있습니다. 그러나 여기에 레버리지를 더하면 완전히 다른 그림이 되어 버립니다. 나의 자금 10억 원이 있는데 10% 수익률의 투자 기회를 통해 1억 원을 벌 수 있다고 합시다. 하지만 레버리지를 통해 90억 원을 빌려

100억 원 투자를 하면 수익은 10억 원이 됩니다. 레버리지 후의 나의 자금 대비 수익률은 10억 원 대비 10억 원, 즉 100%의 수익률이 된 것입니다. 열 배의 레버리지는 매우 위험해 보이지만 그 정도의 높은 레버리지가 많은 퀀트 헤지 펀드들에서 실제로 적용하는 레버리지 수준입니다. 이 높은 레버리지 때문에 고수익을 추구하는 헤지 펀드에서 헤지가 필수적인 것입니다. 헤지를 통해 위험을 낮춘 고객에게는 은행이나 증권사도 저리로 안정적 자금을 빌려줍니다. 최저의 비용으로 자금을 빌려 높은 레버리지를 만든 후 높은 수익을 달성해 낼 수 있게 되는 것입니다. 이렇게 헤지 기법이 황금알을 낳는 거위로 등장한 것입니다. 헤지 기법들이 급속하게 발전하자 수많은 헤지 펀드들이 생겨나고 막대한 자금이 몰려들었습니다.[1] 매년 수십 퍼센트의 높은 이익을 안정적으로 구현해 온 최고의 헤지 펀드들이라고 해서 거대한 수익을 낼 수 있는 아무도 모르는 기회를 만들어 내는 마법을 부린 것이 아닙니다. 위험 헤지를 통해 위험을 줄이고, 그로 인해 가능해진 높은 레버리지가 커다란 이익을 가져온 것입니다.

---

1) https://www.barclayhedge.com/solutions/assets-under-management/hedge-fund-assets-under-management/hedge-fund-industry

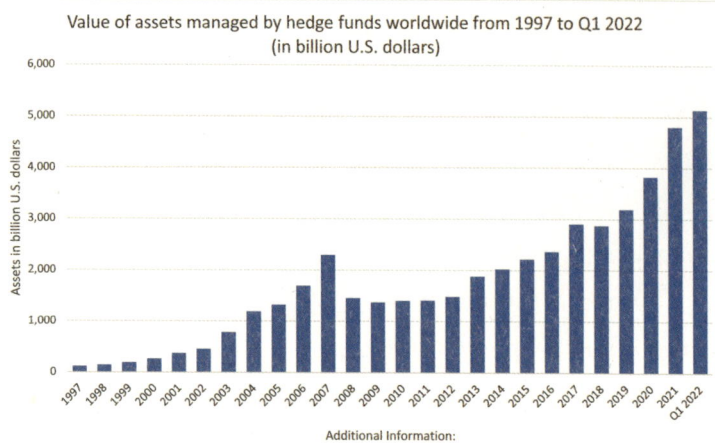

출처: BarclayHedge ⓒ Statista 2022

사실 롱쇼트 기법[2]과 같이 기본적 위험 헤지 기법들은 투자업계에서 이미 20세기 중반에도 어느 정도 사용되고 있었습니다. 그러나 과학적 분석이 투자업에 적극적으로 활용되기 시작한 21세기에 들어서자 헤지 기법은 그러한 원시적 기법들에 비해서 비교되기도 힘들 정도로 비약적인 발전을 이루어 내었습니다. 통계 기법과 수학 이론이 적용된 새로운 헤지 기법들은 현재도 빠르게 발전해 나가며 투자업계를 변혁시키고 있습니다. 과학의 발전이 투자업계 자체를 바꾼 중요한 예입니다. 헤지 기법을 투자에 적용함으로써 투자업이 근본적 변화를 겪었다면, 헤지 기법을 기업에 적용하여 헤지된 기업을 만든다면 마치 헤지펀드가 그러했듯이 월등히 높은 성과를 내는 기업이 만들어질 수 있는 것이 아닐까요?

---

[2] 시장의 움직임으로부터 오는 위험을 중립화하기 위해 매수(long side) 포지션과 매도(short side) 포지션의 밸런스를 맞추거나, 매수 포지션을 인덱스 선물 등을 이용하여 헤지하는 기법입니다.

싱가포르의 우기가 한창인 유월의 이른 아침, 하나의 아이디어가 반짝이며 스쳐 지나갔습니다. "왜 투자업계 밖에서는 능동적 헤지 기법을 쓰지 않는 걸까?" 물론 원자재나 환율의 헤지 같은 수동적 위험 관리는 이미 많은 기업들에서 행하고 있고 위험 관리를 서비스로 제공하는 업체들도 있습니다. 하지만 대부분의 그러한 접근은 수익의 창출이 아니라 위기 관리 시스템과 같이 위험 상황의 관리와 분석에 중점을 두고 있습니다. 그런 식의 위험 관리가 투자의 헤지처럼 새로운 사업 기회를 만들어 직접적으로 수익을 창출하는 경우는 매우 드뭅니다. 사실 새로운 투자 기회 자체를 만들어 내는 능동적 헤지 기법들은 투자업계에서도 최근에야 본격적으로 개발되어 쓰이기 시작했으니 다른 곳에서 이러한 예를 발견하기란 힘들 것입니다.

고전적인 위험 관리 기법들을 이용해서 위험을 헤지하고 싶어도 투자업에서 쓰고 있는 것과 같은 포트폴리오 구성을 이용하지 못하면 위험이 효율적으로 헤지되지 못합니다. 어쩌면 초창기 GPS가 군사적으로만 쓰였듯, 기술은 존재하지만 사람들은 그 성장 가능성을 모두 깨닫지 못한 것이 아닐까 하는 생각이 들었습니다. 첨단의 능동적 헤지 기법들은 많은 금융 퀀트들에게도 낯선 개념일 정도로 빠르게 발전해 왔습니다. 오랫동안 대규모 퀀트 펀드에서 연구원들을 지도하며 매일같이 강조하던 연구 주제가 능동적 헤지 기법들이었음에도 불구하고 금융이 아닌 다른 곳으로 적용할 생각은 저 역시 하지 않았던 것입니다. 금융에서의 적용만으로도 높은 보상이 기다리고 있는데 굳이 대가가 보장되어 있지 않는 분야로까지 확장할 동인을 연구원들이 찾지 못했을지도 모릅니다. 그러나 다른 모든 기술이 그러하듯, 투자업에서 헤지 역시 모르면 안되는 기본 상식이 될 정도로 보편화되고 있습니다. 무한 경쟁의 투자업계에서 다른 펀드들도 모두 적용하는 헤지를 했다고 해서 더 높은 수익을 창출해 내지는 못하게 된 것입니다. 새로이 뛰어드는 젊은 퀀트들에게는 애석한 일이지만 기본적 헤지를 수행했다고 높은 수익을 내고 커다란 보상을 받는 시기가 더이상 아닌 것입니다. 더욱 새로운 기법과 더욱 앞선 기술이 경쟁에서 우위를 점하는 열쇠이기는 하지만 이미 기술이 성숙한 시장에서는 기술이 조금 더 앞서 나갔다고 커다란 대가가 기다리고 있지 않습니다. 이제 투자업에서 발전해 나가던 헤지 기법들이 투자업 이외의 다른 곳으로 퍼져나갈 시기가 무르익은 것입니다. 나침반과 지도에 의존하던 세상에 등장한 GPS가 자율 주행의 시대를 열어 낸 것처럼 헤지는 세상에 커다란 변화를 가져올 수 있습니다.

사람들이 잘 모르는 금융의 세계에도 이노베이션은 자본의 무한 경쟁 속에 빠르게 일어납니다. 컴퓨터 공학자가 만든 인공 지능 퀀트 모델이나 물리학자가 만든 복잡한 파생 상품 같은 것만 이야기하는 것이 아닙니다. 사람들의 신용이 팩터 모델로 만들어져 신용이 좋은 경우 저리로 모기지를 빌리거나 신용만으로 좋은 조건의 대출을 받을 수 있게 된 것은 최근의 일입니다. 이러한 자동화된 모델이 없었던 예전에는 은행과의 오랜 거래를 통해 신용을 쌓지 않으면 대출을 받을 수 없었습니다. 고가의 담보물보다 훨씬 작은 금액을 빌리지 않는 이상 개인이 은행으로부터 신용을 쌓아 나가는 것은 수십 년이 걸려도 쉽지 않은 일이었습니다. 한마디로 돈이 없으면 돈을 빌릴 수 없으니 신용과 자본은 소수에게만 허용된 귀중한 자산이었습니다. 그러나 기술의 발전은 효율적으로 신용을 창출해 내고 이 신용을 토대로 더 많은 사람들이 더 쉽고 더 싸게 자금을 조달할 수 있게 되었습니다. 이런 간단한 금융 기법들도 세상에 엄청난 변화를 가져오는데 이와는 비교할 수도 없이 발전된 헤지 기법들이 세상에 적용된다면 어떤 결과가 나올까요? 사람들의 행동은 위험의 정도에 따라 영향을 받습니다. 그런데 헤지를 통해 위험의 레벨이 근본적으로 바뀐다면 우리는 전혀 다른 세상을 살 수 있을지도 모릅니다. 지금도 이미 아이디어만으로도 수백만 달러의 투자를 받는 엔젤 투자와 크라우드 펀딩이 기업과 자본의 관계를 근본적으로 흔들고 있습니다. 만약에 투자 위험을 체계적으로 헤지할 수 있다면 더 많은 사람들이 더 쉽게 자신의 아이디어를 현실화할 수 있을 것입니다. 기업들은 불황 속에서도 공격적인 경영을 할 수 있는 안정적 현금 흐름을 가지게 될 것입니다. 게다가 기업들의 헤지 행위는 결과적으로 과도한 경제의 버블을 막는 역할을 합니다. 위험을 헤지하는 기업이 많아질수록 위험의 가격이 높아지므로 경제 자체에 위험이 축적되는 것을 막는 것입니다. 어쩌면 기업 활동의 헤지가 가져올 가장 큰 파급 효과는 불황과 호황의 사이클이 가져오는 비효율이 줄어드는 것일지도 모릅니다.

날개 모양에 따라 변하는 비행기의 특성을 컴퓨터로 시뮬레이션하는 것은 유체 역학의 계산 복잡도가 너무 높아 불과 십여 년 전까지도 불가능했습니다. 그러나 최근에는 컴퓨터가 수행 가능한 계산량의 비약적 증가로 시뮬레이션만으로도 어느 정도 근사한 예측이 가능해졌고, 이는 비행기를 풍동에서 일일이 날려 보며 손으로 뜯어고치는 비효율을 없앴습니다. 뿐만 아니라 신약과 같은 새로운 화학 물질의 발견도 실험실 비이커 속이 아니라 컴퓨터 시뮬레이션으로 이루어지고 있으며 나아가 모든 것을 시뮬레이션으로 해결하려는 움직임이 자리잡았습니다. 그러나 비행기 날개나 화학 물질과 비교할 수 없을 만큼 복잡한 인간 세상에 대한 모델링이 컴퓨터 시뮬레이션으로 가능할까요? 컴퓨터가 인간 세상을 예측해 내는 기법들이 투자에 광범위하게 이미 적용되고 있습니다. 비행기에 적용된 모델처럼 인간의 행동 하나하나를 정확하게 예측하기는 아직 힘들지만 적어도 수많은 인간들이 만들어 내는 집단적 현상들에 대해서는 꽤 정확하게 단기적 예측이 가능하다는 것을 알게 되었습니다. 주식 시장은 단순히 주식으로 만들어진 세계가 아닙니다. 기업의 활동과 투자자의 심리, 정부의 정책, 뉴스 매체의 활동, 소셜 미디어, 국가 간 외교 갈등 같은 세상의 모든 요소가 주식의 가격을 종합적으로 결정짓습니다. 이렇게 복잡성이 고도로 높은 복잡계에서 예측 작업이 쉽지만은 않을 것이지만 컴퓨터 프로그램은 높은 수익을 통해 유용성을 증명하며 빠르게 투자업계를 점령해 버렸습니다.

컴퓨터 프로그램에 의존하는 퀀트 펀드들이 무수히 생겨나고 많은 자금이 투입되어 서로 간의 경쟁이 심해지자 수익성은 점차 줄어들었습니다. 예측은 더 정확해졌지만 그로부터 수익을 내는 일이 더 어려워지게 된 것입니다. 예측으로부터 수익을 내려고 행동을 취하기 전에 다른 경쟁자들이 같은 예측을 가지고 같은 행동을 취한다면, 다른 경쟁자들보다 더 빠르게 행동해야만 수익을 낼 수 있습니다. 이는 거래 비용 증가와 수익 저하로 이어집니다. 이익은 줄고 비용은 비약적으로 증가했습니다. 물론 이러한 경쟁으로 인해 시장은 더욱더 효율적이 되어갑니다. 효율적인 시장은 경제 성장의 기본입니다. 상인들 간의 경쟁이 소비자들에게 싸고 좋은 물건을 선사하듯 적절한 규제 하에서 공정한 경쟁이 만들어 낸 효율적 시장은 경제에 새로운 발전을 가져옵니다.

경쟁 속에 수익성이 줄어들자 퀀트 펀드 운용에서 위험 헤지의 중요성은 더욱더 높아졌습니다. 수익이 저하되면 위험 대비 수익 비율을 맞추기 위해 위험을 더욱더 줄여야 합니다. 퀀트 모델들이 만들어진 초창기에는 비슷한 모델을 혼자서만, 혹은 단 몇 명만 운용할 수 있었습니다. 경쟁이 없으니 수익은 극단적으로 높았고 심지어 헤지가 불충분하다고 해도 상관이 없을 만큼 위험 대비 수익률이 높았습니다. 하지만 그러한 모델들 간의 경쟁이 높아지자 수익은 저하되고 헤지 없는 운용이 불가할 만큼 변동성이 커져 버렸습니다. 더 높은 수익률을 위해 시작한 헤지가 어느덧 경쟁 속에서 살아남는 필수 조건이 된 것이지요. 이것은 퀀트 모델들만의 이야기가 아닐 것입니다. 헤지를 통해 위험을 감소시키는 기업은 공격적 투자로 업계의 선두로 나아갈 것이지만 만약 위험을 감소시킬 다른 방법을 가지지 못한 기업이라면 헤지를 수행한 기업들과의 경쟁 속에서 도태될 것입니다.

업계의 관계자들로부터, 투자에 관심이 많은 일반인들로부터, 혹은 새로 진입하는 퀀트들로부터, 높은 수익을 낼 수 있는 미래 예측 모델들이 어떻게 만들어지는지에 대해 수도 없이 질문을 받아 왔습니다. 그러나 이제부터 하려는 이야기는 미래의 예측이 주된 내용이 아닙니다.[3] 퀀트 투자의 본질은 예측이 아니라 바로 위험의 헤지에 있습니다. 새 연구원이 입사하면 가장 먼저 가르치는 것은 예측을 할 수 있는 아이디어들이 아닙니다. 헤지 기법에서부터 교육을 시작합니다. 누구나 다 아는 간단한 아이디어조차도, 수익은커녕 손실만 내던 아이디어조차도, 헤지를 제대로 해내기만 하면 매우 훌륭한 수익을 가져올 수 있습니다. 예측 자체가 헤지 없이는 불가능하다는 것이 바로 최근의 퀀트 투자에서의 예측 과학이 밝혀낸 가장 중요한 사실 중 하나입니다. 제대로 된 예측은 헤지를 통해서만 가능하다는 것이 대부분의 사람들에게 낯선 개념일 것입니다. 그것은 수학적으로나 실제 응용에서나 명확하게 드러난 결과임에도 불구하고 이를 받아들이기 위해서는 일종의

---

[3] 이 책에 담지 못한 투자의 측면에서 바라본 예측에 대한 내용들은 앞으로 출간할 <헤지를 통한 투자 예측>이라는 책에서 더 자세하게 다룰 예정입니다.

패러다임의 전환이 필요합니다.

 헤지가 대부분의 기업에서 이익 증가를 위하여 사용되고, 기업 경영이 더욱더 높은 효율성 속에서 새로운 차원의 경쟁의 단계로 들어설 날이 5년 후가 될지 10년 후가 될지는 알 수 없습니다. 하지만 모두가 도입한 후에 뒤따라가는 것은 시대의 흐름에 뒤처져 역사 속으로 사라져 간 수많은 기업들의 전철을 되풀이하는 셈입니다. 인터넷 판매를 무시하고 오프라인 매장만 확장하고, 세계화에 역행해서 고비용 저품질의 상품을 생산하고, 자동화를 미루며 노동 비용 상승만 탓했다면, 과연 그 기업은 살아남을 수 있었을까요? 20세기에 들어 이미 가속을 더해 가던 기술의 발전은 21세기에 들어 더욱더 급격하게 가속하고 있습니다. 헤지 기술의 발전은 단지 이러한 변화를 따라가는 것만이 아닙니다. 변화가 가져오는 수많은 예측 불가능한 변동성으로부터 기업을 보호하는 방법을 선사하는 것입니다. 하루하루 급격하게 변화하는 세계에 현기증을 느끼며 과연 어디까지 적응할 수 있을지 불안해 하던 사람들에게 보호막을 선물해 준 것입니다. 발전과 변화가 가져오는 세계의 불안정은 어쩌면 커다란 위기를 가져올 수도 있습니다. 변화의 불안정을 극복하고 인류가 지속적으로 발전해 나갈 수 있는 토대가 헤지로부터 만들어질 수 있을 것입니다.

 은종현님, 서상민님, 임진석님과 매일같이 토론하며 다양한 연구를 했던 것은 매우 행복한 일이었고, 세 분께 감사합니다.

목차

헤지에 대한 이야기를 시작하며 •4
퀀트가 별 건가? 치킨집 사장님도 퀀트! •23
    분포의 분포 •28
    치킨집 사장님의 고민 - 외생 변수 •31

1부 기업의 위험

위험이 무엇인지 알고 있다는 착각 •39
    우리가 알고 싶은 위험은 미래의 위험 •42
    변동성은 위험의 작은 일부분 •45
    일간 수익률의 변동성을 쓰는 이유 •46
무엇을 원하는지부터 알아야 위험이 정의된다 •50
    본능적인 위험 인식은 시대착오적 오류 •50
    대상에 따라 달라지는 총체적 위험 •55
    안전한 자산에만 투자? 장기적으로 위험 증가 •57
    극단적 위험 회피 성향 •61
    위험 대비 수익 비율 높이는 위험 자산 •63
    연구 개발 투자가 전체 위험에 미치는 영향 •64
    파산의 경계선상에서 이루어지는 대규모 연구 개발 투자 •66

　　　　위험을 가중시킨 테슬라의 비트코인 투자 ·69
　　　　무형의 가치에 대한 위험 ·70
　　　　기업의 파산 위험 ·72
　　　　시장 주도 기업의 거대화와 세계의 가속적 변화 ·75
받아들일 수 없는 위험은 헤지조차도 할 수 없다 ·78
　　　　받아들일 수 없는 위험과 헤지 비용이 높은 위험 ·79
　　　　위험을 줄이는 이노베이션을 이끄는 헤지 투자 ·80
　　　　위험을 받아들이고 싶지 않은 기업들 ·82
　　　　농업 기업과 농산물 가격 변동 위험 ·84
헤지를 통한 확정적 이익 - 정유 회사의 크랙 스프레드 헤지 ·88
계속해서 변하는 확률, 어찌 잡아낼까? ·91
　　　　변화하는 주기별 분포 ·93
　　　　정규 분포를 가정하는 이유 ·94
　　　　경쟁력을 증가시키는 확률 분포의 변화 모델링 ·96
분포, 분포의 분포, 분포의 분포의 분포, … ·97
기업의 위험을 가중하는 동일성과 독립성의 허구 ·100
　　　　동일성과 독립성의 비현실성 ·101
　　　　독립성 가정 시 관측 데이터 수 과장 ·103
　　　　세상의 변화와 동일성의 문제 ·104
　　　　데이터의 동일성 확보하기 ·106

2부 위험 팩터와 헤지

헤지의 첫걸음 ·113
투자 포트폴리오에서의 헤지 ·118
    펀드 위험 관리를 위한 위험 팩터 ·119
    바라 팩터 모델 ·120
    투자 포트폴리오의 성격에 따른 위험 팩터 ·121
    새로운 시그날을 만들어 내는 헤지 팩터 연구 ·126
기업의 외부 위험 팩터를 잡아내자 ·130
    기업이 노출되어 있는 팩터 찾기 ·132
    새로이 떠오르는 위험 팩터들 ·133
    시간에 따라 변하는 팩터에 대한 노출 ·134
    팩터를 거래 비용 등 주어진 조건에 최적화하기 ·135
    너무도 많은 위험 팩터 ·137
    위험 팩터 쏠림 현상 ·139
    다양한 방식으로 구성할 수 있는 팩터 포트폴리오 ·140
간접 팩터 노출은 강력한 헤지 도구를 만들어 낸다 ·141
    직접적 헤지 도구들의 유한성 ·141
    간접 헤지 도구의 구성 ·143
    간접 헤지의 어려움 ·145
이디오신크래틱 위험의 헤지는 기업 고유의 특성 헤지이다 ·148
    이디오신크래틱 위험의 특성 ·148
    이디오신크래틱 위험의 추정 ·150
    옵션 가격을 이용한 위험의 측정 ·151
    채권 가격과 이자율로 유추하는 파산 확률 ·152
    팩터를 통한 추정 모델 ·154

종합적인 추정 ·154
　　동종 기업군을 이용한 비독립적인 이디오신크래틱 위험 헤지 ·155
　　독립적인 이디오신크래틱 위험의 헤지 ·157
　　기업의 이디오신크래틱 위험 헤지 ·158
　　보험을 이용한 위험 헤지와 역선택 문제 ·161
　　레버리지 감소를 통한 헤지 ·164
　　대안 프로젝트를 통한 헤지 ·164
　　이디오신크래틱 위험의 다양성 문제 ·166
헤지가 기업의 예측을 정확하게 만들어 준다 ·167
　　위험 팩터와 예측 팩터 ·167
　　모든 팩터를 예측하는 것은 불가능의 영역 ·169
　　부정확한 예측도 유용하게 만드는 예측 오차 ·172
우리의 마음도 팩터라니! ·175
　　전문 투자자와 애널리스트의 무리 짓기 효과 ·177
　　대체 전략 투자자들의 심리적 위험 팩터 ·179
　　마인드 콘트롤과 심리적 팩터 ·181
　　시장의 심리적 위험 팩터를 이용한 심리적 위험의 헤지 ·183
　　심리적 위험을 줄이는 다른 방법들 ·184
　　구입자의 후회 ·185
　　백테스팅을 이용한 심리적 팩터 노출 검증 ·186
　　기업의 심리적 팩터 ·188
　　기업 헤지를 위협하는 심리적 팩터 ·189

상대편 위험에 대비되어 있습니까? ·191
    팩터로 만들어질 수 있는 구조적 상대편 위험 ·192
    특별한 헤지 대상, 커지는 상대편 위험 ·193
    기업의 상대편 위험 헤지 ·194
    상대편 알기 ·195
    계약을 통한 헤지 ·196
    상대편 위험의 주기성 ·197

3부 헤지를 통한 수익 창출

헤지로 자금 조달의 효율성을 높일 수 있다 ·203
    자금 조달의 효율성 증가 ·203
    헤지를 통한 공격적 투자 타이밍 ·205
    주가의 방어 ·205
    비선형적인 헤지 이익 ·206
헤지는 변화를 선도하는 기업을 만들어 낸다 ·207
    변화를 회피하는 보수성의 원인들 ·207
    보수성이 유리한 시기에서 불리한 시기로의 전환 ·209
    성장 기업의 고평가를 만들어 낸 가속적 변화 ·211
능동적 헤지는 공격적 경영의 필수 요소 ·215
    더 많은 위험을 안게 되는 수동적 펀드 ·215
    위험을 담당하는 위험 관리팀 ·216
    위험 관리팀의 위험 관리와 능동적 헤지의 근본적 차이 ·217
    공격적 경영과 능동적 헤지의 차이 ·219
    위험의 무시 역시 공격적 경영 ·221

　　　　공격적 경영이 필요한 산업들 ·222
　　　　반도체 팩터 헤지의 예 ·223
　　　　능동적 헤지를 이용한 기업 경영 기획의 변화 ·225
사업 다각화 역시 헤지일까? ·228
　　　　사업 다각화의 어려움 ·228
　　　　자본의 가치 하락과 기업의 경쟁력 ·230
　　　　사업 다각화는 고비용 저효율 고위험 헤지 ·230
　　　　수직 계열화와 동종 업계 확장이 위험 헤지가 아닌 이유 ·231
작은 위험이 중요할 때와 큰 위험이 중요할 때 ·233
　　　　작은 위험의 관리가 가능케 하는 높은 수준의 이익 증가 ·234
　　　　작은 위험의 관리를 위한 선결 조건 ·234
　　　　작지 않은 작은 위험들 ·235
그 헤지만 헤지가 아니라고요 ·236
　　　　위험 요소의 다양성 ·236
　　　　매출의 헤지 ·237
　　　　이익의 헤지 ·240
헤지는 수익인가 비용인가? ·242
　　　　양의 수익을 가진 팩터를 헤지하기 위한 조건 ·244
　　　　헤지의 수익을 높이는 예측 팩터 ·247

4부 헤지 과정의 문제점들

세상은 연결되어 있다. 다이나믹한 상관 계수 ·255
    계속해서 변화하는 상관 계수 ·255
    정확한 상관 계수를 위해 줄어드는 측정 기간 ·258
    짧은 기간의 데이터로부터 더 정확한 미래를 예측하는 기법들 ·259
늘어나는 새로운 헤지 도구들의 시장 ·262
    새로운 헤지 도구들의 급격한 증가 ·262
    은행을 위해 헤지를 하는 은행의 파생 상품들 ·271
    본질을 잃어버린 금융 서비스 ·273
팩터 모델을 통한 헤지는 항상 안전할까? ·276
    위험 비용보다 커질 수 있는 거래 비용 ·276
    거래 비용이 늘어나는 경우 ·278
    팩터 모델 최적화의 불확실성 ·280
    팩터 자체의 불확실성 ·281
헤지가 쉽지 않을 경우는 언제일까? ·283
    모든 위험을 헤지하는 위험 ·283
    적절한 헤지 도구가 없을 경우 ·285
    위험을 가중하는 때늦은 헤지 ·286
    경쟁력의 부재 시 오히려 손실을 확정하는 헤지 ·287
헤지의 타이밍이 헤지의 효용성을 늘리는가? ·289
    상시적인 헤지와 위기 시에 강화되는 동적 헤지의 차이 ·289
    낮은 신뢰가 증폭시키는 고정적 헤지의 위험 ·290
    변동성이 높은 위기 상황에서의 동적 헤지 강화의 효용성 ·291
    변화하는 위험에 대한 동적 헤지 ·293
    동적 헤지의 어려움 ·295

기업 운영의 타이밍을 헤지로 이루어 내자 ·297
　　투자 포트폴리오의 타이밍 조절과 기업 운영의 타이밍 조절 ·297
　　헤지를 통한 다운사이징 ·299
불확실한 헤지를 성공시키기 ·302
　　확실성을 증가시키는 불확실성의 인지 ·303
　　헤지 모델들을 모아서 불확실성 낮추기 ·304
　　경쟁력 없는 부서를 제거하는 헤지 ·307

5부　투자와 경영

기업 경영에서의 손절과 익절 ·313
　　투자에서의 손절과 기업의 손절 ·313
　　주기적 팩터 위험과 손절 ·314
　　비주기적 팩터 위험과 손절 ·316
　　이디오신크래틱 위험과 손절 ·317
　　자체 경쟁력 저하의 이디오신크래틱 위험과 손절 ·319
　　기업 환경의 모멘텀, 리버전과 손절의 타이밍 ·320
　　경쟁력이 유지되는 손실은 팩터 위험 ·321
　　잘 알려지지 않는 팩터는 경쟁력의 일부 ·322
기업 경영을 위한 모멘텀의 이해 ·323
　　리버전을 만드는 노이즈 ·325
　　모멘텀이 일어나는 이유 ·327
　　주가의 모멘텀 ·329
　　상품 선물에서의 모멘텀 ·332
　　주가에는 적용되지 않는 상품 선물의 모멘텀 원리 ·337

군중 심리와 시장의 모멘텀 •338
　　모멘텀의 예외 현상들, 조직화된 군중 •341
　　기업의 모멘텀 활용 •342
불연속적 세상 속에서의 기업 경영 •345
　　연속적인 GDP, 불연속적인 소기업 매출 •348
　　위험을 저평가하게 만드는 연속성의 왜곡 •349
　　충격으로 깨뜨리는 연속성으로 인한 정체 •351
　　안정성을 과신하게 하는 생존자 편향 •353
　　기업의 생존자 편향과 변화에 저항하는 보수성 •355
　　변화의 시기가 가져온 도약적 인식의 전환과 버블 •358
　　사회에 기여하는 버블 •360
　　극단적 버블 상황에서의 헤지 •362
투자의 헤지와 기업의 헤지 •368
　　기업이 헤지를 수행해야 하는 이유 •368
　　투자 포트폴리오의 위험만 관리하는 투자 포트폴리오의 헤지 •370
　　기업을 헤지하는 투자 포트폴리오 •371
가장 큰 상대편 위험인 국가의 위험 헤지 •374
　　국가 위험의 헤지 •376
　　국가 팩터 헤지 도구 •378
　　인구 노령화 팩터 •380
　　팩터 분해로 헤지하는 국가 레벨의 장기 위험 •382
　　국가 차원에서 헤지하는 인구 노령화 팩터 •383

인공 지능과 자동화 그리고 보호주의 팩터 ·387
    세계화의 퇴조와 보호주의를 뒷받침하는 자동화 ·388
    로봇과 인공 지능은 자동화 팩터의 작은 일부: 자동화 응용 팩터 ·392
    인공 지능 개발을 위해 필요한 대규모 노동력 ·396
    자동화의 위험: 노동 안정성에 대한 국가 정책 팩터 ·399
    자동화 팩터의 헤지 ·401

부록

참고 문헌 ·405
찾아보기 ·412

퀀트가 별 건가? 치킨집 사장님도 퀀트!

은종현

위험(Risk)을 본격적으로 정의하기에 앞서 우리가 좋아하는 치킨으로 리스크의 예를 들어봅시다. 모든 한국 사람들이 치킨을 좋아하는 것은 아니겠지만, 저는 아직까지 주변에서 치킨을 좋아하지 않는 사람을 본 적이 없습니다. 치킨을 싫어하는 한국인은 유니콘과 같은 상상 속의 존재라고나 할까요. 2020년 통계에 따르면 한국에 있는 프랜차이즈 치킨집은 약 2만 6천 곳으로 전 세계 맥도날드 매장(3만 6천 곳)과 비교할만한 숫자입니다.[4) 5)]

이 책은 트레이딩 관점에서 바라보는 세상이니까 치킨을 먹는 이야기보다는 치킨을 파는 치킨집 사장님의 관점에서 생각해 보겠습니다. 주식이나 원자재의 가격을 예측해서 사고파는 트레이더가 갑자기 치킨집 사장님에 빙의한다니까 황당하실 분들도 있을텐데요. 주식 매매는 상당히 정형화되었을 뿐이지 본질적으로는 치킨을 사고파는 것과 동일합니다. 치킨집 사장님의 목표는 무엇일까요? 치킨을 많이 파는 것입니다. 조금 더 명확히 표현하자면 치킨을 팔아서 더 많은 이익을 남기

---

4) 한국공정거래위원회 연구위원 김태환 (2019) "KB 자영업 분석 보고서 ① 치킨집 현황 및 시장여건 분석"; 오창화, 이영주 (2020) "시공간 변화로 살펴본 지역별 치킨집의 흥망성쇠 치킨집 개·폐업으로 보는 지역별 특성 변화"

5) 맥도날드사의 미국 SEC 공시 자료
https://www.sec.gov/Archives/edgar/data/63908/000006390820000022/mcd-12312019x10k.htm

는 것이겠지요. 그렇다면 치킨을 팔아서 더 많은 이익을 남기려면 어떻게 해야 할까요?

흔히들 사업자 입장에서 좋은 거래를 '싸게 사서 비싸게 판다(buy low, sell high)'라고 이야기합니다만, 치킨 프랜차이즈의 경우에는 원재료 매입가와 치킨 소비자 가격이 정해져 있기 마련이라 '더 싸게 사온다'거나 '더 비싸게 판다'는 것이 쉽지 않은 일이지요. 그래서 치킨집 사장님들로서는 치킨 재료를 너무 많이 준비해서 계육이 남아서 버리는 일이 없고, 월드컵 축구 경기 중계가 있어서 치킨 배달 주문이 폭주하는 날에 계육이 부족해서 손님들에게 치킨을 못 파는 일이 없도록 하는 것이 중요합니다. 자, 그러면 치킨을 많이 팔아서 이익을 남기려면 치킨집 사장님으로서는 치킨 주문이 많을 때는 재료를 미리 많이 확보해서 기껏 오신 손님을 돌려보내는 일이 없게 하고, 손님이 없어 공치는 날에는 재료를 적게 준비해서 쓸데없이 계육을 폐기하는 일이 없어야 하겠네요. 다시 말해, 치킨집 사장님이 돈을 벌기 위해서는 치킨 주문에 대한 예측 능력이 필요합니다. 하지만 어떻게 예측을 하지요?

2015년 대한민국 통계청에서 주최한 <생활속 통계수기 공모전> 최우수상을 차지한 <통계로 튀기는 치킨>에서 답을 찾을 수 있습니다.[6] 최우수상 수상자인 허성일님은 대학에서 통계학을 전공했고, 2013년 부모님이 치킨집을 차리실 때부터 여러모로 치킨 장사를 도왔다고 합니다. 우선은 위에서 말한 바와 같이 치킨 수요를 예측하려는 시도를 했고 결과부터 말하자면 치킨 수요를 상당히 정확하게 예측하여 재료 준비를 이에 맞춤으로서 이익을 극대화할 수 있었다고 하네요.

---

6) 통계청 공식 블로그 https://blog.naver.com/hi_nso/220489542903

수기에 따르면 다음달의 재료(계육) 소비량을 추산할 때 처음에는 주먹구구식으로 전달에 판매한 치킨 숫자를 보고 비슷한 숫자를 썼지만 6개월 정도 통계 분석을 하고 나니까 3가지 요인이 치킨 소비량을 좌우한다는 것을 깨달았다고 합니다. 이 3가지 마법 키워드는 바로,

계절, 날씨, 이벤트입니다.

여름에는 겨울보다 치킨 소비가 많고, 주말과 명절 때도 많아집니다. 비가 오면 외식하기 귀찮아서인지 치킨 배달 주문이 많아지고요, 또 위에 썼듯이 월드컵 축구 경기 중계와 같은 스포츠 이벤트가 있어도 치킨 배달 주문이 폭주한다고 하네요.

이렇게 치킨 주문에 영향을 주는 요인을 밝혀내고 나면 간단한 공식을 만들 수 있습니다.

스포츠 이벤트가 없는 겨울철 평일의 치킨 판매량을 기본값으로 합시다. 그 기본값을 100마리라고 할 때 치킨 주문이 늘어나는 요인이 있으면 배수를 곱합니다. 여름에는 1.8를 곱해서 치킨 주문량이 180마리가 되겠네요. 마찬가지로 비가 오면 1.4를 곱해서 140마리, 주말에는 1.7을 곱하면 170마리가 됩니다. 비가 오는 여름날에는 1.8과 1.4를 동시에 곱해서 치킨 252마리가 팔릴 것이라고 보는 것이지요. 이벤트의 경우 치킨집 근처 잠실야구장에서 야구 경기가 있으면 1.2를 곱해 주고요.

간단해 보이는 예측 공식이지만 수기에 따르면 놀랍게도 치킨 수요를 잘 예측한다고 합니다. 이렇게 통계적으로 미래의 '시장 상황'(여기

서는 치킨 소비량이 되겠지요)을 예측하여 트레이딩하는 것을 퀀트 트레이딩이라고 합니다. 너무 거창하게 들릴지 모르지만 치킨집 사장님이 계절, 날씨, 공휴일 등의 이벤트를 고려해서 치킨을 미리 많이 혹은 적게 준비한다면, 치킨집 사장님도 퀀트 트레이더인 것입니다.

자, 이제 퀀트 트레이더로서의 치킨집 사장님을 소개했으니까 치킨집 사장님이 당면하고 있는 리스크가 무엇인지 그리고 이 리스크를 어떻게 회피(헤지)하는지 이야기해 봅시다. 리스크에 대한 수학적 그리고 재무적(finance) 정의는 이 책 전반에서 다룰 내용입니다만, 우선은 치킨집 사장님의 리스크를 간단하게 '팔려고 준비한 치킨을 못 팔고 폐기해서 입는 손실 혹은 치킨 주문이 들어왔는데 재료 부족 등 여러 가지 이유로 판매를 못 해서 날려 버린 기회비용'이라고 정의하겠습니다. 간단하게 말하자면, 돈 벌려고 했던 행동이 결국 손해로 드러나는 경우라고 합시다.

위에서 소개한 <통계로 튀기는 치킨>을 보면 치킨 판매량을 예측하는 공식이 있습니다. 그런데 만약에 공식으로 예측한 치킨 판매량보다 더 많은 주문이 들어온다면, 미리 준비하지 않아서 치킨 조리에 시간이 많이 걸려서 기다리던 손님이 짜증을 낼 수도 있고 주문을 취소할 수도 있겠네요. 예측한 치킨 판매량보다 더 많은 주문이 들어오면 더 판매할 수 있었던 치킨을 판매하지 못해서 그만큼 기회비용 손실을 봅니다. 다시 말해 하루 200만 원 매출을 올릴 것을 150만 원밖에 올리지 못한다면 50만 원만큼 매출액을 손해 본 것이라고 셈할 수 있습니다. 반대로, 예측한 치킨 판매량보다 주문이 적게 들어오면 남는 재료를 폐기할 수 있어서 그만큼 손실이 됩니다. 따라서 퀀트 트레이더로서의 치킨집 사장님은 내일의 치킨 판매량을 정확하게 예측하면 더 많은 돈을 벌 수 있으므로 치킨 판매량 예측이 틀리는 것이 바로 치킨집 사장님의 리스크가 되겠습니다.

자, 그렇다면 치킨 판매량 예측은 어떤 경우에 틀리게 될까요. 우선 내일 비가 온다고 해서 치킨 주문이 늘어날 줄 알았는데 사실은 비가 안 오는 경우입니다. 일기예보의 정확성 자체가 리스크인 것이지요. 또는 스포츠 이벤트, 위에서 말한 대로 치킨집 근처의 잠실야구장에서 열리는 프로야구 경기가 취소되는 것도 리스크일 겁니다. 만약에 어느 여름에 내일 비가 온다고 일기예보가 되어 있고 동시에 프로야구 경기가 있다면 치킨집 사장님은 어떻게 행동해야 할까요? 공식에 따르자면 우선 여름이니까 1.8을 곱하고 비가 오니까 1.4를 곱하고 다시 이벤트가 있으니까 1.2를 곱해서 300마리의 치킨을 팔 수 있으리라 생각하고 재고를 준비하면 되겠네요. 잠깐 그런데 리스크를 생각해 봅시다. 비가 안 올 수도 있겠지요? 또는 프로야구 경기가 취소될 수 있겠지요? 이 둘 중 한 가지 예외만 생겨도 300마리의 치킨을 다 팔지 못할 것 같네요. 하지만, 괜히 치킨을 적게 준비했다가 애써 들어온 치킨 주문을 놓치면 그것도 손해가 아닐까요? 고민에 빠진 치킨집 사장님은 한 가지 재미난 사실을 발견합니다. 비가 오면 치킨 배달 주문이 늘어나는 것은 외식하러 밖에 돌아다니기 불편해서겠지요? 그런데 그 정도로 비가 오면 당연히 야구 경기는 취소될 확률이 높겠네요! 유레카!

내일 프로야구 경기의 취소 여부와 비가 올지 여부는 이렇게 직접적으로 관계가 있네요. 이를 상관관계(correlation)라고 합니다. 수학적인 정의와 응용은 뒷장으로 미루겠습니다만, 이렇게 서로 반대의 관계가 있으니까 음의 상관관계라고 합니다. 그러니까 비가 오는 여름날 (100×1.8×1.4) 혹은 비가 오지 않는 프로야구 경기가 열리는 여름날

(100×1.8×1.2)을 가정하고 250마리 혹은 220마리의 치킨을 준비하면 되겠습니다. 물론 비가 오는 여름날이 될지 프로야구 경기가 열리는 여름날이 될지는 운, 다시 말해 확률에 따른 것이겠지요. 이렇게 2가지 시나리오에 맞춰서 둘 다 돈을 벌 수 있도록 행동을 조정하는 것을 리스크를 헤지한다고 할 수 있습니다. 이제 리스크 헤지에 대해서 좀 더 자세히 알아보겠습니다.

분포의 분포

확률 분포라는 말도 어려운데 분포의 분포라고 하니 독자분들께서 당황스러우실 것 같습니다. 하지만 분포의 분포는 어려운 개념이 아닙니다. 도입부에서 이야기했듯이 겨울철 평일에는 평균 100마리의 치킨이 팔리고 주말에는 1.7배, 즉 평균 170마리가 팔린다고 했었지요? 여기서 '평균'이라고 했으니까 모든 평일에 치킨이 딱 100마리씩 팔리는 것이 아니고, 마찬가지로 주말이라고 항상 170마리의 치킨이 팔리는 것도 아닙니다. 평일에는 대략 100마리 내외, 다시 말해 어떤 날에는 90마리 어떤 날에는 105마리가 팔리겠지요. 이게 바로 평균을 100으로 하는 확률 분포입니다.

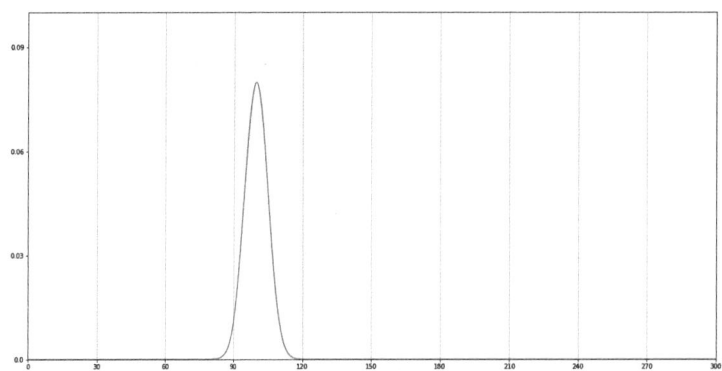

마찬가지로 주말에는 어떤 때는 150마리, 어떤 때는 200마리의 치킨이 팔리겠네요. 하지만 평균을 내면 170마리일 것이고요.

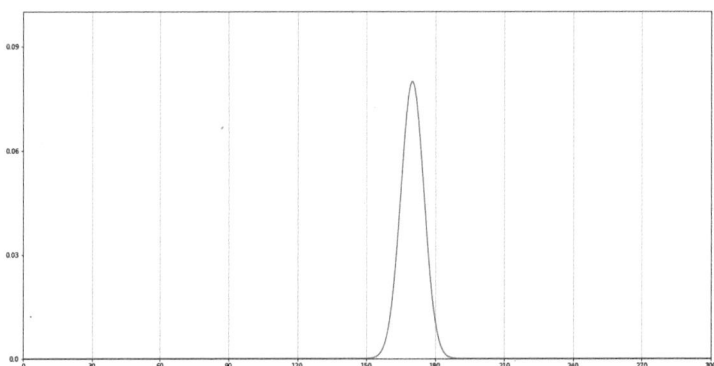

자, 그럼 이제 분포의 분포를 생각해 볼 수 있습니다. 내일 치킨이 몇 마리 팔릴지에 대한 확률 분포는 평일 분포 혹은 주말 분포를 따르게 되지요. 약 70%(5일/7일)의 확률로 평일 분포인 평균이 100인 분포를 따르고, 나머지 30%(2일/7일)의 확률로 주말 분포인 평균이 170인 분포를 따르게 됩니다. 이게 바로 분포의 분포인데요. 사실 내일이 주말인지 평일인지는 확률적으로 정해지는 것이 아니라 그냥 오늘의 요일에 따라 정해지지요. 그래서 평일 - 주말에 대한 분포의 분포는 딱히 어려운 문제가 아닙니다. 하지만, 비가 오는 날은 어떨까요? 도입부에서 비가 오는 겨울철 평일에는 1.4배, 즉 평균 140마리의 치킨이 팔린다고 했었지요?

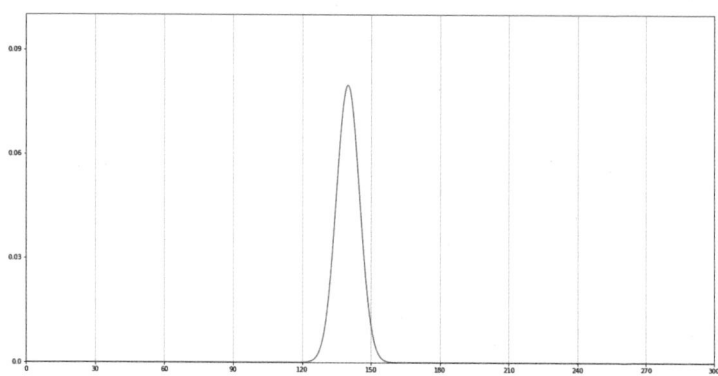

평일-주말 대신에 화창한 날 - 비오는 날 분포를 보면 다음과 같습니다. 우선 70%의 확률로 비가 오지 않으면 치킨 판매량은 평균을 100으로 하는 확률 분포를 따릅니다. 30%의 확률로 비가 온다면 평균을 140으로 하는 확률 분포를 따르구요. 두 개의 확률 분포를 겹쳐서 그리면 이렇게 됩니다.

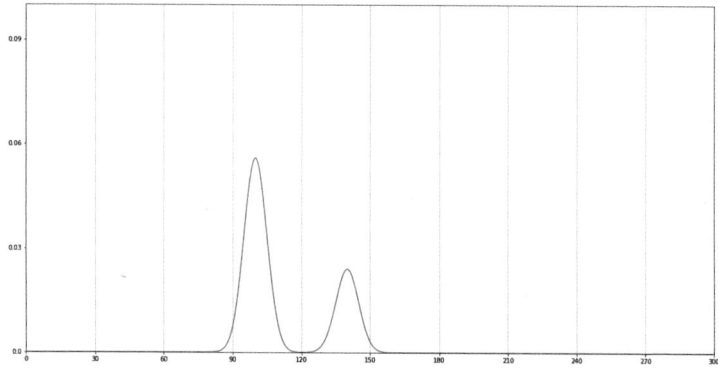

치킨집 사장님의 고민 - 외생 변수

이제 치킨집 사장님은 계절, 날씨, 이벤트 등을 바탕으로 치킨 주문량을 매우 높은 정확도로 예측하고 또 분포의 분포까지 따져서 리스크도 헤지합니다. 하지만, 이제 모든 위험(리스크)이 사라진 것일까요? 비즈니스가 그렇게 쉬운 것은 아니겠지요? 우선 판데믹 시절이니까 바이러스 이야기부터 해보겠습니다. 2022년 현재에는 외식업이 많이 정상화되었지만, 2020년~2021년에는 사회적 거리두기(social distancing)로 인해서 외식업 매출이 큰 타격을 받았지요. 기왕에 바이러스 이야기를 시작했으니까, 좀더 거슬러 올라가서 조류 독감(조류 인플루엔자, Avian Influenza)부터 이야기를 해보겠습니다. 조류 독감에 걸린 닭과 직접 접촉하는 경우에는 사람도 감염될 수 있지만, 조류 독감에 걸린 닭의 고기는 가열하여 조리해서 먹는 경우에는 전혀 문제가 되지 않습니다. 다시 말해 기본적으로 튀기거나 오븐에 굽는 '치킨'은 조류 독감에 걸린 닭을 사용해도 건강에 문제가 없는 것이지요. 하지만 이건 이성의 영역이고 '치느님'을 영접하는 것은 '감성'의 영역이다 보니, 조류 독감이 유행하면 어김없이 치킨집의 매출은 곤두박질치곤 합니다. 그렇다면, 치킨집 사장님은 조류 독감 리스크를 어떻게 헤지할 수 있을까요?

우선은 말도 많고 탈도 많은 공매도[7]를 통해서 시작할 수 있습니다. 치킨집 매출이 줄어드는 경우 돈을 벌 수 있도록 베팅을 하는 것이지요. 앞에서 예로 든 치킨집 사장님이 장사가 잘 되어서 <통계치킨>이란 이름으로 치킨집을 증권시장에 상장했다고 가정해 봅시다. 그리고 이 치킨집 사장님, 아니 통계치킨의 회장님은 여전히 치킨도 파시고, 퀀트 모델도 만들어서 판매량을 예측하고 있습니다. 어느날 글로벌 뉴스를 분석하던 통계치킨 회장님은 조류 독감이 다른 나라에서 퍼지고 있다는 소식을 들었습니다. 마침 가을철이라 철새들이 조류 독감을 한국에도 퍼뜨릴 수 있다는 데까지 생각이 미치자 바로 분석 작업에 들어가서 해결책을 내놓았습니다. 조류 독감이 퍼지면, 일반인들은 무작정 닭고기 요리를 멀리할 것입니다. 튀긴 치킨은 전혀 위험하지 않음에도요. 그러니까 통계치킨의 매출도 급락하고, 주가도 떨어지겠네요. 그러면 조류 독감의 위험을 헤지하지 위해서 회장님은 이제 통계치킨의 주식을 공매도합니다. 통계치킨 주가가 떨어졌을때 공매도로 돈을 벌어서 통계치킨 매출 감소분을 보전하려는 생각이지요.

실제로 한국에도 조류 독감이 퍼졌고 통계치킨 주식을 공매도한 회장님은 통계치킨의 매출액 감소분을 공매도 수익으로 보전하는 데 성공했습니다. 다른 치킨집들은 조류 독감 때문에 매출이 감소하여 하나 둘씩 폐업했지만, 통계치킨은 버틸 수 있었습니다. 조류 독감이 지나고 다시 사람들이 치맥을 찾아 돌아오니 경쟁자가 줄어들어 통계치킨은

---

7) 공매도(short-selling)란, 소유하고 있지 않은 자산이나 주식을 빌려서 먼저 매도한 다음, 주가가 떨어지면 시장에서 되사서 이를 처음 자산/주식을 빌려준 쪽에 상환하는 방식으로, 예상한 대로 주가가 떨어진다면 최초 공매도 시점에 매도한 가격보다 더 싼 가격에 되살 수 있기 때문에 이익을 볼 수 있습니다. 물론, 예상과 달리 주가가 상승한다면 공매도한 가격보다 비싸게 되사야 해서 손해를 입습니다. 예를 들면 크립토 토큰(가상 자산)의 내재 가치는 0이라고 생각하는 투자자는 비트코인을 공매도할 수 있습니다. 물론 비트코인 공매도는 비트코인을 빌려서 매도하는 것이 아니라 선물 매도이지만 기본적인 원리는 같습니다.

더 큰 매출을 올릴 수 있었습니다. 이렇게 해피 엔딩이면 좋겠지만, 세상사는 간단치 않지요. 조류 독감이 유행하고 있는 동안 한국의 양계업은 큰 타격을 입었습니다. 닭들을 살처분해서 당분간 출하되는 계육이 많이 부족하네요. 앞으로 6개월 정도 지나면 다시 사육하기 시작한 닭 개체수가 평년치로 돌아와서 닭고기 공급이 원할해질텐데 한창 물 들어 와서 노저어야 할 6개월 동안은 닭고기를 비싼 값에 사 올 수 밖에 없습니다. 조류 독감 시기를 버티고 버텨서 치킨을 다시 많이 팔게 되었는데 결국은 번 돈을 닭고기 판매상에게 모조리 다 넘겨주게 생겼습니다. 통계치킨의 회장님은 닭고기 값 폭등 리스크도 헤지할 수 있었는데 간과한 것일까요?

답은 당연히도 그렇다입니다! 닭고기 값이 상승하는 것에 베팅하는 방법은 우선 닭고기 가공 판매업을 하는 회사 H에 투자하는 것입니다. H사는 수직 계열화가 되어 있어서, 양계부터 정육/포장까지 전체 라인을 갖고 있기 때문에 조류 독감 이후 줄어든 닭 개체수에 영향을 받지 않고 계육 판매를 할 수 있습니다. 조류 독감 유행이 종식되고 닭고기 수요는 회복되는데 닭고기 공급이 부족한 시점에서 영업 이익이 크게 늘어나서, H사의 주가도 올라가겠지요. 통계치킨 회장님은 조류 독감이 한창일 때에, 즉 아마도 H사의 주가가 바닥을 치고 있을 때에 매수해 두었다면 조류 독감 유행 종식 이후 닭고기 가격 상승 리스크를 현명하게 헤지할 수 있었을 겁니다. 이외에도 선물(futures) 거래를 통해서도 미래의 가격 상승을 헤지할 수 있습니다.[8]

---

8) 선물 거래(futures deals) 혹은 선도 계약(forward contract)은 미래의 특정 시점에 상품을 특정 가격에 양도하는 약속(계약)을 맺는 것입니다. 통계치킨 회장님의 경우 조류 독감이 한창일 때, 3개월 후에 계육(닭고기)을 10호 닭 하나에 800원에 매입하는 선물 혹은 선도 계약을 했다면, 조류 독감 종식 후에 10호 닭 하나가 1500원까지 폭등하더라도 여전히 800원에 매입할 수 있어서 그만큼 치킨의 원재료비를 아끼고, 매출액 증가분만큼 그대로 영업 이익으로 가져갈 수 있습니다. 하지만 한국에서는 계육 선물/선도 계약이 활성화되어 있지 않아서 계육 업체의 주식을 매수하는 편이 좀더 현실적입니다.

조금 생소한 개념인 공매도를 제외하고서 조류 독감으로 인한 치킨 수요 감소를 헤지하는 다른 방법을 설명해 보겠습니다. 방법 중에 하나는 치킨집에서 돼지고기도 같이 파는 것입니다. 단순하게 생각하면 사업 다각화인데요. 사실 사업 다각화는 또 다른 리스크를 가져오기는 합니다. 조류 독감이 종식되었는데 돼지 구제역이 유행한다거나 하는 것이지요. 하지만, 공매도 대신, '매수'를 통해 헤지하는 방법을 돼지고기와 치킨을 함께 판매하는 것으로 설명하자면 다음과 같습니다.

치킨과 돼지고기로만 이루어진 '외식 시장'이 있다고 합시다.[9] 이때에 치킨은 돼지고기의 대체재에 해당합니다. 즉, "시장 = 치킨 + 돼지고기"와 같은 공식이 성립하고 치킨을 우변에서 좌변으로 옮기면 "돼지고기 = 시장 - 치킨"이 됩니다. 다시 말해, 치킨과 돼지고기로만 이루어진 시장에서 돼지고기를 '매수'한다는 것(다시 말해, 치킨집에서 돼지고기도 판매한다는 것)은 치킨을 '매도'하는 것, 정확히는 '공매도'하는 것에 근사합니다. 문제는 이로 인해서 "시장"이라는 리스크를 떠안게 된다는 것이겠지요.[10]

분명 여러 가지 이유에서 한계는 존재합니다만, 돼지고기를 함께 파는 전략은 치킨 수요가 줄어들 때에 대한 헤지로서 손색이 없습니다. 물론 치킨집에서 돼지고기 음식(보쌈, 족발)을 같이 파는 경우는 있습니다만, 돼지고기 메뉴를 새로 연구하고 조리하는 오퍼레이션 과정을

---

9) 소고기도 생각할 수 있겠지만 "소고기 사 주는 사람을 주의하세요. 댓가 없는 소고기는 없습니다. 순수한 마음은 돼지고기까지예요."라는 인터넷 밈이 있는 것으로 보아, 소고기는 치킨이나 돼지고기의 대체재가 아닌 사치재에 속합니다.

10) 가치 투자(value investing)를 하는 투자자는 2020년~2021년과 같은 성장주 장세에서 헤지를 위해 성장주 주식이나 성장주 주식들을 모아둔 ETF(예: SPYG)를 매수하기도 합니다.
성균관대학교, Graduate School of Business, AI MBA program 2022, <AI and ML for Asset Management> Lecture 4 "Introduction to Risk"

최적화하는 것은 사실 쉽지 않습니다. 리스크(위험)을 헤지하려다가 오퍼레이션 리스크와 같은 또 다른 종류의 리스크를 추가하게 되므로, 좀더 간단하게는 돼지고기 음식을 파는 '회사'의 주식을 매수하는 방법이 있을 수 있습니다. 누군가가 <퀀트삼겹살>이라는 회사를 만들어서 증권시장에 상장했다면 말입니다.

이제, 조류 독감 리스크를 헤지할 수 있으니까, '통계치킨' 회장님은 아무 걱정 없이 치킨만 팔면 될까요? 전혀, 다른 리스크가 닥칠 수 있습니다. 처음에 바이러스 이야기할 때 언급했던 코로나 바이러스입니다. 2020년 3월 이후부터 코로나 바이러스의 대유행(판데믹)으로 인해 외식업은 큰 난항을 겪었습니다. 여기서 외식업이 난항을 겪었다는 것은 바로 윗 문단에서 돼지고기를 함께 판매할 때에, 치킨 수요 감소에 대한 헤지는 되겠지만, "시장"이라는 리스크를 떠안는다고 했을 때의 그 리스크에 해당합니다. 통계치킨 주식을 공매도해서 치킨 수요 감소를 헤지한다거나, H사의 주식을 매수해서 닭고기 가격 상승을 헤지하는 것과 비슷하게 외식업의 불황은 간단하게 헤지할 수 있습니다. 바로, 증권시장에 상장되어 있는 외식업 주식을 공매도하는 것입니다. 코로나 바이러스로 사회적 거리두기를 실천하게 되면, 통계치킨뿐만 아니라 모든 외식업체들이 전반적으로 타격을 입으므로 간단하게 외식업을 매도하여 헤지하는 것입니다.

1부

기업의 위험

위험이 무엇인지 알고 있다는 착각

"이 금융 상품의 위험은 얼마죠?"
"그러니까,... 어디서부터 설명해야 할까요?"

금융을 잘 모르는 사람들이 금융 상품에 대한 위험을 묻게 되면, 간단히 설명은 할 수 있지만 그 설명이 정말로 의미가 있으려면 시간이 조금 더 필요하다는 것을 깨닫게 됩니다. 복잡한 금융 상품에서 말하고 있는 위험의 의미를 본인이 이미 알고 있다는 선입견부터 바꾸어야 하니까요. 그냥 "연간 환산 변동성이 5%라고 써 있네요."라고 숫자를 전하는 것은 도리어 위험을 속이는 것일 수도 있습니다. 변동성이 5%라는 말은 일 년에 투자금의 5%를 잃을 수 있다는 뜻이 전혀 아닌데도 그 말을 듣는 사람들은 그리 받아들일 가능성이 다분합니다. 저와 같은 퀀트들은 이럴 때 사실 숫자만으로는 의미를 알 수가 없기에 수치 정보를 무시하고 상품 자체의 구성을 설명하라고 한 후에 위험 전체를 재구성해 봅니다. 변동성 5%라는 정보만으로는 사실 어떤 투자 결정도 내릴 수 없지요.

위험(Risk)은 투자에서 일반적으로 쓰이는 용어이지만 그 의미는 우리가 일반적으로 알고 있는 위험과 다릅니다. 투자업계에서 쓰이는 위험은 사람들이 느끼는 위험과 달리 매우 간단하게 다음과 같이 수학적으로 정의된 용어일 뿐입니다.

위험 = 수익률의 표준 편차[11]

수익률은 자산 가격의 변화를 뜻하므로 위의 정의를 변동성(volatility)이라고 부르기도 합니다. 더욱 복잡한 위험에 대한 정의도 많이 있고 매일 새로운 정의가 개발되고 있지만, 그럼에도 불구하고 변동성이 가장 많이 쓰이죠. 물론 수익률의 표준 편차가 크면 크게 잃을 수도 있으니 위험하다고도 하겠지요. 그러나 위의 정의가 많이 쓰이는 이유는 적어도 수학적으로 정의했기에 의미가 명확해 설명을 하느라 시간을 쓰며 오해가 쌓이지 않기 때문이지, 위험의 의미가 꼭 그렇게 되어야 한다는 뜻은 전혀 아닙니다.

예를 들어 내가 1억 원을 투자했는데, 대부분의 날에 수익이 없다가 일주일에 한 번 천만 원을 버는 날이 있다고 해 봅시다. 매일 같은 돈을 버는 것이 아니니 당연히 표준 편차가 매우 크게 되고 위에서 변동성으로 정의된 위험도는 연간으로 50퍼센트가 넘어갑니다. 매우 위험한 것이지요. 단기 모멘텀 투자와 같은 투자 전략들이 이렇게 한 번에 큰 수익을 내는 수익률 프로파일을 가집니다.

---

11) 사실 초중고 교육 과정에서부터 반복해서 나타나는 표준 편차는 익숙한 개념임에도 불구하고 결코 쉽지 않은 개념이기도 합니다. 과거의 수익률의 평균은 우리가 미래에 기대하는 수익률을 추정하기 위해 쓰이는데 표준 편차는 이 추정치가 얼마나 정확한지에 대한 에러를 나타냅니다. 과거의 개별 관측값과 평균과의 차이를 가지고 미래에 실제로 실현될 값과 기대 값의 차이 역시 그 정도 나겠거니 추측하는 것이지요. 수학적으로는 이것은 L2-norm이라는 특정 거리 공간에서 정의된 메저(measure)인데, 굳이 이러한 메저를 쓸 이유가 전혀 없다는 것 또한 잘 알아야 합니다. 세상은 많은 사람들이 기대하듯 반드시 따라야 하는 수학적 법칙을 따르는 것이 아닙니다. L2-norm을 쓰는 가장 큰 이유는 계산상의 편의이며 아름답고 쉽게 계산할 수 있는 많은 이론을 가능하게 해서이지 우리가 사는 세상을 잘 설명해서가 아닙니다. 계산이 빠르고 편하다고 현실이 모델을 따르지는 않으니까요. 실제 손실 값을 정확하게 계산하기 위해서는 L1-norm(평균과의 절대값 차이)가 더 적합할 수도 있고 적절한 절충으로는 L3/2-norm(차이의 루트의 3승)가 더 맞을 수도 있습니다.

"아니 그게 어째서 위험이지? 수익이지. 무조건 돈을 버는데 뭐가 위험해요?"

맞습니다. 전혀 위험하지 않습니다. 변동성에 의하면 손실을 위험이라고 한 것이 아니라 수익이 너무 많다가 좀 적어지는 것을 위험이라고 한 것입니다. 그래서 단순히 숫자만 전달하면 위험을 매우 왜곡한다고 한 것입니다. 원하는 것 이상의 충분한 수익을 항상 내고 있는데 위험할 이유가 어디에도 없습니다. 예상보다 너무 높은 수익이 나서 깜짝 놀라는 것이 너무 위험하고 싫다고 생각하지 않는다면 말이지요.[12]

반면 암호 화폐 일드 파밍(yield farming)을 하는 크립토 펀드 같은 경우는 어느 날 하루에 투자금이 모두 사라질 수 있다는 것을 모두 알고 있습니다. 그럼에도 불구하고 매일같이 안정된 수익이 나올 수 있습니다. 만약에 그렇게 나온 수익의 변동성이 0이라면 위험은 0이 됩니다. 당장 내년에 파산할 가능성이 99%인 신용금고에서 높은 이자가 매달 쌓여도 변동성은 0이고 수익은 높고 위험은 전혀 없다고 나옵니다.

"어떻게, 위험한 펀드는 위험이 낮고, 위험하지 않은 펀드는 위험이 높다고 나오나요? 말도 안되네요."

말이 안됩니다. 그런네 그것뿐만이 아닙니다. 앞에서 위험이 높다고 나온 일주일에 한 번 높은 수익률이 나는 펀드에서 일간 수익률이 아

---

12) 물론 이 투자를 수행하기 위한 비용이 발생할 경우는 이야기가 달라지겠지요. 작은 수익이 그 비용을 충당하지 못한다면 작은 수익도 위험이지만, 여기에서는 비용까지 포함된 총체적 수익에 대해서 이야기한 것입니다.

닌 일 년 수익률을 보고 위험을 측정하면 위험도는 다시 매우 작아집니다. 일주일 안에서는 달라져도 일 년 총합의 수익률은 변동이 없기 때문입니다.

"아 그럼 아주 쉽게 해결할 수 있겠네요. 그냥 1년 수익률을 가지고 계산하세요."

그러면 생긴지 1년도 안된 펀드는 측정 불가가 되어 버리겠지요? 심지어 이 급변하는 세상에 5년씩이나 운용한 펀드라 해도 표준 편차를 숫자 다섯 개로 측정하는 것은 말도 안되는 일입니다. 너무 작은 데이터는 측정 에러와 부정확성을 가중합니다. 아 정말 쉬워 보이던 위험의 측정조차 정말로 쉽지 않네요. 왜 이러한 어려움이 생기고 마치 빤히 보일 듯이 당연하게 생각되는 위험과 위험을 나타내는 수치와의 괴리가 발생할까요?

우리가 알고 싶은 위험은 미래의 위험

첫 번째 이유는 우리가 알고 싶은 위험은 과거의 위험이 아니라 미래의 위험이기 때문입니다. 표준 편차의 위험의 공식에는 아직 실현되지 않은 미래를 넣을 곳이 없습니다. 모두 과거의 기록일 뿐입니다. 예를 들어 특정 원전이 터질 위험을 과거의 변동성으로 정의하면 위험은 항상 0입니다. 현재 운영을 지속하고 있는 모든 원전은 과거에 한 번도 터진 적이 없기 때문이지요. 만약에 터졌다면 위험을 측정할 필요도 없습니다. 이미 폭발해 대규모 오염을 가져온 후쿠시마와 체르노빌의 원전이 또다시 폭발할 위험을 뭐하러 측정하나요? 아직 폭발하지 않았으니 폭발의 위험을 알고 싶은 것입니다. 그러나 후쿠시마 원전이 폭발했다고, 건설한지 얼마 되지도 않은 신한울 6호의 폭발 위험이 늘어나지 않습니다. 전혀 다른 원전이고 쓰인 기술도 매우 다르며 운영 방식도 관리 주체도 모두 다릅니다. 시나리오 분석 등을 통해 어렴풋이 위험을 추정할 수 있을 뿐입니다. 그러나 사실 누가 어떻게 무슨 방법으로 위험을 추정해도 저는 그다지 높은 신뢰도를 주지는 않을 것입니다. 저라면 믿을 수 없는 추정을 억지로 믿느니 터질 경우의 대책을 세우는 쪽을 선택할 것입니다. 터지지 않는 것을 확신하는 것이 아니라, 터질 경우의 대책을 세우는 것은 전혀 다른 종류의 공학 문제입니다.

마찬가지 이유로 현재 존재하는 기업들은 모두 위험이 평가 절하되어 있습니다. 왜냐하면 기업은 파산하기 직전이 가장 위험도가 높을 텐데, 파산한 회사는 상장이 폐지되고 더이상 우리 눈에 보이지 않습니다. 역사상 존재했던 대부분의 기업들은 십 년의 시간을 지속하지 못하고 사라졌습니다. S&P500과 같이 미국 최대의 기업 500개에 포함된 대형 기업이라 해도 10년이 지나면 삼분의 일 이상이 인덱스에서 사라집니다. 미국 기업의 총 개수는 그 많은 창업에도 불구하고 늘어나지 않았습니다. 도리어 거대 기업들의 경제 비중이 높아지며 중소기업들의 개수는 급격히 줄어드는 추세입니다. 새로 떠올라 스포트라이트를 받는 성공적 기대 기업들만 바라볼 것이 아니라 조용히 사라져 거론되지 않는 기업들의 비중이 매우 높다는 것을 인식해야 위험을 평가할 수 있습니다. 지금 성공적으로 운영되고 있는 기업들의 위험은 오직 성공적으로 운영되었던 기간인 과거 주가의 변동성으로부터 추정될 수 없습니다.

사실 이 문제는 금융계에서도 많은 연구가 필요한 부분입니다. 물론 일반적으로 기업 1000개당 몇 개의 기업이 파산하는지를 측정할 수 있습니다. 그러나 기업마다 파산의 시기와 조건은 다릅니다. 특정 기업에게는 다른 기업이 모두 파산을 하고 있는 시기가 최적의 성장 환경일 수도 있습니다. 경기 방어주라고 불리는 이런 기업들은 일반적 경기와 반대로 움직입니다. 오래된 기업은 신생 기업보다 파산 확률이 훨씬 낮으며 산업에 따라 파산 확률도 달라집니다. 기업마다의 특성이 매우 다른데도 불구하고 전체로부터 얻어낸 일반적 통계를 특정 기업에 적용하는 것은 100세 노인과 20세 젊은이의 사망 확률이 같다고 하는 것처럼 차라리 안하니만 못할 정도로 커다란 오차를 야기합니다. 코로나 바이러스의 사망률 1퍼센트는 20대 젊은이에게는 전혀 적용되지 않습니다.

요약하자면, 특정 기업의 위험을 측정하기 위해 자신의 시계열(time series) 데이터로부터 위험을 측정하면 고유의 위험을 찾을 수 있지만 과거의 데이터를 사용함으로 인해 미래 위험과의 괴리가 일어납니다. 반대로 이미 위험을 겪은 다른 기업들을 분석해 이용하려고 하면 기업이 처한 서로 다른 상황으로 인해 위험 자체가 달라집니다. 따라서 각각의 방법들의 단점을 최소화하며 복합적으로 위험을 분석해야 합니다. 충분한 연구 분석 능력이 동반되지 않은 위험 분석이 종종 실패로 끝나는 데에는 이유가 있습니다.

변동성은 위험의 작은 일부분

두 번째 이유는 위험을 변동성으로만 정의했기 때문입니다. 하루는 많이 벌고 하루는 적게 벌기를 매일 반복한다고 해도 수익이 비용보다 훨씬 크기만 하면 크게 걱정할 것이 없지요. 하루 손실이 나도 다음날 수익이 확실하다면 아무 문제가 없을 것이니까요. 그럼에도 불구하고 위험을 수익률의 변화로만 정의해 놓은 것입니다. 물론 금융계에서도 이러한 단점을 잘 인지하고 있고, 그래서 다양한 다른 위험들의 정의가 연구되었습니다. 위험을 수익률의 표준 편차가 아니라 오직 손실을 볼 때의 표준 편차로 정의하거나 분포의 95% 손실 이상 구간을 적분을 해서 나타내기도 하지만 이러한 방법들에도 문제가 많습니다.[13] 보통 손실은 하루의 손실로 끝나지 않고 연속적으로 일어나는데 몇 달 혹은 몇 년 동안 조금씩 매일 연속으로 손실을 입어 결국 파산하는 경우에도 일간 변동성에 기반한 방법은 별로 위험하지 않다고 나오는 것입니다. 왜냐하면 하루하루를 보면 큰 손실을 본 날이 없었으니 일간 최대 손실은 작으니까요.

이익과 손실의 모멘텀 현상은 투자 포트폴리오보다는 기업에서 훨씬 극명하게 일어납니다. 일단 손실을 내는 기업은 계속해서 손실을 내고 일단 이익을 내는 기업은 계속해서 이익을 내는 현상은 투자자들을 포함해서 거의 모든 시장 참여자들이 이미 잘 인지하고 주가에 반영합

---

13) VAR(Value at Risk)는 분포를 적분해서 극단적 상황의 손실의 기대 값을 위험이라고 하는데, 사실 이것은 분포를 알고 있다는 가정이 필요합니다. 현실에서는 많은 경우 그냥 정규 분포를 쓰거나 과거의 값을 사용하고 마는데, 그렇다면 실제적으로는 극단의 상황을 잘 나타내지 못하고, 그냥 표준 편차를 쓰는 것과 별 차이가 없어집니다. 이 정의 역시 특정 용도로 유용할 뿐입니다.
Nassim Taleb, Philippe Jorion, The Jorion-Taleb Debate, Derivatives Strategy, 1997

니다. 그로 인해 이익이 양에서 음으로 전환할 때 시장은 이익의 주기에서 손실의 주기로 들어간 기업의 위험을 단순한 이익 폭의 차이보다 훨씬 과도하게 증폭시켜 주가에 반영합니다. 뒤에 나오는 독립성에서 다시 이야기하겠지만 이러한 특성을 무시하고 매 분기 이익의 변동성만으로 위험을 생각한다면 위험은 극단적으로 과소평가될 것입니다.

투자자들은 이러한 기업의 이익의 모멘텀 현상을 주가에 빠르게 선반영합니다. 다시 말해 어떤 기업이 앞으로 3년간 이익이 계속 성장할 것이라고 예측되면 주가는 3년간의 증가할 이익의 총합을 현재의 주가에 한꺼번에 선반영합니다. 현재의 이익 수준으로 추정되는 주가보다 월등히 높은 주가를 미리 산정해 버리는 것입니다. 주가가 미래의 이익 모멘텀을 모두 선반영하면 주가의 모멘텀은 줄어듭니다. 주가가 꾸준하게 오르지 않고 한 번에 바뀌고 끝날 테니까요. 그럼에도 불구하고 모멘텀 현상은 주식에서도 광범위하고 강력하게 발견되고 있습니다. 이는 뒤에서 모멘텀에 대한 주제로 다시 다루어질 것입니다.

일간 수익률의 변동성을 쓰는 이유

이렇게 허점이 많은 표준 편차로 측정된 일간 수익률의 변동성을 금융가에서는 왜 쓰고 있을까요? 물론 앞에서 언급했듯이 이미 모두가 쓰고 있기에 상호간 의사소통을 위해 어쩔 수 없이 관행적으로 쓰는 측면도 있습니다. 세상에는 한번 굳어진 것을 잘 바꾸지 못하는 경우가 매우 많지요. 미국에서는 아직도 발의 길이에서 유래한 푸트(foot)

를 거리 단위로 쓰고 있습니다. 미국에서도 초등학교에서부터 세계적 표준인 미터를 교육받지만 평상시에 미터로 길이를 이야기하면 대부분의 사람들은 잘 알아듣지 못합니다. 마찬가지로 이미 모든 기관에서 변동성으로 위험을 측정하는데, 다른 측정을 요구하거나 받아들이도록 설득하는 것은 매우 어려운 일입니다.

또 다른 이유는 주식의 수익률이 정규 분포를 따른다는 가정 때문입니다. 정규 분포는 표준 편차와 평균만 알면 분포에 대한 모든 정보가 다 있습니다. 위험의 측면에서는 평균 수익률을 0이라고 추정하는 경향이니까 표준 편차만 알면 분포를 거의 다 알게 되는 것이지요. 그러나 사실 주가는 정규 분포를 따르지 않습니다. 정규 분포를 가정한 것은 그냥 더 복잡한 분포를 가정하기 어려워서, 혹은 상호 소통이 힘들어져서라고 생각해야지, 그것이 맞아서가 아닙니다. 주가의 분포가 정규 분포가 아니면 우리는 어떤 분포를 가정해야 할까요? 주가의 실제 분포를 더 정확하게 알아내는 것은 가능합니다만 정확히 관측하면 할수록 우리는 매 경우마다 모두 다른 분포를 만들어 주어야 합니다. 분포는 고정된 것이 아니라 시장 상황에 따라 달라지며, 시기에 따라 달라집니다. 너무 어렵습니다. 다른 간단한 대안이 많지 않기에 모두에게 익숙하고 수학적 이론 전개에 편리한 정규 분포를 가정하는 이유도 있습니다.

또 한가지 일간 변동성을 위험의 정의로 쓰는 이유로는 고객의 계좌의 손실이 보증금보다 커지는 순간 강제 청산을 해야 하는 증권사의 위험이 바로 일간 변동성에 의해서 결정되기 때문입니다. 공매도도 하지 않고, 자금도 빌리지 않는 일반적 장기 투자자는 강제 청산의 위험이 없으므로 이는 전혀 중요하지 않습니다. 하루의 등락보다는 한 달,

혹은 일 년 단위의 등락이 더욱 중요합니다. 그러나 당일에 강제 청산에 실패하면 고객의 손실을 떠안게 되는 증권사들에게 일간 변동성은 커다란 위험이고 이러한 증권사들이 투자업계의 중추가 됩니다. 게다가 개인과 투자업계를 비롯해서 증권사를 거치지 않는 투자 주체는 거의 없으니 결국 모두가 위험의 정의를 일간 변동성으로 요구받게 됩니다.[14]

위험의 정의로 일간 변동성을 쓰는 것은 대부분의 다른 투자 형태에서는 부적합합니다. 자기가 살고 있는 주택의 가치에 일간 변동성으로 정의된 위험을 적용하는 것은 바보 같은 짓입니다. 주택 가격을 하루하루 측정하는 것 자체가 말이 되지 않지요. 측정해 보아야 거래가 일어나지 않았으니 매일 같은 가격일 뿐이고 변동성은 0입니다. 설사 다른 주택의 거래 가격으로부터 팩터 모델을 통해 복잡하게 간접적으로 하루 단위의 위험을 측정할 수 있다고 해도 어차피 하루 안에 주택을 팔 방법은 세상에 존재하지도 않습니다. 도대체 왜 하루 단위의 위험에 초점을 맞추어야 하나요?

사실 주택과 같이 거래 비용이 높으며 거래 과정이 복잡한 자산은 한 달 단위의 가격 변동성이라 해도 위험의 관리에 거의 의미가 없을 것입니다. 주택의 가격이 한 달 정도 폭락했다가 다시 돌아올 것을 미리 알았다고 해도 한 달 동안에 주택을 매도하고 다시 매수해서 위험을 관리하는 것은 현실적으로 매우 힘든 일입니다. 자산 가격은 대부분의 통계 모델이 가정하고 있는 무작위성에 기반해서 움직이는 것이 전혀 아닙니다. 한 달 단위로 등락을 해도 일 년 단위로 안정적이거나,

---

[14] 증권사를 통하지 않는 거래라면 주식을 직접 소유하고 직접 일대일로 장외 거래하는 대주주 정도라고 할 것입니다.

한 달 단위로는 조금씩 변해도 일 년 단위로 매우 큰 움직임을 보일 수 있습니다. 잘못된 위험의 정의는 도리어 기업과 개인을 해롭게 합니다.

요약하자면, 위험은 그 수치가 어디에서 어떻게 사용될 것인가에 따라 다르게 정의됩니다. 남들이 많이 사용하는 수익률의 표준 편차와 같은 수치를 마치 시험 성적이나 영화 평점처럼 받아들이면 안됩니다. 집의 평수만으로 집의 가치를 말할 수 없듯이 주어진 수치는 작은 단면을 부분적으로 보여 줄 뿐입니다. 면적, 위치, 인테리어, 건축 연도, 시장 전체 움직임 등등의 다양한 수치가 있어도 가치 측정이 어려운 것처럼, 위험은 그 위험이 쓰여지는 각각의 용도에 맞추어 상황마다 다른 여러 수치를 종합해야 제대로 측정됩니다.

무엇을 원하는지부터 알아야 위험이 정의된다

"회사의 연구 개발 투자가 커다란 위험입니다."
"낮은 현금 보유량 때문에 파산 위험이 가장 큰 걱정이에요."
"서로 믿고 같이 도전하는 진취적 분위기를 잃는다면 망할 것입니다."

기업들은 다양한 조건을 가지고 있고, 그 조건에 따라 위험의 정의가 달라집니다. 그럼에도 불구하고 사람들은 위험은 모두가 공감하는 명백한 것인데 뭐하러 그걸 새로 정의해야 하냐고 말합니다. 왜 이러한 인식의 불일치가 일어날까요?

본능적인 위험 인식은 시대착오적 오류

위험에 대해서 사람들이 막연하게 공통되는 공감을 가지고 있는 것은 맞습니다. 그러나 그러한 공감은 그것이 옳기 때문이 아니라 모두의 유전자에 위험이 이미 프로그램되어 있기 때문입니다. 높은 곳에 올라가면 위험하다고 느끼고 공포를 느끼는 것은 이성적 사고가 아니라 추락 위험을 줄이기 위해 유전자에 하드 코딩된 두뇌 회로의 작용입니다다.[15] 다시 말해 그것은 이성적, 논리적 사고가 전혀 아닌 것입니다. 몸이 우리에게 공포를 느끼고 회피 행동을 취하도록 호르몬을 방출하는 것입니다. 어떤 사람들은 그런 프로그램 때문에 안전한 고층 빌딩 창가에 앉지 못합니다. 위험이 낮은 항공 여행을 포기하고 훨씬 더 커다란 위험을 감수하며 자동차로 수천 킬로미터를 달립니다.[16]

수직의 물체가 수평의 물체보다 더 길게 느껴지는 것은 인간의 이성적 사고가 아니라 시각 회로 수준에서 이미 높이에 대한 위험 회피가 프로그램되어 있기 때문이라고 연구 결과들은 설명합니다.[17] 다음 그림의 두 물체는 정확히 같은 길이입니다.

---

15) Evolved Navigation Theory는 인간이 수직선을 수평선보다 더 길다고 인지하는 것이 유전적으로 진화에 의해 높은 곳에서의 추락할 위험을 회피하기 위해 프로그램되었다고 설명합니다.
Jackson, R. E., Cormack, L. K. Evolved navigation theory and the descent illusion. *Perception & Psychophysics* 69, 353-362, (2007)
16) 같은 거리를 여행할 때 자동차를 이용하는 것이 비행기를 이용하는 것보다 100배 이상의 치사율을 보인다고 통계는 말하고 있지만 높이에 대한 공포로 사람들은 항공 여행을 꺼립니다.
Ian Savage, Comparing the Fatality Risks in United States Transportation Across Modes and Over Time, Research in Transportation Economics, volume 43(1), pages 9-22, 2013
17) Robinson, J. O. (1998). *The psychology of visual illusion*. Courier Dover Publications. p. 96

다시 말해 우리가 어느 정도 서로 공감하고 태어날 때부터 당연하다고 생각하는 위험은 존재하지만, 그것은 최소 수만 년 전에 만들어져 유전자에 쓰여진 프로그램입니다. 우리가 지금 살아가는 세상에서 자신을 지켜주는 효율이 현저하게 떨어진 시대착오적 프로그램입니다. 게다가 유전자 레벨의 프로그램은 효율이 매우 낮아 과거의 세계에서도 제대로 작동하지 않았습니다. 위험에 대한 본능적 공포를 억누르고 이성적으로 행동하는 쪽이 위험을 줄여 주는 경우가 많았기에 인류는 이성적 사고 능력을 더 높여 나간 것이었습니다. 적군이 쳐들어오는데 겁이 나서 도망가면 몰살만이 기다릴 뿐입니다. 인류는 오랜 전쟁의 역사 속에서 위험 회피 본능을 제어하도록 군인들을 조직화하는 것이 승리의 핵심 요소라는 것을 발견했습니다. 또한 커다란 소음이나 세력의 과시 등으로 적을 심리적으로 위축시키고 위험 회피 본능에 휩싸이도록 자극하는 것도 전술의 중요 요소였습니다.[18]

기업 역시 인간이 판단을 내리므로 인간과 마찬가지로 위험에 대한 인지가 왜곡됩니다. 막연히 모두가 느낄 수 있는 위험에 대한 관념으로 위험을 판단한다면 도리어 위험을 증가시킬 수 있다는 것은 여러 예로 드러납니다. 경쟁자가 모두 망해 버린 불황의 바닥에서 그것이 가장 커다란 기회라는 것을 이성적으로는 알 수 있더라도 그 상황에서 새로운

---

18) 근세 이전의 전투에서는 공포감이 전파되면 한쪽의 일방적 도주가 시작되는 경우가 대부분이었기에 과거의 전투에서 대부분의 사상자는 전투보다 이러한 도주병들에 대한 학살을 통해 일방적으로 발생한 것이라는 연구도 있습니다. 고대의 전사들이나 일본의 사무라이들은 전투에 실질적인 도움이 되지 않지만 적에게 심리적 위축을 주는 마스크를 만들어 착용하고 공포감을 유도하였습니다. 현대 전투에서도 우연한 조우 상황에서는 적이 보이지 않더라도 선제적 사격을 대규모로 행하는 쪽이 승리할 가능성이 높다는 것을 저술한 롬멜과 같은 전술가는 위험 회피 본능을 자극하는 것이 얼마나 중요한지를 증언합니다. 자신의 위치를 드러내고 탄약을 소모하는 불리함을 감수함에도 적을 공포 속에서 도주하도록 만드는 쪽이 유리했었다는 1차세계대전 일선 장교의 증언은 그 방법의 전술적 효용성을 떠나, 위험 회피 본능이 실질적 위험 상황에서 얼마나 부적절하게 반응하는지를 잘 보여 주는 일면입니다. 즉, 인간과 인간이 대치하는 복잡한 상황에서는 본능적으로 위험을 회피하는 쪽이 더 큰 위험에 처하게 되는 것입니다.

투자를 시작하는 것에는 커다란 용기가 필요합니다.[19] 반면에 빠른 확장과 함께 자금을 물쓰듯 소모하여 매출만 늘리는 것은 매우 위험한 상황임에도 불구하고 임직원들은 커다란 보너스를 남발하고 화려한 파티를 열면서 위험을 망각합니다.[20]

인간에게 프로그램된 위험 인지 회로가 어떻게 투자 손실을 일으키는지에 대해 말하기 위해 유명한 아웃 오브 머니 옵션(out of money option) 판매의 예를 들어 보겠습니다. 주가가 한 달 내에 20% 떨어질 때부터 손실이 발생하는 아웃 오브 머니 옵션을 판매하면 옵션의 판매자는 거의 대부분의 경우 안정적인 수익을 올릴 수 있습니다. 물론 주가가 20% 이상 떨어지는 순간 그 모든 수익을 상쇄하는 커다란 손실이 나겠지요. 사실 그 손실이 너무 커서 한 명의 트레이더 때문에 금융 기관이 한순간에 파산할 정도입니다.[21]

그럼에도 불구하고 사람들은 이러한 안정적인 수익이 계속되면 위험이 작다고 느낍니다. 사람들의 지각은 최근에 반복적으로 일어난 사건들에 대해서 위험하다고 느끼고 그 기억이 오래될수록 덜 위험하다고

---

19) 1998년 저점에 한국 주식이나 부동산을 매수했으면 커다란 재산을 모았을 것이라는 생각을 하는 사람들도 많이 있지만 사실 공포가 만연한 당시에 이를 극복하고 용감하게 매수를 할 수 있는 사람들은 매우 적었습니다. 2008년 금융 위기 당시에도 극단적 투매 속에 비효율성이 극도로 증가하며 위험이 거의 없는 고수익의 기회까지 속출하였지만 대부분의 투자자는 투자 자체를 거부하는 비이성적 판단을 보였습니다.
20) 2000년 닷컴 버블의 붕괴 직전에도, 2022년 성장주 버블 붕괴 직전에도 실질적인 실체가 없이 외형적 확장만으로 투자자들로부터 자금을 조달하여 현금이 넘쳐나던 기업의 임직원들은 현금을 급속하게 소모시키는 손실의 누적 속에서도 위기를 자각하지 못했다.
21) The Dangerous Lure of Cheap Out-of-the-Money Options By CORY MITCHELL. https://www.investopedia.com/articles/optioninvestor/10/lure-of-cheap-options.asp
유명한 닉 리슨의 일화에서도 알 수 있듯 안정된 변동성 속에서 또다시 아무 일도 없으리라고 생각하고 옵션을 팔던 그는 1995년 고베 대지진으로 인한 변동성으로 결국 바링 은행을 파산시켰습니다. How Did Nick Leeson Contribute to the Fall of Barings Bank? (investopedia.com)

느끼기 때문에 십 년에 한 번 일어나는 일들은 일어날 것이 확정적이라고 해도 그다지 위험하다고 느끼지 않는 것입니다.[22] 더 오래전에 일어난 일일수록 대칭적으로 더 먼 미래에 일어난다고 생각하는 것입니다. 그러나 특히나 경제 사이클처럼 주기적으로 찾아오는 위험은 오래전에 일어났을수록 더욱 먼 미래가 아니라 더욱더 가까운 시기에 반복될 것입니다. 바로 이러한 심리적 왜곡 때문에 경제 불황에 선행해서 주가가 폭락하는 것이 아니라 위험을 망각한 사람들에 의해 도리어 버블이 닥치는 것입니다. 투자자들은 곧 경제가 폭락할 것임에도 위험을 저평가하며 더 많은 옵션을 더 싸게 팔아 치웁니다. 위험의 가격이라고 할 수 있는 옵션 가격이 폭락하면 사람들은 이것을 위험이 낮아진 신호로 여겨 더욱더 위험을 저평가합니다.[23]

이건 정말 아닙니다. 이제 우리는 우리가 살고 있는 너무도 복잡해져 버린 세상에서 위험이 무엇인지 본능적으로 느낄 수 있다는 생각은 잠시 내려놓고 새로운 위험 인식 프로그램을 인스톨하도록 합시다. 단지 수만 년 전에 짜여진 프로그램을 폐기하는 것 뿐 아니라 마치 백신 프로그램을 자동 업데이트하듯 주기적으로 새 버전으로 업데이트하는 것도 잊지 말아야 할 것입니다.

---

22) temporal discounting은 매우 잘 알려져 있는 효과로서 미래의 이익과 손해를 현재의 이익과 손해에 비해 훨씬 작다고 인지하는 인간의 기제입니다. 즉, 한 달 후에 받을 백만 원의 가치가 현재의 백만 원에 비해 단지 은행 이자율을 넘어선 훨씬 큰 차이로 느껴진다는 것입니다.
Green, Leonard; Myerson, Joel (2004). "A Discounting Framework for Choice With Delayed and Probabilistic Rewards". *Psychological Bulletin*. 130 (5): 769-792
P. Read Montague and Gregory S. Berns (2002), "Neural Economics and the Biological Substrates of Valuation" Neuron, Vol. 36, 265-284
23) 위험을 헤지하는 도구인 옵션의 가격이 낮으므로 위험이 없다고 역으로 추정하기 때문입니다. 옵션이 실제의 위험을 반영한다면 수학적으로는 이러한 역추정이 맞습니다. 그러나 옵션의 가격은 실제 위험이 아니라 옵션을 팔고 사는 사람들이 생각하는 위험에 대한 추정일 뿐입니다. 그것이 심리적 왜곡에 의한 것이라면 역추정된 위험은 현실과 괴리된 허구의 숫자일 뿐입니다.

대상에 따라 달라지는 총체적 위험

위험은 주어진 사건 그 자체로는 잘 정의되지 않고 그 위험을 받게 되는 대상의 총체적 상황 하에 분석이 됩니다. 이러한 사실은 개인과 기업에게 동일하게 적용되지만 설명의 용이함을 위해 개인의 예를 들어 보겠습니다. 투자업계에서 개인의 총체적 위험을 관리하는 포트폴리오에 대한 연구는 오래전부터 시작되었기 때문에 연구 결과들도 상당히 많이 있습니다.

최저 생계비를 간신히 마련하는 연금으로 근근히 생활하는 고령의 연금 생활자에게 30%의 연금 투자 손실이 발생한다면 생존 자체를 위협하는 위험한 일일 수 있습니다. 단 30%의 손실로도 20년 받을 최저 생계비를 10년밖에 받지 못할 수 있으니까요.[24] 반면에 이십 대 학생에게는 80%의 투자 손실마저도 그리 위험하지 않습니다. 연금 생활자는 연금 이외에 아무 수익이 없겠지만 젊은 학생은 벌어들일 미래의 수익이 당장의 투자 손실액보다 월등히 큽니다. 게다가 이십 대는 축적된 노동 수익이 그리 높지 않다고 가정한다면 투자액 자체가 작겠지요. 반면에 연금 생활자가 평생의 노동 수익을 저축해 모아 놓았다고 가정하면 투자액의 규모가 더 클 것입니다. 다른 예를 들면 연수입이 일 억 원인 사람이 보너스로 받은 오천만 원을 투자해서 이를 모두 잃어도 큰 문제가 아닐 것이지만 연수입이 이천만 원인 사람이 십 년간 간신히 모은 오천만 원이라면 이야기가 전혀 달라집니다. 그런데 어떻게 30%

---

24) 수령액이 고정되어 있을 때 총액의 작은 손실도 총 연금 수령 기간을 크게 줄입니다. 이는 복리 현상 때문입니다. 수령 초기에도 계속해서 이익을 누적하는 연금의 초기 수령액이 크면 후기에 연금을 지급할 이익이 누적되지 못합니다.

의 손실을 낼 수 있는 투자 기회가 위험한지 그렇지 않은지를 이야기할 수 있을까요? 누군가에겐 너무 위험한 투자이고, 벤처 투자처럼 전체를 잃는다 해도 수십, 수백 배의 수익률을 기대하는 사람들에게는 지지부진한 투자일 것입니다.

투자자의 미래 수익이 크면 고위험 고수익을 추구하는 것이 최적의 해이기 때문에 대부분의 개인 연금 펀드들이 초기에는 주식과 같은 위험 자산을, 후기에는 국채와 같은 변동성이 작은 안전 자산을 중심으로 운용하고 있습니다.[25] 이러한 사실은 어릴수록 위험을 더 많이 감수하고 나이가 들수록 보수성을 늘려 나가는 인간의 성향과도 맥락이 닿아 있습니다.[26]

---

25) 인베스토피디아, How to Invest at Every Age.
https://www.investopedia.com/articles/investing/090915/are-your-investments-right-your-age.asp

26) 나이가 어릴수록, 남성성이 강할수록 (정확히는 남성 호르몬 수치가 높을수록) 위험을 긍정적으로 감수한다는 것은 이미 많은 연구 결과에서 드러났습니다. 이러한 사실은 이미 인간의 진화 속에서 어릴 때 위험 감수를 한 쪽이 어릴 때 보수적 성향이었던 쪽보다 훨씬 더 효과적으로 번성했다는 이론을 만들어 내었습니다. 물론 복잡한 금융에서의 투자 위험 분석으로부터 나온 최적해와 직접적으로 연결시키는 것이 올바른 방법은 아니지만, 인간의 삶 속에서 나이에 따라 위험이 다르게 느껴지는 것은 어느 정도 타당한 이유가 있다는 점에서 좋은 예라고 하겠습니다.

Albert SM, Duffy J. Neurosci Neuroecon. Differences in Risk Aversion between Young and Older Adults, 2012

Ellis, B. J., Del Giudice, M., Dishion, T. J., Figueredo, A. J., Gray, P., Griskevicius, V., Hawley, P. H., Jacobs, W. J., James, J., Volk, A. A., & Wilson, D. S., The evolutionary basis of risky adolescent behavior: Implications for science, policy, and practice. *Developmental Psychology*, 48(3), 598-623, 2012

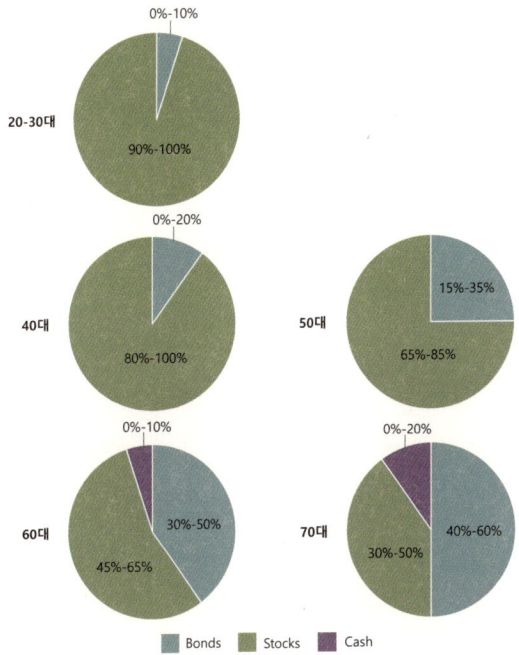

대부분의 뮤추얼 펀드나 연금 펀드에서는 연령대별로 적합한 투자 포트폴리오를 연구해서 고객들에게 제시합니다. 나이가 어릴수록 위험 자산에 배분하고 나이가 많을수록 안전 자산에 배분하는 것을 볼 수 있습니다.
Retirement Savings by Age: What to Do With Your Portfolio in 2022, T. Rowe Price (troweprice.com)

안전한 자산에만 투자? 장기적으로 위험 증가

위험하고 수익률이 높은 투자 자산은 단기에 수익을 낼 확률이 불확실할 뿐 전체적으로는 장기적 기대 값이 더 높습니다. 분산 투자와 장기 투자가 결합되면 손실의 위험도 상당히 줄어듭니다. 따라서 장기에 걸쳐 여러 아이디어로 분산 투자를 할 경우 상당한 확실성으로 월등히 높은 수익을 낼 수 있기 마련입니다. 그럼에도 불구하고 이러한 변동성 높은 자산이 위험해 보인다고 투자 자체를 기피하는 것은 비이성적 심리적 왜곡일 뿐입니다.

중년의 나이에 실직하고 소규모 사업을 시작했다고 합시다. 사업이 실패하면 안전하게 모았든 위험하게 모았든, 그때까지 모아서 사업에 투자한 자본금은 모두 사라질 것입니다. 만약 젊은 시절 위험 자산의 투자로 자본금을 충분히 확보할 수 있게 되었다면 넉넉한 자본금 속에 파산 위험이 줄어듭니다. 반면에 젊은 시절 안전 자산에만 투자해서 자본금이 크지 않다면 결국 모자란 자본금을 충당하기 위해 빚을 지고, 파산의 확률은 높아집니다. 어딘가 주변에서 많이 듣던 이야기가 아닌지요? 즉 안전 자산의 투자가 당장의 위험은 낮추는 것처럼 보이지만 삶 전체로 보면 결국 총체적 위험을 높일 수 있는 것입니다.

앞에서 예로 든 연령대별 추천 포트폴리오는 이렇게 인생의 어느 중간에 꼭 필요할 수 있는 목돈의 양이 클 수도 있다는 가정조차 되어 있지 않습니다. 그럼에도 불구하고 위험 자산에 대한 분배가 큰 쪽이 안정적이라고 분석하고 있습니다. 그에 더해 중간에 닥칠 수 있는 큰 손실이나 투자의 가정까지 들어가면 안전 자산만으로 이루어진 포트폴리오는 총체적 위험을 증폭시킬 것입니다.

금리가 1퍼센트에서 2퍼센트 사이에 머무는 최고로 신용 등급이 높은 은행의 예금에 20년 동안 연봉의 20퍼센트를 저축해도 20년 후 5년치 생활비에 해당하는 금액조차 모으기 힘듭니다. 절대로 파면되지 않는 정년이 보장된 직장에서 충분한 연금을 죽을 때까지 보장받고,

중간에 사업을 시작하지도 않고, 암에 걸려 높은 치료비가 발생하지도 않으며, 소송에 휘말려 큰 돈을 배상할 일도 없고, 아이가 크게 아파도 안됩니다. 다시 말해 국가든 기업이든 매우 안정된 주체가 노후를 보장해야 하고, 안전 자산의 안정성을 넘어선 어떤 사건도 일어나면 안됩니다. 인생 전체의 변동성이 투자보다 월등히 높을 때 낮은 변동성의 투자는 아무 이득이 없습니다. 10억 원의 치료비가 드는 암에 걸릴 위험이 높은 사람이 총 5천만 원을 들여 치료비를 전액 지불하는 암 보험에 든다면 이 암 보험에 투자한 자본은 암에 걸리지 않는 이상 100% 손실을 입는 위험 자산이 됩니다. 반면에 장기 국채에 투자하여 이십 년 후 1억 원이 되었다면 그 자체는 매우 안전한 자산 투자이지만 결과적으로 암에 걸리면 치료비가 없어 죽을 수밖에 없게 되지요. 포트폴리오 전체의 변동성이 높을 때 그 변동성을 상쇄하지 못하는 안전 자산에 대한 투자 배정은 전체 위험을 높이는 것입니다.

기업에게도 안전하고 길게 가는 사업이 있을 수 있습니다. 하지만 대부분의 기업은 언제 어디에서 어떻게 커다란 손실이 날지 예측하기 힘듭니다. 이익과 손실이 일 억 원 단위로 날 수 있는 사업에서 위험을 줄이기 위해 천만 원을 들여 헤지를 한다고 합시다. 그러한 헤지는 최소 몇천만 원 정도의 손실과 이익이 날 정도로 용인해 주어야 전체 위험을 조금이라도 줄여 줄 것입니다. 최대 백만 원의 손실과 이익이 날 정도로 안전 자산만 배정하면 이득이 없습니다.[27] 위험을 헤지하기 위해서는 한쪽의 손실을 상쇄시킬 정도로 헤지 투자의 이익의 규모가 커야 합니다.

---

27) 이는 간단히 수학적으로 증명됩니다. 변동성이 큰 투자를 제거하지 못하는 경우, 수익을 희생하며 다른 투자의 변동성을 낮추는 것은 전체 변동성에 별 영향을 주지 못합니다. 위험은 그대로이고 수익만 낮추게 됩니다. 위험을 줄이기 위해 수익이 너무 낮아지면 도리어 전체 변동성이 늘어나기도 합니다.

기업의 위험 회피 경향은 주로 현금에 대한 선호로 드러납니다. 하지만 보유한 현금의 양 자체가 작아 위험한 상황에서 그것을 그대로 유지한다고 해도 위기 시에 그 기업을 살릴 정도로 충분한 양이 아니라면 위기를 넘기기에는 역부족인 수준의 현금만을 들고서 위험을 회피했다고 생각하면 안됩니다. 손실이 나면 파산을 면하기 위해서 백 억 원의 현금이 필요한데, 단 십 억 원의 현금을 들고 있다면 어떤 위험의 감소가 일어날까요? 반면에 단 십 억 원의 헤지 포트폴리오 속에 포함된 옵션과 선물이 겉으로 보기에는 현금보다 더 위험해 보여도 손실 시 백 억 원을 마련해 준다면 본질적으로 위험의 감소가 일어나는 것입니다. 현금만 들고 있는 쪽이 왜 위험을 더 늘릴 수 있는가에 대해 이제 어느 정도 공감할 수 있을 것입니다. 운동 부족으로 사망 위험이 매우 높은 사람이 자전거 사고와 보행자 사고 위험이 무서워 대형 SUV만 타고 다닌다고 해도 사망 확률이 낮아지기는커녕 도리어 높아질 뿐인 것과 같습니다. 어느 정도의 위험이 있다 하더라도 그것이 본원적 위험보다 훨씬 작을 때에는 그 작은 위험을 없애는 것보다 본원적 위험과 상쇄되도록 하는 편이 전체 위험을 낮춥니다.

극단적 위험 회피 성향

아무리 작은 확률의 위험도 전혀 받아들일 수 없고 아무리 작더라도 한푼이라도 현금으로 통장에 들어 있어야 한다고 믿는 사람도 있습니다.[28] 그렇다면 당연히 초단기 국채를 사거나 은행에 예금만 해야 하겠지요. 하지만 위험을 회피하는 성향이 크다고 해서 최적이 아닌 포트폴리오가 최적이 되지는 않습니다.

이렇게 극단적인 위험 회피 성향의 투자자가 위험 자산의 압박을 심리적으로 견디지 못해서 위험을 회피했다면 어찌할까요? 모든 것에는 예외가 있기 마련입니다. 위험 자산의 급격한 변동성 속에서 잘못된 투자 결정을 남발한다면 위험 자산을 포트폴리오에 포함하는 결정은 적절하지 않습니다. 사실 2008년 금융 위기에 감언이설에 넘어가 위험한 변동 금리 모기지를 재금융받아 파산 위험에 처했던 미국의 노인들은 본질적으로는 위험 회피 성향이 컸습니다. 위험 자체를 잘 이해하지 못하거나, 아니면 너무 쉽게 위험을 받아들여서 과도한 위험을 질 수 있

---

28) 위험에 대한 왜곡된 인지는 모두가 같은 성향을 보이는 것이 아니라 특정 성향의 사람들이 위험을 실제보다 더 크게 인지한다고 나타났습니다. 예를 들어 보통 사람들이 100원을 벌 확률이 반일 때 40원밖에 내고 싶어하지 않는다면, 위험 회피 성향의 사람들은 10원도 내고 싶어 않는 것입니다. 객관적 이익과 상관없이 나타나는 이러한 왜곡은 우울증 성향과 연관되어 있다고도 나타났습니다. 우울증 성향에 의해 극단적 위험 회피가 나타나는 것인지, 아니면 제 삼의 인자가 우울증과 극단적 위험 회피를 발현시키는 것인지는 확인되지 않았습니다. 변화와 극단적 상황에 대처할 능력이 떨어질수록 평소에 더 큰 불안을 느끼게 된다면 이러한 인자가 위험 회피 성향과 우울증 혹은 불안을 동시에 발현시킬 수도 있습니다. 노년에 변화 대처 능력이 떨어질 때 극단적으로 위험을 회피하는 쪽으로 투자를 결정하는 쪽은 따라서 어느 정도 최적의 해에 근접할 수 있습니다. 그러나 그렇지 않고 단지 심리적 왜곡에 의한 것이라면 그것은 문제입니다. 자신의 성향을 잘 이해한다면 투자에서 이러한 성향 때문에 오는 왜곡된 판단을 줄일 수 있을 것입니다.

Sediyama CYN, de Castro Martins C, Teodoro MLM. Association of Loss Aversion, Personality Traits, Depressive, Anxious, and Suicidal Symptoms: Systematic Review. Clin Neuropsychiatry. 2020 Oct;17(5):286-294

는 사람들은 처음부터 극단적 위험 회피 성향을 갖는 것이 타당할 것 같습니다. 믿을 수 있는 투자 어드바이저가 옆을 지키지 않는 한 말입니다.

기업 역시 극단적 위험 회피 성향의 기업이 있습니다. 보수적인 임원들이 많이 자리한 오래된 기업일수록 그럴 가능성이 더 높습니다. 오래된 기업이 그 오랜 시간 동안 살아남은 것은 바로 그 임원들이 과거에 발휘한 뛰어난 능력 때문입니다. 하지만 과거의 그 성공이 새로운 투자를 주저하게 만들고 과거에 증명해 보인 안전한 사업만 지속하려는 경향을 만듭니다. 빠르게 변화하는 세상 속에서 그러한 극단적 위험 회피 성향은 결국 기업을 쇠퇴시킵니다. 이전에 벌어 둔 돈이 아무리 많아도 변화에 저항하며 현금을 쌓아 놓고 버티기만 할 수는 없습니다. 살아남기 위해서는 위험을 관리해서 변화를 선도하는 능동적 투자를 해야 합니다. 그러나 개인에서 예외가 있듯 기업에도 예외가 있기 마련입니다. 어떻게 해도 변화를 받아들일 수 없는 기업이라면, 성장을 포기하고 딱 십 년만 더 버티기로 결정하는 쪽이, 어차피 과반수의 기업이 십 년 후 무대에서 사라지는 현실 속에서 이상한 결정은 아닐 것입니다. 차량 연비 증가와 전기차의 증가로 주유소의 숫자가 줄어드는 상황에서 주유소 운영 기업들의 이익이 급격히 줄어들고 있습니다. 그러나 변화를 따르는 다른 투자를 결정하지 않고, 십 년 후에 폐업을 하기로 아예 미리 결정할 수도 있습니다. 새로운 변화를 이해하고 따라갈 경쟁력을 가지고 있다는 확신이 없다면 더더욱 말입니다.

위험 대비 수익 비율 높이는 위험 자산

장기 투자 뿐만 아니라 단기 투자 포트폴리오에서도 위험 자산이 전체 위험 대비 수익의 비율을 높이는 현상은 이미 잘 알려져 있었습니다. 물론 장기 투자에 비해서는 위험 자산의 비율을 훨씬 더 줄여서 최적화한다는 가정입니다. 이러한 현상을 가져오는 이유는 첫째, 두 배 더 위험한 자산이더라도 절반만 투자를 배분한다면 다양성을 늘려 주어 집중 투자의 위험을 상쇄하기 때문입니다. 즉 투자 대상을 늘리는 방향이 위험을 상쇄시키는 분산 투자를 만들어 줍니다. 작은 양이라도 포트폴리오에 포함하는 쪽이 분산 투자의 효과를 늘리는 것입니다. 둘째, 위험한 투자의 수익이 더 높은 경향이 있기 때문입니다. 분산 투자로 위험이 상쇄된다는 가정 하에서 위험한 투자의 더 높은 이익은 포트폴리오가 손해를 볼 위험을 도리어 낮춥니다. 그러나 분산 투자를 하지 않을 경우는 위험 자산이 기대한 수익을 실현할 충분한 시간이 없는 단기 투자의 특성상 위험이 높아지겠지요.

초단기 투자에서는 반대로 모든 자산의 위험도가 크게 줄어들 수 있습니다. 일 년을 두고 보면 크게 변하는 자산 가격이라도 하루이틀이나 한두 시간 사이에는 크게 변하지 않는 경우가 많기 때문입니다. 그러나 초단기 투자는 가격이 작게 변하므로 한 번의 거래에서 오는 이익도 그만큼 작습니다. 이렇게 이익이 작으면 비용의 비중이 커집니다. 거래 비용이 큰 경우 작아진 이익이 이를 감당하지 못하게 되는데, 대부분의 위험 자산은 거래 비용이 더 커지는 경향성이 있습니다.

물론 나스닥 인덱스 ETF처럼 거래량이 매우 많다면 위험도에 비해 거래 비용이 훨씬 낮아지게 됩니다. 거래량이 작은 다우존스 인덱스 ETF와 같은 경우 나스닥 인덱스 ETF보다 덜 위험하지만 거래량이 더 작기 때문에 거래 비용은 더 높아질 수 있습니다.

연구 개발 투자가 전체 위험에 미치는 영향

기업의 연구 개발 투자는 장기 수익을 높일 수 있는 중요한 수단입니다. 성공 확률이 높지 않으나 성공할 경우 큰 보상이 따르는 연구 개발 투자를 늘리는 것은 포트폴리오에서 위험이 높은 투자 상품에 자산을 배분하는 것과 같습니다. 그렇다면 실패 시 파산 위험까지 있는 연구 개발 투자를 통해 악화된 재무 구조와 이자 비용을 상쇄하는 이익을 낼 수 있을까요? 시장은 이에 대한 결론을 주가 하락으로 답합니다. 다시 말해 회사 규모에 비해 연구 개발 비용이 큰 비중으로 늘어날 경우 주가는 하락합니다.[29] 위험이 높은 연구 개발 프로젝트를 수행하는 기업은 그 비용을 상쇄하는 이익을 주주에게 가져오지 못한다는 것이 시장이 내린 결론입니다. 그렇다면 회사는 연구 개발을 최소화하고 오로지 현재의 이익과 현금 흐름만을 극대화해야 할까요? 이 어려운 질문에 대한 답은 경영자의 선택에 따라 다르게 나옵니다. 주식 시장의 평가가 부정적이라고 해서 그 평가가 높은 확률적 확실성을 담보했다고 확정할 수는 없었고, 근소한 차이로 부정적인 결과가 더 많았기 때문

---

29) Xiang, E. Gasbarro, D. Cullen, G. Ruan, W. (2020) Does R&D expenditure volatility affect stock return?, Journal of Contemporary Accounting & Economics, Volume 16(3)

이었습니다. 펀드 운용자 입장에서는 포트폴리오에 수천 개의 기업이 포함되어 있기 때문에 이러한 근소한 차이가 확실한 손실 혹은 수익을 만들어 냅니다. 하지만 기업의 입장에서는 다릅니다. 어느 정도의 확률적 차이는 충분히 극복할 수 있습니다. 자신의 상황에 맞추어 선택할 수 있는 문제입니다. 경영자 성향이나 기업 문화와 같은 다른 요인들에 의해 전혀 다른 결과가 나올 수 있기 때문입니다.

현재의 위험보다 연구 개발의 실패로 인해 닥치는 미래의 위험에 중점을 둔다면 당연히 내려지는 결론은 더욱 큰 연구 개발비를 투자해서 연구의 성공 확률을 높이는 것입니다. 이런 일이 이루어지는 곳이 바로 테슬라 같은 성장주들의 세계입니다.[30] 주주들이 느끼는 테슬라의 위험은 당장의 안정적인 현금 흐름이 아니라 미래의 성장 동력 상실입니다. 현재의 높은 파산 가능성을 무시하고 대규모 연구 개발 투자를 감행하겠다는 결정은 통상적인 의미에서는 매우 위험한 발상이지만 이런 방식으로 운영을 해 온 테슬라에 대해 시장은 높은 가치가 있다고 평가하였습니다.

테슬라의 주가가 오르고 엄청난 관심을 받았다고 해서 프로터앤드갬블 같은 안정적이고 위험이 분산된 회사까지 스스로 감당하기 힘든 규모의 금액을 연구 개발에 투자하고 공격적 운영을 시작한다면 어떻게 될까요? 테슬라와 달리 프로터앤드갬블의 주가는 급락하고 말 것입니다. 대규모 연구 개발은 어느 쪽이 맞고 어느 쪽이 틀린 것이 아니라

---

30) 2020년 테슬라는 차량 한 대의 매출당 868달러를 지출한 GM 등의 경쟁사들보다 세 배 이상 R&D 지출을 하여 차 한 대의 매출당 약 3000달러를 연구 개발에 사용하였습니다. 게다가 매년 R&D 총 비용이 비약적으로 커져서 8%, 11%, 73% 증가하는 식으로 커다란 변동성을 보였음에도 주가는 상승하였습니다. 물론 R&D의 총량은 포크스바겐처럼 매출액이 열 배 이상 더 큰 회사에 비해 작았지만, 기존 모델의 개량과 같은 지속적 연구가 아니라 완전히 새로운 분야에 대한 위험한 연구 개발이 많았기에 위험이 훨씬 더 높았다고 할 수 있습니다.

각각의 기업의 경영 스타일과 사업 방향에 최적화된 문제이기 때문입니다. 만약에 세상의 모든 기업들이 프록터앤드갬블처럼 안정적으로 운영을 한다면 테슬라의 가치는 더욱 높아질 것입니다. 위험을 감수하는 다른 경쟁자가 없기 때문입니다. 반면 모든 기업이 테슬라처럼 운영한다면 도리어 프록터앤드갬블의 가치가 상승할 것입니다. 위험을 감수하는 대가가 하락하기 때문입니다.

파산의 경계선상에서 이루어지는 대규모 연구 개발 투자

테슬라가 이미 성공한 시점이 아니라 과거로 한번 돌아가 봅시다. 첫 번째 대중 모델조차 생산하지 못하던 2012년, 대부분의 시장 참여자들은 테슬라의 성공 가능성을 매우 낮게 보고 있었습니다. 기존의 가중된 손실을 더 늘리는 연구 개발 투자는 어느 정도의 위험이었을까요? 모델 S가 나올 시기 테슬라 주가는 2022년의 백분의 일도 되지 않았습니다. 시장은 테슬라의 파산 확률이 높다고 보고 집중적으로 공매도를 시도했습니다. 그러나 이미 파산 위험이 상당히 높은 상황에서 테슬라의 입장에서 크게 파산하느냐 작게 파산하느냐는 큰 관심사가 아니었습니다. 반면에 연구 개발에 더욱 과감히 투자할 경우 연구 개발 성공 확률은 높아지고 성공 시 이익 역시 더욱 커질 수 있었습니다. 그렇다면 기업의 위험 헤지는 당장의 손실을 줄여 경영을 안정화시켜 나가는 쪽으로 행해져야 했을까요? 아니면 도리어 연구 개발 투자 비용을 늘려 연구 개발의 성공 확률을 높이는 쪽으로 행해져야 했을까요? 테슬라의 경우처럼 연구 개발 실패 시 파산이 확실한 경우 가장 큰 위험은 연구 개발의 실패입니다. 연구 개발이 실패하고 전기차가 사람들을 만족시키지 못했다면 비용을 아무리 아껴도 큰 차이가 없는 것입니다. 첫 번째 전기차의 성공이라는 커다란 위험 팩터 앞에 연구 개발은 상대적으로 작은 변동성이 되고 만 것입니다.

주주의 이익과 임직원의 이익이 꼭 일치하지는 않습니다. 예를 들자면 신주를 발행해서 그 자금으로 대규모 보너스를 지급했다면 주주와 임직원 사이의 상호 이익은 충돌합니다. 하지만 테슬라가 더욱 커다란 연구 개발 투자로 위험의 총액을 늘렸던 선택은 투자자들의 이익과도 배치되지 않습니다. 실패하면 파산하는 상황에서 다른 신규 투자자들로부터 자금을 조달하여 성공 확률을 늘리는 것은 기존 투자자의 위험 역시 낮추어 줍니다. 그러나 문제는 이러한 방식이 항상 성공할 수는 없다는 데에 있습니다. 신규 투자자들은 특히나 모든 기업들의 파산 위험이 고평가되는 시기에 아무 결과도 없는 위험한 회사에 투자하기를 극도로 꺼립니다. 그러면 테슬라는 오로지 뛰어난 능력과 기술력으로 투자를 받은 것일까요?

테슬라의 성공은 2008년 금융 위기 이후 미국 정부의 양적 완화로 역사상 몇 번 일어나지 않을 정도로 위험을 극단적으로 저평가하고 기업에 대한 신용 공여가 최대로 늘어났던 시기와 맞물려서 이루어졌습니다. 행운이 함께한 것입니다. 다시 말해 위험이 하락하는 방향으로 베팅을 했는데 우연히 맞은 것입니다. 테슬라는 앞으로 십 년 이상 이러한 위험의 저평가 시대가 오리라는 것을 미리 알았을까요? 만약 도리어 위험이 증가하는 시기가 도래했다면 어찌할 수 있었을까요? 위험이 증가하는 방향으로 베팅하고 싶다면 VIX 지수[31]와 같이 시장의 위험도를 나타내는 지수에 베팅할 수 있습니다. 이외에도 성장주를 공매도하거나 풋 옵션을 매수하는 등의 방법을 통해 위험이 증가하는 상황에서 수익을 올리는 포트폴리오를 다양하게 만들어 낼 수 있습니다.

테슬라는 헤지를 하지 않았지만 퀀트 투자 포트폴리오들은 그렇게 운에 모든 것을 맡기는 무모한 위험을 감수하지 않습니다. 테슬라 같은 회사에 투자할 때에는 성장주를 공매도함으로써 우연을 배제하고 테슬라만의 강점을 살립니다. 테슬라가 어려움을 겪는 상황이 온다 하더라도 테슬라보다 상대적 경쟁력이 떨어지는 다른 기업들은 더욱 폭락할 것이라는 데에 베팅을 하는 것입니다. 테슬라가 아무리 확신을 가지고 도박을 했다 하더라도, 퀀트 포트폴리오들은 그런 도박을 하지 않는 것입니다. 룰렛으로 돈을 번 사람은 있을 수 있지만, 계속해서 버는 사람은 없습니다.

---

[31] 시카고선물옵션거래소(CBOE)에서 거래되는 스탠더드앤드푸어스(S&P)500 지수가 향후 30일간 얼마나 움직일지에 대한 시장의 예상치를 나타내는 지수로서 1993년 듀크대학의 로버트 웨일리(Robert Whaley) 교수가 창안했습니다. 일명 공포 지수(fear index)라고 불립니다. 앞에서 설명하였듯이 포트폴리오의 변동성이 크더라도 손실을 볼 가능성이 0%인 경우도 있을 수 있지만, 일반적으로는 포트폴리오 수익률의 표준 편차로 설명되는 변동성이 클수록 해당 포트폴리오는 단기적으로 커다란 손실을 볼 가능성이 높습니다. VIX는 인덱스이므로 이 자체를 거래할 수는 없습니다. 하지만 이러한 인덱스에 대한 선물은 거래가 가능합니다. VIX 선물에 기초한 ETN인 VXX를 보게 되면 인덱스 자체와 상당히 괴리되는 모습을 보여 주게 되는데 이러한 현상은 현재가 아닌 미래의 인덱스 값인 선물의 가격이 현물의 가격과 괴리되기 때문이지만 선물의 거래 비용 및, ETN 자체의 운영 수수료 등이 영향을 주므로 단순히 VIX 값만 보고 VXX와 같은 파생 상품을 거래하는 것은 옳은 투자 방법이 아닙니다. 앞으로 위험이 줄어들 것인가 늘어날 것인가를 잘 예측했다고 해도, VIX 파생 상품으로 그 이익을 취하는 것은 다른 이야기입니다. 예를 들어 지금 당장 커다란 단기적 사건이 터져서 인덱스는 값이 뛰어도 미래의 인덱스 값인 선물은 그 변동을 모두 반영하지 않을 가능성이 큽니다.

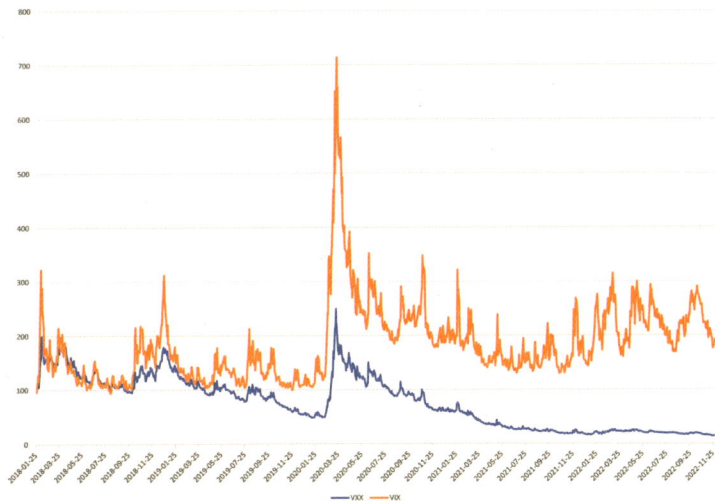

VIX 지수와 이를 추종하는 ETN VXX

위험을 가중시킨 테슬라의 비트코인 투자

그런데 그러한 팩터 위험성을 안고 있던 테슬라는 2021년 도리어 자신의 본원적 사업과 상관이 없는 비트코인 같은 자산에 상당한 투자를 했습니다.[32] 위험의 헤지는커녕 반대로 성장주와 위험의 저평가에 가중적으로 베팅을 한 것입니다. 이전 십 년 동안 위험을 저평가하는 시기에 위험의 저평가 베팅을 통해 사업이 성공했으니 앞으로도 계속 그 방향으로 베팅을 하는 것이 성공의 지름길이라고 가정을 한 것입니다.

---

32) 테슬라는 2021년 초 거의 20억 달러에 달하는 비트코인을 매입한 이후 2021년 말에 대부분 청산했습니다. 성장주와 비트코인은 2020년 이후 실행된 세계적 양적 완화를 통한 신용의 확산과 위험의 저평가라는 팩터에 의해 커다란 성장을 할 수 있었기에 그 하락 역시 서로 밀접하게 연계되어 일어날 수밖에 없었습니다.

테슬라가 비트코인 같은 암호 화폐를 미래의 주요 성장 동력으로 삼았다면 어느 정도 정당화할 수 있습니다. 그러나 비트코인 구매는 순전히 투자 목적이었습니다. 이는 버블 시기에 기업이 자신이 과다하게 노출된 위험 팩터를 방치하는 것을 넘어 노출도를 더욱 높여 위험을 가중시키는 선택을 어떻게 할 수 있는지를 잘 보여 주는 예입니다. 성장주가 급락하고 위험이 고평가되면서 2022년 후반기에는 비트코인의 폭락과 함께 200배 이상의 극단적 이익 대비 주가 비율(PER)을 인정받던 고성장 기업들의 주가는 모두 폭락했습니다. 테슬라 역시 예외는 아니었습니다. 기업 본연의 사업이 아닌 투자 자산까지 위험을 상쇄시키는 쪽이 아니라 위험을 가중시키는 쪽으로 배분하는 것은 커다란 해를 끼치는 것입니다. 테슬라가 그 투자로 본 이익과 손실은 중요하지 않습니다. 설사 우연히 때를 잘 맞추어 이익을 보았다 하더라도 위험의 측면에서 이 투자에 우리는 부정적 평가를 할 수밖에 없습니다. 위험을 가중시켜 만들어 낸 우연한 이익은 장기적으로 기업에 해가 됩니다. 이익은 이러한 투자를 반복하게 하고 그러한 투자 경향은 미래의 대규모 손실을 암시하기 때문입니다.

무형의 가치에 대한 위험

금전적 위험에 대해 많은 예를 다루었으니 잠시 머리도 식힐 겸 다른 위험의 예를 들여다볼까요? 창작을 가장 중요하게 여기는 예술가들은 금전적 안정을 잃는 한이 있어도 훌륭한 작품을 창작하는 쪽을 선호할 수 있습니다. 직장을 사직하고 소설을 썼던 소설가들이 경제적 위험을 가중시켰다고 해석할 수 있을지, 아니면 명작을 창작하지 못하는 위험을 줄였는지 쉬운 결론을 내리기 힘들 것입니다. 공익 사업을 하던 웹사이트의 운영자가 사이트를 반대 집단에 판매해 결국 폐쇄시켰다면, 운영자의 경제적 위험이 줄고, 명예가 추락하는 위험이 늘어났으니, 전체 위험은 뭐라고 말하기 힘들겠지요. 현대 사회에서 금전적 위험이 중요하긴 하지만 금전적 위험을 줄이는 대가로 다른 무형의 가치를 잃는 것 또한 커다란 위험이 될 수 있습니다.

만약 기업의 목적이 투자자의 이익 최적화라면, 위험은 주가로 결정될 것입니다. 하지만 기업의 창업주는 주가의 등락과 별개로 인공 지능의 개발이나, 질병의 퇴치 등 자신의 목적을 향해 나아갈 결정을 내릴 수 있습니다. 인도의 타타그룹처럼 이익의 사회 환원을 궁극적 목표로 하는 기업이 모든 사회 사업에 대한 지원을 멈추고 오로지 이익만 추구하기로 했다면 주가는 도리어 떨어질 수도 있습니다. 인도의 국민들이 타타를 사랑하고 상품을 구매하는 이유는 바로 그러한 타타의 이미지도 중요하기 때문입니다. 파타고니아를 세운 이본 슈나드는 자연에 대한 진심 어린 사랑을 원동력으로 기업을 창업했고, 고객들은 그 기업을 아꼈으며, 결국 2022년에 4조 원 가치의 모든 주식을 환경단체에 기부했습니다. 파타고니아가 성장할 수 있었던 것은 이러한 무형의 가치가 기업의 가치를 높였기 때문입니다.

단기적 손실로 나타날 수 있는 이러한 가치 추구는 장기적으로는 기업에게 커다란 자산이 될 수 있습니다. 다만 이러한 행보가 이미지 형성을 위한 계산으로만 이루어지고 기업의 진정한 가치 추구가 함께하지 못한다면, 그 가치를 소비자가 받아들이기는 힘들 것입니다. 타타그룹이나 파타고니아처럼 고객이 가치를 공감하기 위해서는 가치의 중심에 진심이 자리해야 할 것입니다.

기업의 문화 역시 가치입니다. 직원들이 직장을 자신의 삶의 중심으로 여기는 공동체적 기업이 위기 시에 직원을 대량 해고할 수 있을까요? 주식 시장은 위기 상황에서 대량 해고를 감행한 기업에 대해 이를 위험의 감소로 해석하고 주가를 상승시킵니다. 그러나 공동체적 가치를 주장하던 기업이 직원을 대량 해고했다면 공유하던 공동의 가치는 물거품처럼 사라지고 커다란 효율성의 증가를 가져오던 상호 신뢰는 다시 쌓이기 힘들겠지요. 아무리 단기적으로 주가가 상승하더라도 숫자로 측정되지 않는 위험이 생겨난 것입니다.

기업의 파산 위험

충분히 분산 투자를 하는 투자자의 입장에서 기업의 파산은 그리 큰 위험이 아닙니다. 분산된 위험을 감수하는 벤처 캐피탈이나 엔젤 투자의 경우 대부분의 투자 기업으로부터 투자금을 회수하지 못한다는 가정이 있기 때문에 개별 기업의 파산을 특별히 더 위험하다고 생각하지 않습니다. 마치 보험 회사가 교통사고 하나를 위험이 아니라 일상적인 사업의 과정이라고 여기는 것과 같은 맥락입니다.

퀀트 투자의 입장에서도 게임스탑 사태에서 보았듯이 하루에 300퍼센트 이상 손실을 입을 수 있는 주가의 급등이 위험하지 최대 100퍼센트 손실이 전부인 기업 하나의 파산은 큰 위험이 아닙니다. 게다가 대부분의 파산은 하루에 결정되는 것이 아니라 긴 기간에 걸쳐 점진적으로 일어납니다. 신약 개발이나 대형 계약 체결 등으로 하루에 몇 배로 폭등할 수 있는 변동성에 비하면 더 작게 분산됩니다. 개별 기업의 파산은 특별한 위험이 아니며 이에 대해 별도로 특별한 헤지를 수행할 필요도 없습니다.

하지만 기업의 입장은 다릅니다. 특히나 오래되고 안정된 기업일수록 파산 가능성은 커다란 위험으로 여겨집니다. 엔젤 투자를 받은 신생 기업은 투자금을 모두 소진하고 파산할 수 있는 연구 개발 투자를 과감하게 수행하지만, 축적된 자기 자본이 있는 중견 기업들은 자본금이 모두 소진될 수 있는 위험한 투자를 하지 않습니다. 위험에 대한 극단적 회피는 비효율과 손실을 만들어 냅니다. 모든 자금이 소진되는 것을 무조건 막으려면 대부분의 자금을 현금으로 보유해야 하고 투자 기회는 심각한 제약을 받게 됩니다. 매우 높은 수익이 예상되는 사업이라고 해도 위험한 초창기가 아니라 남들이 이미 성공한 후에야 뛰어들 수밖에 없습니다. 마치 테슬라가 성공한지 몇 년 후에야 포드와 GM이 전기차 사업에 대규모로 투자했듯이 변화를 선도하는 능력이 떨어지고 맙니다. 21세기의 가속화된 변화 속에 후발업체가 수익을 낼 기회는 점점 더 줄어들고 있습니다.

헤지는 기업의 파산 위험 자체를 분산 투자를 수행한 투자자가 감수하는 위험 정도로 낮출 수 있습니다. 하지만 헤지가 모든 문제를 해결할 수는 없습니다. 시장 상황 악화와 같은 외부 요인에 의한 어려움은 헤지가 해결해 줄 수 있지만, 내부 부패나 본원적 경쟁력 저하와 같은 이유로 파산한다면 아무리 헤지를 하고 새로운 투자금을 쏟아부어도 살려내기 힘듭니다. 투자 포트폴리오라면 이러한 기업을 헤지하는 것이 아니라 보유 주식을 청산하고 나아가 적극적으로 공매도를 시도할 것입니다.

기업의 회생 가능성이 낮은 경우, 주주들로부터 무한정 투자금을 끌어내어 밑빠진 독에 물 붓듯 소모하고, 계속해서 높아만 가는 금융 비용을 걱정하며 단순히 시간을 지연해 나가는 상황이라면, 빠른 정리를 하는 쪽이 더 좋습니다. 세상의 모든 기업은 결국 사라지고 맙니다. 채 10년을 버티지 못하고 사라지는 기업이 대부분인데 기업을 영원히 살린다는 것은 어차피 불가능한 일입니다. 인간 개인이야 자신이 죽으면 모든 것이 끝이니 비용이 많이 든다 하여도 죽음만은 어찌하든 막으려 애쓸 것입니다. 그러나 인간은 죽으면 끝인 반면 기업의 주주는 새로운 기업에 투자를 할 수 있고, 기업의 임직원은 성장 가능성이 높은 다른 기업으로 옮겨갈 수 있습니다. 다시 말해 주주의 시각이나 임직원의 시각에서는 기업의 소멸이 커다란 손실이라는 점은 맞지만 궁극의 위험까지는 아닌 것입니다. 심지어 창업주라고 해도 희망이 없는 기업에 투자를 계속하는 것보다는 빠른 정리 이후에 새로운 기업을 세우는 쪽을 택할 수 있습니다. 21세기 성장 기업의 창업주들은 성공적인 기업마저도 매각하고 새로운 성장을 이끌 새로운 사업을 시작하는 것이 그 추세입니다.

정리하자면, 파산은 기업에게 심각한 위험이지만 궁극의 위험까지는 아닙니다. 파산을 극단적으로 회피하기 위해서 모든 결정을 내리는 것은 옳지 않습니다. 1%의 파산 위험을 0.01%로 낮추기 위해서는 백배 천배의 비용과 비효율이 발생할 수 있습니다. 위험은 당연히 낮추는 방향으로 경영을 해야 하지만, 이것을 위한 비용이 효용을 정당화하지 못한다면 그 의사 결정은 심리적 왜곡이나 보수성에서 비롯된 그릇된 판단일 것입니다. 인간 역시 궁극의 대체할 수 없는 위험인 죽음을 극단적으로 회피하려고만 한다면 아무 일도 하지 못할 것입니다. 2021년 한국의 거리에 나서면 매년 30만 명이 교통사고로 다치고 삼천 명이 사망하는데 외출은 어찌할 것입니까? 매일같이 외출을 해야 한다면 매우 높은 확률로 평생 한번은 교통사고로 부상을 당하는 높은 위험이 있지만 거리로 나서는 순간 우리는 이미 이 위험을 받아들인 것입니다. 기업을 창업한 순간 우리는 이미 파산의 위험을 염두에 두고 있는 것입니다. 파산이 궁극의 위험이 아니라면 위험을 줄임으로써 오는 이익과 위험을 줄이는 비용 사이에서 최적의 해를 구할 수 있습니다.

시장 주도 기업의 거대화와 세계의 가속적 변화

2022년 현재 세계의 변화는 가속화되고 변화를 만들어 내는 선도 국가 및 기업들이 소모하는 연구 개발 투자 비용은 지속적으로 늘고 있습니다. 이들 선도 기업 및 국가는 한발 앞선 투자로 새로운 시장을 만들어 내고, 압도적인 이익을 통해서 빠르게 성장하고 있습니다.[33] 이러한 압도적 이익은 과거의 독점 기업이 만들어 내던 이익의 증가와는 조금 다른 양상입니다. 경쟁자를 고사시킨 후 독과점 속에서 안정적으로 수익을 올리는 과거와 크게 다르지 않다고 생각될 수도 있지만 현재

---

[33] 대규모 기술 개발 등으로 인한 독점성으로 인해 선도 기업의 수익은 더욱 높아졌습니다. 고마진으로의 기업 수익 구조의 개편은 지난 30여 년 동안 지속적으로 관찰되어 왔습니다.
Díez, Federico J., Jiayue Fan, and Carolina Villegas-Sánchez, Global Declining Competition?, Journal of International Economics 132, 2021
De Loecker, J. and Eeckhout, J. Global Market Power. Working Paper No. 24768, National Bureau of Economic Research. 2018

의 독과점의 원동력은 빠르게 변화하는 세상 속에서 그 변화를 리드하는 기술 개발 능력에 있습니다. 즉 계속된 신시장의 창출로 경쟁자 자체가 생겨날 틈을 주지 않는 것입니다. 더욱 새로운 기술일수록 더 위험한 투자가 되고, 더욱 고도화된 기술일수록 더 큰 개발 비용이 들어갑니다. 선도 기업의 고비용 고위험을 상쇄할 만큼 커다란 이익이 존재한다는 이야기는 경쟁자들의 진입 장벽이 높고 빠른 변화 속에 시장이 빠르게 형성된다는 것입니다. 시간의 경과에도 불구하고 변하지 않는 단순 기술 산업의 경우 진입 장벽이 존재하지 않기에 경쟁 자본의 대규모 투자가 시작되면 이익의 저하가 발생합니다. 빠른 변화로 인한 지속적 기술 개발의 필요성과 이로 인한 위험이 세계를 독점하는 거대 기업들의 높은 기술 개발 투자를 뒷받침하고 있습니다.

 이렇게 높은 위험이 상존하는 환경은 헤지를 통해 경쟁력을 높이는 데에 최적의 환경입니다. 헤지를 수행한 기업에게 최악의 상황은 세상이 안정적인 것입니다. 과거에도 세상은 변화했지만 그 변화의 속도는 현재에 비해 매우 느렸습니다. 느리게 변화하는 세상에서는 굳이 헤지를 하지 않아도 충분히 긴 시간을 가지고 적응하고 대비할 수 있습니다. 백 년간 냉면을 팔았는데 호황이건 불황이건 매출 변화도 미미할 정도로 꾸준히 장사를 할 수 있었다면, 그리고 앞으로 백 년간 계속해서 그러하리라는 것이 확실하다면, 도대체 왜 헤지가 필요할까요? 그러나 세계는 더이상 안정적이지도 않고 변화는 갈수록 가속화하는 세상으로 바뀌어 나가고 있습니다. 작년까지만 해도 잘나가던 피자와 햄버거를 넘어서 건강식 샐러드바가 등장하고 불과 몇 년 전까지만 해도 잘 팔리던 데스크탑 피시를 대체하는 스마트폰이 세상을 점령했습니다. 극도로 빠른 기술 변화는 중간 과정을 뛰어넘는 도약적 도입을 가져오기도 했습니다. 인도와 같은 국가에서는 유선 전화와 유선 인터넷과

데스크탑과 노트북이 차례로 시장을 장악하는 것을 건너뛰어 무선 인터넷 환경의 스마트폰이 시장을 단번에 장악하고 있습니다. 스마트폰 또한 몇 년 지나지 않아 새로운 상품으로 대체될 것은 명확합니다. 이러한 기술 혁신의 지수 함수적 가속이 언제까지 지속될지 끝날 기약은 없어 보이고, 헤지를 수행하는 기업들에게 최적의 환경이 주어지고 있습니다.

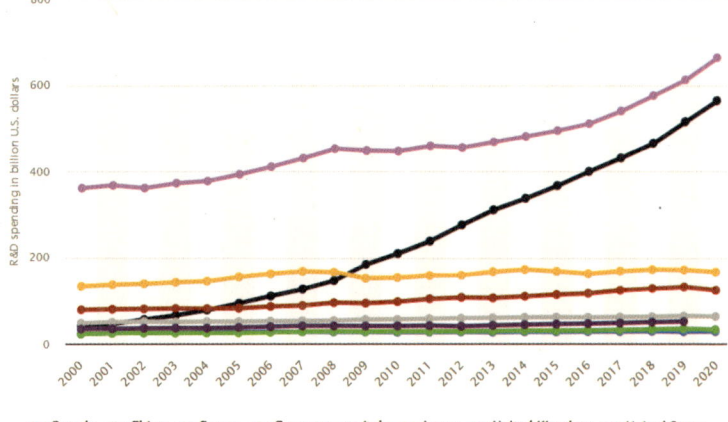

Gross domestic spending on research and development (R&D) in G7 countries and China from 2000 to 2020[34]

---

34) 세계를 이끄는 국가들의 R&D 지출은 지속적으로 높아만 가고 있습니다.
https://data.oecd.org/rd/gross-domestic-spending-on-r-d.htm
대한민국 역시 2015년에서 2020년에 걸쳐 단 5년간 GDP 대비 3.98%이던 R&D 비중이 4.81%로 20% 이상 증가하였습니다. GDP 자체의 증가까지 합치면 비약적 증가인 것입니다.
한국 과학기술기획평가원, 2020년 우리나라와 주요국의 연구개발투자현황.
https://www.kistep.re.kr/boardDownload.es?bid=0031&list_no=42452&seq=1

받아들일 수 없는 위험은 헤지조차도 할 수 없다

"내가 죽으면 어떻게 할거야?"
"생각할 수도 없어, 나도 따라 죽을 거야."

세상의 위험 중에는 받아들일 수 없는 것들이 있습니다. 예를 들어 핵전쟁으로 지구의 모든 인류가 멸망할 위험을 우리는 받아들일 수 없습니다. 그러한 위험을 헤지하는 것도 불가합니다. 설사 헤지가 가능하다고 해도 헤지의 혜택을 누릴 인간과 기업은 존재하지 않겠지요. 마찬가지로 자신이 사망할 위험도 헤지가 불가합니다. 사람들은 생명 보험을 생각하겠지만 그 수혜자는 자신이 아니라 타인입니다. 수혜자가 배우자라면, 생명 보험은 배우자가 사망했을 때 생기는 금전적 위험을 헤지해 주는 것이지, 자신이 죽을 위험을 헤지하는 것이 아닙니다. 이미 죽은 자신은 아무 보상이 필요 없으니까 헤지도 필요 없습니다. 만약에 보험의 수혜자가 자신의 배우자가 죽는 것을 받아들일 수 없어서 목숨을 끊는다면, 배우자를 위한 생명 보험 또한 아무 의미가 없을 것입니다.

원자로가 폭발해서 지역 전체, 혹은 전 국토가 오염된다면 끔찍한 일입니다. 하지만 그것은 과연 받아들일 수 없는 위험일까요? 후쿠시마에서는 결국 원자로가 폭발했습니다. 받아들이기 싫든 좋든 결국 일어나고 만 것입니다. 결코 받아들일 수 없었다면 처음부터 짓지 말았어야 했는데, 어떻든 일단 지어 버렸습니다. 받아들일 수 없으니 대책을 세우지도 않았습니다. 그런데 일어났으니 결국은 받아들입니다. 일본만의 이야기가 아닙니다. 계속해서 원자로를 짓고 있는 한국도 결코 폭발을 받아들일 수 없다고 생각합니다. 문재인 정부는 원전 폐기까지 시도했으니 적어도 일관성은 있었다고 할 수 있습니다. 그러나 2022년 현재 한국에서 원전은 계속해서 지어지고 있습니다. 결국 받아들일 것을 받아들일 수 없다고 생각하는 것은 괴리를 불러일으켜 위험을 가중시킵니다. 원전을 짓느냐 마느냐의 이야기가 아닙니다. 원전 폭발을 막기 위해 안전도를 높이고 관리를 잘하느냐 못하느냐의 이야기가 아닙니다. 일단 지었으면 우리가 무엇을 어떻게 해도 폭발이 일어날 가능성이 있다고 가정해야 한다는 것입니다. 폭발이 일어난 후 해야 할 대책을 세우든지, 대책 없는 폭발을 받아들이도록 국민을 설득하든지 해야 하는 것입니다.

받아들일 수 없는 위험과 헤지 비용이 높은 위험

받아들일 수 없는 위험은 헤지가 불가능하므로 헤지를 하지 않습니다. 배우자가 죽는 것을 받아들일 수 없다면 굳이 비싼 생명 보험을 들 필요도 없습니다. 노년은 사망 확률이 높아 생명 보험 유지 비용은 급격히 올라갑니다. 보험 회사는 손해 볼 일을 결코 하지 않습니다. 보험 가입자는 변동성이 줄어드는 혜택을 누리는 대가로 보험 회사에 수혜금보다 더 큰 비용을 내는 것입니다. 그 돈으로 같이 여행 다니며 행복하게 즐기면 될 것을 왜 보험을 들까요? 그런데 배우자가 죽고 나니 받아들일 수 없다던 배우자의 죽음을 받아들입니다. 뒤늦게 자신의 생계가 막막한 것을 발견하게 됩니다. 어쩌면 받아들일 수 없었던 것이 아니라 당장 지출되는 커다란 비용이 아까워 미래를 회피한 것이 아니었을까요? 원자로 폭발 대책을 세울 비용이 아까워 받아들일 수 없다고, 어떻게든 일어나지 않도록 막기 위해 최선을 다하겠다고만 말한 건 아니었을까요?

혹은, 위험에 대비할 눈앞의 비용을 내고 싶지 않다는 말을 직접 하는 것은 큰 반발을 불러일으킬 것 같으니 그냥 위험을 받아들일 수 없다고 말했을 수도 있습니다. 위험이 절대로 닥치지 않도록 최선을 다하겠다고 말하는 데에는 비용이 들지 않으니까요. 얼핏 그럴듯해 보일 수 있지만 위험 자체가 절대로 닥치지 않도록 한다는 것은 불가능합니다. 물론 그나마 노력이라도 하면 조금은 안전해지겠지만, 실상은 그렇지도 않습니다. 위험 자체가 절대로 닥치지 않도록 했으므로, 위험은 닥치지 않는다고 생각합니다. 위험이 닥치지 않으면 위험이 닥치지 않도록 굳이 노력할 필요도 없게 됩니다. 아 이런, 알이 닭을 잡아먹었습니다!

위험을 줄이는 이노베이션을 이끄는 헤지 투자

원전 폭발 위험 헤지로부터 촉발된 투자는 원전 폭발이 일어난 후의 대책 관련 연구를 적극적으로 일으킵니다. 그 연구는 폭발 이후 피해 자체를 줄이는 새로운 혁신을 일으킬 수 있습니다. 예를 들어 초소형

원자로는 피해를 대폭 줄여 폭발이 일어나도 일반 원전처럼 지역 전체를 오염시키지 않습니다. 오염이 생기지 않는 것은 아니지만 비약적으로 작아지는 것입니다. 크기가 매우 작으면 만약에 문제가 생겨도 커다란 저수조로 던져 넣는다든지 해서 위험을 상당히 줄일 수 있습니다. 사람들이 사망에 이를 정도로 방사능에 오염되는 사태가 잘 벌어지지도 않고 벌어져도 탄약고 폭발이나 천연가스 탱크 폭발보다 규모가 훨씬 작습니다.

그러나 이러한 기술에 대한 투자가 작은 이유는 정부도 기업도 국민도 위험 자체를 받아들이지 않고, 그러니 폭발 위험 헤지 투자가 존재하지 않기 때문입니다. 원자로를 만드는 기업조차도 자신의 원자로를 홍보할 때 폭발의 피해를 줄일 수 있다고는 선전하지 않습니다. 그들이 말하는 바는 모두 같습니다.

"우리의 원자로는 어떤 경우에도 결코 폭발하지 않습니다"

폭발 위험 자체를 받아들이지 않는 정부에게 폭발 피해를 언급할 이유 자체가 없습니다. 결코 폭발하지 않는 원전만이 팔릴 수 있는 유일한 원전인 것입니다. 폭발하지 않는다면 폭발 후 피해는 생각할 필요도 없고 피해 감소 효과를 선전하는 것은 도리어 폭발 가능성을 암시하는 약점이 됩니다. 하지만 제대로 된 과학자와 공학자라면 모두 알고 있지요. 절대로 폭발하지 않는 원전은 이 세상에 존재하지 않는다는 사실을 말입니다. 수많은 사람들을 호흡기 질환으로 사망케 하는 석탄 발전소의 오염 물질이 소규모 원전의 폭발보다 훨씬 더 치명적이라는 사실 역시 말입니다. 이룰 수 없는 목표를 목표로 선정할 때 과학은 그에 대한 해답을 줄 수 없습니다. 단지 왜곡과 조작만 가능할 뿐입니다.

정부가 폭발 위험에 대한 헤지를 운영 주체에게 요구했다고 가정해 봅시다. 운영 주체는 보험사에게 폭발 후 수습 비용에 대해 보험을 들어 달라고 해야겠지요. 보험사는 당연히 후쿠시마 원자로와 같이 막대한 피해가 닥치는 원자로에 대한 보험을 판매하지 않습니다. 운영 주체는 결국 더 비싼 비용이 들더라도 피해가 매우 제한적인 원자로를 여러 개 나누어 설치할 것입니다. 보험료를 포함하면 전체 가격이 훨씬 싸기 때문입니다. 수요가 생기니 피해를 제한하는 연구 개발에 투자가 들어가고 투자가 시작된 연구는 위험을 더욱 낮춥니다.

위험을 받아들이고 싶지 않은 기업들

기업에게도 역시 받아들이고 싶지 않기에 생각하지도 않는 일들이 많이 있습니다. 만약 대기업에서 하청을 받는 중소 업체에게 수주가 끊긴다면 어찌될까요? 수주가 끊기지 않도록 아무리 많은 노력을 하더라도 대기업이 특정 사업을 정리하는 사태는 업체의 노력과는 상관없이 일어나기 마련입니다.

호황을 누리는 기업은 어느 날 갑자기 경쟁이 심화되어 매출이 급감하는 것을 생각하기도 싫을 것입니다. 기업이 호황기에 불황기에 대한 대책을 충분히 세우지 않는 이유 중 하나입니다. 하지만 미래에 닥칠 위험을 부정하지 않고 불황기를 대비한다고 해도 헤지 없이 기업이 잘 대비할 수 있을까요? 불황기는 영구히 계속되지 않지만 그 시기를 헤지 없이 이겨 내려면 많은 여유 자금을 쌓아 놓아야만 합니다. 그러나 호황기에 큰 수익을 냈다 하더라도 불황이 닥치는 시기까지 그 자금을 그대로 쌓아 놓을 확률은 높지 않습니다. 배당을 하든 보너스를 지급하든 연구비로 써든 확장 자금으로 사용하든 결과는 마찬가지입니다. 일단 지출한 배당은 다시 돌아오지 않고, 호황기에 보너스를 많이 주어도 직원들이 상황이 더 좋은 기업으로 이직하는 것을 막을 수 없습니다. 현금으로 그대로 보유하고 있지 않는 이상 자금은 더이상 존재하지 않습니다. 그러나 기업이 현금을 지나치게 보유하는 것을 투자자는 비효율로 받아들입니다. 사업 성장 동력이 떨어진 시그날로 해석합니다. 현금을 이유 없이 놀릴 거면 왜 주식을 발행해 투자자로부터 현금을 가져갔느냐는 논리입니다. 현금이 풍족한 기업은 지출을 방만하게 하는 경향 역시 있고 다른 기업을 사들여 손쉬운 사업 확장을 시도하기도 합니다. 투자자들은 다른 기업을 사들여 확장하는 기업의 주가를 일반적으로 하락시킵니다. 대부분의 기업 합병을 통한 확장이 주주의 수익을 가져오지 못한다고 평가합니다.

이러한 이유로 미래의 위험을 받아들여도 그에 대한 대책을 세우기가 쉽지 않습니다. 대책 수립이 쉽지 않으니 더더욱 미래 위험에 대한 부정은 강화됩니다. 당분간 불황은 오지 않을 것이라고 이야기하는 경영자가 정말로 불황이 오지 않는다고 알고 있는 것일까요? 호황과 불황을 정확히 예견하는 능력은 어떤 경제 전문가도 갖추지 못한 능력입니다. 경영자가 경제 전문가보다 능력이 더 뛰어나서 호황을 예측할 수 있는 것도 아닙니다. 단지 위험을 부정하는 것일지도 모릅니다. 대책이 쉽지 않다고 위험이 사라지는 것은 아닙니다. 위험의 부정이 강화되면 헤지의 필요성조차 부정하고 맙니다.

농업 기업과 농산물 가격 변동 위험

최근 한국의 농업은 소규모 자작의 차원을 넘어선 규모를 이루며 기업형으로 바뀌어 가고 있습니다. 많은 중소 농업 기업들이 매년 수십억 원 이상의 수익을 창출하기도 하지요. 그러나 한국도 그러하지만 미국이라고 해도 농업 기업들은 그 특성상 규모가 작기에 금융 지식이 월등히 높은 전문 경영인에 의해 경영이 이루어진다고 할 수 없습니다. 그럼에도 불구하고 선물을 이용한 헤지는 사업의 필수 요소로 미국의 농업 기업에서 행해지고 있습니다.

농산물의 가격은 주기적 사이클을 타게 됩니다. 작물의 전환이 비교적 쉬운 경우나 시설 투자 비용이 크지 않은 산업의 경우, 상대적으로 높은 가격이 단기간 유지되면 과잉 생산이 매우 빠르게 축적될 수 있습니다. 과잉 생산이 일어나면 가격이 하락하고 이는 농업 기업의 파산이나 작물의 전환으로 이어집니다. 생산 축소가 다시 가격 상승으로 이어지는 전형적인 경제 사이클 순환 이론의 예입니다.

분류	1월	2월	3월	4월	5월	6월	7월	8월
배추	-45.7	-14.2	11.9	1.9	-44.5	-24.5	-46.3	-44.7
무	-33.9	-20.3	-19.0	-11.9	-5.6	-23.0	-3.2	-32.6
마늘	72.2	80.2	86.3	90.4	79.5	70.6	43.8	17.7
양파	82.6	66.7	60.1	1.2	-28.6	-5.8	-11.4	-11.4
건고추	92.6	93.8	91.0	89.1	88.5	74.3	70.7	-32.5
대파	185.4	383.3	493.4	329.9	70.1	-32.0	-44.3	-50.2
오이(백다다기)	-16.7	0.1	4.7	3.2	36.7	-0.9	-7.5	-18.9
애호박	7.7	1.3	3.0	17.8	38.9	18.6	-42.4	-51.9
풋고추(청양)	-11.3	-15.7	-5.9	19.6	31.5	49.2	8.3	-49.4
토마토	-25.4	-33.2	-15.0	-5.7	12.0	12.5	-18.8	-19.4
수박	-53.7	-17.7	17.1	9.9	5.3	0.1	36.8	-13.1
사과(후지, 8월 쓰가루)	89.5	85.9	47.7	34.4	3.8	-19.8	-46.3	-36.2
배(신고, 8월 원황)	62.1	91.3	76.7	102.9	88.8	95.6	101.4	27.5
포도(캠벨얼리)	-	-	-	-	25.7	26.5	21.6	0.1
복숭아	-	-	-	-	-	-10.2	31.4	63.1
쌀	14.9	15.6	16.7	17.5	17.7	17.2	16.8	16.1
감자	47.4	15.9	8.2	3.7	-23.2	-20.8	3.0	0.5
소고기	5.0	9.0	9.5	6.0	3.0	9.6	3.9	5.7
돼지고기	25.4	8.6	4.3	8.0	-2.4	9.9	5.1	24.6
육계	77.7	30.3	15.2	41.7	32.6	-1.2	32.3	28.7
계란	35.5	91.1	62.5	65.5	84.4	103.2	99.4	82.7

주: 배추, 무, 양파, 건고추, 대파, 오이, 애호박, 풋고추, 토마토, 수박, 사과, 배, 포도, 복숭아, 감자 등은 가락시장 상품 도매가격, 쌀은 통계청 산지쌀값조사, 소고기, 돼지고기, 육계, 계란은 축산물품질평가원 자료를 사용하여 등락률을 산출함.
자료: 서울농수산식품공사. "가락시장 상품 도매가격."(https://www.garak.co.kr/main/main.do, 검색일: 2021. 9. 6.).; 통계청. "산지쌀값조사." (https://kosis.kr/, 검색일: 2021. 9. 6.).; 축산물품질평가원(https://www.ekapepia.com/index.do, 검색일: 2021. 9. 6.).

한국의 경우에도 많은 농작물들이 높은 가격 변동성을 보여 주고 있습니다.

2019년 중국의 아프리카 돼지 열병 창궐로 돼지고기 가격이 폭등했지만 다음 해에는 일시적으로 높아진 가격이 불러일으킨 대규모 과잉 생산으로 인한 가격 폭락이 뒤따른 사실이 남의 일만은 아닐 것입니다. 만약에 가격 하락을 헤지할 수 있다면 농업 기업은 훨씬 더 많은 투자를 할 수 있고 더 많은 수익을 낼 수 있습니다. 반면 너무 많은 기업이 헤지를 시도하면 당연히 헤지 비용이 늘어나게 되고, 기업은 헤지 비용을 상쇄하는 이익을 내지 못합니다. 헤지 비용을 감당하지 못하는 경우 처음부터 투자가 이루어지지 않게 되는데, 그 경우는 경쟁자들이 과잉 생산을 위해 헤지를 하고 있는 징조이므로 투자를 하지 않는 쪽이 과잉 투자로부터 오는 손실을 줄이는 것입니다.

옥수수 생산액	선물	옵션
35만 달러 이하	4.60%	0.80%
백만 달러 이하	17.40%	8.40%
백만 달러 이상	27.10%	12.90%

미국 옥수수 생산 농업 기업의 2016년 선물과 옵션 이용 정도(출처 USDA[35])

농업 기업의 위험은 생산물의 가격에만 있지 않습니다. 즉 생산물 가격이 올랐다고 해서 꼭 자신이 이익을 볼 수 있는 것은 아닙니다. 가격이 오른 이유가 자신과 같은 농업 기업들이 모두 생산에 실패를 했기 때문일 수 있습니다. 따라서 날씨와 같이 생산에 영향을 미치는 위험 팩터 역시 헤지를 해야 합니다. 미국에서 이러한 팩터들은 순수하게 선물 거래로 이루어지기도 합니다.[36] 하지만 미국처럼 선물 거래가 활성화되어 있다고 해도 모든 팩터가 순수한 선물로 거래될 수는 없습니다. 그러한 경우 팩터에 대한 다른 자산의 노출로부터 위험을 거꾸로 추출하여 헤지에 이용하게 됩니다. 예를 들어 원유 선물이 없다 해도 원유가에 영향을 받는 다양한 기업들의 조합으로 원유 팩터의 움직임을 어느 정도 재구성할 수 있습니다.

---

35) 미국과 같은 경우 기업화된 농업은 농산물 선물과 옵션 시장을 발전시켰고, 이를 통한 헤지로 위험을 줄이는 것은 일반화된 관행입니다. 반면에 선물과 옵션 시장이 발전하지 못한 한국의 경우에는 주로 선도 계약에 의존하지만, 선도 계약은 많은 경우 거대 기업에 종속되는 을의 지위를 농업 기업에게 요구할 때가 많으며 상황에 따라 위험이 가중됩니다.
Farm Use of Futures, Options, and Marketing Contracts (usda.gov)
https://www.ers.usda.gov/webdocs/publications/99518/eib-219.pdf
미국의 경우 규모가 큰 농업 기업일수록 훨씬 더 많은 선물 거래를 통한 헤지를 하고 있는 것으로 파악됩니다. 큰 기업일수록 선물 거래를 수행할 수 있는 능력을 가지고 있기 때문입니다.
선물 거래가 어려운 기업들에게 위험을 헤지해 주는 보험을 제공하는 기업들도 존재합니다.
https://www.munichre.com/en/risks/agricultural-risks.html
36) CME에서 날씨를 선물로 새로 만들어 낸 것은 이러한 팩터를 직접적으로 거래하도록 하기 위함입니다. 날씨는 농산물에만 중요한 것이 아닙니다. 냉난방 수요를 예측해야 하는 에너지 업체 등 다양한 분야에서 중요한 영향을 끼치는 팩터입니다.
https://www.cmegroup.com/trading/weather/files/WT-124_WeatherBrochure_r11.pdf

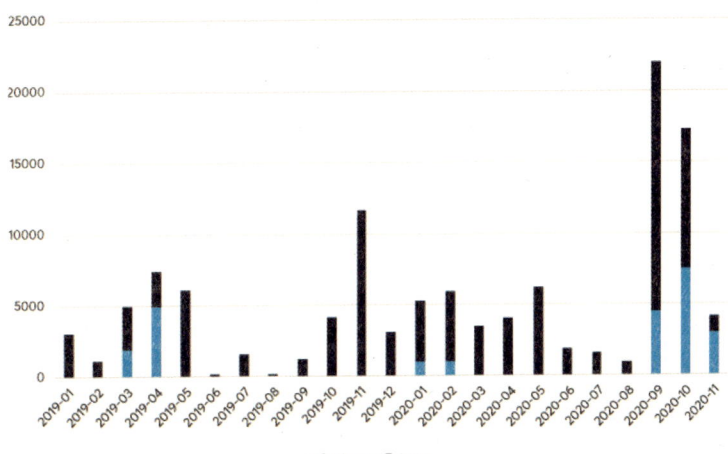

CME 날씨 선물과 옵션의 거래량. 출처 CME, https://www.cmegroup.com/education/articles-and-reports/managing-climate-risk-with-cme-group-weather-futures-and-options.html

    과잉 설비 투자와 그 모든 설비를 쓰레기로 만들어 버리는 극단적 경기 순환이 줄어들면 경제 자체의 효율이 증가합니다. 농업 기업들의 수익은 증가하고 소비자는 훨씬 싼 값에 농축산물을 구매할 수 있습니다. 생산 설비를 유지하고 폐기하는 비용은 결국 소비자에게 상품 가격으로 전가됩니다. 그러나 일단 첫 번째 단추를 끼워야 합니다. 돼지 축사를 짓는 순간 돼지 값이 폭락할 수 있고, 치킨집을 창업하는 순간 닭 값이 폭등할 수 있다는 사실을 받아들여야 합니다. 세상에는 무한 긍정적 사고만으로 해결되지 않는 일들이 너무도 많습니다. 헤지 비용이 너무 비싸 이익을 낼 수 없다면, 노, 노, 노, 이제 부정적 사고를 시작해야 할 때입니다. 경쟁자들이 헤지를 시작했다는 뜻입니다. 헤지는 자신의 예측이 틀렸다는 것을 검증할 수 있는 최고의 기회인 것입니다. 위험의 가능성을 받아들이면 위험을 작게 감수할 수 있고, 위험이 작을수록 더욱 커다란 수익을 창출할 수 있습니다.

헤지를 통한 확정적 이익 - 정유 회사의 크랙 스프레드 헤지

"90원을 내면 100원을 드리겠습니다."
"정말요? 설마 속임수는 아니겠죠?"

정유 회사는 원유를 정제해서 가솔린과 디젤을 만듭니다. 물론 더 다양한 부산물들도 있지만 기본적 사업 모델은 이러하니 간단히 가솔린과 디젤만 만들어 낸다고 가정합시다. 선물 시장에서는 원유와, 가솔린과 디젤이 모두 잘 유통되고 있습니다. 원유 3단위를 정유해서 가솔린 2단위와 디젤 1단위를 만들어 낸다면 정유 회사는 간단하게 원유 선물 3개를 사고 가솔린 선물 2개와 디젤 선물 1개를 팔 수 있습니다. 정유 회사가 원료 가격과 상품 가격의 불확실성으로부터 오는 모든 위험을 헤지하게 되는 것입니다.[37] 너무도 쉽게 위험이 사라집니다. 정유 회사는 아무 걱정 없이 생산만 하면 됩니다.

아래 차트에서 보듯 크랙 스프레드가 주어지면 그에 기반해서 아무 위험이 없이 생산을 할 수 있습니다. 그러나 그렇다고 해서 정유 사업이 쉬운 것은 아닙니다. 경쟁자들도 모두 같은 상황에서 헤지를 하고 생산을 할테니까요. 경쟁이 심해지면 스프레드는 낮아지고, 스프레드

---

[37] 실제로, 원유는 배럴 단위로 거래되고 가솔린과 디젤은 갤런 단위로 거래되어 1배럴당 42갤런을 계약에 곱해 주어야 합니다. 그리고 거래 시점이 일치하지는 않습니다. 원유를 사서 가솔린을 만들기 위해서는 시간이 필요하므로 생산에 걸리는 시간만큼 시차를 두고 선물을 사고팔게 됩니다.

가 너무 낮아지면 정유 시설을 유지할 비용조차 보전하지 못할 수 있습니다. 모두가 헤지를 하는 상황에서는 헤지를 한다고 특별히 수익이 보장되는 것은 아닙니다. 반면에 소비자는 더 낮은 가격에 가솔린과 디젤을 구입할 수 있게 되지요.

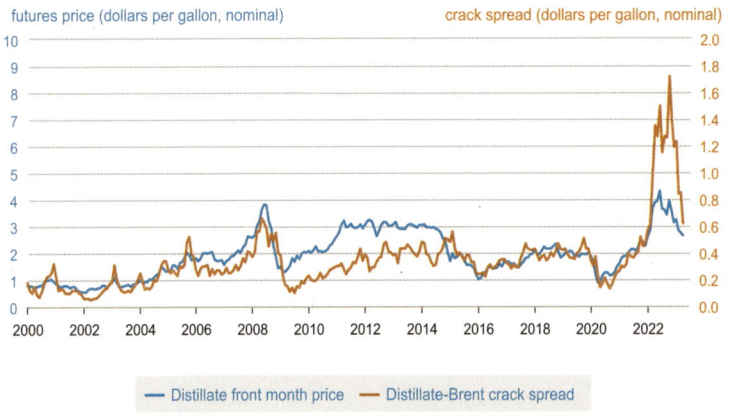

미국 디젤 선물(ULSD) 가격과 가솔린 - 브렌트유의 크랙 스프레드 그래프. U.S. Energy Information Administration[38]

그러면 반대로 헤지를 하지 않고 생산을 할 수 있을까요? 유가 상승 시에는 크랙 스프레드도 증가하는 경향이 있습니다. 따라서 정유사는 원유를 더 높은 가격에 사들이지만 더욱 높은 가격에 가솔린과 디젤을 팔게 됩니다. 반면에 유가가 폭락할 경우는 크랙 스프레드 또한 폭락합니다. 따라서 충분히 높은 크랙 스프레드를 보장받을 수 있는 시기에 최대한 긴 기간의 미래의 생산에 대해 헤지를 해 놓는 것이 필요합니다. 현재 유가가 상승해서 매우 높은 마진을 낼 수 있다면 크랙 스프

---

38) U.S. Energy Information Administration, Energy & Financial Markets
WHAT DRIVES PETROLEUM PRODUCT PRICES?
https://www.eia.gov/finance/markets/products/reports_presentations/product.pdf

레드 헤지를 통해서 향후 몇 년 동안의 생산 물량을 확정하는 것이지요. 굳이 선물을 사용하지 않고 개별적 선도 계약을 체결해도 위험이 더 높다는 것을 제외하면 같은 역할을 합니다. 이러한 헤지가 없이 오직 현물에 의해서 운영하는 것은 상당히 힘든 일입니다. 생산 시설은 현물가가 하락할 때마다 기약 없이 멈추어 서게 되겠지요. 장기간 매출 없이 높은 고정비와 인건비를 내야 한다면 경쟁에서 살아남을 수 있을까요?

물론 아무리 헤지를 한다고 해도 위험이 100% 사라지지는 않습니다. 농업 기업이 마주친 악천후로 인한 생산의 위험처럼 허리케인이 닥치면 정유사의 시설은 파괴됩니다. 아무리 이익이 확정적이라도 물건을 만들 시설이 파괴되면 도리어 커다란 위험을 지게 됩니다. 허리케인의 위험은 매우 높아서 한때 선물로 만들어졌던 적도 있지만 성공적으로 시장이 정착되지는 못했습니다.[39] 시설물 파괴에 대해서야 보험이 배상한다고 해도 허리케인으로 높아진 가격에 가솔린과 디젤을 구해야 하고 배달되는 원유를 어떻게든 처분해야 합니다. 하지만 허리케인과 같이 개별적 생산 위험이 가중되고 크랙 스프래드 가격이 높아지는 상황에서 굳이 선물 매도 포지션을 들고 있을 필요는 없습니다. 당장 문제가 생길 수 있는 몇 달 정도 분량은 사전에 처분할 수 있습니다. 이러한 고유한 위험에 대한 분석은 뒤에 나오는 이디오신크래틱 위험에서 더 자세히 다루겠습니다.

---

39) 2014년 CME는 허리케인 선물 거래를 중단하였습니다.

계속해서 변하는 확률, 어찌 잡아낼까?

"분포에 따르면 이런 큰 변동이 나올 확률은 작다면서, 왜 이런 거죠?"

"호황기 때 분포를 만들었더니 그만 불황기를 빼먹었네요."

주가나 부동산의 가격, 혹은 다른 대부분의 양의 가격을 가지는 투자에 대해서 보통 금융공학에서는 가격을 로그노말(log normal)하다고 가정합니다. 즉 로그를 취한 값이 정규 분포를 따르는 것이지요. 로그를 취하는 이유는 가격이 음수가 되지 않아 대칭이 아니기에 대칭을 만들고 산술 평균을 기하 평균으로 바꾸기 위해서이지만 이는 사소한 문제이고 중요한 것은 분포 자체가 정규 분포(normal distribution)라는 것입니다. 과연 주가가 정규 분포를 따를까요? 결론부터 말하자면 전혀 그렇지 않습니다. 가격은 노이즈에 의해서 결정되지 않습니다. 노이즈가 섞여 있을 뿐이지, 본질적으로는 의미 있는 뉴스가 반영되어 나타나게 됩니다. 효율적 시장 가설에서는 예측할 수 있는 뉴스까지 현재의 가격에 반영되기에 뉴스들이 주가에 미치는 영향은 노이즈처럼 서로 아무 관련이 없다고 생각하지만, 실질적으로는 전혀 그렇지 않습니다. 삼성과 애플이 특허 전쟁을 시작했다고 합시다. 그 순간부터 두 회사의 분포는 그 전과 완전히 다른 양상을 띨 것이고 일단 변동성부터 달라질 것입니다. 관련 뉴스가 계속된다면 주가가 크게 바뀌고 뉴스가 없다면 주가가 많이 바뀌지 않을 것입니다.

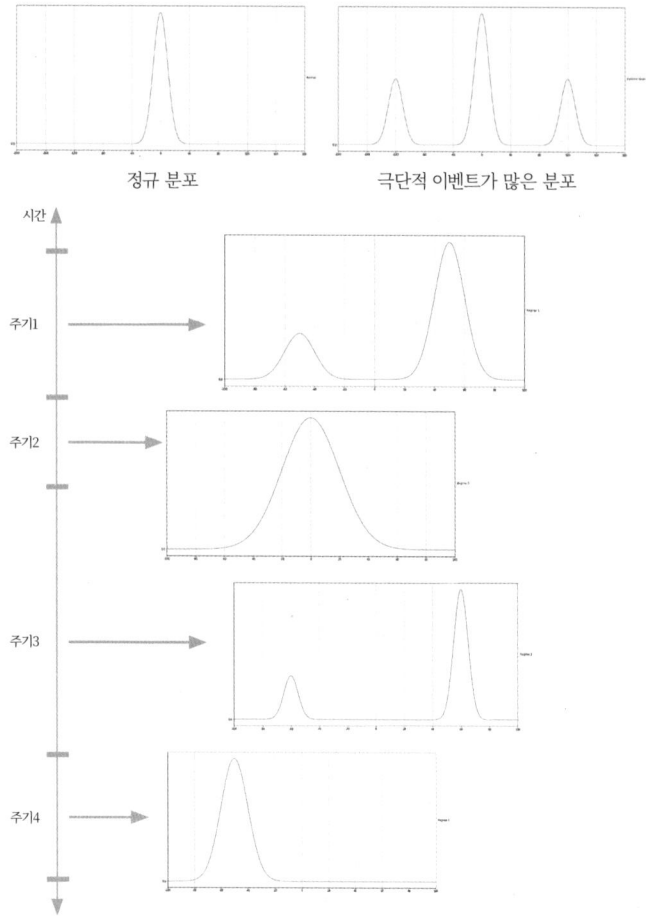

시간에 따라 변하는 분포. 분포는 언제든 변할 수 있습니다. 우리가 사용하는 많은 분포는 여름과 겨울같은 계절이나, 불황과 호황같은 경제 상황 등에 의한 주기(regime)에 따라 달라지게 됩니다.

주가의 확률 분포가 완전히 다른 양상을 띄는 것을 우리는 반복적으로 매우 잘 관찰해 왔습니다. 폭락이 시작될 때 변동성은 증가하고 한 번 증가한 변동성은 한참 동안 떨어지지 않습니다. 이러한 사실은 적어도 단기간에는 거의 확실하게 예측할 수 있습니다. 이러한 예측으로부터 수익을 내는 것이 쉽지 않을 정도로 시장은 이러한 사실을 가격에까지 반영합니다.

변화하는 주기별 분포

그래서 나온 것이 주기(regime)별 확률 분포입니다. 주기는 보통 일회성으로 나타나는 환경에 대해 정의하지는 않고 반복적으로 돌아오는 주변 환경에 대해 정의합니다. 예를 들어 호황 주기와 불황 주기가 경제 전체의 사이클에 기반한 긴 구간의 주기라면 위험 선호 주기와 위험 회피 주기는 뉴스들에 따라 공포와 욕심이 교차하며 나타나는 상대적으로 짧은 주기입니다. 그리고 각 주기마다 확률 분포는 완전히 달라집니다. 우리는 그 달라진 분포를 각 주기에 맞게 쓰면 됩니다. 문제는 현재가 어떤 주기인지 정확히 알기 힘들다는 것이지요. 물론 최대우도법(Maximum Likelihood Estimation)[40]처럼 기초적인 확률 추정법들이 있고 이를 보완하여 현재의 주기를 더 효율적으로 알아내기 위한 많은 방법들이 연구되었습니다. 그러나 그럼에도 불구하고 이로부터 확실한 이익을 내는 것이 쉽지 않을 수 있습니다. 예측의 정확성이 충분히 높지 않아서일 수도 있지만, 또 다른 이유는 다른 시장 참여자들도 모두 현재의 주기를 알아내기 위해 노력하기 때문입니다. 이런 경쟁적 노력은 시장 자체를 바꾸기도 합니다. 경쟁 속에서는 예측을 성공해도 이익이 작아지고 예측을 실패하면 더 큰 손실을 입게 되는 것이지요.

---

40) 많은 퀀트들이 최대우도법(MLE)을 과잉 신뢰하는 경향을 보입니다. 그러나 최대우도법은 다른 확률 추정과 마찬가지로 각각의 사건이 독립이라는 가정 하에서 만들어졌습니다. 실질적으로는 전혀 그렇지 않기에 독립성을 가질 때까지 보정을 해 주어야 하는데 아예 아무 보정 없이 사용하는 것을 너무 많이 보아 왔습니다. 예를 들어 불황에는 대규모 반정부 시위가 많이 일어나고 국가가 파산한다고 가정합시다. 최대우도법은 시위가 일어나거나 국가가 파산할 경우 세계 불황의 확률을 높입니다. 그런데 아프리카의 한 국가가 파산하며 국민들이 대규모 반정부 시위를 했다면 근본적으로는 하나의 사건인데, 최대우도법은 세계 불황의 확률을 훨씬 늘려 버립니다.
Hendry, David F.; Nielsen, Bent (2007). Econometric Modeling: A Likelihood Approach. Princeton: Princeton University Press

정규 분포를 가정하는 이유

도대체 왜 금융공학에서는 주가가 정규 분포를 따른다고 가정할까요? 첫 번째 이유는 매우 긴 기간을 종합해서 볼 때는 정규 분포를 따르는 것처럼 보이기 때문입니다. 원래 자연계에서 일어나는 대부분의 현상은 매우 긴 기간으로 보면 정규 분포로 수렴할 경우가 많이 있습니다. 그러나 장기적으로 정규 분포라고 하는 것이 그다지 의미가 있는 것은 아니지요. 지금은 어떤 분포인지 알 수 없고, 결국 정규 분포로 수렴하려면 얼마나 기다려야 할지도 알 수 없으니까요. 십 년을 기다려야 할지 만 년을 기다려야 할지 알 수 없습니다. 사실 한 기업의 주가의 경우 하나의 정규 분포로 수렴하지도 않습니다. 신생 기업과 원숙한 기업의 분포는 다릅니다. 그냥 모든 기업의 주가들을 다 합쳐 보면 정규 분포처럼 보일 뿐입니다.[41] 그리고 더욱 중요한 것은 세상은 무작위가 아닙니다. 장기간 관측했을 때 정규 분포라고 해서 마치 주사위를 던지는 것처럼 정말로 무작위라고 생각하는 것은 커다란 잘못입니다.

두 번째 이유는 보통 특정 기업에 대한 분석에서 분석 결과가 장기 예측을 위해 쓰이는 것이 아니라 특정 순간 특정 시기를 위해 쓰이기 때문입니다. 특정 주기 안에서만 단기적으로 예측을 한다면 그 주기가

---

41) 정확히는 정규 분포는 아니고 정규 분포보다 더 넓게 퍼져 있는 일명 '꼬리가 긴 분포(fat tailed distribution)'입니다. 주가의 수익률이 정규 분포를 따른다면 주가 지수가 하루에 5% 이상 움직이는 일은 매우 드물게 일어나야 하지만 현실 세계에서는 그렇지 않고 주가 지수가 하루에 10% 움직이는 급등락 현상이 일어나기도 합니다.
Officer, R. R. (1971) The Distribution of Stock Returns, Journal of the American Statistical Association Volume 67, 807-812
Andersen, T.G. Bollerslev, T. Diebold, F. X. Ebens, H. (2001) The distribution of realized stock return volatility, Journal of Financial Economics, 61, 43-76

계속되는 한 예측이 맞게 됩니다. 사실 애널리스트가 기업의 단기 예측을 하는 것도 힘든데 장기 예측을 한다는 것 자체가 힘듭니다. 어차피 장기 예측을 해도 무시할 경우가 많습니다. 삼 개월 후도 잘 모르는데 십 년 후를 예측한다는 것은 기업의 경영자에게도 거의 불가능할 것입니다. 그러니 애널리스트는 시장 상황 등 다른 가정이 현재와 같다는 가정 하에 예측을 할 때가 많습니다. 이러한 주기별 최적화는 위험한 생각입니다. 말하자면 호황기에는 불황기의 위험을 생각하지 않겠다는 것이지요. 수많은 과잉 최적화가 이런 식으로 이루어져 많은 손실을 입히고는 했습니다. 특정 주기를 고정한다면 그 안에서는 어느 정도 정규 분포와 근사할 수도 있습니다. 하지만 이 또한 잘 들여다보면 하나의 분포가 아니라는 것을 알게 될 것입니다.

마지막으로 재미있는 이유는, 정규 분포가 아니면 너무 다루기 어렵고, 금융공학의 이론이 정규 분포를 가정하고 만들어졌기 때문입니다. 사실 마지막은 상당히 그럴듯한 이유이기도 합니다. 다른 분포를 가지고는 이론을 만들기가 쉽지 않아서 아름답고 간결한 이론이 나오는 쪽으로 현실을 뜯어 맞춘 것입니다. 그러나 이론이 아름답다고 현실이 더 아름다운 이론을 따를 필요는 전혀 없습니다. 복잡한 현실은 이론을 어찌 세우든 복잡할 따름입니다. 변동성을 정의하는 데에 표준 편차를 쓰는 이유 중 하나가 바로 계산이 쉽고 이론이 간결하다는 것과 일맥상통하지요.

물론 모델에서 계산 속도도 중요한 요소입니다. 어차피 정확하게 들어맞지 않는다면 시뮬레이션은 특정 분포를 가정하지 않고 단지 매 시기를 표현하는 도구로 쓸 수 있습니다. 어차피 매 시기마다 다른 분포를 사용한다면 정규 분포든 정규 분포보다 극단 값이 큰 두꺼운 꼬리 분포(fat tailed distribution)든 큰 차이가 있는 것은 아닙니다. 매 시기 완전히 다른 분포를 처음부터 찾아 사용하는 것보다 한 분포의 파라메터를 바꾸는 것이 시뮬레이션의 난이도를 줄여서 도리어 전체 정확도를 높일 수도 있습니다.

경쟁력을 증가시키는 확률 분포의 변화 모델링

변화하는 확률 분포를 분석할 수 있는 능력은 기업의 본원적 경쟁력을 증가시킵니다. 호황과 불황을 더 빨리 인지해서 대처할 수 있고, 소비자의 선호의 변화를 더 빨리 알아냅니다. 빨간색을 선호하는 소비자가 10퍼센트밖에 안되었는데, 어느 날 갑자기 빨간색을 선호하는 소비자가 절대 다수로 증가한다면 이 증가가 잠시의 노이즈일까요? 아니면 근본적 변화일까요? 통계와 수학은 다양한 기법으로 그 이유를 알아낼 수 있습니다. 소비자의 변화를 예측할 수 있다면 소비자의 선호가 변하고 한참 후에야 시장 조사를 하고 매출의 추이를 보아 가며 생산을 따라가는 것이 아니라 빠르게 새로운 변화를 인지하고 변화 자체를 이끌어 나갈 수 있습니다.

분포, 분포의 분포, 분포의 분포의 분포, …

"개발이 성공했을 때의 예상 매출 분포와 실패했을 때의 예상 매출 분포를 어떻게 합쳐요?"
"메타 분포를 이용해 보지요."

적어도 특정 주기 안에서의 주가는 하나의 분포로 나타낼 수 있을까요? 물론 세상은 그리 간단하지 않지요. 만약 어떤 회사의 주가가 기업 합병으로 인해 50달러에서 100달러로 뛰어 올랐다고 합시다. 합병이 무산되면 원래의 주가인 50달러를 중심으로 분포가 다시 형성될 것이지만, 성공한다면 100달러를 중심으로 분포가 형성될 것입니다. 중간은 없습니다. 이럴 때에 쓰이는 것이 메타 분포입니다. 합병이 될 경우의 주가 분포와, 합병이 안될 경우의 주가 분포, 이 두 개의 분포 중에 어느 쪽이 실현될 것인지 합병 자체의 성공 확률을 나타내는 메타 분포가 배분을 하는 것입니다.[42] 메타 분포는 사건에 확률을 배분하는

---

[42] 메타 분포를 어찌 해석할 것인가에 대해서 여러 이론이 있는데, 그 중 하나로 믿음 혹은 선험적 확률(a priori probability)이라는 것입니다. 기업이 맺은 계약이 단 하나의 발주처에서 단 하나밖에 없었다면 그 계약으로 손해를 입을 확률은 사실 알기 힘들지요. 따라서 이를 추정하는 것은 믿음으로 해석할 수 있습니다. 그러나 보험 회사처럼 고객들과의 계약이 매우 많다면 어느 정도 손실을 입을지 과거의 관찰을 통해 충분히 신뢰도 있는 추정이 가능하므로 이를 발생 빈도로 해석할 수 있습니다. 이러한 믿음에 가까운 추정은 정확하지 않을 뿐더러 관찰이 가능하더라도 그 갯수가 작아지는 경향 때문에 통계적 신뢰도가 매우 낮아집니다. 따라서 이렇게 믿음으로 추정된 분포에 대해서는 가장 위험한 최대 최소값에 가깝게 전체 위험을 추정해야 합니다. 반면에 발생 빈도에 더 가까운 분포는 신뢰도를 높일 수 있는 충분한 관찰에 기반해 평균 근처의 신뢰 구간을 잡아내도 괜찮습니다.

것이 아니라 분포 자체에 확률을 배분합니다. 만약 둘을 합쳐 하나의 분포로 나타내면 50달러와 100달러에서 볼록 튀어나오는 쌍봉 낙타형 분포가 만들어집니다.

상품의 매출 역시 마찬가지입니다. 어떠한 상품이 성공할 경우와 실패할 경우, 혹은 상품 전속 모델이 나오는 드라마가 히트를 할 경우와 하지 못할 경우, 상품의 매출 분포는 그 형태가 전혀 달라집니다. 이를 하나의 매출 분포로 나타내는 것이 아니라 각각의 경우에 대한 매출을 각각의 분포로 나타낸 이후 메타 분포로 합칠 수 있습니다. 이렇게 함으로써 상품이 단 천 개 팔릴 경우와 백만 개 팔릴 경우가 무작위로 일어날 수 있다는 가정 하에 계획을 세우는 것이 아니라 각각의 시나리오에 맞는 서로 다른 계획에 대한 자원 배분을 통해 전체 매출을 최적화할 수 있도록 만드는 것입니다.

상품별 생산 시설 배분 역시 메타 분포에 해당합니다. 자동차 회사에서 SUV 모델에 생산 라인을 더 배분할지, 아니면 고급 세단에 생산 라인을 더 배분할지와 같은 경우 배분 정도를 메타 분포로 나타낼 수 있습니다. 상품의 가짓수가 적을수록 최종 매출액의 분포는 각각의 분포의 피크가 그대로 보존되어 위험이 증가합니다. 상품의 가짓수가 많아질수록 각각의 피크는 서로 상쇄되며 전체적으로 매끈한 종형 분포가 생겨나고 위험은 작아질 것입니다. 메타 분포를 잘 만들어 내면 상품 가짓수의 최적점과 생산 배분의 최적점을 효과적으로 찾아내어 위험을 줄이고 수익을 증대시킬 수 있습니다.

분포도 어려운데, 메타 분포까지 생각하려니 머리가 어지러울 지경이지만, 사실 거기에서 끝나는 것도 아닙니다. 기업 합병 기간의 합병에 대한 메타 분포와 신약 개발 기간의 신약에 대한 메타 분포가 있다면, 현재가 과연 합병 기간과 신약 개발 기간 둘 중에 어느 구간을 지나고 있는지를 알려주는 상위 분포인 메타 메타 분포도 나올 수 있습니다.

이렇게 일어날 수 있는 사건들의 분포가 잘 표현되었다면 그로부터 우리는 위험의 정도가 얼마나 높은지, 얼마나 높은 확률로 일어날지를 알게 됩니다. 위험을 헤지하는 작업을 훨씬 더 체계적으로 수행해 나갈 수 있는 것입니다. 주식과 원자재와 같은 투자 상품의 경우에도 하나의 가격 분포를 만드는 것보다 메타 분포를 통해 가격을 더 정확하게 산정할 수 있습니다. 어떤 상품의 이상적 가격을 더 정확하게 알 수 있다는 것은 수익 증대의 기본입니다. 어떤 기업이 시장에서 거래되는 자사의 주식의 가격이 이상적 가격보다 더 높게 책정되었다면 새로운 주식을 발행하고, 더 낮다면 사들임으로써 주가의 안정성을 높일 수 있습니다. 애플의 경우처럼 주주들에게도 이익이 되고 기업은 매매 차익으로부터 수익을 만들어 낼 수 있습니다.

기업의 위험을 가중하는 동일성과 독립성의 허구

"난 통계는 잘 안 써. 회사에 통계 아는 사람도 없고."
"과거 매출 추세를 아예 안 보나요?"
"그건 보지."

통계를 잘 사용하지 않는다는 기업인들과 이야기를 하다 보면 사실은 통계적 방법들을 이미 다양하게 적용해 사업을 하고 있는 것을 발견합니다. 다만 명시적으로 통계를 쓰고 있다는 생각을 하지 않을 뿐입니다. 이렇게 자기가 사용하는지조차도 모르고 사용되는 통계는 오류를 가져오기 마련입니다. 그래프의 추세선처럼 인간이 시각적으로 판단하는 등의 자의적 요소가 많아질수록 사람들은 같은 데이터라 하더라도 전혀 다른 결정을 내립니다.[43] 예를 들어 매출 추세 차트를 납작하게 보여 주느냐, 세로로 길게 보여 주느냐, 숫자로 보여 주느냐 파이 차트로 보여 주느냐에 따라 경영자는 다른 결정을 내리는 것입니다.

---

43) 데이터가 어떤 식으로 보여지는가에 따라서 결정자가 매우 다른 결정을 내리는 경향은 학계에서 실험을 통해 반복적으로 보고된 바가 있습니다.
Newman, G. E. and Scholl, B. J. Bar graphs depicting averages are perceptually misinterpreted: The within-the-bar bias. *Psychonomic Bulletin & Review 19*, 4 (2012), 601–607
Chua, H. F., Yates, J. F., & Shah, P. (2006). Risk avoidance: Graphs versus numbers. *Memory & Cognition, 34*, 399–410
Borkin, M. A., Gajos, K. Z., Peters, A., Mitsouras, D., Melchionna, S., Rybicki, F. J., Feldman, C. L., and Pfister, H. Evaluation of artery visualizations for heart disease diagnosis. *IEEE Trans. on Visualization and Computer Graphics 17*, 12 (2011), 2479–2488

세로로 길게 늘려진 차트는 사람들에게 시각적으로 매출이 급격하게 성장하고 있다는 착각을 일으키고, 수치보다 그래프를 사용하는 쪽이 사람들의 위험 회피 경향을 자극합니다. 정말로 모든 통계를 안 쓰는 것이 아니라 자신이 이미 쓰고 있는 통계에 무지한 상태일 뿐이라면 이러한 무지는 수많은 잘못된 결정을 야기할 것입니다. 자신이 이미 통계를 쓰고 있다면 통계의 기본적 가정을 이해해야 할 것입니다.

동일성과 독립성의 비현실성

대부분의 통계학 정리들이 필요로 하는 가장 기본적 가정은 분포가 독립적(independent)이고 동일(identical)하다는[44] 것입니다. 독립적이라는 것은 다음번 사건이 그 전의 사건에 전혀 상관없이 일어난다는 것입니다. 실상은 그렇지 않습니다. 우리가 사는 세상에는 주기(regime)가 관찰되고 같은 주기에서는 비슷한 양상의 현상이 지속적으로 일어납니다. 시장이 하락하기 시작하면 계속해서 더욱 하락해 나가고, 시장의 변동성이 높으면 지속적으로 변동성이 높은 것이 그 일례입니다. 동일성의 가정은 우리가 관찰하는 현상이 오직 하나의 분포를 계속 따른다는 것입니다. 동일하다면 주기별로 다른 분포가 생긴다는 것은 말이 되지 않습니다. 동일성의 가정은 깨집니다.

---

44) independent identical distribution, 줄여서 i.i.d.라고 하는데, 이러한 가정이 들어가면 통계 모형을 세우기가 쉬워집니다. 하지만 이러한 가정이 강할수록 현실 세계에서는 점점 더 멀어집니다. 이론 물리학자들이 농담으로 잘하는 '진공에 오직 홀로 존재하는 공 모양의 닭'에 대한 모델을 세우는 것처럼, 현실 세계에서는 성립할 수 있는 상태에서만 모델이 들어맞는 것입니다.

심지어 통계를 전공한 연구자들도 가장 기반이 되는 동일성과 독립성에 대해서는 제대로 분석하지 않는 경우가 너무 많습니다. 동일성과 독립성의 가정이 깨어지면 통계 분석의 기본인 중심 극한 정리가 적용되지 않습니다. 흔히 말하는 90퍼센트 신뢰도, 95퍼센트 신뢰도로 어떤 사건이 일어난다고 말할 때 이러한 신뢰도는 중심 극한 정리에 의해 나오는 것입니다. 그것이 깨어진다면 우리는 신뢰도에 대해서 아무 말도 할 수 없게 됩니다. 어떤 펀드가 천 일간 낮은 변동성으로 하루 평균 일 퍼센트 수익을 냈다면 관측 갯수의 증가로 신뢰도가 매우 높게 증가합니다. 1000개의 데이터라면 상당히 높은 신뢰도를 가져올 수 있습니다. 그러나 사실 천 일이면 삼사 년 정도밖에 되지 않는 짧은 기간입니다. 중심 극한 정리를 사용하려면 시장 상황이 앞으로 변하지 않을 것이라는 동일성이 가정되어야 하고, 천 일간의 관측이 서로 관계가 없다는 독립성이 가정되어야 하는데, 우리는 둘 다 전혀 가정할 수 없습니다.

기업 역시 중심 극한 정리가 무엇인지는 몰라도 이를 이미 적용하고 있습니다. 예를 들어 지난 십 년간 매출이 평균적으로 매년 100억 원이었을 때 지난 일 년 동안만 매출이 100억 원인 것보다 내년의 매출액이 100억 원이 될 것이라는 예측을 더 신뢰하는 것입니다. 그러나 동일성과 독립성의 가정이 깨져 있다면 이런 식의 신뢰는 잘못된 결정을 가져옵니다. 동일성이 깨져 지난 십 년간 유지되던 주요 팩터가 최근 일 년간 그 방향을 바꾸었다면 지난 일 년간의 매출이 십 년간의 매출보다 훨씬 더 신뢰할 수도 있는 것입니다. 어떠한 경우에 과거의 데이터에 더욱 신뢰를 줄 수 있는지 아니면 전혀 그와 반대인지 알아내기 위해 근본적 이해가 필요합니다. 단지 차트와 수치만 보고 판단한다면 착각에 빠지게 될 것입니다.

독립성 가정 시 관측 데이터 수 과장

어떤 펀드가 암호 화폐 일드 파밍을 하여 천 일 동안 안정적인 높은 수익률을 올렸어도 암호 화폐가 폭락하는 주기에서는 펀드도 크게 폭락할 것입니다. 다시 말해 이 펀드의 수익률은 암호 화폐가 올라가는 주기에만 관측되었을 가능성이 있습니다. 그 주기 안에서의 모든 관측은 서로 독립적이 아닙니다. 같은 주기이므로 같은 양상을 가지게 됩니다. 그렇다면 천 일 동안의 천 개의 관측은 실질적으로 하나의 주기에 대한 관측이고, 결국에 단 한 번의 관측입니다. 올라가는 주기 단 한 번을 관측해 놓고는 천 번을 관측했다고 부풀린 것입니다. 독립적 관측을 위해서는 내려가는 주기와 올라가는 주기를 반복적으로 관측해야 합니다. 하지만 독립성을 무시하는 연구자들은 이러한 식으로 실질적 관측 횟수가 한 번인데, 천 번이라고 부풀리는 오류를 저지릅니다. 이러한 오류는 매우 빈번하게 일어나며, 우리가 접하는 수많은 통계 분석 결과에 영향을 줍니다.

독립성에 대한 분석은 쉽지 않습니다. 전문 연구자들도 분석에서 그냥 모든 관측을 독립적이라고 가정하고 분석을 행하는 데에는 이유가 있습니다. 설사 문제를 알고 있다고 하더라도 문제 해결의 어려움 때문에 제대로 된 분석을 포기하고 독립성을 가정하는 것입니다. 정확히 분석하자면 세상의 모든 현상은 상대적으로 독립성이 더 높은 경우가 있을 뿐 완전히 독립적인 현상은 없습니다. 모든 것이 연결된 세상에서 모든 현상은 서로 영향을 받습니다. 러시아의 우크라이나 침공과 개발도상 국가들의 파산은 서로 영향을 주며, 뉴욕의 날씨와 서울의 날씨도 지구 온난화와 같은 팩터에 동시에 영향을 받습니다.

과다 관측은 독립성을 깨뜨리는 중요 요인입니다. 태양 전지 설치를 위해 특정 지역의 일조량이 좋은지 나쁜지 만 번을 관측해서 일조량이 충분하다는 결론을 냈다고 합시다. 하지만 그 만 번의 관측이 모두 한 달 안에 일어났다면 관측들은 전혀 독립적이지 않을 것입니다. 주식 투자에서도 일 분 단위로 수익을 측정하면 데이터가 늘어나 신뢰도가 높아지지만, 이러한 과다 관측은 독립성을 깨뜨립니다.

데이터의 독립성을 확보하기 위해서는 독립성이 깨지는 주기 전체를 하나의 데이터 포인트로 만들어 데이터를 재구성해야 합니다. 이를 위한 다양한 방법이 있지만 조금 복잡하기 때문에 여기서 다루지는 않을 것입니다. 다만 그 결과로 하나의 주기가 하나의 데이터 포인트가 되어서 데이터의 양이 비약적으로 줄게 됩니다. 만약에 주기가 10년이고 데이터가 100년 동안 관측되었다면 우리는 단 열 개의 데이터 포인트만 갖게 됩니다. 신뢰도는 급격히 하락합니다.

세상의 변화와 동일성의 문제

독립성에 비해서 동일성은 사실 좀더 어려운 일입니다. 독립성은 그나마 관측 기간을 더 길게 하면 서로 다른 주기가 나타나며 섞이기 때문에 부분적으로는 독립적이지 않아도 어느 정도 독립성이 확보됩니다. 그러나 동일성은 그렇지 못합니다. 세상이 변화하기 때문입니다. 만약에 상승장과 하락장처럼 변하기는 하지만 결국 돌고 돌아 반복되는 주기라면 그렇게 큰 문제는 없습니다. 그러나 인터넷이 쓰이기 이전 시기와 이후 시기, 비트코인과 같은 탈중앙 집권적 가상 화폐가 등장하기 이전 시기와 이후 시기는 되돌이킬 수 없습니다. 근본적 변화가 있었기 때문입니다.

기업 경영 환경에도 이전의 데이터를 더이상 사용할 수 없는 비가역적 변화가 매우 많이 일어났습니다. 자동화와 물류 효율화로 최소의 재고를 유지하는 것이 기업 경영의 기본인 21세기와 가급적 충분한 재고를 쌓아야만 중단 없이 생산과 판매가 가능했던 20세기가 동일하다고는 아무도 말할 수 없을 것입니다. 델 컴퓨터 회사가 1970년에 지금과 같이 소비자의 주문을 받은 후에야 생산을 시작하는 모델을 적용했다면 바보 같은 경영이라는 비웃음을 사고 얼마 안 가서 완전히 망했을 것입니다. 그런데 델의 사업 모델이 성공적인지 추정하기 위해 지난 100년간의 데이터를 써서 검증한다면 지금 현재도 델은 망할 수밖에 없다는 결론밖에 나올 수 없습니다. 이미 세상은 변했지만 데이터는 변하기 이전 세상의 것으로 가져왔으니까요. 이런 식으로 변하는 세상에서 100년의 데이터가 10년의 데이터보다 많으므로 더 신뢰할 수 있다는 것은 말이 되지 않습니다. 동일성은 깨어지고 세상은 되돌아오지 않습니다.

세상이 변해 버렸으면 변하기 이전 관측은 효용을 상실합니다. 동일성이 유지되는 현재에 가까운 구간만 데이터로 사용할 수 있습니다. 독립성을 위해 줄어든 관측의 갯수는 이렇게 동일성 때문에 다시 한 번 줄어듭니다. 관측의 갯수가 줄어드니 급격한 신뢰도의 하락이 일어나게 됩니다. 기업이 과거 데이터를 기반으로 미래를 계획할 때에는 이러한 신뢰도의 하락을 염두에 두어야 합니다. 독립성과 동일성을 과도하게 가정한 통계가 말하는 예측이 틀릴 확률은 매우 높습니다. 몇 퍼센트 차이로 틀리는 것이 아니라 백배, 천배의 차이가 납니다. 2008년 금융 위기 때 만 년에 한 번 일어날 것이라던 상품의 위험도는 사실상 독립성을 제대로 측정했다면 십 년에 한 번 일어날 일이었습니다. 기업 경영에서도 마찬가지입니다. 과거의 데이터로부터 나오는 결론이 과연 동일성과 독립성을 유지한채 나왔는지 그렇지 않은지에 따라 완벽할 것 같았던 전략은 허구로 가득한 전략이 되어 버립니다.[45]

데이터의 동일성 확보하기

독립성과 동일성이 얼마나 중요한지 이해했다면, 이제 독립적이고 동일한 데이터를 어떻게 확보할지가 다음 물음일 것입니다. 급변하는 세상 속에서 동일성의 조건은 얼마 되지도 않는 과거의 관측 데이터를 모두 쓰레기로 만들고 있습니다. 점점 더 긴밀하게 연결되어 가는 세계는 복잡한 상호 작용 속에 독립성 역시 위협하고 있습니다. 그렇다고 통계에 기초한 모든 예측을 포기할 수는 없습니다. 포기하기는커녕 더 발달된 기술로 수익을 증가시키는 예측 기법들을 더 많이 사용하는 것이

---

[45] 사회 현상과 달리 자연 현상에서는 동일성이 비약적으로 높게 유지될 수 있습니다. 예를 들어 빙하기의 주기는 몇만 년에 걸쳐 일어나며, 태양이 지구 궤도까지 삼키며 비대해지는 데에는 수십 억 년이 걸립니다. 우리의 은하계가 우주의 다른 구간으로 날아가는 시간도 일 억 년을 단위로 하지요. 물론 봄, 여름, 가을, 겨울, 또는 밤낮과 같은 주기를 고려해야 하지만, 이러한 고정적 주기성은 수학적으로 시계열 분석을 통해 쉽게 빼낼 수 있습니다. 다시 말해 충분한 데이터가 주어진 대부분의 예측 모델은 오랜 기간 타당성을 유지합니다. 그러나 생명체가 빠르게 자연을 바꾼다면 이 또한 전혀 보장할 수 없습니다. 인간이 지구의 기온을 바꾸는 데에서 그치지 않고 수백 년 후 태양을 폭파시키지 않을 것이라고 아무도 장담할 수 없으니까요. 사실 태양의 핵융합처럼 국소적이며 일반적인 자연 현상은 훨씬 오랜 시간에 걸쳐 변화합니다만 이마저도 수소 원자도 존재할 수 없었던 우주의 초창기에는 일어날 수 없고, 우주가 죽어가는 마지막에서도 일어날 수 없는 일시적 현상일 뿐입니다. 동일성은 정도의 차이가 있을 뿐 결국 어디서나 깨어지고 맙니다.

21세기의 경향입니다.

빠르게 변하는 세상에서의 예측 난이도가 느린 세상에서의 예측 난이도보다 월등히 높다는 것은 놀라울 것도 없는 당연한 사실입니다. 그러한 난이도의 증가를 전혀 고려하지 않는 모델이 더 이상하지요. 아무것도 변하지 않는 세상에서는 어제 일어난 일이 내일도 일어난다고 예측하면 별 문제가 없습니다. 로마는 수백 년 동안을 거의 같은 무기와 갑옷을 가지고 군사적 우위를 점할 수 있었습니다. 임진왜란 때에 쓰인 조선의 거북선과 일본의 조총은 몇백 년 후의 조선과 일본에서도 근본적 변화 없이 그대로 유지됩니다. 로마는 과거 수백 년 동안 싸워 온 데이터를 활용해 전략을 세울수 있었지만, 현재의 세상에서는 불과 30년 전의 데이터도 더이상 적용할 수 없습니다.

그렇다고 과거의 모든 데이터를 파기해야 할까요? 그것은 너무하겠지요. 연구자들은 과거의 데이터를 최대한 살려 내려 노력합니다. 모든 것이 섞여 있는 데이터에서 동일성을 유지하지 못하고 이미 변해 버린 팩터를 중립화한다면 그 팩터를 제외한 나머지 데이터를 조금 더 동일하게 만들 수 있습니다. 예를 들어 코로나 바이러스가 유행한 시기, 인터넷을 통한 상품 판매는 상거래 양상을 완전히 바꾸어 놓았습니다. 하지만 그렇다고 해서 의류에 대한 고객의 선호가 본질적으로 바뀌지는 않습니다. 그렇다면 인터넷 매출이 늘어난 시기와 그렇지 않던 시기의 데이터로부터 추정한 상품의 선호도가 바뀌었다고 해도 이를 인터넷 매출에 대한 노출로 보정하면 좀더 긴 기간의 데이터를 사용할 수 있습니다. 예를 들어 인터넷 매출이 30%이던 과거에는 외투의 매출 비중이 전체 매출의 60%였는데 인터넷 매출이 90%로 급격하게 늘어난 시기에는 외투의 매출 비중이 30%로 줄었다고 합시다. 만약 미래에 인터넷 매출이 40%로 회귀한다고 해도 우리는 간단한 선형 모델로 인터넷 매출에 대해 중립화시킨 데이터를 통해 고객의 선호도를 예측할 수 있습니다.

인터넷 매출 팩터 = 인터넷 매출 비중 변화

외투의 인터넷 매출에 대한 노출
= (과거의 외투의 매출 - 현재의 외투의 매출) / (과거의 인터넷 매출 - 현재의 인터넷 매출)
= (30% - 60%) / (90% - 30%) = -50%

인터넷 매출이 40%일 경우 외투의 매출 예측
= -50% * (40% - 30%) + 60%
= 55%

특정 상품의 매출 비중이 60%에서 30%로 반토막 나는 시기를 거치며 과거 수십 년간의 매출 기록들에 기반한 경영 계획을 백지화해야 하는 사태 속에서 데이터를 살려냈습니다. 과거의 데이터를 팩터에 대해 중립화함으로써 다시 사용할 수 있게 만드는 간단한 예이지요. 물론 실질적으로는 이보다 훨씬 더 복잡하고 단 하나의 팩터에 의해서 변화가 정의되지도 않기에 정확하게 모든 데이터를 다 살려 낼 수 있는 것은 결코 아닙니다. 하지만 모든 데이터를 폐기하는 것과 비교한다면 과거의 데이터로부터 어느 정도의 효용을 찾아 내는 쪽이 예측의 정확성을 월등히 높입니다. 통계 분석에서 데이터의 양의 중요성은 아무리 강조해도 지나치지 않으니까요.

위에서 사용한 선형적 모델을 이용한 중립화는 국소적 예측에 적합하고 너무 큰 본질적 변화가 일어날 경우 잘 성립하지 않을 수 있습니다. 그런 경우 더 복잡한 비선형 모델을 사용할 수도 있습니다. 하지만 선형 모델은 최소한의 변수를 가정함으로써 과잉 최적화를 줄여 준다는 강력한 장점이 있기에 많은 연구자들이 기본적으로 선형 모델을 선호합니다.

2부

위험 팩터와 헤지

헤지의 첫걸음

본격적으로 헤지를 위한 작업을 시작해 봅시다. 너무 복잡한 수학 공식을 쓰는 것은 도리어 이해를 해치고 본질을 가리니 가급적 간단하게 하겠습니다.

$Y = α + β \cdot X$

간단하죠? 고등학교 때 배운 직선의 방정식입니다. 직선을 나타내므로 '선'형 방정식이라고 합니다. 너무 쉽지요. 선형 대수학이라는 공학에서 가장 많이 쓰는 수학 분야도 그저 직선의 이야기일 뿐입니다. 세상 모든 것을 직선으로 근사(Approximate)하겠다는 뉴턴의 야심찬 프로젝트인 것이지요.[46] 말이 되나요? 세상은 사각형이 아니야! 맞습니다. 하지만 대부분의 곡선은 부분적으로 보면 직선입니다. 구형의 지구 위에 사는 우리가 지구를 평평하다고 생각하는 이유입니다. 이제부터

---

[46] 미적분학을 한마디로 요약한다면 부분적 직선 근사입니다. 어떤 곡선에 대한 미분 값은 그 곡선에 접하는 직선의 기울기입니다. 미분 가능하다는 말은 이렇게 직선으로 근사할 수 있는가에 대한 이야기입니다. 물론 부분적 근사는 그 부분에서 벗어나면 오차가 비약적으로 늘어납니다. 그러나 이 문제 또한 아주 쉽게 해결됩니다. 한 번이 아니라 여러 번 여러 곳에서 근사하면 되는 것입니다. 즉 원을 세 번 접선으로 근사하면 삼각형이 되어 오차가 크지만 여덟 번 근사하면 팔각형처럼 원과 가까워지고 천 번 근사하면 원과의 차이를 거의 느끼지 못할 것입니다. 이렇게 원의 넓이를 다각형으로 근사하는 것은 사실 뉴턴이 발견해 낸 것이 아니라 고대의 수학자들도 이미 알고 있었던 오래된 지식이었습니다. 팩터 모델의 직선 근사 역시 이렇게 여러 번 근사를 행함으로써 그 차이를 줄입니다. 단 한 번 선형 팩터로 위험을 근사하여 계속해서 오차가 늘어감에도 불구하고 절대 바꾸지 않고 쓰는 것이 아닙니다. 매일매일 새로이 위험 헤지 모델을 만들어 근사를 수행해 냄으로써 오차를 줄여 나가는 것입니다.

우리는 선형으로 예측하고 선형으로 팩터를 분해하겠습니다. 제곱이나 지수적으로 움직이는 모델도 있고 훨씬 복잡한 함수도 많지만, 선형 분석은 가장 많이 쓰이기도 하고, 가장 안정적입니다. 다른 비선형 모델을 부분적으로 선형 모델로 바꾸기도 하므로 선형 모델만 알아도 많은 이해가 가능합니다.

$$Cost = 500 + 2000 \cdot X1$$

X1이 원료의 가격이고 α가 고정 비용 500이고 β가 원료 가격이 야기하는 비용 증가 비율이라면 원료의 가격이 1일 때 총 비용은 500 + 2000 * 1 = 2500원입니다. 비용의 팩터는 원료 가격 X1입니다. 만약에 임금을 시장의 평균 임금에 맞추어야 한다면 평균 임금 X2도 팩터로 넣을 수 있습니다. 직원이 열 명이라면 다음과 같이 됩니다.

$$Cost = 500 + 2000 \cdot X1 + 10 \cdot X2$$

이런, 변수가 두 개로 되니 차원이 늘어 직선의 방정식이 평면의 방정식이 되어 버렸지만, 어쨌든 평면도 구부러져 있지 않으니 모두 선형 방정식입니다. 이 공식에 원료 가격, 평균 임금, 운송비 등, 넣고 싶은 팩터는 마음대로 넣을 수 있습니다. 아주 쉽지요. 그러나 이런 방정식에서는 불확실성을 반영할 수 없습니다. 어떤 이유로든 총 비용이 정확히 주어진 팩터로만 결정되어야 합니다. 그러나 실제는 그렇지 않겠지요. 이제부터 그 뭐가 됐든 아직 알 수 없는 이유로 인한 비용을 노이즈 ε라고 표현하겠습니다. 만약에 평균 임금이 총 비용에 영향을 주는 걸 모르거나 무시한다고 하면 그 부분까지 뭉뚱그려 합쳐서 ε라고 표현할 수도 있는 것이지요.

$$\text{Cost} = 500 + 2000 \cdot X1 + \varepsilon$$

위의 방정식이 뜻하는 바는 비용이 정확하게 1500원이 아니라 1500원 언저리, 즉 1500 + ε라는 것입니다. ε는 에러(error)의 약자로 epsilon이라고 읽습니다. 여기서 중요한 것은 에러라고 해서 진짜 에러라기보다는 그냥 다른 팩터로 나타내지 못한 걸 모두 뭉뚱그려 넣겠다는 의미로 사용된다는 것입니다. α는 알파, β는 베타라고 읽는데 다른 상수들과 혼동되지 않도록 구별해 멋있게 부르려다 보니 그렇게 이름 붙인 것입니다. 기역 니은이라고 불러도 상관이 없습니다. 그리스 알파벳의 처음 두 글자로, 선형 방정식에서 첫 번째와 두 번째 상수를 나타내다 보니 그 의미가 고정되어 버린 것입니다. 알파는 고정 비용과 같이 항상 고정적으로 발생하는 상수를 이야기하고, 베타는 팩터가 변함에 따라 얼마나 변할지에 대한 비율을 뜻합니다. 팩터가 위험 팩터일 때 우리는 β를 '팩터 위험에 대한 노출(exposure)'이라고 부를 것입니다. β는 기울기이므로 팩터 X가 움직이는 크기에 비례해 Y 값이 변화하는 정도입니다. 따라서 이를 'Y의 팩터 X에 대한 노출'이라고 불러도 자연스럽지요.

위험을 분석할 때 위험을 변동성으로 해석하길 좋아한다고 했습니다. 우리는 고정된 상수가 아닌 쪽을 위험하다고 생각합니다. 정해져 있는 고정 비용이야 알고 있으니 위험하지 않지만, 갑자기 원료 가격이 상승하거나 노동 시장의 평균 임금이 높아지면 예상치 못한 비용이 늘어나서 위험할 수 있습니다. 여기에서 약간 혼동될 수 있는 것이 변하지 않으면 위험하지 않다는 가정인데, "고정 비용이 왜 안 위험해?"라고 반문할 수도 있을 것 같네요. 그 말도 일리가 있지만 일단은 예측할 수 없는 변동을 위험하다고 받아들이고 시작하지요.

비위험 = α   : 고정적이며 변화가 없음, 예측 가능

위험 = β * X + ε   : 변동적이며 예측할 수 없음

여기에서 우리가 이미 알고 있어서 팩터로 만들어 낸 부분을 리스크 팩터라고 하고, 잘 알지 못하는 부분을 이디오신크래틱 위험, 혹은 고유 위험[47]이라고 합니다.

팩터 위험 = X   : 원인을 알고 있기에 변수로 잡아낼 수 있음

이디오신크래틱 위험 = ε   : 원인을 잘 모르거나 체계적 분해를 하지 않음

이디오신크래틱 위험은 기업 고유의 위험을 포함해서 팩터로 나타내지 못한 모든 위험의 총합입니다. 다시 말해 위의 X2 팩터도 제대로 모델링하지 못했다면 첫 번째 방정식의 ε에 포함되었겠지요. 따라서 물리 방정식의 에러에 해당하는 부분이라고 무시할 수 있는 작은 수치라고 생각하면 절대로 안됩니다. 팩터 분해에서 ε은 상당히 큰 수치로 나타날 수 있습니다.

---

47) 고유 위험은 말 그대로 한 회사의 고유한 위험을 뜻할 것이나 이 부분이 전혀 고유하지는 않다는 사실 때문에 고유 위험이라는 말을 되도록 쓰지 않으려고 합니다. 이디오신크래틱하다는 말에도 고유하다는 의미가 있으나 외래어의 특성상 팩터 분석이 안된 위험이라는 용법상 정의를 담는 데 더 적합할 것 같아서 이 단어를 번역 없이 사용했습니다.

자 끝났습니다. 이렇게 간단해? 네 이렇게 간단합니다. 정리하면 다음과 같습니다.

위험 = 팩터 위험에 대한 노출 * 팩터 위험 + 이디오신크래틱 위험

이렇게 우리는 위험을 팩터 위험과 이디오신크래틱 위험으로 나누어 보았습니다.[48]

---

48) 좀더 수학적으로 일반화된 정확한 표현을 하자면 n개의 주식 (정확히는 주식의 수익) S1, S2, ⋯, Sn을 가진 포트폴리오 P는, W = (w1, w2, ⋯, wn)을 각각의 주식에 배분된 자본이라고 하고 COV를 리스크 팩터 간의 공분산(covariance)이라 하고 F를 m개의 팩터에 대한 각각 주식의 노출이라고 할 때 다음과 같이 나타낼 수 있습니다.

VAR(P)
= VAR(S1+S2+...+Sn)
= (F * W)^T * COV * (F * W) + Sum_k^n(Idiosyncratic Risk_k)

다루는 주식의 수가 아주 많아도(고차원 공간) 이렇게 매우 간단한 행렬들의 연산으로 나타낼 수 있습니다. 그러나 퀀트들이 이 공식만을 맹신하는 것은 매우 위험한 사고방식입니다. 여기에서 가장 커다란 가정은 우리가 공분산(COV)을 잘 알고 있다는 것입니다. 그러나 고차원으로 향할수록 공분산 행렬은 노이즈의 비중이 의미 있는 데이터의 비중을 압도하기 시작합니다. 당연한 것이 공분산 행렬의 데이터는 주식 수의 제곱 개가 필요한데 우리가 관찰할 수 있는 의미 있는 데이터는 선형으로 늘어나지 제곱에 비례하여 늘어나지 않기 때문입니다. 인위적으로 횟수를 늘린 관찰이 많다고 정보가 늘어나는 것이 아닙니다. 의미 없는 노이즈가 대부분을 채우는 것입니다. 따라서 더 많은 주식이 들어갈수록 노이즈가 전체를 압도하는 상태가 되어 버립니다. 이를 효율적으로 해결하기 위해 주성분 분석을 통한 차원 축소를 포함해서 많은 방법들이 고안되었습니다만 그것을 여기에서 일일이 나열하지는 않을 것입니다. 경우에 따라 알맞은 방법을 적용하면 어느 정도 해결할 수 있는 문제이며 해결하지 못하면 쓰지 않으면 됩니다. 반면에 공식이 주어졌다고 그것을 맹신하면 틀린 결과를 사용하게 됩니다. 공분산 뿐만이 아닙니다. 이디오신크래틱 위험 또한 실질적으로는 독립성을 만족하지 않기에 위에서처럼 그대로 더할 수도 없으니 주어진 상황에 맞추어 다시 생각해야 합니다. 공식은 이론 속의 상상이 아니라 실제의 대상을 나타내려 하면 끝없이 복잡해지고, 아무리 복잡해도 결국 언제나 역부족이지요.

투자 포트폴리오에서의 헤지

"헤지를 하면 수익이 줄어드는 것 같아서 저의 투자 포트폴리오는 헤지를 하지 않아요."
"그러면 헤지 포트폴리오에 반대 방향으로 투자하고 싶으신가요? 헤지 포트폴리오가 음의 수익이라고 생각한다면 반대로 투자하면 양의 수익이니까요."
"그건 아니지요. 위험하기도 하고, 내가 생각한 투자 아이디어도 아니니까요."

기관 투자에서 위험 헤지는 빼놓을 수 없는 요소로 자리잡고 있지만 아직도 많은 투자자들은 자신의 투자 포트폴리오를 헤지하지 않고 있습니다. 여러 이유를 다양하게 들고 있지만 사실 대부분의 이유는 그저 변화를 거부하는 심리적 저항이나 이해의 부족에 기반한 경우가 많습니다. 앞에서 팩터의 분해를 통한 기본적 헤지 방법을 알아보았으니 이제 이 방법이 투자 포트폴리오에 실제로 어떻게 적용되는지 알아보겠습니다.

펀드 위험 관리를 위한 위험 팩터

퀀트 포트폴리오에서 팩터 헤지는 없어서는 안될 필수적인 요소입니다. 대부분의 퀀트 포트폴리오는 팩터 중립화를 기본 조건으로 부여받습니다. 문제는 기본적으로 노출을 중립화해야 할 팩터를 무엇으로 할 것인가에 대해서는 모두가 의견의 일치를 보이지 않는다는 데에 있습니다. 일률적으로 세상의 모든 포트폴리오가 같은 그룹의 팩터들에 대해서 중립화되어 있어야만 하는 것은 전혀 아닙니다.[49] 하지만 펀드 운용을 맡은 매니저에게 알아서 중립화를 유지하라고 한다면 포트폴리오를 관리하는 입장에서는 위험 팩터가 중립화되어 있는지 아닌지 알기가 힘들어집니다. 위험에 대한 노출이 관리되지 않으면 위험에 대한 과도한 노출로 단기적 수익을 올리려고 시도하는 펀드 운영자의 이탈을 막을 수가 없습니다. 위험 팩터 노출로 수익을 올리는 시도가 장기적으로 수익을 만들어 낼 수 있다면 좋겠지만, 대부분 손실로 끝나고 맙니다. 수익을 내려는 순수한 의도만 있는 것이 아니라 단기적 수익을 내기 위해 장기적 손실을 감수하고 위험 팩터에 대한 노출을 시도하는

---

49) 예를 들어 유명한 파마와 프렌치의 3 팩터 모델은 시장 팩터, 크기 팩터, 가치 팩터로 구성되지만 이 세 팩터가 가장 강력한 팩터가 되는 것도 아닙니다. 그저 그 모델이 중점을 둔 주식들의 특정 기간의 특정 방식으로 계산한 위험이 그들의 방식대로 정의한 세 팩터들로 많이 설명되었다는 것을 뜻할 뿐입니다. 실제로 파마와 프렌치는 그 이후 5 팩터 모델을 만들기도 했습니다. 아예 전혀 다른 모델이 훨씬 더 적합한 경우는 매우 많습니다. 바라의 경우 나라마다 모델이 다릅니다. 같은 나라에서도 금광을 경영하는 기업은 금 팩터가 중요하고, 석유 회사는 석유 팩터가 중요하지 기업 크기나 기업 가치가 그리 큰 위험 요소가 아닙니다. 심지어 시장과도 관련이 없는 주식도 많습니다. 게다가 2022년을 뒤흔든 위험 팩터는 성장 팩터와 기술 팩터인데 파마 프렌치의 모델에는 포함되지 않습니다. 시대에 따라 팩터의 중요성 자체가 변해 가는 것입니다. 그럼에도 불구하고 학계와 많은 연구자들이 파마와 프렌치의 3 팩터 모델을 기본으로 가정하며 연구를 진행하는 이유는 소통의 편의성과 초창기 연구자의 권위 때문일 것입니다.

Fama, E. F.; French, K. R. Common risk factors in the returns on stocks and bonds. Journal of Financial Economics. 33: 3-56, 1993

운영자들도 있기 때문입니다. 그래서 퀀트 펀드들에서는 운영자가 팩터 노출이 높은 경우 민감하게 이를 규제합니다. 퀀트 펀드가 아니라 하더라도 이러한 사태는 똑같이 벌어질 수 있지만, 사실 위험의 중립화 자체를 적용하지 않는 펀드에서 위험 팩터를 이용하여 운영자의 이탈을 관리하기는 쉽지 않습니다.

바라 팩터 모델

퀀트 펀드를 포함한 많은 펀드들에서 위험 팩터의 중립화 조건으로 바라 팩터 모델들을 이용하는 것을 볼 수 있습니다. 달러 포지션 중립화나 산업 분야별 중립화도 요구되지만 그런 조건들은 상대적으로 매우 간단하니 그것들을 제외하면 상용화된 팩터로는 바라가 독보적인 위치에 있습니다. 바라 모델처럼 펀드 업계 전반적으로 사용하는 모델을 사용하면 상호간 의사소통의 불분명함이 줄어듭니다. 물론 값비싼 비용을 지불하고 구입을 해야 한다는 단점이 있습니다. 비싼 비용을 지불했으니 필요한 위험 팩터를 모두 포함하고 있으리라고 상상하는 것 또한 금물입니다. 바라를 포함해 어떤 위험 팩터 모델들도 모두에게 필요한 위험을 담아내는 것은 불가능합니다. 예를 들어 2020년 코로나 바이러스가 유행했을 때에도, 2022년 중국의 인터넷 기업들의 등락이 시장에 커다란 영향을 끼쳤을 때에도, 바라 모델은 이를 전혀 포함하지 않았습니다. 게다가 고객에게 어떤 위험 팩터가 필요한지 알 방법이 없는 일반적인 모델에서 고객 각자에게 맞는 팩터를 맞춤형으로 제공할 리가 없습니다. 바라가 생각하는 최대한 일반적인 가정 하에 팩터를 만드는 것 뿐입니다. 결국 자신에게 필요한 팩터들은 자신이 직접 연구해서 사용해야만 합니다.

항목	설명
(비선형) 베타((Non-Linear) Beta)	주가의 시장 자체에 대한 노출 정도. 시장과 연동이 많이 되는 기업의 위험은 금광 소유 기업처럼 연동이 덜 되는 기업과 다릅니다.
거래량(Liquidity)	주식의 거래량. (기업의 현금 유동성이 아닙니다.) 거래량이 높은 기업과 낮은 기업의 위험은 다릅니다.
잔차 변동성(Residual Volatility)	주식의 변동성 중에 베타로 설명되지 않는 부분. 변동성이 높은 기업과 낮은 기업의 위험은 다릅니다.
모멘텀(Momentum)	장기간의 주가 움직임. 장기적으로 주가가 상승한 기업과 하락한 기업의 위험은 다릅니다.
(비선형) 크기((Non-Linear) Size)	기업의 크기. 대기업과 중소기업의 위험은 다릅니다.
각종 기본적 분석 수치 (Book to Price, Growth, Leverage, Dividend Yielarnings Yield)	기업의 주가 순자산 비율, 성장성, 레버리지, 배당 수익률, 주당 순익 등의 수치에 따라 기업의 위험은 다릅니다.

바라의 주요 팩터들. 바라에서 제공하는 위험 팩터들 중 일부입니다. 출처: www.msci.com

투자 포트폴리오의 성격에 따른 위험 팩터

위험 팩터가 투자 포트폴리오의 성격에 따라 완전히 달라진다는 것은 이미 잘 알려진 사실입니다. 이론적으로야 주어진 어떤 위험 팩터라고 해도 세상의 모든 포트폴리오는 어느 정도 영향을 받을 것입니다.

세계는 연결되어 있고 국소적으로 고립된 이벤트는 존재하지 않으니까요. 파키스탄에서 홍수가 났다면 사람들은 그것이 파키스탄의 위험 팩터라고 생각합니다. 그러나 그 사태가 미국의 아이폰 매출에 영향을 끼치지 않는다고 누가 장담할 수 있을까요? 그로 인해 파키스탄의 국가 부도 확률이 급격히 오르고, 높아진 부도 확률이 세계 경제를 위축시키고, 하락한 주가로 인해 사람들은 새 전화를 사지 않을지도 모르는 일입니다. 이렇게 모든 포트폴리오는 모든 위험 팩터에 일정 정도 노출됩니다. 그러나 우리는 모든 팩터를 다 중립화할 수도 없고, 그러한 맹목적 중립화는 도리어 손실을 초래합니다. 이 주제에 대해서는 뒤에서 다시 다룰 것입니다. 투자 포트폴리오의 위험 중립화는 중요한 위험 팩터를 선별적으로 찾아내는 것이 첫 번째 임무입니다. 그렇다면 어떤 투자 포트폴리오가 어떤 위험 팩터에 더 영향을 받는지 알아볼까요?

몇 초의 간격으로 시장 인덱스를 사고파는 거래를 하는 초단기 트레이딩에서는 심지어 시장 자체에 대한 노출조차도 큰 위험이 아닐 수 있습니다. 시장 인덱스를 사고팔면 시장이 오르는 방향이든 내리는 방향이든 시장에 대해 노출은 생기기 마련인데, 이에 대한 중립화 요구는 무리입니다. 거래를 그만두라는 것과 같습니다. 단 몇 초를 들고 있는 사이에 시장이 아무리 움직여 보아야 그 크기는 매우 작을 것입니다. 노출이 있더라도 몇 초 간의 노출은 위험이 작습니다. 게다가 순간적으로는 한 방향으로 노출이 있다 해도 하루 전체를 보면 사기도 하고 팔기도 하며 노출의 방향 자체도 서로 상쇄될 것입니다. 일반적 포트폴리오에서 가장 큰 위험 팩터의 위험도가 매우 낮아지게 됩니다. 반면에 이러한 초단기 트레이딩에서는 시장의 변동성이 커다란 위험이 됩니다. 시장에 변동성이 커졌다는 것은 어떤 뉴스가 시장에 퍼져 나가고 있다는 것을 뜻합니다. 한 번의 거래가 가져올 손실은 작아도 변동성이 높은 상황에서 반복해서 시장과 반대로 단기 베팅을 한다면 확실하게 반복적으로 손해를 입을 수 있는 것입니다. 시장의 움직임이 무작위적이냐, 아니면 새로운 뉴스를 반영하며 정보가 가격의 변동성을 높이느냐를 구분해 내지 못하면 커다란 위험이 되는 것입니다.

초단기 거래의 반대인 초장기 투자에서도 시장 팩터의 완전 중립화를 요구하는 것은 문제가 큽니다. 초장기 투자의 예로 최소 30년을 안정적으로 유지하는 포트폴리오를 가정합시다. 이러한 장기 투자에서는 시장에 대한 적정 노출은 도리어 안정성을 높입니다. 국가 부패 같은 장기적 구조적 문제가 없는 한 시장은 장기적으로 양의 수익률을 가집니다.[50] 단기간에서는 수익에 대한 통계적 유의성이 떨어지지만,

---

50) 국가별로 생각하지 않고 전 세계의 주식 시장을 본다면 더욱 안정적인 양의 수익률을 보여 주기 때문에 전 세계 주식 시장에 투자하는 것은 어떨지에 대해서도 많은 논의가 있었습니다. 한 국가를 선택하는 것은 그 국가의 위험에 노출되기에 세계 주식 시장 자체는 이익을 보아도 특정 포트폴리오는 손실을 입을 수 있습니다. 예를 들어 일본이나 유럽은 선진국의 안정된 주식 시장이지만 상당히 장기간 주식 시장이 하향 조절되는 시기를 겪었습니다. 그러한 사태가 미국이나 한국에 닥치지 않으리라고는 전혀 장담할 수 없습니다. 하지만 전 세계 포트폴리오는 구성이 어렵고 비용도 더 많이 들며 관리가 잘 되지 않습니다. 특정 국가에서 배당을 받았더니 세금을 내라고 하는데 복잡한 절차를 거쳐야 한다든가 하는 골치 아픈 일들이 일어나는 것입니다. 개별 주식을 포기하고 국가별 인덱스 선물 정도를 들고 있는 것마저도 쉬운 일이 아닙니다. 게다가 최근 삼십여 년간 미국 주식 시장의 상대적 폭등으로 인해 미국에서 세계 인덱스에 대한 관한 관심은 크게 저하되었습니다. 미국 시장이 언제까지나 우위에 있을 리는 없으며 상대적으로 저렴한 주가가 큰 폭으로 반등할 수 있는 기회 또한 있습니다. 여기서 유의할 것은 저렴하다고 반등하는 것이 아니라는 것이지요. 저렴한 주식을 가진 국가가 크게 반등하기도 하고 끝까지 하락하기도 합니다. 전체 국가들을 합쳐서 평균적으로 볼 때 장기적으로 반등한다는 것입니다. 상승과 하락은 복리적으로 일어나기에 하락한 국가의 주식들은 전체에서 작은 부분을 차지합니다. 마치 몇 개의 대형주가 인덱스를 이끌듯, 몇몇의 성공적 국가들이 전체 평균을 올리는 것입니다. 다만 우리는 그 국가가 어떤 국가일지 알 수 없습니다. 1980년대 미국은 일본에 밀려 저무는 국가로 여겨졌고 일본의 주식은 세계의 주식이었습니다. 미국이 금융 위기를 겪던 2000년대 중국의 주식은 비약적 성장을 했습니다. 2020년 다시 미국의 주가가 치솟으며 가장 높은 수익을 보여 주는 것 또한 결코 영구적 현상이 아닙니다.

기간이 길어질수록 확실성은 높아지게 됩니다.[51] 이렇게 긴 기간 동안 투자를 하는데도 불구하고 단기 포트폴리오처럼 시장 위험 팩터를 중립화한다면 시장 팩터의 높은 수익을 포기하는 것입니다. 장기 투자는 단기적 하락을 주된 위험으로 생각하지 않습니다. 하락했다고 손절을 하지 않고, 올랐다고 익절을 하지도 않는다면 단기적 하락 후 상승하는 단기적 변동이 손실을 일으키지 않으니까요. 몇 년 하락장을 거치며 50퍼센트 이상 손실을 입는 시기도 있는 것은 처음부터 예상하고 시작하는 것이 장기 투자입니다.

장기 투자의 위험은 30년 후에 최종적으로 손실을 보는 것입니다. 그러면 이러한 장기 투자에서 위험을 가져오는 장기적 위험으로는 무엇이 있을까요? 국가의 구조적 변화와 같은 장기적 변화입니다. 국가가 하루 이틀에 바뀔 수 있는 것은 아니지만 30년의 기간이면 많은 것이 바뀔 수 있는 기간입니다. 일본의 경우 30년 전에는 노령화 문제가 지금보다 훨씬 작았으며, 현재 젊은 노동자의 비율이 많은 중국은 30년 후에는 심각하게 노령화될 것입니다. 이러한 장기적 변화는 30년이라는 긴 기간이 주어지더라도 그 안에 여러 번 일어나지 않습니다. 충분한 시행이 일어나지 않으면 예상 수익률과 전혀 다른 투자 이익을 가져옵니다. 기간을 길게 해도 장기적으로 변하는 팩터는 위험이 줄지 않는 것입니다. 반면에 긴 기간에 걸쳐 일어나는 국가의 구조적 변화와 같은 장기 위험 팩터는 며칠 혹은 몇 달 동안 투자하는 단기 투자에는 거의

---

51) 확률은 얼마나 긴 기간 동안 투자 포트폴리오를 유지할 수 있는가에 따라 수익에 대한 확실성을 높일 수 있다는 것을 알려 줍니다. 앞면이 나올 확률이 50.1%인 동전에서 앞면이 나오면 1원의 이익, 뒷면이 나오면 -1원의 손실을 입는다고 할 때, 단 열 번 동전을 던진다면 거의 무작위로 이익과 손실을 입게 되지만, 만 번을 던진다면 매우 높은 확실성으로 이백 원의 이익을 보게 됩니다. 그러나 투자 포트폴리오는 동전처럼 무작위의 이익을 가져오지 않습니다. 따라서 기대 수익률이 높다고 하더라도 훨씬 더 긴 기간 동안 보유하고 있어야만 확실성이 증가하게 됩니다. 독립성의 조건에서 배운 바대로 독립성이 유지되지 못하기 때문에 실질적 시행의 횟수가 줄어드는 것입니다.

영향을 주지 않습니다. 한쪽에서는 매우 커다란 위험이 다른 쪽에서는 전혀 위험이 아니게 되는 것입니다.

매우 다변화된 포트폴리오를 가진 퀀트 펀드는 어떨까요? 기본적으로 헤지를 하기 전부터 매수와 매도에 대해 중립적인 구성을 하기 때문에 특정 위험 팩터에 대한 노출이 높아질 확률은 훨씬 작습니다. 반면에 그 포트폴리오를 구성하는 전략의 방향성이 새로운 위험 팩터가 되어 위험에 대한 노출을 만들어 낼 수 있습니다. 이러한 위험 팩터는 특정 주식이 노출된 위험이 아니라 전략이 노출된 위험 팩터인데 스타일 위험 팩터라고 불리기도 합니다.

퀀트 펀드의 뉴스 모멘텀 전략의 예를 들어 봅시다. 뉴스 분석에 빠르게 사전에 정해진 방식으로 반응하는 전략은 뉴스에 대한 사람들의 반응이 바뀜에 따라 수익을 보거나 손실을 볼 것입니다. 따라서 사람들이 뉴스에 반응하는 방식이 위험 팩터가 될 수 있습니다. 이전에는 좋은 뉴스가 나온 기업들의 주가가 상승했는데 거꾸로 좋은 뉴스로 인해 가격이 하락하는 시기로 전환될 수 있습니다.[52] 이러한 전환은 주식 하나하나에 대한 위험이 아니라 뉴스 전략의 위험이기에 주식 하나하나의 노출도는 매일 바뀝니다. 예를 들어 기업 크기 위험 팩터에서는 구글이 하루만에 작은 기업이 되지 않으므로 노출도가 바뀔 일이 없지만, 하루는 구글에게 좋은 뉴스가 나오고 하루는 나쁜 뉴스가 나오면 뉴스 팩터에서는 매일 방향이 바뀌는 것입니다. 퀀트 펀드들이 아무리 주식 자체에 대한 노출을 제한시키더라도 전략 자체가 이러한 단기적

---

[52] 좋은 뉴스가 가격을 하락시킨다는 것을 이해하기 어렵겠지만, 좋은 뉴스가 나온 시점은 가격이 이미 상승한 후입니다. 즉 뉴스를 보고 거래를 하는 거래자는 가격이 뉴스를 어느 정도 반영했다는 것을 가정하고 그보다 더 오를지, 아니면 도리어 역전할지에 대해 거래를 하는 것입니다. 그렇다면 뉴스 발표 이후의 상승과 하락은 사람들의 반응하는 방식에 의해 충분히 역전될 수 있습니다.

스타일 팩터에 대한 노출을 유발할 수 있습니다. 반면에 장기 투자에서는 단기적 전략을 사용하지 않으므로 스타일 팩터에 대한 노출이 상대적으로 줄어듭니다.

다양한 포트폴리오가 제각기 전혀 다른 위험 팩터들에 노출되어 있다는 것을 살펴보았습니다. 그럼에도 불구하고 같은 위험 팩터를 모두가 그냥 쓰면 되지 않을까 생각한다면, 글쎄요! 그 위험 팩터에 맞는 포트폴리오에만 투자한다면 가능은 하겠지요. 대다수의 사람들이 오랫동안 해 온 방식의 투자를 그대로 따라 한다면 공통적 위험 팩터가 어느 정도 맞을테니까요. 하지만 시대에 뒤처져 수익을 내지 못하고 위험만 높아진 과거의 투자를 굳이 따라가기보다는 자신의 포트폴리오의 위험 팩터를 연구하는 쪽이 더 나을 것입니다.

새로운 시그날을 만들어 내는 헤지 팩터 연구

퀀트 펀드에서도 초기에는 기존의 수동적 위험 헤지의 방법으로 헤지를 시작했습니다. 다시 말해 일단 시그날을 구성하고 그 시그날이 노출되어 있는 위험을 분석하고 헤지를 통해 위험을 줄여 나가는 것입니다. 아직도 많은 소규모 퀀트 펀드들에서 수작업으로 포트폴리오를 구성할 때는 이러한 방법을 쓰고 있습니다. 하지만 헤지에 대한 연구가 발전하면서 점진적인 전환이 일어나기 시작했습니다. 시뮬레이션에서 반복적으로 항상 수행하던 다양한 헤지를 굳이 분리하지 않고 패키지처럼 한 번에 돌리는 것으로 연구를 진행하자 헤지가 시그날 연구와 결합되기 시작했습니다. 즉 시그날을 찾는 과정에 헤지를 사용하기 시작한 것입니다. 시간이 지나면서 연구자들은 헤지가 시그날을 원래와 전혀 다른 것으로 만들어 준다는 사실을 경험하게 되었습니다. 어떤 헤지는 원래 시그날을 크게 바꾸지 않지만, 어떤 헤지는 원래 시그날의 캐릭터와 완전히 다른 특성을 가진 전략을 만들어 버린 것입니다. 대부분의 사람들은 위험을 헤지하는 작업이 위험을 줄인다고 생각하지 전혀 다른 새로운 투자를 만들어 내는 과정이라고 여기지 않습니다. 하지만 연구를 거듭할수록 점차 헤지 과정이 완전히 다른 시그날을 만들어 내는 과정이라는 사실을 발견하게 된 것입니다. 그에 따라 시그날 연구의 중심이 다양한 예측 기회 자체를 찾는 연구보다는 새로운 헤지를 고안하는 쪽으로 초점이 맞추어지게 됩니다.

헤지가 시그날 연구의 핵심이라면 헤지 자체가 시그날이라고도 할 수 있을 것입니다. 기본적인 예로써 페어 트레이딩의 예를 들어 보겠습니다. 애플과 삼성은 모두 스마트폰을 만드는 회사이니 같은 팩터를 공유하고 있습니다. 삼성을 사고 애플을 적절히 매도한다면 삼성을 매수한데서 생기는 스마트폰 산업에 대한 위험이 줄어듭니다. 그러나 삼성은 비메모리 주문 반도체 분야에서 TSMC와도 경쟁을 하고 있습니다. 마찬가지로 비메모리 주문 반도체 분야의 위험을 TSMC를 적절량 매도해서 헤지할 수 있습니다. 이렇게 만들어진 두 개의 서로 다른 시그날은 완전히 다른 특성을 가지게 되고 전혀 다른 전략이 됩니다. 삼성을 매수한 사실이 중심이 아니라, 스마트폰 산업의 전략인가 아니면 주문형 반도체 산업의 전략인가가 핵심이 되어 버립니다. 삼성의 매수가 핵심이 아니라면 굳이 삼성을 매수하지 않고 전혀 다른 회사를 매수해도 상관이 없는 전략이 됩니다. 예를 들어 스마트폰 산업이 하락할 때 스마트폰 팩터의 움직임과 동기화되어서 움직이지 않고 벗어나는 기업을 매수하거나 매도할 수 있는 것입니다. 어떤 기업이 위험 팩터에서 벗어나는 기업인지를 어떻게 정의하는가에 따라 매우 흥미 있는 다른 결과가 나올 수 있습니다. 기업마다 위험 팩터에 대한 노출도가 다르고 팩터에 대한 노출의 증가 시기와 하락 시기가 달라지기 때문입니다. 간단한 변형으로도 수많은 시그널들이 나오게 됩니다. 이 연구의 가장 중심은 바로 위험 팩터인 것입니다. 이렇게 연구의 중심이 헤지 팩터로 옮겨간 것입니다.

뒤에서 다시 한번 다루겠지만 기업의 위험 헤지도 마찬가지입니다. 사업 기획을 만든 후 위험을 헤지하는 것이 아니라 위험 팩터 헤지에 따라 기업의 사업 기획 자체가 바뀐다면 헤지가 사업 기획을 만들어 낸다고 할 수 있습니다. 다시 말해 무엇을 팔 것인가를 먼저 구상하는 것이 아니라 어떤 팩터를 헤지할 수 있는가를 정하면 무엇을 팔 수 있는지가 결정되는 것입니다. 예를 들어 정치 경제가 불안하여 다른 국가들에서는 이미 성공한 사업 아이템들을 실행하지 못했는데 국가 팩터를 헤지함으로써 사업 기회를 만들어 내는 것입니다. 원자력 발전에 대한 국가 정책 위험 팩터를 헤지할 수 있다면 터빈 엔진 개발 업체가 자신의 이점을 살릴 수 있는 원자력 발전 부품에 투자할 수 있습니다. 친환경 보조금을 결정하는 에너지법에 대한 위험 팩터를 헤지할 수 있다면 건설 개발 기업이 부동산 개발 분야의 상대적 경쟁력을 활용하여 친환경 에너지 사업을 시작할 수 있습니다. 시장 위험을 헤지할 수 있다면 불경기라 실행되지 못하는 수많은 아이디어에 투자할 수 있습니다. 새로운 헤지가 새로운 투자 시그널을 만들어 내듯 새로운 헤지가 새로운 사업 기회를 만들어 내는 것입니다.

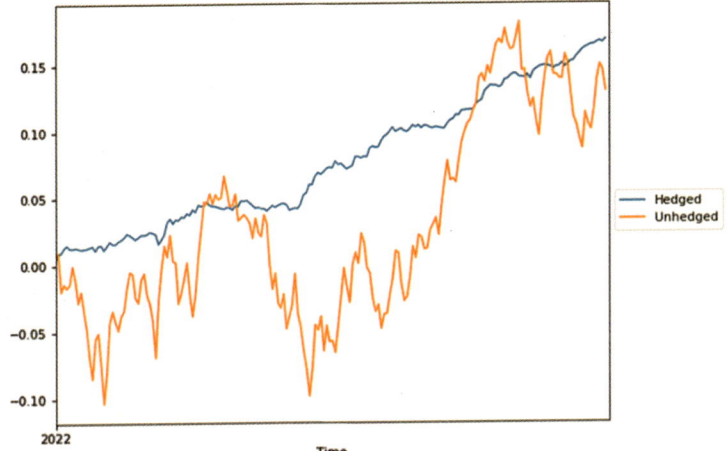

주황색 시그날은 헤지가 되지 않는 투자 시그날의 누적 수익률이며 파란색 시그날은 이 시그날을 헤지하여 만들어 낸 시그날의 누적 수익률입니다. 차트에서 보다시피 두 시그날 모두 약 15% 가량의 수익률을 보여 주나 주황색 시그날은 초기에 10% 가까운 손실을 입는 등 투자 시그날로서 신뢰를 얻을 만큼의 통계적 확실성을 가지고 있지 못함을 보여 주고 있습니다. 이 시그날은 다양한 모델을 복합하여 만들어져 확실성을 높인 모델이지만 그렇다 해도 헤지 없이는 확실성을 담보할 수 없다는 것을 보여줍니다.

기업의 외부 위험 팩터를 잡아내자

팩터 위험은 이디오신크래틱 위험보다 상대적으로 헤지하기 용이합니다. 일단 노출된 팩터를 알아냈으면 그 팩터의 움직임에 노출된 팩터 포트폴리오를 구성해서 노출을 상쇄하는 쪽으로 자본을 배분하면 됩니다. 이 헤지 포트폴리오는 원래의 포트폴리오와 반대 방향의 노출을 가지고 노출을 상쇄하므로 전체적으로는 이디오신크래틱 위험만 남게 됩니다. 만약에 많은 헤지 도구들을 복합적으로 이용해서 팩터 포트폴리오 구성을 하는 것마저 너무 어렵게 느껴진다면 더 간단한 방법도 있습니다. 산업 팩터 같이 사람들이 이미 많이 사용하는 팩터들은 ETF나 선물로 만들어져 있습니다. 산업 팩터 헤지 거래는 너무도 간단하게 ETF 하나만 매수하거나 공매도하면 되는 것입니다. 물론 ETF와 같은 저비용 헤지 도구가 없다면 거래 비용 최적화 등을 거쳐 적절한 비용으로 거래할 수 있는 팩터 포트폴리오를 만들어야 합니다.

대부분의 기업은 고유의 위험보다 팩터 위험에 더 크게 노출되어 있습니다. 그러나 많은 경영인들은 도리어 반대로 생각하기도 합니다. 다시 말해 기업은 자기 자신의 고유하고 독립적인 사건에 의해서 위험에 빠지는 경우보다 기업 외부적으로 다른 기업들도 동시에 위험에 노출시키는 팩터에 의해 위험에 빠지는 경우가 월등히 더 많습니다. 이를 반영하는 증거로 기업의 단기적 주가 움직임의 대부분은 여러 기업들이 공유하는 팩터들로 설명됩니다. 시장 전체로 보면 무수한 뉴스가 넘쳐나지만 특정 기업 고유의 사건을 전달하는 뉴스는 사실상 그다지 많지 않습니다. 기업에게 이디오신크래틱 위험이 닥치는 빈도 자체가 팩터 위험이 닥치는 빈도에 비해 작은 것입니다.

코로나 바이러스 사태로 여행이 금지되고 항공 노선이 폐지되어 항공사가 어려움을 겪었다면 이것은 코로나 팩터의 변동성일 뿐입니다. 특정 항공사 뿐만이 아니라 전 세계 항공사들이 모두 같은 문제로 어려움을 겪는 것이지 특정 항공사에 한정된 문제가 아닙니다. 코로나 팩터가 문제라면 항공기 리스 등에 대해 헤지 포트폴리오를 재구성하고 팩터의 추이를 따라 헤지를 재구성하고 선불 항공권 할인 판매 등으로 유동성을 확보해야 할 것입니다. 그러나 매출 저하를 고유한 문제로 상정하고 그에 따라 대처한다면 고객 관리 부서는 쓸데없이 서비스 질을 높여 비용을 발생시키려 하고 세일즈 부서는 무리한 가격 할인으로 손실을 보며 결국은 폐쇄하게 될 노선을 어떻게든 유지하려 애씁니다. 이디오신크래틱 위험과 팩터 위험을 분리해서 각각에 대해 적절한 대처를 하는 것은 기업의 존망에 필수적 요소입니다.

그럼에도 불구하고 경영자의 입장에서는 자신의 기업이 처한 위기와 위험이 자신의 기업에 특별하고 특정적인 원인 때문이라고 느낍니다. 세계 경제 위기가 닥쳐 전체 기업의 대부분이 사라지고 노동 인구의 절반이 실직한다고 해도 실직한 노동자는 그것을 자기 자신의 문제로 해석하고, 국민들은 어차피 별다른 영향을 주지도 못했을 것임에도 국가 정책 실패라고 탓을 하며, 기업은 경영자의 경영 실패와 노동자의 비협조를 탓합니다. 문제는 세계적 경제 위기 위험 팩터이지 노동자와 개별 국가와 기업의 고유 위험이 아닌데도 말입니다. 물론 그 사태를 견뎌서 살아남는 데에는 각 주체의 개별적 노력이 필요하겠지만, 위험 자체가 개별적 원인 때문에 닥친 것이 아니라 팩터로부터 닥친 것이라는 가정을 전제로 하지 않으면 제대로 된 해결책 자체를 찾아낼 수 없습니다. 세계 경제 위험 팩터가 원인이라면 세계 경제 위험 팩터의 헤지처럼 간단한 방식으로 해결될 수 있는 데도 전혀 다른 곳에만 매달린다면 매우 힘들고 실패 가능성이 높은 해결 과정이 되고 말겠지요.

기업이 노출되어 있는 팩터 찾기

이제 팩터 분석의 어려운 부분이 시작됩니다. 첫 번째 문제는 도대체 어떤 팩터에 노출되어 있는지 알 수가 없다는 것입니다. 물론 바라 모델 같이 상업적으로 판매되는 위험 팩터 모델 패키지 안에 대부분의 위험 팩터들이 포함되어 있을 행운도 기대할 수 있습니다. 그러나 중단기적 주가의 움직임을 설명하는 팩터로 구성된 바라 모델이 특정 회사의 파산 위험 같은 극단적 위험을 설명하는 데에는 큰 무리가 있습니다. 극단적 사건들은 자주 일어나지 않습니다. 자주 일어난다면 극단적이라는 수식어가 붙지도 않을 것입니다. 자주 일어나지 않는다면 평소의 주가의 흐름을 설명해 내지 못하고, 따라서 일상적으로 쓰이는 매일매일의 주가를 설명하기 위한 팩터 라이브러리에 포함시키기 힘듭니다. 예를 들어 바이러스의 창궐은 자주 일어나지 않기에 평소의 주가의 흐름을 설명하지 못하고 따라서 상시적 팩터 모델에서 빠져 있습니다. 다음에 또다시 창궐하여 주가를 설명할 때가 십 년 후일지 혹은 백 년 후일지 알 수 없기 때문입니다. 게다가 이러한 일반적 모델은 특정 기업의 매출 같은 것을 더더욱 설명하지 못합니다. 한국 시장 전체를 설명하는 위험 팩터를 잡아내면 삼성과 같은 반도체 기업이나 현대와 같은 자동차 기업의 위험 팩터가 주로 잡힐 터인데 그것으로 아이스크림 제조 기업의 위험을 설명하기는 힘든 일입니다. 개별 기업의 위험 팩터는 결국 개별적으로 잡아 나가야 합니다.

새로이 떠오르는 위험 팩터들

수많은 기업들에 영향을 끼쳤던 중요한 팩터라고 해도 그 팩터를 잡아내기가 쉽지 않습니다. 코로나 바이러스의 창궐은 분명히 중요한 팩터인데 그 팩터에 당할 때까지 아무도 그 팩터를 들여다보지 않았고 미리 만들어 놓지도 않았습니다. 이전에 없었거나 영향이 크지 않던 팩터를 당장 만들어 내는 일은 상당히 어렵습니다. 어떤 기업이 특정 팩터에 얼마나 노출되어 있는지를 알기 위해서는 과거의 데이터가 필요합니다. 그런데 새로운 팩터의 경우 과거의 관측 값 자체가 없을 때가 많으며 있다 하더라도 부정확하거나 값의 축적 기간이 짧겠지요. 결국 작은 데이터를 가지고도 신뢰도를 높이는 고도의 수학적 기법을 사용하여 팩터에 대한 노출을 알아내야 합니다. 만약 이러한 기법 없이 기초적 방법으로 팩터를 잡아내어 팩터에 대한 과잉 최적화가 일어난다면 팩터 리스크를 없애는 쪽보다 없애지 않는 쪽이 더 나은 결과를 가져올 수도 있습니다. 함부로 최적화를 한다거나 인공 지능 모델의 서치 알고리즘을 돌리는 것은 지양해야 합니다. 블랙박스 모델들의 과잉 최적화 경향은 데이터 양이 작을 때는 더더욱 강화됩니다. 제대로 이해한다면 매우 효율적인 모델들이지만, 데이터를 이해하지 못하고 쓰는 것은 위험을 가중시킨다는 사실을 다시 한번 강조해야 하겠습니다. 이렇게 새로운 팩터가 등장할 때 쓰이는 여러 방법 중 하나로, 기존 팩터를 최대한 이용해 데이터의 양이 쌓일 때까지 간접 헤지를 통한 안정화를 시키면서 매일매일 점진적으로 새로운 팩터의 비중을 늘려가며 전환하기도 합니다.

시간에 따라 변하는 팩터에 대한 노출

맥도날드처럼 불황기에 살아남는 저가의 외식업이 아니라 고가의 음식을 파는 외식업이라면 사람들의 소득이 줄어들 때 커다란 타격을 입을 것입니다. 그러면 사람들의 소득 팩터가 외식업의 매출에 평소에도 영향을 크게 줄까요? 그렇지 않습니다. 사람들의 가처분 소득이 충분히 높아 대부분 여유롭다면, 소득이 몇 퍼센트 변한다고 해서 외식을 크게 더하거나 덜하지 않습니다. 하지만 소득이 줄어 필수 지출인 교통비나 주거비 등이 가처분 소득에 근접하면 소득이 몇 퍼센트만 변화해도 매출은 큰 충격을 받을 것입니다. 다시 말해 전체 소득 중 50%를 고정 비용으로 지출하던 사람은 50%를 여유롭게 쓸 수 있기에 소득이 5% 늘어도 소비에 큰 차이가 없지만, 90%를 고정 비용으로 내게 되면 남은 10% 소득에서 5% 증가 감소는 생존에 필수적이지 않은 소비를 아예 포기할 수도 있습니다. 팩터 분석에서 이러한 동적 변화를 무시하고 모든 기간에 대해 고정적인 노출을 가정하는 것은 위험을 가중시킵니다. 장기간의 데이터가 안정적이라고 장기간에 걸친 노출의 평균을 사용한다면 평균 자체는 정확하고 미래에도 유지된다고 해도 특정 시기의 위험을 줄이는 데에는 결국 실패하고 맙니다.

　성장주 또한 항상 시장 전체에 커다란 영향을 주는 것이 아니었습니다. 2000년과 2021년의 성장주 버블은 성장주의 주가를 열 배 이상 높인 경우도 많았습니다. 전체 시가 총액 중에 성장주의 비율을 크게 높인 것이었습니다. 다시 말해 주식 시장 자체의 구성이 바뀌어 버린 것입니다. 비중이 높으니 시장은 성장주에 크게 영향을 받고 성장 팩터는 매우 중요한 주요 팩터가 됩니다. 반면에 성장주가 폭락을 하면 비중은 줄고 영향력도 다시 줄어들게 됩니다. 2000년 이전에는 가치주의 전성기였고, 가치주의 비중은 성장주보다 훨씬 더 높았습니다. 가치 팩터는 역사적으로 중요한 팩터로 분석되었고 파마와 프렌치의 초기 팩터 분해 모델에서부터 포함되었는데, 그것도 단지 그 모델이 만들어진 시기를 반영하는 것뿐입니다.

팩터를 거래 비용 등 주어진 조건에 최적화하기

　시간이 지나면 팩터에 대한 노출이 바뀐다는 것을 이해하면 과거에 행한 고정적 헤지가 시간이 지나면서 현재 시점의 헤지와 벌어져 오차가 생긴다는 것도 이해할 것입니다. 따라서 헤지 포트폴리오는 지속적으로 업데이트를 해 주어야 합니다. 그러나 거래 비용은 작지 않기에, 최저 비용으로 거래할 수 있도록 포트폴리오 자체를 최적화해야 합니다. 거래 비용 최적화 문제는 옵티마이저가 잘 사용될 수 있는 분야입니다. 어떤 주식이 언제 얼마만큼 움직일지는 매우 불확실하지만 거래 비용은 불확실성이 상당히 낮습니다. 최적화 문제가 간단하지는 않지만 최적화의 해는 확실하게 이익을 증가시킵니다. 이렇게 옵티마이저가 강점을 가진 좋은 적용 예라고 해도 이에 대한 과잉 신뢰는 언제나 지양해야 합니다. 옵티마이저는 인간이 풀지 못하는 방대한 계산을 해내지만 특정 상황에서 인간이라면 내보내지 않을 어처구니 없는 해를 내놓을 때가 많습니다. 예를 들어 결과의 성능을 좋게 만들 수 있는 복잡한 조건을 강제하면 그 조건을 만족시키는 해가 거의 없기 때문에 해를 찾지 못할 가능성이 높아집니다. 만약에 해를 찾을 수 없다면 차라리 더 낫습니다. 아예 최적화를 하지 않기 때문이니까요. 하지만 대부분은 조건을 약화시켜 다시 최적화를 수행하는 알고리즘을 만들어 놓습니다. 그러한 해는 경계선상에 가깝습니다. 경계선상에서 찾은 해는 극단적일 수 있습니다. 조건은 결국 인간이 강제하는 것인데 그 조건의 경계선상에서 어떤 일이 일어나는지 미리 잘 생각해 보지 않고 대충 만든 조건은 평상시에는 문제가 없지만 특정 상황에서 말도 안되는 일을 야기할 수 있습니다. 예를 들어 평소에는 100여 개의 주식을 사용해서 거래를 하는데 시장이 급격하게 움직이며 모든 조건을 만족시키는 주식이 하나밖에 남지 않거나, 한 주식에만 전체의 99.9퍼센트의 자금을 몰아넣을 수 있거나, 이전에는 의미 있던 조건을 규정하던 공식이 새로운 상황에서 전혀 다른 의미로 변질될 수 있습니다.

많은 연구자들이 옵티마이저처럼 속을 들여다볼 수 없는 블랙박스에 과도한 신뢰를 보냅니다. 인간이 검증하지 못하지만 원하는 결과가 나오고 이미 사용을 하고 있는 경우, 검증을 할 수 있을 때보다 도리어 더 높은 신뢰를 보내는 경향은 역설적이지만 다양한 분야에서 자주 일어닙니다.[53] 거래 비용 최적화를 위한 옵티마이저의 위험은 앞에서 이야기한 노이즈에 대한 과잉 최적화에 비해 훨씬 더 작습니다. 하지만 그로 인해 성과가 대부분 좋아지기 마련이고, 사람들은 과잉 신뢰를 시작합니다. 최적화처럼 복잡한 과정 속에는 언제나 어느 정도의 실수가 있다고 해도 틀리지 않는데, 과잉 신뢰는 검증을 약화시키고, 실수는 증폭됩니다.

너무도 많은 위험 팩터

팩터 모델의 또 다른 문제는 영향을 큰 팩터들로 한정해도 그 수가 너무 많다는 데에 있습니다. 시장 전체의 움직임을 따르는 시장 팩터, 특정 인더스트리 팩터, 매출 팩터, 기업의 크기 팩터, 유가 팩터처럼 잘 알려져서 오랫동안 쓰여진 것들만 해도 백여 개가 넘습니다. 그 이외에도 기업이나 투자에 중대한 영향을 주지만 일반적 투자 포트폴리오에서 쓰여지지는 않은 팩터들로 암호 화폐 팩터, 전쟁 팩터, 바이러스 팩터, 이자율 팩터, 인플레이션 팩터 등등 셀 수가 없을 정도입니다. 특정

---

53) 확증 편향(Confirmation Bias) 이론은 이러한 현상을 설명할 수 있습니다. 예를 들어 자신이 옹호하는 정치인이 검증되지 않은 사실을 주장하면서 근거를 대지 않는 경우는 신뢰를 보내는데, 불확실하지만 긍정적인 수치적 근거가 주어지면 도리어 신뢰를 저하시키는 경향입니다. 완전히 확실한 근거가 없거나 부족하다면 모호한 언사로 에두르거나 근거를 아예 대지 않고 주장만 펼치는 쪽이 기존 서포터들의 신뢰를 유지하기에 유리하다는 것을 뒷받침하는 이론입니다. 객관화된 수치적 근거가 주어지고 이성적 사고가 시작되는 순간 60%의 미약한 수치적 확률은 불확실성을 늘리고 그보다 훨씬 높았던 90%의 확실한 신뢰가 저하되는 것입니다. 서포터가 아닌 반대자들을 설득할 때는 60%의 전혀 확정적이 아닌 확률이라도 체계적 근거를 주는 쪽이 에두르거나 주장만 펼치는 것보다 도움이 됩니다. 10%의 확률이라고 강하게 믿고 있었을 반대자의 심리적 편향을 이성적으로 깨는 60%의 불확실성 자체가 도움이 되는 것입니다.

기업에만 영향을 주는 팩터들은 말할 필요도 없겠지요. 많은 위험 팩터들에 대한 노출을 모두 중립화하는 것은 쉽지 않습니다.

일단 수학적으로 너무 많은 팩터들에 대한 모든 노출을 중립화하는 해가 존재하지 않을 경우가 자주 일어납니다. 이러한 경우 노출을 완전히 중립화하지 않고 단계적으로 완화시켜서 해를 찾을 수는 있지만 앞에서 이야기했듯이 이런 식으로 찾은 해는 극단성에 치우칠 가능성이 높아서 바람직하지 않습니다.

게다가 팩터들은 서로 독립적이지 않습니다. 상호간에 영향을 주고 같은 방향으로 움직이거나 반대로 움직입니다. 그럴 경우 모든 팩터를 집어넣고 회귀 분석을 하면 매우 불안정한 결과가 나옵니다. 물론 직교화 과정을 통해 팩터들을 상당히 쉽게 독립적으로 만들 수 있습니다. 직교화 과정은 행렬 연산에 의해 이루어지는데 이론의 증명은 조금 복잡해도 실제 사용은 매우 간단합니다. 다만 중간 과정을 인간이 검증하는 것은 쉽지 않습니다. 따라서 최적화에서처럼 수많은 연구자들이 직교화의 결과를 맹신하는 경향이 생깁니다. 직교화의 결과는 인간이 어떤 식으로 팩터를 선택해서 입력하느냐에 따라 완전히 달라집니다. 아무렇게나 주어진 팩터들로부터 알아서 잘 정리된 깨끗한 결과물을 만들어 주지 않습니다. 주어진 팩터의 갯수만 잘못 배분해도 매우 다른 왜곡된 결과가 나옵니다. 주성분 분석을 통해 상대적으로 덜 중요한 팩터를 아예 없앰으로써 팩터의 갯수를 줄여 주는 것은 과잉 최적화를 막는 방법 중 하나지만, 직교화와 마찬가지로 많은 팩터가 주어질 경우 주성분 분석 자체가 왜곡됩니다.

너무 많은 팩터가 존재하고, 사람의 노력이 투입되지 않으면 팩터를 줄이기 힘든 상황에서는 연구원들이 유효한 팩터를 찾아내는 과정을 반드시 거쳐야 합니다. 게다가 많은 팩터들의 영향력이 동적으로 변하는 현실 속에서 팩터의 분석은 되도록 빠르게 수행되어야 하겠지요.

위험 팩터 쏠림 현상

바라 팩터 같이 수많은 곳에서 동시에 쓰이는 팩터들에는 또 다른 위험이 있습니다. 그것은 위험 팩터 쏠림(risk factor herding) 효과라고 해서 모든 사람들이 정확히 같은 팩터를 거래함으로써 도리어 변동성이 늘어나는 문제입니다. 각각의 전략은 다르지만 동일 팩터를 사용한다면 같은 방향으로 커다란 자금이 몰리게 됩니다. 이런 현상이 심해지면 극단적 팩터의 움직임이 만들어져서 손실을 일으키게 됩니다.

게다가 상용화된 패키지의 제작자들은 그 패키지가 어떤 곳에서 무엇을 위해 쓰이는지 알지 못하기에 매우 일반적인 해를 만들어 냅니다. 삼성전자를 헤지하기 위한 팩터와 현대건설을 헤지하는 데 쓰일 팩터가 같아지는 것입니다. 따라서 굳이 서로 비슷하지 않아도 될 두 헤지 포트폴리오가 같아지고, 쏠림 현상은 가중됩니다.

다양한 방식으로 구성할 수 있는 팩터 포트폴리오

모두가 하나의 팩터를 헤지한다고 해도, 그 팩터를 정확하게 한 가지 방법으로 나타내야만 하는 것은 아닙니다. 예를 들어 유가 팩터를 셰브론과 토탈을 3 대 7로 구성할 수도 있지만, 브리티시 페트롤리움 5 아람코 5로 나타낼 수도 있습니다. 같은 팩터를 이용해도 모두가 쓰는 팩터 구성을 이용하지 않고 자체적으로 팩터를 구성할 수 있는 것입니다. 이렇게 다변화된 헤지 포트폴리오는 안전을 증가시킵니다.

그러나 팩터 연구자들이 개별적으로 헤지 포트폴리오 구성을 해도 쏠림 현상이 일어날 수 있습니다. 다양한 해가 존재하는 팩터 포트폴리오의 구성에서 왜 한쪽으로 쏠리는 현상이 발생할까요? 그것은 비슷한 조건을 가지고 팩터를 만들었기 때문입니다. 조건이 같으면 최적화의 해들이 같아집니다. 거래 비용을 최소화하거나, 노출도 대비 전체 포트폴리오 크기를 최소화하거나 하는 여러 조건들을 사용해서 해를 구할 때 연구자들은 종종 다른 연구자들의 연구를 참조하는 경향이 있습니다. 두 팩터 포트폴리오의 조건이 매우 비슷하면 비슷한 포트폴리오가 구성되기 마련입니다. 그러나 이러한 조건은 절대적이지 않습니다. 조건을 다양하게 바꾸어 독립적 포트폴리오를 만들어 낼 수 있습니다. 다양한 조건으로 좀더 독립적인 팩터를 구성하면 더 낮은 비용으로 더 안정적인 헤지를 할 수 있습니다.

간접 팩터 노출은 강력한 헤지 도구를 만들어 낸다

"전기 자동차 팩터를 헤지하고 싶은데 헤지 도구를 못찾겠어요. 전기 자동차 선물은 없나요?"
"전기 자동차 팩터에 노출된 주식을 들여다보셨나요?"

직접적 헤지 도구들의 유한성

모든 위험 팩터들이 직접적으로 헤지가 가능한 것은 아닙니다. 하나의 헤지 도구만으로 나타낼 수 있는 위험으로 헤지를 제한한다면 헤지가 가능한 사업들은 얼마 되지 않을 것입니다. 투자업에서 이미 널리 쓰이고 있는 퀀트들의 복잡한 헤지는 아예 불가능해질 것입니다. 직접적 헤지 도구는 유한하며 헤지해야 할 위험은 거의 무한합니다. 사실 현재 거래되고 있는 직접적 헤지 도구도 그 숫자가 작은 것은 아닙니다. 주식, 채권 선물, 유가나 외환 같이 잘 알려진 것 이외에도 기후 선물, 오렌지 주스 선물, 백금 선물, 각종 주가 지수 선물 및 ETF, 은행과의 직접 거래로 살 수 있는 포워드 및 옵션 등등 결코 작은 수는 아니지요. 하지만 헤지되어야 할 위험은 상황마다 모두 다릅니다. 헤지 도구가 아무리 많아도 이 다양한 상황들을 각각 정확하게 만족하는 헤지 도구가 존재할 리가 없습니다.

 헤지 도구들이 많이 만들어질수록 헤지의 효율성이 증가하고 비용히 감소합니다. 그러면 최대한 많이 만들면 되지 않을까요? 그것조차 쉽지 않습니다. 각종 비용과 운용 문제 때문에라도 직접적으로 거래되는 헤지 도구는 한도가 있을 수밖에 없습니다. 물론 지금도 새로운 헤지 도구들이 계속 만들어지고 있지만 그 도구들이 정착하는 데에는 각기 어려움을 겪게 됩니다. 따라서 우리는 이러한 제약을 여러 헤지 도구의 조합이라는 방법을 통해 넘어설 것입니다. 기존의 헤지 도구들을 조합함으로써 무한히 많은 새로운 헤지 도구를 만들어 내는 강력한 방법입니다.

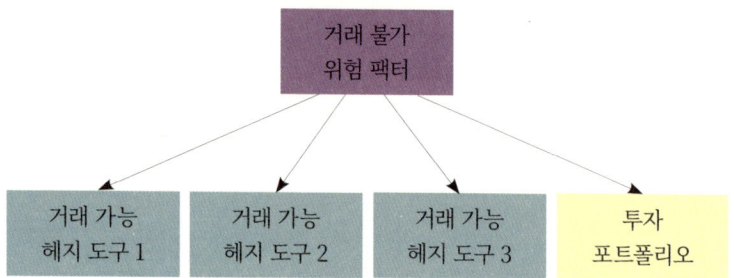

우리가 헤지해야 하는 위험 팩터의 경우, 그 자체를 직접 헤지할 헤지 도구가 없을 수도 있습니다. 그러나 위험 팩터는 투자 포트폴리오 뿐만 아니라 거래가 가능한 다른 헤지 도구들에 영향을 끼치고 있습니다.

간접 헤지 도구의 구성

어떤 위험 팩터를 헤지할 직접적 헤지 도구가 없다고 해도 우리는 그 위험 팩터가 영향을 끼치는 헤지 도구들을 찾아낼 수 있습니다. 그렇게 영향을 받은 헤지 도구들의 조합으로부터 원래의 위험 팩터를 헤지할 수 있습니다. 예를 들어 '물류비'라는 팩터를 직접적으로 헤지할 수 있는 헤지 도구는 현재 존재하지 않습니다.[54] 하지만 우리는 아마존이나 쿠팡처럼 물류비 상승에 크게 영향을 받는 기업들을 이미 알고 있습니다. 이러한 기업들은 과거의 물류비 상승 시마다 수익 구조 악화로 어려움을 겪었을 것입니다. 그러나 여기에는 중요한 함정이 있습니다. 이러한 기업들이 물류비에만 영향을 받는 것은 아니라는 점입니다. 하나의 기업이 여러 팩터에 영향을 받을 때 그 헤지 도구를 사용했다가 뜻하지 않게 다른 팩터에 대한 노출을 만들어 낼 수 있습니다. 예를 들어 그 기업이 물류비 뿐만 아니라 시장의 상승과 하락, 소비자 심리의 변화에 영향을 받는다고 해 보지요. 사실 물류비는 시장 전체가 활황을 겪을 때에 상승하는 모습을 보이기 때문에 물류비를 헤지하려고 물류비 상승으로 손해를 보는 기업을 공매도했다가 물류비 상승이 시장의 활황에 기인하면 그 기업의 주가가 도리어 상승해 손해를 볼 수 있습니다. 그러나 우리는 복합적인 헤지 포트폴리오를 구성해 이 문제를 해결하고 물류비만 나타내도록 할 수 있습니다.

---

[54] 선물 거래소에서 화물 운송 선물(Freight Futures)이 거래되기는 하지만 이는 원유나 천연 가스 수송 등에서 자주 이용되는 특정 두 지점 사이에서의 운송 비용 선물입니다. 물론 이 선물이 연관이 없지는 않겠지만 유조선의 제한된 용량과 달리 화물차는 좀더 유동적입니다. 화물차 운임과는 상관관계가 높지 않습니다.

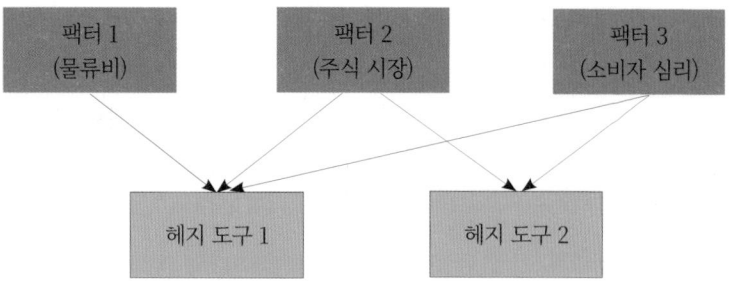

헤지 도구 1에 영향을 주는 물류비, 주식 시장, 소비자 심리 중에서 주식 시장과 소비자 심리 팩터를 헤지 도구 2를 이용해서 중립화시킬 수 있다.

특정 팩터에만 노출된 헤지 도구가 존재하지 않아도 아래와 같이 주식 시장, 소비자 심리, 물류비 등, 서로 다른 팩터들에 노출된 헤지 도구들을 결합하여 우리가 원하는 팩터에만 노출된 헤지 포트폴리오를 만들어 내는 것입니다. 예를 들어 같은 물건을 팔더라도 무료 배송 온라인 판매를 하지 않는 백화점 같은 기업은 물류비에 영향을 덜 받을 것입니다.

헤지 도구 1 = 주식 시장 + 소비자 심리 + 물류비
헤지 도구 2 = 주식 시장 + 소비자 심리
헤지 포트폴리오 = 헤지 도구 1 - 헤지 도구 2 = 물류비

물론 이 공식은 매우 단순화된 예이며 실제로는 이렇게 간단하지 않습니다. 하지만 수십 개, 혹은 수백 개의 헤지 도구를 이용하면 간단한 행렬 연산으로 필요하지 않은 팩터들을 중립화시키고 원하는 팩터들에 대한 노출만 남길 수 있습니다.[55)]

간접 헤지의 어려움

간접적 헤지는 이론적으로 매우 강력한 헤지 도구를 만들어 냅니다. 그러나 이론적으로 가능하다고 해도 실제로는 쉽지 않습니다. 첫 번째 어려움은 헤지 도구들의 원하는 팩터에 대한 노출이 높지 않을 때 일어납니다. 작은 노출을 이용하여 복합 포트폴리오를 구성하면 효율성이 떨어질 수밖에 없습니다. 같은 위험을 상쇄시키기 위해 더 많은 주식을 보유해야만 하니까요. 예를 들어 일본의 기업을 미국의 주식으로 헤지하는 것도 가능은 하지만 일본의 주식으로 헤지하는 것보다 노출이 낮아 효율성이 현저히 떨어집니다.

두 번째 어려움은 수학적 문제인 공선 형성에 기인하는데, 대부분의 헤지 도구는 비슷한 그룹 안에서 비슷한 팩터들을 공유하는 경향이 있어서 생기는 문제입니다. 이러한 공선 형성을 처리하지 않으면 노이즈를 증폭시켜 비효율적인 해를 만들어 낼 수 있습니다. 물론 이를 해

---

55) 예에서 든 물류비는 물론 운송 업체를 매수함으로써 헤지할 수도 있습니다. 물류비 상승에 손실을 입는 기업과 운송 업체를 동시에 포트폴리오에 포함하면 헤지 포트폴리오는 매수와 매도가 밸런스를 맞게 되고 시장 팩터에 더욱 중립화되며 더 안정적이 됩니다.

결하기 위한 다양한 방법이 존재합니다만 어려움이 완전히 사라지지는 않습니다. 공선 형성의 문제를 해결하는 방법들은 일반적으로 주어진 헤지 도구의 숫자를 줄여 버립니다. 가뜩이나 부족한 헤지 도구가 줄어드는 것입니다.[56]

하지만 다른 어떤 방법에도 문제는 항상 존재하기 마련입니다. 몇몇 문제 때문에 강력한 응용이 가능한 간접 헤지 기법을 쓰지 않는다는 것은 바보 같은 일입니다. 우리가 문제점을 이해하기 위해 노력하는 것은 간접 헤지를 더 효율적으로 적용할 수 있도록 하기 위함이지 간접 헤지가 성능이 나쁘다는 이야기가 아닙니다. 직접적 헤지 도구만으로는 대상이 가진 위험 자체를 완전히 헤지하지 못합니다. 수출 기업이 외환 헤지를 통해 해외 매출을 헤지하였다고 해도 해외 시장의 급격한 악화로 매출 자체가 취소되는 것은 외환 헤지에 들어 있지 않습니다. 그러나 간접 헤지는 다양한 측면을 동시에 헤지해 낼 수 있는 강력한 범용성을 가지고 있습니다.

---

[56] 이를 기하적으로 설명하자면 비슷한 방향으로 뻗은 두 직선의 차이는 미세하기 때문에 그 차이가 유의미한 정보인지 아니면 우연히 끼어든 노이즈인지 알기 힘듭니다. 따라서 모델이 모든 차이를 정보라고 생각하고 최적화를 하게 되면 노이즈에 의한 오류가 늘어나는 것입니다. 반대로 직각으로 뻗은 두 직선의 차이는 매우 크기 때문에 작은 노이즈와 혼동할 일이 작고 모델은 최대의 차이를 이용하므로 제대로 정보를 반영하는 것입니다. 실제 예를 들어 구글의 클래스만 다른 두 주식 GOOG, GOOGL을 봅시다. 두 주식은 거의 동일한 움직임을 보이고, 실제로도 같은 기업의 주식이므로 이론적으로도 크게 달라질 일이 거의 없습니다. 하지만 자세히 들여다보면 거래가 이루어지면서 작은 차이들이 발생하고 사라지는 것을 볼 수 있습니다. 이러한 차이는 노이즈라고 생각할 수 있지요. 두 주식에 대한 주성분 분석을 하면 다음과 같아집니다.

첫 번째 축 = GOOG + GOOGL
두 번째 축 = GOOG - GOOGL

여기에서 두 번째 축은 두 주식의 움직임의 차이이므로 노이즈가 대부분일 것입니다. 두 번째 축을 이용한 모델은 바로 이 노이즈를 유용한 정보라고 착각하게 되는 것입니다. 만약에 두 번째 축을 이용하지 않는다면 헤지 도구의 갯수가 둘에서 하나로 줄게 됩니다.

대부분의 기업들은 헤지를 한다고 해도 간접 헤지를 사용하지 않았습니다. 분석과 모델링을 수학적으로 접근해야 하는 간접적 헤지는 이해도 측면에서 더 어렵습니다. 유가를 헤지하기 위해 원유 선물을 사고팔거나 환율을 헤지하기 위해 환선물을 사고파는 것은 간접 헤지에 비하면 훨씬 단순하고 명료합니다. 그러나 그렇게 단순한 헤지도 받아들이는 데에 저항감을 가지고 있는 것이 현실입니다. 수백 개의 주식으로 만들어진 포트폴리오를 받아들이는 데에는 아무래도 더 큰 저항이 있기 마련입니다. 사실 아무리 퀀트라고 해도 대규모 간접 헤지 포트폴리오 안에 포함된 개별 주식들의 목록을 보고 도대체 그 포트폴리오가 무슨 포트폴리오인지 직관적으로 알 수는 없습니다. 오직 분석을 통해 이해할 뿐입니다. 분석을 통해서 수치로 위험 노출을 콘트롤하는 것은 자연스럽고 안정적이라는 것이 실제 응용과 이익으로 증명되었지만, 지난 수백만 년간 수학 모델을 일상에서 한번도 사용하지 않았던 인간의 두뇌에서는 수학적 모델을 통한 이해가 덜 직관적으로 느껴질 수밖에 없습니다. 직관적인 고전 역학에 익숙했던 사람들이 덜 직관적인 양자 역학의 도입 초기에 강한 저항감을 가졌던 것과 비슷합니다. 아무리 아인슈타인마저 양자 역학을 비웃었어도 21세기 반도체 칩 설계에 양자 역학이 실용 지식이라는 데에 반론을 제기할 사람은 아무도 없습니다. 정말로 맞는 이론인지조차 의심받던 상대성 이론이 없는 스마트폰의 GPS도 없었겠지요. 투자 포트폴리오에서도 초창기의 간접 헤지는 잘 받아들여지지 않았습니다. 과연 간접 헤지 포트폴리오의 위험 헤지가 가능할지조차 의심받을 정도였지만 이제는 너무도 당연한 상식으로 여겨지고 있습니다.

이디오신크래틱 위험의 헤지는 기업 고유의 특성 헤지이다

"우리 회사는 전 세계에서 유일하게 우리만 가지고 있는 기술로 사업을 하는데, 이런 특별한 측면도 팩터로 헤지가 되나요?"
"어떻게든 팩터로 만들어 헤지를 하는 것도 한 방법이지만, 너무 특수해서 팩터로 만들어 내는 과정이 과도하게 어렵거나 더 커다란 영향을 끼치는 다른 위험 팩터들이 많이 있다면, 이디오신크래틱 위험으로 다룰 수도 있습니다."

이디오신크래틱 위험의 특성

팩터는 많은 기업이 공유하지만 고유의 위험은 특정 기업에 국한되도록 하는 것이 원래의 헤지 공식이 목표하는 바입니다. 물론 위험 팩터를 모두 잘 잡아냈다면 다른 기업들의 이디오신크래틱 위험은 서로 독립적이어야 하겠지요. 그러나 당연하게도, 실제적으로는 모든 위험 팩터를 잡아내는 것은 불가합니다. 실질적으로 불가능할 뿐 아니라 이론적으로도 불가능하지요. 무한히 많은 위험 팩터를 공식에 넣을 수가 없으니까요. 따라서 이디오신크래틱 위험은 단순히 우리가 관심을 갖고 있는 팩터를 빼낸 나머지 잔차로 이해할 수밖에 없습니다. 이 잔차에는 특정 기업에 국한된 고유한 위험만 남아 있는 것이 아니라 공식에서 쓰인 팩터들로 잡아내지 못한 숨겨진 팩터들이 포함되어 있습니다. 위험 팩터가 제한된 단순한 모델들에서 이디오신크래틱 위험은 너무도 많은 공유 팩터들을 포함하기 때문에 매우 독립적이지 못합니다. 이디오신크래틱 위험이 독립적이지는 않지만, 그럼에도 불구하고 위험 팩터를 모두 포함한 위험보다야 당연히 더 독립적이겠지요.

우리가 모델을 구성할 때는 보통 알 수 있는 위험을 팩터 위험으로 잡아내기 때문에 이디오신크래틱 위험에는 잘 알지 못하는 위험들이 많이 들어 있습니다. 언제 어떻게 무엇에 의해 영향을 받아 바뀌는지 그 구조를 잘 알 수 없는 것들은 우리의 인지상 무작위적이라고 생각하기도 하지요.[57] 그럼에도 불구하고 진정한 무작위는 아니기 때문에 일정한 양상을 보이기도 하고, 단순히 아무것도 모른다고만 여길 수도 없습니다. 아무것도 모른다고 하면 아무 대책을 세울 수가 없으니까요.

따라서 대부분의 경우 이디오신크래틱 위험 또한 특정한 분포를 따른다고 가정합니다. 보통은 정규 분포를 따른다고 가정하는 경우가 많습니다. 대부분의 경우 과거에 관측된 이디오신크래틱 위험의 변동성으로부터 만들어진 정규 분포를 가정합니다. 물론 정규 분포를 완벽하게 따르는 것은 아니고 편의상 정규 분포를 이용해서 근사하는 것입니다. 근사에 너무 큰 오차가 있다면 다른 분포를 사용해야 합니다.

---

[57] 우리가 법칙을 이해할 수 없기 때문에 무작위라고 생각하는 것과 진정한 무작위적 현상은 구분되어야 합니다. 컴퓨터가 만들어 내는 랜덤 함수는 정해진 법칙에 의해 만들어지는 예측 가능한 숫자를 출력하지만 그 법칙이 충분히 복잡해서 우리가 근사적으로 무작위라고 여깁니다. 운석이 어디에 떨어질지는 운석의 궤도를 추적하고 있는 현대에는 무작위가 아니지만, 과거에는 무작위로 생각할 수밖에 없었습니다.

이디오신크래틱 위험의 추정

이디오신크래틱 위험이 다른 기업들 사이에서 공유되는 경향성이 없다고 가정한다면 한 기업의 이디오신크래틱 위험을 다른 기업으로부터 유추해낼 수도 없습니다. 다시 말해 모든 정보를 특정 기업으로부터 유추해야 합니다. 특정 기업의 과거 데이터만이 이용할 수 있는 정보인 셈이지요. 앞에서 언급했듯이 과거의 값으로부터 미래의 값을 유추하는 데에는 두 가지 제한이 있습니다. 기간이 너무 짧으면 특정 주기 안에서의 특수한 값이 다른 주기까지 적용된다고 착각할 수 있습니다. 너무 길면 현재와 상관없는 과거의 패턴으로 미래를 추정하는 오류가 생겨납니다. 게다가 이 문제를 더욱 어렵게 만드는 또 하나의 함정이 있습니다. 보통, 위험이 커지는 순간은 기업이 어려워져 망하기 직전인데, 그러한 순간은 특정 기업의 과거에 존재하기 어렵습니다. 그러한 순간이 닥친 기업은 망하기 마련이고 우리가 분석하는 대상에 그 특정 기업은 포함되지 않을 테니까요. 따라서 과거로부터 추정되는 이디오신크래틱 위험은 실제보다 작게 측정될 수밖에 없습니다. 고유의 위험이니 다른 기업을 이용할 수도 없고, 자체 데이터는 너무 제한적이고, 생존자 편향으로 실제보다 작게 추정되는 위험을 도대체 어떻게 추정할 수 있을까요?

옵션 가격을 이용한 위험의 측정

위험을 측정하는 주요 방법 중 하나가 과거 변동성의 관측 값으로부터 미래를 추정해 내는 것이라면, 또 다른 방법은 상품화되어 거래되고 있는 위험의 가격으로부터 거꾸로 위험을 추정하는 것입니다. 예를 들어 옵션 가격은 미래에 닥칠 변동성에 기반하여 가격이 매겨지는데, 옵션이 거래되는 가격을 안다면 거꾸로 옵션 가격으로부터 미래의 변동성을 추정해 내는 것입니다. 그러나 이 방법에도 문제가 있습니다. 시장 참여자들이 결정하는 옵션의 가격이 미래를 제대로 반영하지 못한다는 것입니다. 도리어 과거 값으로부터 만들어져 추정된 변동성보다 더 부정확할 때가 많습니다. 정보를 가지지 못한 사람들의 감정적 동요에 따라 좌우되는 값으로 끝나 버릴 수도 있는 것입니다.

옵션 가격은 특정 사건이 일어날 때 이를 효율적으로 선반영하는 경향성이 있는 것 또한 사실입니다. 그럼에도 불구하고 왜 이렇게 정보의 질이 떨어지는 현상이 일어날까요? 특정 사건이 일어날 때는 옵션에 정보가 들어갈 수 있지만, 상시적 움직임에까지 정보가 들어 있기는 힘들기 때문입니다. 평상시에는 가격에 이미 반영이 되지 않는 중요 정보가 거의 없기 마련인데 없는 정보를 만들어 넣을 수는 없으니까요. 게다가 옵션은 주식보다 훨씬 작은 거래량과 높은 거래 비용을 가지기 때문에 더 많은 노이즈가 섞여 있습니다. 예를 들어 아웃 오브 머니의 극단적 이벤트를 나타내는 옵션의 가격은 호가 차이가 옵션 가격의 100%를 넘을 수 있습니다. 다시 말해 매수 호가가 5센트이고 매도 호가가 10센트이면 이런 부정확한 가격으로 정확한 정보를 추출한다는 것은 극단적으로 힘듭니다. 따라서 대부분의 옵션은 거래도 거의 일어나지 않고 정보를 가지고 주가의 움직임을 선행하는 것이 아니라 주가가 움직인 이후 이를 후행하기 마련입니다.

옵션의 가격으로 위험을 추정할 때 현재의 가격이 정말로 정보를 가진 거래자의 정보를 반영하고 있는지 아니면 단순한 노이즈인지 알아내기는 매우 어렵습니다. 하지만 옵션의 가격이 정상적 가격보다 두 배 세 배 이상으로 오르는 극단적 이탈이 지속적으로 일어난다면 미래의 불확실성을 반영하고 있을 가능성이 매우 높겠지요. 따라서 이로부터 이디오신크래틱 위험 역시 추출해 낼 수 있습니다. 다시 말해 일상적으로 위험을 알아내기는 힘들지만 극단적 사태가 예상될 때의 위험은 추출할 수 있는 것입니다. 예를 들어 극단적 금리 변동을 예상하는 사람들이 많아지면 채권 선물의 가격은 그대로라도 옵션 가격은 안정 상태의 가격보다 훨씬 높아지게 됩니다.

채권 가격과 이자율로 유추하는 파산 확률

옵션 이외에도 기업이 발행하는 채권의 가격이나, 기업이 금융권으로부터 돈을 빌리는 이자율로부터 파산 확률을 계산할 수 있습니다. 보통 기업이 지불하는 이자와 위험이 없는 국채 이자율과의 차이를 설명하는 이론은 그것이 기업의 파산 확률에 의해 결정된다고 생각합니다. 때문에 위험이 채권에 제대로 반영되었다면 파산 확률을 추정할 수 있고, 이는 위험도를 알아낼 수 있는 좋은 지표입니다. 하지만, 대부분의 회사의 채권은 상시적으로 거래가 되지 않습니다. 가격이 불분명합니다. 예를 들어 이자율이 전반적으로 낮을 때 장기로 돈을 빌린 기업은 상대적으로 낮은 이자를 내고 있는데 이러한 과거의 이자율이 기업의 위험을 반영하지 못합니다. 채권을 발행한 후 한참이 지난 후에 누군가가 그 채권을 거래했다고 해도 수많은 거래를 통해 정보를 전달하는 주가에 비해 정보는 훨씬 불확실합니다.

대규모 자금을 빌려준 채권자가 어느 정도의 정보를 가지고 있다고 가정할 수 있겠지만 그렇다고 해서 기업 자신도 알지 못하는 미래의 위험을 채권자가 알 수 있다고 생각하는 것도 지나친 기대입니다. 따라서 이미 잘 알려진 개별 기업만의 위험이 없는 한 채권의 가격은 기업의 이디오신크래틱 위험보다 팩터 위험을 더 많이 반영하게 됩니다. 채권자는 기업의 이디오신크래틱 위험을 직접 추정하기 어려울 때 일반적인 팩터 모델을 쓸 수밖에 없으니까요. 기업의 연구 개발이 실패할지 성공할지는 잘 몰라도 기업의 현금 보유량이나 이익률과 같은 팩터를 근거로 신용을 평가할 수는 있습니다.

채권의 가격은 또한 파산이라는 극단적 위험을 반영하기 때문에 현금이 채무보다 월등히 많은 안정적인 기업은 웬만큼 커다란 위험이 아닌 이상 가격이 크게 바뀌지 않습니다. 비정상적으로 높은 이자와 낮은 채권 가격은 매우 높은 위험을 반영하므로 이로부터 위험을 추정하는 것은 가능하지만, 채권 가격이 그 정도로 변했을 때에는 주가가 더 빠르게 폭락합니다.

팩터를 통한 추정 모델

회사의 정보로부터 이디오신크래틱 위험을 직접 추정하는 모델을 만들 수도 있습니다. 레버리지가 높은 회사들의 경우 이디오신크래틱 위험 또한 높은 경향성을 가집니다. 이것은 레버리지 팩터 자체에 대한 노출과는 다릅니다. 화재가 발생하는 등의 개별적 위험은 레버리지로 인해 증폭됩니다. 레버리지 팩터에는 전혀 영향을 받지 않았다 하더라도 레버리지 팩터의 움직임과는 독립적으로 파산을 할 수 있는 것입니다.[58] 마찬가지로 사이즈 팩터나 성장 팩터에 대한 노출도 이디오신크래틱 위험에 다른 특성을 부여합니다.

종합적인 추정

현실적으로 이디오신크래틱 위험을 추정하기 위해서는 종합적으로 최대한 많은 정보를 고려해야 합니다. 경영자가 인지하는 위험 사항에서부터 팩터 모델에서 잡지 않았던 팩터들, 과거의 매출과 이익 그리고 주가의 변동성 등을 이용해서 추정합니다.

---

[58] 레버리지가 높은 다른 기업들은 현재 위험하지 않은 상황이라 하더라도 레버리지가 높은 특정 기업은 위험할 수 있습니다. 레버리지 팩터와 독립적으로 움직이는 화재와 같은 사건은 레버리지 팩터에 의한 위험은 아닙니다. 이디오신크래틱 위험의 정도가 레버리지로 인해 변하는 것입니다.

이디오신크래틱 위험 역시 시간이 지남에 따라 변화합니다. 매출이 줄어드는 시점과 매출이 늘어나는 시점의 이디오신크래틱 위험이 같을 수는 없지요. 이디오신크래틱 위험의 증감 시점은 경기 침체나 유가 변동성처럼 외부적으로 주어진 상황과 독립적으로 분리되어 있지 않습니다. 특정 팩터에 노출이 잡히지 않았다 하더라도 특정 팩터의 변동성이 높은 시기에 위험이 증가하는 경향이 있을 수 있습니다.[59]

예를 들어 어떤 기업이 대규모 공장을 신축하는 프로젝트 때문에 생긴 이디오신크래틱 위험을 안고 있다고 합시다. 평상시에야 건축 과정에서 허가 및 인프라 건설이 지체되는 등의 문제가 주 위험일테니 다른 위험들과 상당히 독립적이지만, 경기 침체 시에는 시공사가 파산하거나 투자금 조달이 취소되는 확률도 높아지는 것입니다.

동종 기업군을 이용한 비독립적인 이디오신크래틱 위험 헤지

이디오신크래틱 리스크를 어느 정도 추정했다면 이제 헤지를 시도해 봅시다. 완전히 독립적인 위험은 다른 헤지 도구를 통해서 위험이 상쇄되지 않습니다. 그러나 앞에서 언급했듯, 이디오신크래틱 위험은 팩터 모델이 잡아내지 못한 나머지 부분일 뿐이므로 동종 기업군에서 위험

---

[59] 특정 팩터에 대한 노출이 없는데 위험이 동기화하는 문제는 조금 이해하기 어려운 문제입니다. 위험에 대한 노출이 없는데 왜 위험이 증가할까요? 물론 정확하게는 위험 노출이 단기적으로, 그리고 부분적으로 생겼다고 말할 수 있습니다. 대부분의 위험 모델은 단 며칠 동안 노출을 일으키는 팩터를 잡아내지 않습니다. 단기적 팩터 노출을 제대로 반영하지 않게 되면 모델은 팩터에 대한 노출이 없다고 이야기하게 되는 것입니다. 이러한 단기적 부분적 노출은 빠르게 변하면서 방향이 반대로 바뀔 수도 있기에 단기적 노출을 잡아내도 모델에 반영하기는 쉽지 않습니다.

이 서로 연동됩니다. 동종 기업군 포트폴리오를 구성하면 위험을 상쇄시킬 수 있게 됩니다.

삼성전자를 헤지하고 싶다고 합시다. 반도체 팩터나 스마트폰 팩터를 몰라도 삼성의 동종 기업을 알아내면 정확하게 반도체 팩터를 잡아서 헤지를 하지 않아도 잠정적으로 공유하는 많은 팩터들을 상쇄시킬 수 있습니다. 이 기법은 단지 동종 기업군으로 국한되지 않으며 더욱 발전된 모델을 사용하여 정확도와 효율성을 더욱더 높여 줄 수 있습니다. 동종 기업을 잡아내는 방법으로는 기존에 정의된 산업군과 같이 간단한 방법부터 통계적 모델 등으로 연관성을 찾아낼 수도 있고, 정성적 분석을 통해서 주요 위험의 관점으로 동종 기업군을 새로 정의할 수도 있습니다.

굳이 팩터를 만들지 않아도 되는 동종 기업군 포트폴리오는 매우 강력한 헤지 방법입니다. 예를 들어 상품 수출에 영향을 미치는 새로운 보호 무역 법안을 미국이 입안했다고 합시다. 이러한 정책 변화를 미리 잡아내어 팩터로 만들어 내는 것은 쉽지 않을 것입니다. 그러나 동종 기업군은 사전에 전혀 고려되지 않았던 위험 팩터라도 같은 양상으로 영향을 받기 때문에 위험을 상쇄하는 것입니다.

그러나 동종 기업군 헤지 포트폴리오에도 한계는 있습니다. 완전히 독립적인 이디오신크래틱 위험의 경우 동종 기업들을 통한 헤지가 위험을 가중할 수 있습니다. 삼성 반도체 공장에 어려움이 있어 생산이 줄어들었다면 경쟁사들에게는 매출이 늘어나는 호재로 해석될 수 있으니까요.

독립적인 이디오신크래틱 위험의 헤지

다른 위험들이 어느 정도 헤지된 투자 포트폴리오에 마지막으로 완전한 독립적 이디오신크래틱 위험 부분만 남았다면 이는 어찌 헤지할까요? 중심 극한 정리는 완전한 독립적 변수 n개를 더할 때 $1/\sqrt{n}$으로 변동성이 줄어든다는 것을 알려줍니다. 따라서 변동성에 대해 최대한으로 정규화(normalize)해서 더하는 방식을 취한다면 전체 포트폴리오의 변동성을 줄일 수 있습니다. 알아듣기는 조금 어렵지만, 사실상 적용은 매우 간단합니다. 쉽게 말하자면 자본을 최대한 균등하게 분산 투자하는 것입니다. 그러나 이런 간단한 대책의 경우에도 변화하는 변동성 및 독립적 변수의 추출 등 실제 포트폴리오 구성은 상당히 복잡한 절차를 거쳐야 합니다.

헤지를 수행하는 방법은 유일하지 않습니다. 그 위험을 어떤 관점에서 보느냐에 따라 포트폴리오는 전혀 달라집니다. 또 다른 방법으로는 자본의 배분 기간을 한정해 주는 것입니다. 특히나 대부분의 이디오신크래틱 위험은 주식 시장이 닫혀 있는 시점에서 발현되는 경향이 있습니다. 자본의 배분 자체는 줄이지 않는다 하더라도 시장이 열려 있는 시간에만 짧게 투자하면 위험은 비약적으로 줄어들게 됩니다.

시장이 열려 있는 시간 동안에 커다란 움직임이 나타날 때에는 손절이라는 방법을 선택할 수 있습니다. 잦은 손절은 큰 거래 비용과 투자 손실을 야기하지만, 잠재적으로 뉴스 이벤트가 있음을 뜻하는 높은 변동성이 예상되었을 때, 매우 드문 확률로 나타나는 가격의 움직임에 대해 빠른 손절을 한다면 위험을 줄일 수 있습니다.

뉴스 이벤트에 대한 손절은 시장과 같이 잘 알려진 대상이 아니라 개별 기업에서 더 성공적으로 작동할 수 있습니다. 시장에 버금가는 잘 알려진 기업이나 시장 인덱스에 대한 뉴스 이벤트를 기반으로 하는 손절은 시장 효율성에 역행하기 마련입니다. 대부분 손실로 끝날 경우가 많을 것입니다. 다시 말해 시장과 같이 효율적 투자 대상에 대한 뉴스가 나왔을 때는 이미 가격이 뉴스를 충분히 반영한 이후입니다. 반면에 개별 기업은 특히나 그 기업이 작을수록 손절을 해야 할 만큼 극단적 뉴스가 소화되는 데에는 시간이 걸리기 마련입니다. 그러나 그렇다고 해서 뉴스가 나온 이후에 뒤늦게 뉴스의 방향으로 매매를 하는 전략이 이익이라는 뜻은 전혀 아닙니다. 뉴스가 발표되기 이전 다양한 경로로 뉴스 이벤트가 존재하는 것을 예측하는 등의 발전된 기법들이 없이 뉴스를 그대로 따라가도 이익을 낼 만큼 시장이 비효율적이지는 않습니다.

기업의 이디오신크래틱 위험 헤지

투자 포트폴리오의 이디오신크래틱 위험의 헤지는 포트폴리오 자체가 분산이 많이 되기 때문에 사실 상당히 쉽게 행해집니다. 다시 말해 굳이 헤지를 하지 않아도 하나의 주식의 위험은 크지 않습니다. 만약 기업의 입장이라면 어찌 대처해야 할까요? 완전히 독립적인 위험 부분을 제외한 비독립적인 부분은 투자 포트폴리오와 크게 다를 바가 없습니다. 비독립적인 부분은 동종 기업군의 포트폴리오로 위험을 쉽게 상쇄할 수 있습니다.

하지만 완전히 독립적인 부분은 쉽지 않습니다. 포트폴리오는 분산이 되어 있지만 기업은 아닙니다. 포트폴리오의 관점에서 하나의 기업은 전체의 1/n의 비중일 뿐입니다. 하지만 자신밖에 없는 기업의 입장에서 자신은 100%의 비중입니다. 포트폴리오의 입장에서는 기업의 파산이라도 분산만 잘 되어 있으면 아무 대처 없이 그냥 넘어갈 수도 있습니다. 하지만 기업의 입장은 다릅니다. 동종 기업군을 이용한 헤지는 전혀 도움이 되지 않습니다. 한 기업이 손실을 입는다 해도 나머지 기업들의 평균 기대 수익은 그냥 0일 뿐이니 다른 기업들로 이루어진 헤지 포트폴리오가 손실을 상쇄하는 수익을 가져올 이유가 없으며 도리어 경쟁 기업의 반대 수익을 통해 위험이 가중될 수 있습니다.

기업의 경우 투자 포트폴리오에서 행한 손절 역시 가능하지 않습니다. 투자 포트폴리오에서 행했던 손절을 기업이 행하려면 자기 자신의 주식을 빠르게 팔아야만 하는데, 기업이 자기 주식을 충분히 많이 들고 있을 가능성은 많지 않고, 들고 있다 하더라도 필요한 공시 과정을 거쳐 매각을 실행하다 보면 손절의 타이밍을 맞추기 힘듭니다. 기업이 위기에 처할 시 주가는 폭락하니 신주를 발행하는 것도 용이하지 않습니다.

그러나 투자 포트폴리와 달리 기업의 입장에서는 이디오그신크래틱 위험을 더 쉽게 팩터화할 수 있습니다. 일단 팩터화된 위험은 위험 팩터에 대한 헤지이므로 헤지를 더 쉽게 수행할 수 있습니다. 투자 포트폴리오의 경우 특정 기업에 적용되는 위험 팩터를 모두 포함하면 위험 팩터의 과도한 증가가 일어나게 됩니다. 따라서 위험 팩터를 인지해도 그것을 팩터로 포함하지 않는 경우가 대부분입니다. 이렇게 일부러 포함하지 않았던 팩터들을 기업은 모두 팩터로 추출해서 헤지할 수 있습니다. 사실 팩터화하기 힘든 위험은 그리 많지 않습니다.

또 다른 방법 중에 하나는 경쟁사와의 주가 연관성을 이용하는 것입니다. 대부분의 경우 완전히 독립적으로 일어나는 사건이라도 그로 인해 움직인 주가는 경쟁사에 영향을 끼칩니다.[60] 다시 말해 한 기업이 독립적으로 큰 손실을 입고 경쟁력이 약화되면 그 기업과 경쟁하는 경쟁사는 상대적 이익을 보기 때문에 주가가 상승합니다. 반면에 그 기업을 통해 매출을 올리는 하청 업체와 파트너 관계의 기업들은 매출이 하락할 것이 예상되므로 주가가 하락하는 경향이 있습니다. 이를 이용해서 약한 헤지를 수행할 수 있습니다. 하지만 극단적 이디오신크래틱 위험을 이러한 약한 경향성으로 헤지하기에는 비용이 너무 많이 듭니다.

극단적 주가 움직임에 맞춘 헤지 상품이 구매가 가능하다면 매우 좋은 헤지가 될 수 있습니다. 예를 들면 자기 회사의 주가가 비정상적으로 하락 시 수익을 보는 상품을 구매하는 것입니다. 예를 들어 주가가 40퍼센트 이상 하락할 때 수익을 보는 풋 옵션과 같은 구조의 상품이 가능합니다. 이렇게 드문 경우에만 수익을 보는 옵션은 가격이 쌉니다. 이러한 거래는 기업이 그 상품을 거래할 수 있는지 합법성을 잘 검토해야 하고 필요한 사전 공시를 행한 후에 시행해야 할 것입니다. 하지만 이러한 헤지 상품을 구매할 수 있다면 이것은 매우 강력하고 비용 또한 작게 드는 효율적 방법이 될 수도 있습니다.

---

60) A가 폭락해서 그 이유로 B가 폭락하는 사태라 해도 A는 B를 통해 헤지를 할 수 있습니다. 인과적으로는 A가 B에 영향을 끼친 것이지만 둘의 상관관계는 방향에 개의치 않습니다. 인과관계와 상관관계는 다르다는 것을 이해해야 합니다.

보험을 이용한 위험 헤지와 역선택 문제

또 다른 강력한 이디오신크래틱 위험 헤지 방법으로 보험 상품을 활용하는 것이 있습니다. 이것은 특정한 위험을 미리 인지하고 있을 때에만 가능합니다. 게다가 위험을 알아도 그 위험을 헤지해 줄 보험 회사가 있어야 하기에 포괄적이지도 않습니다. 그러나 일단 가능하다면 매우 쉬운 헤지를 만들어 줍니다.

예를 들면 배가 내전 지역을 항해하다가 나포 당할 경우를 대비해 비용을 더 내고 보험에 들 수는 있습니다. 일반적인 보험은 전쟁 및 위험 지역에서의 사고 상황을 예외 조항으로 하고 있으므로 비용을 더 들일 수밖에 없지만 가능은 합니다. 운동선수나 연주가가 손이나 발 등의 특정 신체 부위의 상해를 보험으로 들듯이 기업의 수익에 필수적인 중요 임직원의 질병 및 사망 위험을 보험으로 들 수도 있습니다. 하지만 신종 배터리 연구를 수행하는 기업이 연구의 실패 위험을 보험으로 들려 한다면 이를 받아 줄 보험 회사는 없을 것이며, 임직원의 횡령이나 사업 파트너의 계획적 사기에 대해서 보험을 들기도 거의 불가능합니다.

보험의 일반적인 단점 중에 하나는 위험이 높거나 비일반적인 위험의 경우 보험을 들기가 매우 어렵다는 것입니다. 이는 이익을 높이고 위험을 줄이는 것이 보험 회사의 목적이기 때문입니다. 보험 회사는 기업의 안전을 최소화하기 위한 상품이 아니라 위험을 줄여 주는 상품을 파는 것일 뿐이므로 보험 회사에게 불리한 계약을 받아 주지 않는 것은 당연합니다.

일반적이지 않은 위험의 경우, 보험 회사에게 확실한 이익이 날 수 있는 높은 금액을 지불한다고 해도 계약을 받아 주지 않거나 극단적으로 높은 가격을 지불해야 할 수 있습니다. 보험 회사가 잘 모르는 위험에 대해서 최대한 보수적으로 접근하기 때문이기도 하지만 더 중요한 이유는 많은 대상이 일상적으로 가입하는 보험이 아니라면 역선택이 일어나기 때문입니다. 보험 회사가 특정 회사의 모든 위험을 이해하기는 쉽지 않습니다. 잘 모르는 사안에 대해서는 실제 배상액의 기대 값보다 훨씬 더 비싼 값에 보험을 판매할 수밖에 없지요. 보상액이 클 경우 재보험까지 들 수밖에 없으므로 더욱더 그러합니다. 하지만 역선택은 또 다른 문제입니다.

어떤 개인이나 기업이 보험 회사가 일상적으로 다루지 않는 사안에 대해서 보험을 들어 달라고 왔을 때 그것은 사실 무작위의 가입이 아닐 경우가 많습니다. 누군가가 자신이 위암에 걸리는 사건에 대해 오십억 원의 보상액을 요구하며 보험에 들려 한다고 생각해 봅시다. 높은 비용을 지불하고 특정 사건에 대해 굳이 보험을 드는 사람은 국민건강보험에 가입한 일반적인 가입자들에 비해 위암에 걸릴 확률이 훨씬 더 높기 마련입니다. 위암에 걸릴 확률이 높은 사람들은 더 높은 비용을 지불하고 거액의 보험에 가입하려 할 것이니까요. 이것을 보험 회사의 역선택(adverse selection) 문제라고 합니다. 이러한 상황에서는 위암에 걸릴 확률이 낮은 사람도 매우 높은 금액을 지불하게 됩니다.

주식 거래에서도 역선택은 똑같이 일어납니다. 만약에 커다란 액수의 매수 주문을 공격적으로 내지 않고 자신에게 극단적으로 유리한 낮은 금액으로 고정해 놓고 체결될 때까지 기다리고 있다고 합시다. 가격이 오를 것을 예상하는 거래자들은 그런 낮은 가격에 매도를 하지 않습니다. 매도를 하는 거래자는 가격이 폭락한다고 생각하는 경우입니다. 다시 말해 거래가 체결될 경우는 가격이 폭락할 때인 것입니다. 역선택이 생겨납니다. 주식 거래든 보험이든 같은 메카니즘으로 같은 일이 벌어지는 것입니다.

  이러한 이유로 위험을 헤지하려고 보험을 드는 기업은 단지 보험 회사의 위험 비용에 이익만 지불하는 것이 아니라 악의적으로 보험을 통해 이익을 내려는 기업들의 이익을 지불해야 하며, 악의가 없다 하더라도 자신보다 위험이 월등히 높은 기업들의 손실까지 보전해야 보험을 들 수 있게 됩니다. 따라서 되도록이면 이러한 왜곡이 없는 방법으로 보험을 들어야 비용을 낮출 수 있습니다. 위험을 되도록 작게 서로 다른 팩터로 분해해서 최대한 일반적으로 불특정 다수에게 판매되는 여러 보험으로 분산하는 것은 이러한 역선택 문제에서 반대로 이익을 낼 수 있는 한 방법입니다. 예를 들어 위암에 걸릴 위험이 우려된다면 위암이라는 특정 질병에 대해서만 보험을 드는 것이 아니라 일반적으로 판매되는 배상액이 크지 않은 암 전반에 대한 건강 보험, 실직 보험, 질병에 대한 보상을 포함하는 생명 보험 등으로 분산하는 것입니다. 기업 또한 마찬가지로 특약을 따로 체결해야 하는 계약을 되도록 제외하고, 가장 일반적인 계약을 최대한 활용하는 쪽이 이익이 됩니다.

레버리지 감소를 통한 헤지

위험이 예상될 때 레버리지를 낮출 수 있다면 이는 위험을 감소시킬 수 있습니다. 하지만 위험이 높아지는 시기에 자금 사정은 좋다는 가정 하에서만 이 방법을 쓸 수 있습니다. 사실 자금 사정이 좋다면 커다란 위험이 예상되지는 않을 것이니 상당히 역설적입니다. 호황기가 끝나는 시점에서처럼 급격한 매출 급감이 예상되나 자금 자체는 충분한 경우처럼 특별한 경우에 해당될 수 있을 것입니다.

레버리지를 낮추기 위해서 과거에 좋은 조건으로 확보한 현금을 줄인다면 위기 상황에서 다시 현금이 필요할 때 더 나쁜 조건으로 현금을 조달해야 합니다. 사업 규모가 줄지 않고 현금이 충분치 않다면 도리어 장기 부채를 통해 충분한 현금을 확보하는 쪽이 나을 것입니다.

대안 프로젝트를 통한 헤지

투자 포트폴리오에서의 다변화처럼 대체할 수 있는 프로젝트를 두 개 동시에 진행하면 하나의 프로젝트가 실패해도 50%의 위험만 있기 마련입니다. 현재의 프로젝트가 실패할 때를 대비해서 대안적 방안을 진행하는 것입니다. 예를 들어 공장을 짓는데 하나의 부지가 아니라 두 개의 부지에서 동시에 진행을 하는 것입니다. 예비 부지가 그다음 공장을 지을 수 있는 용도나 투자 용도로 전용할 수 있다면 인프라 문제나 인허가 문제 등으로 주된 프로젝트가 지연될 때 위험을 비약적으로 줄일 수 있습니다. 자사의 광고를 담당하는 모델을 국가마다 다르게 유지한다면 한 모델의 치명적 이미지 저하 때문에 생기는 매출 저하의 위험을 분산시킬 수 있습니다. 최첨단 기술 연구 개발과 같이 실패 위험이 매우 높은 경우 다변화는 필수적 선택입니다. 성공 가능성이 높지 않은 연구를 진행할 때 가능성이 가장 높은 하나의 방식만 연구하는 것이 아니라 다른 대체 가능한 기술에 최대한 나누어 투자하는 것입니다. 바로 이러한 방식이 있었기에 자체 OS에서 실패하는 중대한 위험에 맞닥뜨렸음에도 메인이 아닌 부차적 프로젝트였던 안드로이드 스마트폰으로 삼성이 세계를 점령하는 성공을 이루어 낸 것입니다. 또한 대안 프로젝트는 내부적 경쟁을 통해 기업의 효율성을 높일 수도 있습니다. 신약 연구처럼 수만 개의 연구 시도에서 하나의 결과를 가져오거나, 퀀트 투자 연구에서 수많은 시도 끝에 소수가 성공할 때 당연히 여러 프로젝트를 동시에 진행하는 것이 최선입니다.

이디오신크래틱 위험의 다양성 문제

이 외에도 이디오신크래틱 위험을 헤지하는 다른 방법들이 많이 있습니다. 그 특성상 기업 고유의 특성에 따라 달리 대처해야 하므로 이를 몇 가지 방법으로 일반화하는 것에는 무리가 있습니다. 따라서 대처 자체에도 어느 정도 한계가 있기 마련입니다. 유동적으로 위험에 대처하는 시스템을 갖추는 것도 중요하겠지만 어떻게 어떤 방식으로 일어날지 모르는 모든 상황에 완벽하게 대처하려면 높은 비용을 감수해야 합니다. 하지만 위험의 수준을 어느 정도 허용한다면 상당히 많은 위험의 헤지가 가능할 것입니다.

헤지가 기업의 예측을 정확하게 만들어 준다

"현재 노후 선박 증가로 인해 5년 후 세계 선박 발주량은 늘어날 것이므로 더 많은 설비를 투자해야 합니다."
"오 년 후 세계 경기에 불황이 닥치지 않는다는 걸 예측할 수 있나요?"
"오 년 후 불황은 결코 오지 않을 것이라고 확신합니다."

과거의 투자 기획 과정은 미래 예측을 통해 프로젝트를 실행하고 그 프로젝트의 위험을 헤지를 통해 줄여 주는 것이었습니다. 기업에 위험 관리 부서가 있다고 해도, 수동적 입장에서 기획 부서와 독립적으로 위험을 분석해 낸다면 그 역할은 매우 제한적입니다. 이제 헤지를 통해 기획을 어떻게 이끌지에 대해 살펴봅시다.

위험 팩터와 예측 팩터

사실, 위험의 대상은 예측의 대상과 같은 팩터입니다. 다시 말해 미래 예측의 대상과 위험의 대상은 모두가 미래의 이익과 손실을 설명하는 팩터입니다. 위험 팩터와 예측 팩터는 우리가 예측을 잘 수행할 수 있는가, 아니면 그렇지 못한가에 따라 이름을 달리 붙였을 뿐입니다.

위험 팩터 = 예측하기 힘든 팩터

예측 팩터 = 예측할 수 있는 팩터

따라서 이러한 구분은 절대적이지 않습니다. 누군가가 시장을 잘 예측할 수 있다면 시장이 예측 팩터이지만, 어떻게 해도 시장을 예측하지 못했다면 반대로 위험 팩터가 될 것입니다.

이제 수많은 팩터로 분해될 수 있는 주가를 어떻게 모델링할지 이야기해 보겠습니다. 아래의 공식에서 첫 번째 팩터를 우리의 예측 팩터라고 한다면 이를 다음과 같이 나타낼 수 있습니다.

주가의 움직임 = 팩터 1 + 팩터 2 + ⋯ 팩터 n + 노이즈

주가의 움직임 = 예측 팩터 + 다른 팩터들 + 노이즈

주가의 움직임이 위와 같다면 우리의 예측 팩터가 아무리 정확해도 주가의 움직임을 설명하지 못합니다. 예측 팩터가 설명하는 부분이 조금 있어도 주가는 예측 팩터에 수많은 다른 팩터들을 더한 결과에 따라 움직이니까요. 이렇게 아무리 정확한 예측을 해도 그 예측한 부분이 전체의 작은 일부분이라면 예측 팩터만으로는 주가를 맞출 수 없습니다. 따라서 정확하게 예측하기 위해서는 처음부터

예측 = 주가의 움직임

이 아니라

예측 = 주가의 움직임 - 다른 팩터들의 영향

이라고 생각해야 합니다. 이러한 관점에서, 예측 모델을 만들기 위해서는 처음부터 위험 팩터들을 넣지 않으면 정확한 예측 자체가 불가능합니다.

간단히 예를 들어보겠습니다. 한 주가 예측 모델이 내일 발표되는 회사 실적에서 이익이 3퍼센트 더 늘 것을 미리 예측했습니다. 그로 인해 주가가 1퍼센트 이상 오를 것으로 예측됩니다. 하루에 1퍼센트면 일 년에 200% 이상의 수익률을 낼 수 있는 훌륭한 예측입니다. 하지만 아무리 정확한 이익의 예측이라고 해도 그날 시장 전체가 10% 떨어지는 폭락의 순간에는 시장보다 1퍼센트 더 올라도 9퍼센트가 하락하며 막대한 손해를 내고 맙니다. 즉 우리의 예측은 이익 팩터인데 시장 팩터에 의해 주가가 더 많이 움직여 우리의 전체 예측이 틀려 버린 것입니다. 하지만 처음부터 예측 자체를 시장 팩터보다 1퍼센트 더 오른다고 예측하면 1퍼센트의 수익을 낼 수 있는 것입니다.

모든 팩터를 예측하는 것은 불가능의 영역

모든 팩터를 다 예측할 수 있다면 당연히 예측은 정확해지고 이익은 늘어납니다. 그러나 모든 것을 종합한 예측은 세상 모든 것들을 다 알기 전에는 할 수 없습니다. 모든 것을 다 예측할 수도 없고, 그런 시도를 했을 때 예측의 정확성은 떨어질 뿐입니다. 게다가 기업 경영인이나 예측 모델 연구자가 어떤 부분에서 예측 능력이 최고라고 해도 다른 모든 것들에 대한 예측 능력까지 최고일 리가 없습니다. 다른 분야의 예측을 어느 정도 할 수 있다 하더라도 경쟁력을 늘기 위해서는 각자의 전문 능력을 잘 살려야 합니다. 모든 것을 다 할 수 있는 사람은 어느 하나에서 최고가 되기 힘듭니다. 각자의 전문 분야를 살려 각자의 분야만 예측을 한 후 이익은 헤지를 한 모델을 종합하여 내면 정확도는 높아질 수밖에 없습니다. 손흥민과 아이유와 허준이로 팀을 이룰 수 있는데 자기가 직접 축구도 하고 노래도 하고 수학 논문도 써서 굳이 그들과 경쟁할 필요는 없겠지요. 헤지를 포함한 예측은 팩터 하나만 잘 예측했다 해도, 다른 팩터들은 너무 어려워서 예측을 포기했다고 해도, 이익을 실현시킬 수 있습니다. 심지어 워렌 버핏도 자기가 잘 아는 산업 분야가 아닌 경우는 예측을 포기하고 투자를 하지 않습니다.

과거의 투자 프로세스는 전체를 다 예측해야 하기 때문에 한 회사를 사기 전에 산업 전체부터 공부해서 산업 전체를 예측하는 것부터 시작합니다. 그마저도 시장이 하락할 것 같으면 다 헛수고일 뿐입니다. 오늘날의 전문 투자자들 중 다수는 산업 전체를 아무리 공부해도 너무 많은 사람들이 지켜보고 있기에 효율성이 이미 높아져 있는 산업 전체에 대한 예측이 쉽지 않다고 생각합니다. 따라서 한 기업의 잘 알려지지 않는 정보를 분석해서 상대적으로 산업을 초과하는 이익을 실현할 수 있다면 그 기업을 매수하고 그 기업이 속한 산업을 매도해서 헤지를 합니다.

경쟁이 치열해진 발달된 시장에서 예측 모델들은 서로 경쟁을 하고 경쟁에서 조금이라도 뒤떨어지는 모델은 아무리 예측력이 뛰어나도 결국 손해를 보게 됩니다. 아무리 좋은 상품을 만들어도 똑같은 상품을 10퍼센트 더 싸게 만드는 경쟁자가 있으면 사업이 실패하는 것과 같습니다. 예측자들이 경쟁을 시작할 때는 성과가 떨어지는 예측을 어떻게 제외하는가가 성공의 핵심입니다. 자신에게 경쟁력이 있는 예측만 남기고 어느 정도 예측을 할 수 있더라도 나머지는 위험 팩터로 생각하는 것입니다. 예를 들어 산업이 10개의 기업으로 이루어져 있다고 합시다. 예측자는 한 개의 기업에 대한 전문가입니다. 따라서 그 기업의 상대적 성과를 정확히 예측할 수 있어도, 과거의 투자 방식으로는 산업 전체를 다 예측해야만 했으므로 나머지 9개의 기업에 대해서도 예측을 해야 했습니다. 그렇다면 부정확한 9개의 예측이 섞여 들어가고 자신의 경쟁력은 보존할 수 없는 것입니다.

5년 후의 선박 발주량이 늘지 줄지를 예측하는 것은 현재 선박의 연령 등과 같은 다양한 팩터를 통해 가능합니다. 그러나 정확한 선박 발주량을 알기 위해서는 세계 경제가 성장할지 위축될지, 물동량이 늘어날지 줄어들지 등을 예측해야 합니다. 그중에 몇 개의 팩터를 잘 예측할 수 있는 경쟁력이 있다면, 기업은 굳이 다른 팩터를 예측하지 않고 나머지 팩터들을 헤지함으로써 예측의 정확도를 높이는 것입니다. 이전에는 너무 불확실해서 포기할 수밖에 없는 기회를 낮은 위험으로 실현하여 이익을 극대화하는 것입니다. 예를 들어 내년의 세계 선박 발주량이 백만 톤이라고 예측하는 것은 틀릴 가능성이 높지만, 선령 노후화로 인한 팩터만을 예측한다면 그 예측은 정확해집니다.

세계 발주량 = 백만 톤의 선박 노후화로 인한 발주량 + b_1 * 세계 물동량 + b_2 * 세계 경기

로 예측했다면 헤지를 통해 정확하게 예측할 수 있는 백만 톤의 선박 노후화로 인한 발주량만 남겨 놓는 것입니다. 그렇다면 정확한 세계 발

주량을 몰라도 조선소를 지을 수 있습니다. 세계 물동량과 세계 경기를 헤지함으로써 선박 노후화로 인한 발주량 예측의 이익을 실현하는 것입니다. 그런데 조선사에서 세계 경기까지 직접 예측하기로 결정했다고 합시다. 과연 얼마나 많은 경제학자들을 고용하고 얼마나 복잡한 예측 모델을 돌려야 전 세계의 경제학자들이 모두 달려들어 분석해 낸 것보다 더 정확하게 예측할 수 있을까요? 그럼에도 불구하고 세계 최고의 경제학자들마저도 모두 실패하고 마는 경기 예측을 자사가 더 잘 수행할 수 있다고 믿어야 하나요? 다시 강조하지만 내가 예측을 수행할 수 있는가가 아니라 다른 누구보다 더 정확하게 예측을 수행할 수 있는가가 경쟁력을 만드는 것입니다. 예를 들어 세계 경기가 좋을 것이라는 경제학자들의 말만 믿고 조선소를 짓기 위해 달려든다면, 같은 예측을 사용한 다른 경쟁사에 대비해 경쟁력이 사라집니다. 경제학자의 경기 예측 자체가 매우 부정확하다는 사실은 차치하더라도 말입니다.

부정확한 예측도 유용하게 만드는 예측 오차

위에서는 특정 예측 팩터에 대해 완전한 예측이 가능하고 나머지 팩터들은 예측 가능하지 않다고 가정했습니다. 그러나 팩터는 완벽한 예측이 힘들기에 어느 정도 예측이 가능한데도 위험 팩터로 여겼던 팩터들도 있을 것입니다. 부정확하더라도 예측을 어느 정도 할 수 있다면 팩터를 위험 팩터 취급해서 완전히 없애는 것은 상당히 아까울 것입니

다.[61] 이러한 경우를 위해 우리는 예측 오차를 도입할 수 있습니다.[62]

예측 오차가 큰 팩터는 헤지를 많이 하고 예측 오차가 작은 팩터는 정확하게 예측할 수 있으므로 헤지를 덜할 수 있습니다. 전체 위험을

---

61) 부정확하다는 말과 경쟁력이 우위에 있다는 말은 다른 이야기입니다. 모두가 51%밖에 안되는 정확도를 가질 때 52%의 정확도는 경쟁력의 우위를 만들어 줍니다.

62) 우리가 예측 팩터를 항상 일정 범위 안에서 맞추는 것이 아니기 때문에 예측 오차는 확률적 분포에서 일정 확률 이내에 일어나는 최대 오차이지만, 일단 편의상 예측 오차를 오차의 최대 한계 정도로 해석해 봅시다. 베타까지 넣으면 공식이 조금 복잡하니 일단 베타가 1이라고 생각합니다. 예측은 수익에 대해 행한다고 생각합시다.

수익 예측 값 = 예측 팩터 예측 값 + 위험 팩터 관측 값 + 노이즈
수익 실현 값 = 예측 팩터 관측 값 + 위험 팩터 관측 값 + 노이즈
위험 팩터 헤지 후 수익 예측 값 = 예측 팩터 예측 값 + 노이즈
위험 팩터 헤지 후 수익 실현 값 = 예측 팩터 관측 값 + 노이즈
위험 팩터 헤지 후 위험
= |위험 팩터 헤지 후 수익 예측 값 - 위험 팩터 헤지 후 수익 실현 값|
= |위험 팩터 예측 값 - 위험 팩터 관측 값|
< 예측 오차

즉 위험 팩터를 헤지했을 때 위험은 예측 오차입니다. 만약에 예측 팩터가 하나가 아니라 n개라면 위험은 각각의 예측 오차를 다 합친 값보다 작아질 것입니다.

위험 < 예측 오차 1 + 예측 오차 2 + ⋯ + 예측 오차 n + 노이즈

이렇게 예측 오차를 도입하면 예측 팩터 값을 정확하게 맞출 수는 없어도 예측 오차만큼 위험을 지고 베팅을 할 수 있습니다. 만약에 위험 한도가 주어졌다면 예측 오차가 위험 한도를 넘지 않도록 각각의 예측 팩터의 예측을 제한하고 나머지는 헤지할 수 있습니다. 각각의 예측 팩터에 대해서 a_i만큼 예측한 후 나머지는 헤지했다면 위험은 다음과 같습니다.

위험 < a1 * 예측 오차 1 + a2 * 예측 오차 2 + ⋯ + an * 예측 오차 n + 노이즈

가 될 것입니다. 위의 값은 오차의 최대값이므로 실제 위험은 예측 오차가 서로 독립일 때 위의 값보다 훨씬 줄어들 것입니다. 실제 오차에 가까운 값은 상관관계를 이용해서 더 정확하게 추론할 수 있습니다.

일반적으로 금융공학 모델의 파국은 예측 오차가 서로 완전히 독립일 때를 가정하고 세운 금융 상품에서 발생하기 마련입니다. 앞에서 예로 든 미국 모기지(주택담보대출) 채권을 구조화한 상품은 개별 차주(채무자)의 위험에 대한 예측 오차(개별 채무자의 부도 확률에 대한 오차)가 상관관계가 매우 작거나 0이라고 생각하고 설계되었기에 집값의 급격한 하락 시기에 파국을 맞은 것입니다.

KIRI한국보험연구원 "구조화금융 관점에서 본 금융위기" III. 서브프라임 위기의 현황과 분석
https://www.kiri.or.kr/pdf/%EC%97%B0%EA%B5%AC%EC%9E%90%EB%A3%8C/%EC%97%B0%EA%B5%AC%EC%A1%B0%EC%82%AC%EC%9E%90%EB%A3%8C/rs_2009-08_03.pdf

최소화할수 있도록 가중치를 수학적으로 풀어내거나 최적화할 수 있습니다. 하지만 예측 오차의 상관관계를 확신할 수 없고 예측 오차도 절대적이지 않은 경우 가중치는 예측 오차에 반비례하는 정도를 함수로 만들어 배분할 수 있습니다. 최적화 과정을 통해 더 좋은 해를 구할 수 있음에도 되도록 간단한 모델을 힘들여 구성하는 이유는 최적화가 기존의 불안정성을 가중하기 때문입니다.[63] 예측 오차 및 많은 상수 값들이 정확한 값일 수 없기에 최대한 보수적 가정으로 모델을 만들어 나가는 것입니다.

---

63) 다양한 옵티마이저들은 복잡한 조건들이 들어가 있어 인간은 도저히 시작조차 할 수 없는 문제들에서 최적의 해를 자동으로 찾아줍니다. 최근의 발전을 통해 사용자 편의성까지 좋아진 옵티마이저에 대해 많은 사람들이 호응을 보이는 것은 당연하다고 할 수 있습니다. 하지만 현재의 데이터에서 최적인 해가 과연 실제 응용에서 잘 작동하는가는 전혀 다른 문제입니다. 과잉 최적화는 특정한 환경에 지나치게 특화된 해를 찾기 때문에 미래 예측을 저하합니다. 옵티마이저의 과잉 최적화를 막아 주는 방법은 여러 가지가 있습니다. 하지만, 그러한 일반적 방법을 적용하기 전에 대상에 대한 이해가 먼저 따라야 합니다. 최적화를 수행하기 전에 데이터 레벨에서 어떠한 노이즈가 커다란 차이를 만들어 내는지부터 이해해야 하는 것입니다. 과잉 최적화의 원인을 들여다보지 않고 일반적 방법을 적용하는 것은 환자로부터 증상을 듣지도 않고 환자를 치료하는 것과 같습니다. 바이러스성 독감에 걸렸는데 아편을 주사하여 고통을 줄이는 격입니다.

우리의 마음도 팩터라니!(Market Sentiment Factor)

"아 너무 떨어졌어, 힘들어, 우울해, 팔고 싶어."
"넌 지금 시장 심리 팩터에 마음을 조종당한 거야!"

위험 팩터에 대해 이해하였으니 앞에서 잠시 살펴본 심리적 상태도 위험 팩터가 될 수 있다는 관점에서 좀더 본격적으로 알아볼까요?[64] 사람들은 자신의 심리 상태가 본인에게 국한된다고 생각하는 경향이 있지만 사실 사람들의 심리 상태는 대다수의 시장 참여자들의 심리 상태와 공통적인 방향으로 움직일 때가 많습니다. 시장은 투자자의 다양한 심리 상태에 의해서 방향이 결정되지만, 크게 공포와 욕심의 상태로 분류해서 이야기해 보도록 하겠습니다. 개별적 인간의 심리 상태가 동시에 한 방향으로 나타나는 현상은 개별 트레이더들이 동질적 외부

---

64) 시장 심리 팩터(Market Sentiment Factor)는 사람들의 예상과 달리 대부분 수치적으로 만들어 냅니다. 소셜 미디어에서 사람들의 심리를 추출해 내는 경우처럼 조금 더 직접적으로 심리를 알아 내기도 하지만, 소셜 미디어가 급격히 부상하기 이전에는 이런 직접적인 방법이 가능하지 않았습니다. 따라서 시장을 움직이는 심리 팩터가 움직인 가격으로부터 이미 반영된 심리를 역으로 잡아냈습니다. 이러한 이전의 심리 지수는 시장에 후행하는 경향이 있었습니다. 측정을 하더라도 단 하루를 할 수는 없기에 과거 몇일이라도 사용하다 보면 시간이 걸리기 때문입니다. 개인 투자자들의 심리 역시 후행하는 경향이 있기에 틀리다고는 할 수 없지만 정확하지 않은 것이지요. 수많은 데이터와 소셜 미디어 등을 자동으로 분석하는 최근의 기술 발전으로 이러한 심리 팩터는 매우 급격하게 바뀌었으며 정확하게 어떤 주제에 대해서 어떻게 반응하고 있는지를 빠르게 찾아낼 수 있습니다. 소셜 미디어로부터 대중의 심리 상태를 추출하고 이를 금융 투자와 연결하려는 시도는 여러 연구자들이 관심을 가진 분야였습니다.
Bollen, J. Maoa, H. Zeng, X. (2011) Twitter mood predicts the stock market, Journal of Computational Science Volume 2, Issue 1, 1-8

현상에 노출되어 있기 때문입니다. 그중에 가장 큰 영향을 주는 것은 당연히 시장의 움직임 그 자체입니다. 시장이 폭락하면 공포에 휩싸이고, 공포에 휩싸이면 더욱더 폭락하는 자기 강화 현상이 일어납니다. 반대로 시장이 오르면 욕심에 휩싸이고, 욕심이 시장의 상승을 더욱더 강화합니다.

심리적 이유로 움직여진 시장은 결국 심리를 따라간 투자자들에게 손실을 안깁니다. 따라서 전문 투자자들과 퀀트 펀드들은 대부분 심리적 팩터에 반대로 투자를 하도록 전략을 구성합니다. 심리적 이유에 의한 투자 결정에는 기업의 가치를 결정지을 타당한 정보가 들어 있지 않기 때문에 결국 그 가격의 움직임은 회귀하기 마련입니다. 물론 사람들이 공포에 빠져서 시장 자체를 붕괴시키는 것도 가능하고, 욕심에 휘말려 장기간의 버블을 만들어 내기도 합니다. 하지만 이러한 과다 하락과 과다 상승은 기업의 가치가 주가에 제대로 반영되는 순간 원상회복하게 됩니다.[65] 순수한 사람들의 심리 상태는 추가 정보가 없는 노이즈와 같다고 여겨지는 것입니다.

물론 심리적 팩터에 대한 반대 투자 역시 손실을 입을 수 있습니다. 하지만 그 이유는 심리적 팩터가 수익을 내기 때문이라기보다는 오히

---

[65] 여기에는 원래 기업의 가치가 변하지 않았다는 가정이 필요합니다. 하지만 장기적 심리적 팩터에 의해 과도하게 상승한 버블 시기에 대규모 투자를 받은 산업이 과연 원래의 가치가 그대로일까요? 그렇지 않기 때문에 산업 자체는 완전히 동일한 수준으로 회귀하지는 않을 것입니다. 하지만 기업의 주가는 장기적으로 주가 총액 대비 기업의 수익률로 결정되므로 주가 총액 대비 수익률이 원래보다 더 높아졌느냐 낮아졌느냐에 의해 결정될 것이지, 주가 총액 자체가 늘어난 것으로는 판단을 할 수가 없습니다. 너무 많은 투자가 산업의 성장을 이끌지 못하고 경쟁만 부풀리면 수익률은 낮아지고 주가는 하락할 것이고, 반대로 구글과 아마존처럼 새로운 시장을 만들어 내는 데에 성공하는 기업의 주가는 상승할 것입니다. 그러나 심리적 팩터가 결국 시장을 이끌 기업을 선별해 내지는 못합니다. 이미 확정적으로 성장을 이룬 기업에 대해 후행적으로 반응하거나, 성장성이 높지만 파산할 가능성이 높은 기업들에 무작위로 투자를 하게 됩니다.

려 너무 많은 반대 투자 모델들이 경쟁을 해서입니다. 초기에는 매우 높은 수익을 내던 반대 투자 모델들이 이익을 더이상 내지 못한다고 해서 심리적 팩터가 반대로 수익을 내는 것이 아닙니다. 비용을 이기지 못할 정도로 수익성이 낮아졌어도 반대 투자의 비용을 제외한 예측 자체는 수익을 낼 수 있습니다. 물론 반대 투자의 경쟁이 심해질수록 심리적 팩터의 위험과 손실은 줄어듭니다. 투자자들이 공포에 빠져 순간적으로 청산을 할 때 반대 투자는 가격 폭락을 막고 손실을 줄이는 역할을 하는 것입니다

요약하자면, 개인은 자신의 기분에 따라 투자를 했다고 생각하지만, 이러한 기분은 시장 전체를 움직이는 팩터의 일부가 되도록 만듭니다. 자신의 심리 상태가 시장과 반대로만 움직이고 소수의 입장만을 견지한다면 도리어 심리적 상태를 따르는 편이 이익을 볼 가능성도 있습니다. 그러나 모두가 이익을 보는데 자신만 손실을 보는 것을 즐겁게 감수하는 투자자는 매우 적을 것입니다. 심지어 전문 투자자라고 해도 크게 다르지 않습니다. 다만 이러한 심리적 상태에 영향을 받지 않으려 노력할 뿐입니다.

전문 투자자와 애널리스트의 무리 짓기 효과

펀드를 운용하는 전문 투자자나 기업 정보 리포트를 작성하는 증권사의 애널리스트들이 자신의 의견을 다른 그룹의 평균에 가깝도록 보정하여 애널리스트들의 목표 주가가 과거의 목표 주가 평균에 근접하

는 효과는 이미 잘 알려진 사실입니다.[66] 여러 이유가 있지만 다수를 따르지 않을 때의 오류가 다수를 따를 때의 오류보다 더 크게 부정적 보상을 받게 되는 것이 한 이유입니다. 또 다른 이유는 무리를 따름으로써 안정감을 느끼는 인간의 일반적 심리 때문이겠지요. 전문 투자자의 경우 특정 투자에서 손실을 입는다고 해도 다른 펀드들 모두가 같은 손실을 입었을 경우 부정적 피드백이 약화되기 마련입니다. 반면에 다른 경쟁 펀드들은 수익을 내고 있는데 홀로 손실을 낸다면 펀드의 청산으로 이어질 가능성이 높겠지요. 물론 홀로 이익을 낼 수도 있겠지만, 대부분의 경우 이익에 대해서는 장기적 투자 실적으로 그 안정성을 증명하기를 요구받기 마련입니다. 특히나 충분히 오랜 과거 투자 실적이 없는 펀드의 손실은 한 번의 우연한 손실이라도 크게 증폭되어 평가됩니다.

애널리스트의 무리 짓기 효과는 기업에 대한 부정적 의견을 내보낼 때처럼 애널리스트의 심리적 부담이 클 때 더 강화된다는 보고도 있습니다.[67] 애널리스트들이 기업에 대해 부정적 보고를 할 때는 실제로 그 보고가 맞다고 하더라도 기업과의 관계가 나빠질 수 있고, 그 주식에 투자하고 있는 포트폴리오 운영자와는 상호 대립하는 구도가 됩니다. 부정적 보상으로부터 자신을 보호하기 위해서 애널리스트들은 더욱더 자신의 의견을 무리의 평균으로 근접시키는 것이지요.

---

66) Jegadeesh, N and Kim, W. (2010) Do Analysts Herd? An Analysis of Recommendations and Market Reactions, the review of financial studies, oxford university press, 23(2), 901-937

67) Blasco, N. Corredor P. Ferrer, E. (2018) Analysts herding: when does sentiment matter?, Applied Economics, 50:51, 5495-5509

시장에서는 애널리스트들의 이러한 무리 짓기 효과를 감안하여 개별 예측과 평균적 예측과의 작은 차이에도 강하게 반응합니다. 다시 말해 실제 예측은 더 큰 차이가 있지만 무리 짓기 효과로 인해 그 차이가 줄어서 발표되었다고 생각하는 것입니다. 투자 전략을 구성할 때 애널리스트들의 무리 짓기 효과를 보정하지 않고 애널리스트들의 레포트 값을 그대로 사용하면 문제가 됩니다.

전문 투자자와 애널리스트의 무리 짓기 효과 역시 심리적 팩터에 기인하기도 합니다. 게다가 무리를 따르지 않을 때 주어지는 부정적 보상이 심리적 팩터에 의한 무리 짓기를 더욱 강화합니다. 심리적 팩터에 의한 영향을 최소화한 전문 투자자마저도 부정적 보상 때문에 심리적 팩터에 영향을 받는 전체의 움직임을 따릅니다. 애널리스트와 기자들 역시 이러한 영향으로부터 자유롭지 못하기에 주가가 한 방향으로 쏠릴 뿐만 아니라 주식에 관련된 뉴스와 분석 레포트 등의 정보 전달 역시 객관성을 상실하고 한 방향으로 치우칩니다. 이는 투자자들의 심리적 쏠림 결정에 확신을 주게 되며, 쏠림 현상은 재귀적으로 강화됩니다.

대체 전략 투자자들의 심리적 위험 팩터

롱쇼트 펀드들 같이 일반인과 다른 포트폴리오를 구성하는 전문 투자자들은 일반적 시장의 움직임과 다른 방식으로 수익과 손실이 발생하므로 상당히 다른 팩터들에 영향을 받습니다. 심리적 팩터 역시 좀

더 독자적으로 움직입니다. 이들의 심리적 팩터는 매우 소수에 국한되어 있는데다가 시장 전체의 움직임에 가려지기 때문에 분석하기가 쉽지 않습니다. 또한 대체 투자자들은 헤지와 규칙에 의한 의사 결정 등으로 심리적 요인에 의해 영향을 받지 않기 위해 노력하기에 평상시에는 잘 드러나지도 않습니다. 그러나 위험한 상황에서는 전문 투자자라고 해도 공포에 휩싸여 자신의 포트폴리오를 손해를 보며 청산하는 것은 일반인과 같습니다. 전문 투자자들의 심리적 위험 팩터는 때로 매우 비정상적인 도미노 청산 현상을 가중시킵니다. 이들의 투자액은 매우 크고 상대적으로 소수에 의해 움직이며 상시적으로 시장을 모니터하기 때문에 단기간에 훨씬 더 빠르고 큰 움직임으로 이어질 수 있습니다. 2007년 퀀트 멜트다운[68] 같은 경우 꼭 청산을 할 필요는 없었던 펀드들까지 모두 청산으로 진행된 것을 예로 들 수 있습니다. 이전에 일어나지 않았던 도미노 청산에 영향을 받아 본연의 정상적 운용을 멈추고 공포에 휩싸여 한꺼번에 청산하는 사태를 일으켰던 것입니다. 물론 가격은 빠르게 정상으로 돌아왔고 청산은 손실을 가중시켰습니다.

---

[68] 주식 시장 전체의 유동성(Liquidity, 거래량)이 감소하면서 작은 노이즈에 대해 퀀트 펀드들이 과민하게 반응하면서 생긴 쏠림 현상입니다.
Khandani, A. E., Lo, A. W. (2011) What Happened to the Quants in August 2007?: Evidence from Factors and Transactions Data, Journal of Financial Markets, 14(1), 1-46
2011년 5월 6일에 3분만에 3%가 급락했다가 다시 급등한 사건이 있는데 이 역시 쏠림 현상에서 기인한 것이지만 이러한 쏠림 현상은 인간의 개입 없는 자동 거래 과정에서 일어난 일입니다.
Johnson, N. Zhao, G. Hunsader, E. Meng, J. Ravindar, A. Carran, S. Tivnan B. (2012) Financial black swans driven by ultrafast machine ecology, arXiv:1202.1448

마인드 콘트롤과 심리적 팩터

 심리적 팩터의 위험으로부터 포트폴리오를 어떻게 보호할 수 있을까요? 심리적 팩터의 위험에 대처하는 방법의 일례로 대중을 위한 투자 서적들에서 마인드 콘트롤을 이야기합니다. 때로는 마인드 콘트롤이 투자의 모든 것이라고 할 정도로 중요하게 언급하지요. 마인드 콘트롤의 시작은 자신이 심리적으로 불안정하며 그것으로 인해 손실을 입는다는 사실에 대한 자각일 것입니다. 물론 이러한 자각 자체는 커다란 도움이 될 것입니다. 자신의 약점을 이해한다면 적어도 어처구니 없는 실수에 의한 투자는 줄일 수 있을 테니까요. 그런데 과연 마인드 콘트롤이 심리적 팩터를 없앨 수 있을까요?

 그 결과는 그리 효과적이지 않습니다. 꼭 공포에 빠져 허둥지둥 거래를 해야만 심리적 팩터에 의해 영향을 받는 것은 아닙니다. 손실을 보는데 기분이 좋은 투자자는 없으며 이익을 보는데 기분이 나쁠 투자자도 없습니다. 그 영향을 줄인다고 해도 인간의 행동은 이러한 심리 상태를 반영합니다. 예를 들어 초기의 손실 상태에서 손절을 계획하고 있었지만 이런저런 이유로 시기를 놓치고 계속해서 손실을 보는 투자자는 투자에 아예 관심이 멀어지는 현실 부정의 상태로 전이되기도 합니다. 보수적 투자자가 주변의 과열된 주식 투자 열기에 경계심을 보이며 이성적으로 사고하다가 버블의 마지막에 가서 점진적으로 확신이 쌓여 매수를 하는 것도 마찬가지이지요. 불합리한 결정은 크게 줄지 않습니다.

전문 투자자들의 경우는 아무리 노력을 해도 결국 자신의 심리적 상태가 투자에 좋지 않은 영향을 준다는 사실을 이미 잘 알고 있습니다. 당연히 심리 상태에 영향을 받지 않기 위해 많은 노력을 하겠지만, 인간이 기계가 아닌 이상 심리적 상태는 완전한 중립에 있을 수 없습니다. 군중의 공포를 따라가지 않으려는 노력이 도리어 과도하게 반대로 치우친 결정을 일으키거나, 아무리 노력했어도 너무 부족할 수도 있는 것입니다. 심지어 원칙을 정해 놓고 그것을 따라도 영향을 받습니다. 기계가 아닌 이상 인간은 원칙 그대로 투자하는 경우는 거의 없는데, 그 원칙의 실제 적용에 심리가 개입하는 것입니다. 예를 들어 평소에는 특정 상황에 대한 분석을 통해 예외를 많이 적용하다가 심리적 상태에 영향을 받아 갑자기 원칙만 그대로 적용한다거나, 아니면 반대로 예외를 평소보다 더 많이 적용하는 것입니다.

퀀트 펀드처럼 인간이 아닌 컴퓨터 프로그램이 투자를 하는 것은 어떨까요? 물론 당연히 사람이 모든 결정을 하는 것보다는 영향을 덜 받습니다. 그러나 투자금을 펀드에 넣는 것은 결국 인간입니다. 공포와 욕심에 따라 투자금을 늘리고 줄이면 컴퓨터 아니라 다른 어떤 방법으로 운용을 하든 다 소용이 없게 됩니다. 그렇다면 어떻게 해야 이 심리적 팩터에 더 효율적으로 대응할 수 있을까요?

시장의 심리적 위험 팩터를 이용한 심리적 위험의 헤지

하나의 체계적인 방법은 자신의 투자 포트폴리오 레벨에서 시장의 심리적 위험 팩터를 빼는 것입니다. 즉 시장 전체의 심리적 위험을 수치화해서 포트폴리오의 노출도를 측정한 후 노출된 만큼 빼는 것이지요. 이렇게 심리적 위험 팩터로 헤지할 경우, 자신이 어떤 심리 상태에서 시장 심리 팩터에 노출되어 어떤 결정을 내리든 자신과 독립적인 헤지 과정이 이를 중립화해 주므로 심리적 위험 팩터에 대해서 특별히 걱정할 필요가 사라집니다.

물론 이 방법에도 문제는 있습니다. 즉 퀀트 투자나 직업적 전문 투자자처럼 자신의 포트폴리오를 자주 구성하지 않는 이상 포트폴리오가 아무리 자신의 심리 상태에 영향을 받았다고 해도 그것은 한참 과거의 심리 상태에 영향을 받은 것입니다. 과거의 심리 팩터에 중립화를 시켰어도 현재의 시장 심리는 달라졌으니 노출이 발생하게 되는데, 그 노출은 투자자의 현재 심리 상태 때문이 아니기에 좀더 무작위적인 노출이 되고 맙니다. 게다가 시장 심리 팩터는 매우 빠르게 변하기 때문에 거래 비용도 발생합니다. 자주 거래하는 포트폴리오가 아닌 이상 상시적으로 이 팩터를 제거하는 비용을 정당화하지 못할 경우가 많습니다. 해결책이라면 포트폴리오를 바꾼 시기로부터 일정 기간 동안만 헤지를 하는 것입니다. 다시 말해 투자자가 거래를 수행할 때만 투자자의 시장 심리 팩터 왜곡을 제거하기 위해 헤지를 하는 것입니다.

또 하나의 문제는 위에서 대체 투자자들의 심리적 위험에서 이야기하였듯이 자신의 심리가 어떤 그룹의 심리와 동기화하는지를 알아야 시장의 심리적 위험 팩터를 만들 수 있다는 것입니다. 시장이라는 말은 사실 정의되지 않는 단어입니다. 어떨 때는 미국 시장을 뜻하고 어떨 때는 세계 시장을 뜻하며, 어떨 때는 부동산까지 포함하고, 어떨 때는 퀀트 포트폴리오만을 뜻합니다. 많이 쓰이는 쉬운 가정은 일반적 투자자들이 가장 많이 투자하는 시장 전체를 매수하는 인덱스 투자 같은 수동적 시장 포트폴리오를 이야기합니다. 하지만 자신이 운용하는 포트폴리오가 그런 기본적 포트폴리오가 아니라면 시장의 심리적 위험 팩터 자체가 달라집니다. 한국 시장에 투자하는데 미국 시장의 심리 팩터에 중립화를 할 필요가 있을까요? 자신이 미국 시장을 바탕으로 투자 결정을 내렸다면 중립화를 해야 하는 것입니다.

심리적 위험을 줄이는 다른 방법들

시장 심리 팩터의 헤지가 어려운 것은 전혀 아니지만 그렇다고 일 년에 몇 번 투자 결정을 내리지 않는 소규모 개인 투자자가 사용하기가 쉽지도 않습니다. 그러면 어떻게 해야 할까요?

만약에 굳이 많은 결정을 내려야 하는 포트폴리오가 아니라면 투자자의 결정 과정을 최대한 줄여야 합니다. 예를 들어 시장 인덱스 ETF SPY를 주기적으로 월급을 받을 때마다 매수하는 포트폴리오라면 굳이 내려야 할 결정은 매수 타이밍 밖에 없습니다. 그 매수 타이밍을 '매달 10일 종가에 매수'와 같이 규칙으로 만들고 어떤 상황이든 그대로 집행해 버리면 심리가 끼어들 여지를 최소화합니다. 이런 식으로 수입의 일정 비율을 아무 판단을 하지 않고 매달 고정적으로 투자하는 방법은 많은 연금 펀드들이 수학적으로나 실제 수익으로나 다른 식으로 투자 시기를 조절하는 것보다 더 나은 수익을 가져온다는 것은 연구에서 확인된 방법입니다.[69]

구입자의 후회(buyer's remorse)

일정액을 정해진 시기에 투자하지 않고 한 번에 너무 큰 투자를 하는 경우 작은 손실에도 청산을 하고자 하는 구입자의 후회(buyer's remorse) 현상이 나타날 수도 있습니다. 이는 인지 부조화(Cognitive Dissonance) 과정에서 일어나는데, 어떤 결정을 내린 후 변화가 일어난다면 그 결정에 대한 자신의 의견이 쉽게 바뀌는 것을 뜻합니다. 이 현상은 결정이 경계선상에 있을 때 잘 일어납니다. 자동차나 집처럼 커

---

69) 매달 일정 비율을 펀드에 납입하는 것은 사실 매달 월급에서 일정 비율을 떼어 펀드로 자동 이체하거나, 혹은 미국의 401K연금 펀드처럼 회사에서 사전에 자동으로 납입하는 데에서 나온 투자 방식이지만, 나중에 이어진 후속 연구에서 밝혀진 바로는 이론적 수학 모델에서도, 다양한 시뮬레이션에서도 이러한 방식이 더 높은 수익률을 낸다고 합니다. 그러나 이 연구는 투자금이 처음에 한 번에 들어왔는데, 이를 나누어 투자하는 것에 대한 것이 아닙니다. 처음부터 나누어 일정하게 들어오는 투자금에 대하여 이에 대한 투자 타이밍을 조절하는 것에 대한 연구였습니다. 기대 수익률이 양인 경우 투자는 조금이라도 일찍 시작하는 것이 수익률이 더 높기에 어느 쪽이든 투자를 지연시키는 것이 더 안 좋은 수익률을 가져올 수 있습니다. 하지만 이러한 이론적 연구는 인간의 심리를 배제한 채 시뮬레이션을 한 것입니다. 한 번에 목돈을 투자하는 것은 투자 시점에 대한 투자 결정을 일으키고 따라서 위와 같이 아무 결정이 없는 수동적 포트폴리오에 적합하지 않습니다. 우연히 커다란 목돈이 들어왔을 경우 이를 아무 판단 없이 무조건 투자한 것이 아니라면 투자를 마음먹은 시점에 왜곡이 생기기 때문입니다. 일정액의 분산 시점 투자의 경우 하락 시 더욱 싼 평균 매입 가격을 실현하기 때문에 심리적 이점이 더 크다는 장점도 있습니다. 즉 실제로 옳은 결정이어서라는 측면도 있지만, 일단 싼 매입 가격을 구현하면 투자자는 더욱 여유를 가지고 공포에 휘말려 결정을 내리는 경향을 줄이는 것입니다. 이렇게 투자를 하는 주체가 인간인 이상 자신이 시장 심리든 고유 심리든 다양한 심리적 팩터에 휘둘린다는 사실을 반드시 고려해야 합니다.

다란 결정일수록 결정은 힘들어지고 결정이 경계선상에서 일어납니다. 작게 나누어서 한 투자가 아니라 투자액이 너무 클 경우 자신의 결정이 맞는지 확신을 하지 못하는 경계선상의 결정을 하게 되고, 이 경우 상황이 조금이라도 바뀌면 곧 이를 후회하고 마는 현상이 일어날 수 있는 것입니다.

물론 경계선상의 결정이 아니라 낡아서 꼭 대체해야 할 기기를 바꾸는 등의 별다른 차선책이 없는 결정이라면 큰 액수의 투자라고 해도 구입자의 후회는 일어나지 않을 것입니다. 하지만 투자나 헤지 포트폴리오는 그 순간 그렇게 구성해야만 할 당위성이 존재하는 것은 아닙니다. 다양한 대안들이 있기 마련이고, 투자의 타이밍도 선택해야 합니다. 결국 어떤 선택을 하더라도 경계선에 걸치게 되고, 자신의 선택이 손실을 입기 시작하는 순간 구입자의 후회 현상을 겪게 됩니다. 모든 포트폴리오는 아무리 수익률이 높더라도 이익이 나는 시기와 손실이 나는 시기가 섞여 있습니다. 손실이 나는 시기마다 후회를 하고 손절을 한다면 투자는 결국 손실로 끝나게 되겠지요.

백테스팅을 이용한 심리적 팩터 노출 검증

자신의 투자를 객관화할 수 있다면 투자자는 심리 팩터에 노출되는 위험으로 인한 손실을 검증할 수도 있습니다. 즉 자신의 투자를 규칙으로 만들어 투자 규칙 그대로 투자한 모델을 테스트해 보는 것입니다. 자의적 결정으로 행한 투자가 그보다 더 나은 성과를 냈는지 비교해 보면 자신의 자의적 결정에서 무엇이 잘못되었는지 알 수 있습니다. 백테스팅은 퀀트 투자에서 항상 쓰이는 방법이지만 사실 일반 투자자들처럼 규칙화되지 않는 투자는 백테스팅이 쉽지 않습니다. 예를 들어 주가가 30퍼센트 떨어지면 사고 30퍼센트 오르면 파는 간단한 투자 규칙을 가진 투자자는 수익이 얼마나 발생할지 매우 쉽게 알아낼 수 있습니다. 그 규칙에 따른 투자와 실제 자신의 투자 성과를 비교해 보는 작업은 간단히 할 수 있습니다.

과거에 적용하는 백테스팅에서는 사실 미래를 아는 왜곡(forward looking bias)이 발생합니다. 다시 말해 테스트를 굳이 하는 경우는 현재 자신이 거래하거나 관심이 있는 전략이고 그러한 경우는 이미 손실이 너무 커서 관심이 없어진 전략이 아닐 것입니다. 따라서 자신의 자의적 결정이 실제보다 더 좋은 결과를 가져오는 것처럼 보일 수도 있습니다.

더욱 완전한 방법은 과거가 아니라 현재부터 시작해 미래 시점으로 검증을 해 나가는 것입니다. 검증을 하다 보면 규칙은 매수를 했는데 자신은 깜박 잊고 매수를 하지 않은 다음날 가격이 폭등하는 경우가 일어날 것입니다. 하지만 왜 잊고 있었을까요? 전날 너무 큰 손실에 상심해서 관심이 멀어진 것은 아니었을까요?

기업의 심리적 팩터

기업 경영 역시 심리적 팩터에 의해 영향을 받지 않을 수 없습니다. 주식 시장에서와 같이 대부분의 경영자들은 같은 심리적 상태에 노출됩니다. 이러한 노출은 경쟁사들과 같은 방향의 결정을 내릴 가능성을 크게 높입니다. 기업의 경영자와 임직원은 무리 짓기 효과에서도 자유로울 수 없습니다. 다시 말해 다른 기업들과 같은 방향으로 움직임으로써 더 안정감을 느낍니다. 또한 부정적 보상도 있지요. 경쟁 기업들과 같은 결정을 내려 성과가 좋지 않아도 경쟁 기업 역시 성과가 좋지 않다면 경영자는 질책을 덜 받지만, 경쟁사들과 다른 결정을 내려 성과가 좋지 않다면 주주들과 다른 임원들로부터 커다란 질책을 받게 될 것입니다. 예를 들어 다른 기업들이 투자를 줄일 때 그와 반대로 투자를 늘렸다가 성공하면 매우 큰 이익이 나서 좋겠지만 만약에 실패하면 경영자는 재기하기 힘든 타격을 받을 수 있습니다. 따라서 투자를 늘리는 쪽이 옳다고 판단되더라도 그러지 못하는 심리적 압박을 받습니다. 게다가 다수가 실패를 점치는 상황이라면 임직원들은 자신의 위험을 회피하기 위해 무리를 따라서 반대 의견을 낼 것입니다. 반대로 다른 모든 기업들이 투자를 늘릴 때는 과잉 투자의 징조입니다. 뒤처지는 것이 두려워 다수를 따라 투자를 하는 것 또한 손실을 가져오겠지요.

심리적 팩터에 의한 쏠림이 기업의 결정에 심하게 작용할 경우 호황기의 과잉 투자와 불황기의 과소 투자를 최악의 타이밍으로 반복할 것입니다. 심리적 팩터는 한 기업의 결정을 다른 기업의 움직임에 기반해 뒤따라가도록 만듭니다. 그 때문에 움직임이 뒤처지고 손실을 증가시킵니다. 이러한 심리적 팩터에 반해 한발 앞서 나갈 수 있는 기업에게는 더 커다란 이익이 돌아갈 것입니다.

기업 헤지를 위협하는 심리적 팩터

헤지 또한 투자 포트폴리오의 일종입니다. 그러한 투자 포트폴리오가 큰 손실을 입었을 때 기업의 경영자는 이를 얼마나 감수할 수 있을까요? 기업 자체는 이익을 냈더라도 헤지로 인해 이익이 감소했다면 이것을 손실로 생각할 가능성도 있습니다. 반대로 손실이 났는데 헤지로 이익이 증가했다면 그때는 당연히 헤지가 위험을 감소시켰다 생각하겠지만, 지금 당장 본원의 투자가 손실이 나지 않았는데 헤지로 이익이 줄면 헤지가 결과적으로 위험을 줄이는 비용인지, 아니면 그저 잘못된 투자인지 의문을 가지기 시작합니다. 손실이 커질수록 믿음은 감소할 것입니다.

문제는 이런 상황이 헤지를 수행하는 다른 모든 기업에서 같이 일어날 것이라는 점입니다. 특정 기업의 헤지 포트폴리오의 손실이 가장 커졌을 때, 사실은 시장의 모든 기업이 헤지 포트폴리오를 동시에 손절할 가능성이 높아집니다.[70] 그러한 매각이 가져오는 충격은 도미노 현상

---

[70] 예를 들어 옥수수 생산 기업이 옥수수 선물을 판매했는데 옥수수 선물 가격이 상승해서 손실을 입고 있다고 합시다. 물론 자신이 생산한 옥수수를 수확해서 비싼 값에 팔면 되지만 그것은 미래의 일이고 미래에 옥수수 수확이 정상적으로 이루어질지에 대한 확신도 저하됩니다. 그 기업이 이러한 상황일 때 다른 기업도 같은 상황입니다. 따라서 하나둘씩 선물을 청산하기 시작하고 선물 가격은 더욱 치솟습니다. 이러한 도미노 청산에 의한 상승은 일시적이지만 심리적으로는 커다란 위협을 느끼게 됩니다. 결국 마지막에 가장 큰 손실을 내며 청산에 동참하게 됩니다. 정신을 차리고 다시 선물을 판매하려 할 때는 가격은 이미 정상으로 돌아와 있고 손실은 확정됩니다.

을 일으키며 헤지 포트폴리오의 손실은 더욱 커지게 됩니다. 물론 손실이 계속해서 커지기만 하면 손절은 옳은 결정입니다. 그러나 대부분의 팩터는 그 팩터가 기인하는 본원의 변화가 아닌 순간적 충격에 의한 쏠림에 의해 지속적으로 움직이지 않습니다. 기업들이 공포에 휩싸여 잠시 한꺼번에 유가 선물을 팔아 유가가 반값이 되는 사태가 발생하더라도 기본적 수요와 공급이 변하지 않았다면 유가가 계속해서 반값에 계속 머물 이유는 없습니다. 심리 팩터는 헤지 포트폴리오의 정상적 운용을 저해하는 것을 넘어서 큰 손실을 일으킵니다.

 여기에서 유의해야 할 점은 헤지 포트폴리오의 손절 자체가 유용하다 유용하지 않다가 논의의 초점이 아니라는 것입니다. 헤지 포트폴리오 역시 손절을 할 수는 있습니다. 그러나 손절을 한다면 손절 역시 헤지 모델에서 계획되어 있어야 하며, 심리적 팩터가 움직이기 이전에, 다시 말해 다른 기업보다 먼저 선제적으로 행해야 합니다. 이미 심리적 팩터가 모두 움직인 이후 손실의 바닥에서 행하는 뒤늦은 손절은 손실을 부풀립니다.

상대편 위험(counterparty risk)에 대비되어 있습니까?

"발주자가 파산해서 대금을 하나도 못 받게 되었어요."
"새로 바뀐 외환관리법에 걸려 투자금이 묶여 버렸어요."
"상대편에 대한 위험 헤지는 전혀 하지 않았나요?"

사실 상대편 위험에 대해서는 2000년대 초반까지 그렇게까지 인지도가 높게 여겨지지 않았습니다. 어느 정도 규모가 있고 믿을만한 상대방과 거래를 할 경우 상대편이 어려움을 겪더라도 그에 대해 적절하게 대비할 시간이 있다고 생각되었으니까요. 그러나 2008년 금융 위기 이후 이러한 생각은 많이 바뀌었습니다. 단 며칠 사이에 세계 최대 규모의 금융사들을 더이상 신뢰할 수 없는 사태가 벌어지자 상대편 위험은 단지 중소규모의 신뢰도가 떨어진 금융사와 기업에 그치지 않게 되었습니다. 그렇다면 모든 상대편이 며칠 후에 사라질 수 있다는 가정 하에 모든 계약을 다시 배분해야 하는 것일까요?

물론 그 이후 극단적 레버리지를 규제하는 등의 각종 조치가 취해졌지만 규제는 규제일 뿐 규제 사이로 뚫린 구멍은 언제나 있기 마련이고 또 다시 어떤 금융사가 하루아침에 사라질지는 알 수 없는 일입니다. 2008년 금융 위기 당시에도 사실 미국 정부의 빠른 조치가 없었다면 리만브라더스나 베어스턴스 같은 한두 개 은행의 문제로 끝나지 않았을 것입니다. 정부의 개입이 없었다면 시티은행을 포함해 세계 최대 규모의 시중 은행들이 파산하면서 그 파장은 남아 있는 금융계의 모든 주체들을 파산시켰을 수도 있었습니다. 즉 살아남은 금융사가 하나도 없는 상태가 될 수도 있었던 것입니다. 1997년 금융 위기에서 한국의 기존 금융사는 거의 모두 구조 조정 후 합병 및 인수되었습니다. 만약 국민의 세금을 쏟아부은 정부의 강력한 개입이 없었다면 한국의 모든 금융사는 파산하고 경제를 다시 재건하는 데에 훨씬 더 오랜 시간이 걸렸을 것입니다.

팩터로 만들어질 수 있는 구조적 상대편 위험

그럼에도 불구하고 한 국가의 모든 금융사가 다 사라져 버리는 사태에 대비하는 것은 너무 극단적입니다. 비용도 많이 들거니와, 모든 금융사가 다 사라져 버린다는 가정 하에서는 거래할 상대 역시 하나도 없으니 아무것도 할 수 없게 됩니다. 1997년 한국의 경우처럼 대형 금융사의 파산을 단 한 곳도 허용치 않고 정부가 모두 구제한 국가가 많지는 않겠지만 은행 파산을 매우 쉽게 볼 수 있는 미국마저도 금융계 전체가 무너지는 사태는 어떤 비용을 들여서라도 막는다는 것이 2008년의 시사점입니다. 어찌 되었든 2008년의 미국 금융 위기는, 그것이 공정한 절차인가 아닌가의 논의를 떠나, 단 몇 개의 대형 금융사의 퇴출로 마무리되었습니다. 그 정도의 후유증도 심각할 정도였으니 차라리 돈을 마구 뿌려 극단적 인플레이션을 받아들일지언정 금융 시스템 붕괴는 정부가 최선을 다해 막을 것이라는 가정은 어느 정도 할 수 있을 것입니다.

모든 금융사가 위험해지는 극단적 사태는 사실 금융 위기라는 구조적 위험 팩터로 만들어 쉽게 헤지할 수 있습니다. 이것을 개별 기업 수준에서 모든 기업이 파산하는 사태로 대비할 수는 없습니다. 다행히 은행들과의 직접적 계약이 아닌 선물 등은 그러한 위기 상황에서 높은 안전성을 가집니다. 은행 파산을 허용하는 극단적 상황이라도 정부는 선물 및 증권 거래소의 파산에 민감하게 대처할 것입니다.

특별한 헤지 대상, 커지는 상대편 위험

헤지 도구가 미국 주식 시장 인덱스 선물처럼 매우 일반적으로 거래된다면 상대편 위험이 거의 없이 헤지할 수 있습니다. 그러나 만약에 한 기업이 아르헨티나에 수출을 하는데 수출 대금을 아르헨티나 페소로 받기로 했다면 그 기업은 아르헨티나 페소의 폭락에 대비해 헤지해야 할 것입니다. 하지만 아르헨티나 페소에 대한 거래는 주요 시장에서 선물 거래되지 않기에 은행과 개별적으로 포워드(forward) 계약을 맺을 가능성이 높겠지요. 만약에 예측한대로 아르헨티나 통화 가치가 십분의 일로 폭락하는 사태가 생겼다고 합시다. 기업은 위험을 완전히 헤지했다고 생각하고 자신의 손실을 보전할 포워드를 들고 돈을 받으러 은행을 찾아가겠지요. 그러나 통화 가치 폭락 여파로 은행이 파산했다면 어찌해야 할까요?

우선 내가 헤지할 헤지 도구가 신뢰도가 떨어지는 소수의 금융사에서만 취급된다면 그 헤지 도구 자체를 다시 고려해야 할 것입니다. 최근에는 기존 제도권에서 제대로 보증되지 않는 코인 등이 일반적이 아닌 헤지 도구를 만들어 내는 데에 쓰이고 있습니다. 이러한 것이 대표적으로 상대편 위험에 노출된 경우입니다. 상대편 위험은 되도록 여러 금융사를 통한 거래처 다변화를 통해 줄일 수도 있고, 금융사의 파산에 대해 헤지를 따로 할 수도 있습니다. 하지만 너무 위험한 상대편을 통한 거래가 필수적이라면 헤지를 포기하는 쪽이 나을 수도 있습니다.

기업의 상대편 위험 헤지

기업 활동에서의 상대편 위험은 다양하게 일어납니다. 그나마 은행이라면 파산 확률이 꽤 낮겠지만 개별 기업의 어음은 언제 부도를 일으킬지 알 수 없습니다. 미수금도 마찬가지입니다. 하청업자는 발주자가 파산하면 보통 엄청난 미수금을 손실로 떠안게 됩니다. 이 또한 헤지할 수 있는 방법은 있습니다. 발주자의 주식을 공매도하거나 풋 옵션을 매수할 수 있습니다. 발주자의 주식이 상장되어 있지 않다면 발주자가 어려운 상황에 처할 팩터들을 통해 간접적으로 헤지할 수 있습니다. 또한 CDS(Credit Default Swap)[71]가 상품으로 판매 가능한 정도 규모의 기업이라면 이를 구입할 수 있습니다. 한국에서 종종 보여지는 어음의 할인을 분해해 보면 사실상 어음을 할인하여 생기는 원래 어음

---

71) CDS(Credit Default Swap)은 은행에서 대상 기업의 파산 시 일정 금액을 받는 계약입니다. 마치 보험처럼 대상 기업이 채무를 이행하는 한 매달 프리미엄을 내야 하지만, 채무 불이행 시 그것을 넘어서는 커다란 금액을 돌려받게 되는 것입니다. 물론 보험이 그러하듯 은행과의 계약으로 이루어진 CDS는 장기적으로는 은행의 이익이 프리미엄 속에 포함될 것입니다. 은행이 헤지를 쉽게 할 수 있는 CDS라면 상대적으로 가격이 쌀 것이며, 부도 확률이 높은 기업은 CDS가 비쌀 것입니다.

과의 가격 차액이 CDS의 가격이라고 생각할 수 있습니다.

그러나 당장 어음이 부도나거나 미수금을 못 받는 상황이 아니라도 어떤 이유로든 상대편이 결국 계약을 이행하지 않으면 계약 당사자는 손해를 보게 됩니다. 그러기에 헤지는 좀더 포괄적인 위험을 고려해야 합니다.

상대편 알기(Know Your Counterparty: KYC)

상대편이 잘 알려져 있지 않는 경우, 일종의 사기를 당할 가능성까지 있습니다. 금융계에서의 KYC(Know Your Counterparty)는 결코 형식적이지 않고 대표와 임원들의 뒷조사까지 일일이 하며 주변 사람들과 관련 거래처들을 하나하나 확인할 정도입니다. 물론 이렇게 검증해도 워렌 버핏처럼 잘 알려진 인사가 작정하고 사기를 시도했다면 그것에 대비하기는 매우 힘들 것입니다. 다만 두 번은 시도를 못한다는 것이 조금의 위안이라고 할 수 있을 것입니다.[72]

---

[72] KYC의 중요성을 다시 한번 알려주는 일화로 이를 엄격하게 시행하지 않는 암호 자산 시장의 경우에는 이전에 횡령으로 처벌을 받았던 이가 암호 자산 트레이딩 업계에서 다시 일한 경우도 있습니다. 2022년 5월 루나-테라 폭락 사태 때에 고객이 요청한 제반 조건을 준수하지 않았다가 암호 자산을 모두 손실을 본 사례입니다.

계약을 통한 헤지

계약 문건에서 위험 상황을 헤지할 수 있는 문구를 넣지 못하는 경우가, 특히나 을의 관계에 있는 계약자에게 많이 발견됩니다. 예를 들면 발주자가 발주를 일방적으로 파기한다고 해도 아무 대가 없이 빠져나갈 수 있는 경우지요. 계약 위험 헤지는 상대편이 고의든 아니든 위험을 자초하는 사태를 초래했을 때 사태의 여파를 최소화하는 조건을 최소의 비용으로 계약서에 넣는 데에 있습니다. 너무 강력하고 광범위한 조건은 계약 자체를 성사시키지 못하도록 할 것입니다. 특정 사태가 기업에 끼칠 위험을 정확하게 파악해서 그 위험을 상쇄시키도록 계약하는 것이 계약을 성사시키는 열쇠가 될 것입니다. 예를 들어 백 억 원대 매출의 계약에서 계약이 어떤 이유든 무슨 경우든 이행되지 않을 경우 백 억 원을 내라고 한다면 계약은 무산될 것입니다. 반면에 발주자가 발주를 취소하는 경우 전체 매출이 발주액 이하로 감소하는 부분에 대해 일부를 보상하라고 한다면 조금 더 상호 합의가 가능할 것입니다. 게다가 발주자 쪽에서 자신의 손실을 줄이기 위해서라도 하청 업체가 다른 경로로 매출을 올리도록 돕는 계기가 될 수도 있겠지요. 이러한 계약은 특정 상황에서 수익을 내는 일종의 옵션이 됩니다. 헤지 도구로 이해할 수 있습니다.

상대편 위험의 주기성

잘 알려져 있는 상대편이라도 위험은 있습니다. 당장 극단적 문제가 발생할 확률이 줄 뿐입니다. 리만브라더스처럼 서열 상위의 금융 기업의 파산이 가져온 파장은 금융 시스템 전체를 마비시켰지만 사실 리만브라더스처럼 잘 알려진 기업에 대해서는 적어도 파산 직전에 문제를 인지한 사람들이 있었습니다. 즉 잘 알려져 있을수록 상대편의 위험이 늘어나는 것을 인지할 약간의 시간을 가질 수 있습니다. 이러한 이유 중에 하나는 잘 알려진 안정적 상대편일수록 우연한 위험이 아니라 세계 전체를 움직이는 체계적 위험에 의해 위험 상황에 처할 때가 많기 때문입니다.

1997년 한국의 금융 위기는 한국만의 사태가 아니었습니다. 위험의 발단은 다른 나라에서 촉발하여 한국으로 전염된 것이었습니다. 위험은 이렇게 국가 단위로도 전염이 되고, 내부적으로는 더욱 빠르게 전염이 됩니다. 커다란 기업이 파산하면 그 기업에 대출한 은행이 어려워지고, 은행이 파산하면 그 은행과 거래한 다른 모든 은행들이 동반 파산할 가능성이 높아지며, 금융이 마비되면 결국 국가가 파산합니다. 이러한 전염성 때문에 상대편 위험은 특정 상대편 하나만 개별적으로 가지고 있는 것이 아닙니다. 거래를 해야 할 대상 전체적으로 위험이 높아지는 시기가 있게 되는 것입니다. 1997년 금융 위기에서 한국의 수많은 건실한 흑자 기업들이 파산하고 그 파산이 상대편 위험으로 더욱 빠르게 전파된 것을 기억할 것입니다.[73] 개별 기업만 들여다보아서는 누가 파산할지 알 수 없습니다. 이러한 위기 상황에서는 마지막까지 잘 버티던 건실한 기업이 상황 초반에 어려워서 구제를 받은 부실한 기업보다 먼저 파산할 가능성도 높습니다.

이렇게 상대편 위험은 확률적으로 독립성을 가지지 않지만 이러한 비독립성은 사실 위험에 더 쉽게 대비할 수 있는 상황을 만들어 줍니다. 독립적으로 일어나는 위험은 대비하기 힘들지만 서로 연관된 위험은 주기가 만들어지고 그 주기의 초반에 이를 인지하여 대비할 수 있게 되는 것입니다. 상대편 위험이 전반적으로 높아지는 주기에 기업은 헤지를 높이고 위험 관리를 수행해야 합니다.

헤지 도구를 판매하는 상대편이 위험에 처하는 시기에 수동적 헤지에만 의존한다면 위험을 모두 없애기 힘듭니다. 헤지 자산으로부터 수익이 나더라도 받지 못할 수 있으니까요. 반면에 시장 상황의 능동적 헤지는 시장 자체의 전반적 위험의 증가처럼 상대편 위험이 증가하는 시기에 수익을 볼 수 있습니다. 이러한 헤지는 금융 시스템의 총체적 붕괴와 같은 시기를 대비하도록 하며, 헤지 자산 역시 선물처럼 상대편 위험이 매우 낮은 자산을 주로 사용합니다.

---

[73] 1997년 아시아 외환 위기를 다룬 논문으로는 Taimur Baig and Ilan Goldfajn, IMF Staff Papers Vol. 46, No. 2 167-195 (1999) "Financial Market Contagion in the Asian Crisis"이 있습니다. 여기서 볼 수 있듯이 평소에는 느슨하게 연관되어 움직이던 개별 국가의 통화, 이자율 등이 위기 때에는 갑자기 연동되어 움직입니다. 이러한 현상은 외환 시장 뿐만 아니라 주식 시장과 부동산 시장에서도 나타나서 위기 때에 상관 계수가 높아지는 모습을 보여줍니다. 그 극단적인 예가 2020년 3월 13일부터 1주일 정도 있었던 일명 '코비드 빕' 사건으로 당시에는 투자업계에서의 신용 공여(credit limit)이 극단적으로 감소하면서 모든 자산의 가격이 하락했습니다.

3부

헤지를 통한 수익 창출

헤지로 자금 조달의 효율성을 높일 수 있다

"새로운 프로젝트의 위험이 너무 높아서 자금 조달이 힘들어요."
"헤지를 통해 위험을 줄이면 자금을 조달할 수 있습니다."

자금 조달의 효율성 증가

헤지는 단지 위험을 낮추는 것이 최종 목적이 아닙니다. 위험을 낮추면 더 많은 외부 자본이 더 낮은 가격으로 신규 투자에 유입됩니다. 심지어 위기 시에도 헤지는 기업의 재무 구조를 안정시켜 더 많은 자본이 조달될 수 있게 합니다. 금융권으로부터 자금을 조달할 때 어려운 점은 자금이 필요 없을 때는 낮은 금리로 줄을 서서 자금을 가져오지만 정작 자금이 필요할 때는 모두가 등을 돌린다는 것입니다. 주식 발행을 통한 자금 조달 역시 마찬가지입니다. 위기 상황에서 헤지를 통한 수익 뿐 아니라 외부로부터 자금을 더 쉽게 조달할 수 있다면 그것은 단순히 헤지 포트폴리오의 이익만으로 측정될 수 없는 커다란 이익입니다.

자금 조달의 측면에서 단지 변동성이 조금 줄어든 것이 별 차이가 없을 것이라고 생각하는 것은 커다란 착각입니다. 어려울 때 헤지 수익이 있다면 위기 상황에서 부도를 낼 확률(default rate)이 줄어듭니다. 중요한 것은 매우 작은 확률의 차이로 채권 발행 불가가 발행 가능으로 바뀐다는 점입니다. 부도 확률이 5%일 때 이를 3%로 낮추는 것은 이자 몇 퍼센트를 더 내고 덜 내고의 차이가 아닙니다. 금융권에서 다루는 고위험 채권들의 부도 확률이 2%~4%일 때 이것보다 더 높은 부도 확률을 가진 기업은 아예 자금 조달을 할 수 없는 상황에 처하는 것입니다.[74] 헤지가 부도 확률을 1%~2% 낮추었다고 별 것 아니라고 생각했다면 크나큰 오산입니다.

헤지가 자금을 좋은 조건으로 조달할 가능성을 높여서 기업의 경쟁력 자체를 바꾸어 준다는 사실은 복잡한 헤지가 아니라도 외환 위험 등의 기초적 헤지를 통해서도 가능하다는 것이 보고되어 왔습니다.[75]

---

[74] 2020년 코로나 바이러스 위기로 미국의 고위험 채권(High Yield Corporate Bond, Junk Bond)의 실제 부도율은 5%까지 치솟았습니다. 2021년 상황이 안정화되자 이는 0.5%로 떨어졌지요. 고위험 채권으로부터 추산한 2023년 부도 확률은 2.5%~3.5%였습니다. 이보다 높은 부도 확률을 가진 기업은 높은 이자를 내도 자금 조달이 쉽지 않은 것입니다. 이러한 정크 본드마저도 이미 경계선상의 기업들이기 때문입니다. 왜 금융권은 부도 확률이 더 높은 기업에 그보다 훨씬 더 높은 이자를 내도록 하며 자금을 융자하지 않는 것일까요? 만약에 기업의 수익률이 연 5%밖에 되지 않는데 20%의 이자를 내고 자금을 조달한다면 그 기업은 확실하게 손실을 낼 수밖에 없습니다. 결국 그 융자로 인해 더욱 확실하게 파산할 것입니다. 즉 오늘 당장 부도를 낼 확률을 낮춘 대신 6개월 후나 1년 후에 부도가 날 확률을 비약적으로 늘린 것입니다. 정상적인 금융권에서는 부도 확률 증가로 자금 조달이 힘든 기업에게 무한정 높은 이자를 받으며 자금을 대출하는 것이 아니라 자금을 아예 대출하지 않습니다. 만약에 높은 이자로 대출을 한다면 최대한 단기에 회수가 가능하도록 하여 채권자의 위험을 최대한 줄이려 할 것입니다. 이러한 악성 채권으로 인한 상황의 악화는 기존 채권자들의 위험을 높이기 때문에 기존 채권자들이 경쟁적으로 자금을 회수하게 만듭니다. 상황이 가속적으로 악화되는 것입니다.
Fitch Wire, U.S. and Euro Corporate Default Rates to Continue Ascent in 2023, 2024, https://www.fitchratings.com/research/corporate-finance/us-euro-corporate-default-rates-to-continue-ascent-in-2023-2024-15-12-2022

[75] Murillo Campello & Chen Lin & Yue Ma & Hong Zou (2011) The Real and Financial Implications of Corporate Hedging, Journal of Finance, 66(5), 1615-1647

헤지를 통한 공격적 투자 타이밍

헤지의 또 다른 커다란 이익은 경쟁 기업들의 상황이 좋지 않은 시기에 조달된 현금으로 공격적 투자를 가능하게 한다는 것입니다. 좋은 시기에는 경쟁력에서 큰 차이가 없던 기업들이 위기가 촉발되는 시기에는 커다란 차이가 생길 수 있습니다. 가장 커다란 차이는 위기 시의 자금 동원 능력입니다. 위기 시에 자금을 동원할 수 없는 기업은 사업 축소가 강제될 수밖에 없습니다. 어려운 시기에 더 공격적인 전략을 취할 수 있는 여력이 있다면 경쟁 기업들을 시장에서 빠르게 축출하고 자사의 시장 점유율을 높일 수 있습니다. 중요한 시기에는 가격만 조금 더 낮출 수 있어도 경쟁에서 승리할 수 있습니다. 어려운 시기는 또한 기회의 시기입니다. 경쟁에서 살아남지 못하는 경쟁자들을 매우 싼 가격에 흡수할 수 있는 여유 현금이 생기는 것입니다. 단순한 확장이 아니라 평상시라면 열 배의 자금으로도 넘볼 수 없었던 경쟁자들을 사라지게 함으로써 시장을 독점할 수 있는 것입니다.

주가의 방어

헤지로 인한 이익이 없다면 현금은 소모되어 갈 것입니다. 현금은 모두 소모되어 현금이 남아 있지 않을 때만 위험한 것이 아닙니다. 현금이 충분히 많다 하더라도 기업의 장부에서 소모되는 현금은 주가에 빠르게 반영됩니다. 현금이 빠르게 줄어드는 상황은 투자자가 기업의 공시 정보에서 빼놓지 않고 주시하는 위험 신호 중에 하나입니다. 헤지를 수행해서 현금을 유지한 기업과 처음에 현금을 많이 가지고 있었다가 시간이 지나면서 줄어든 기업이 있다면, 두 기업이 최종적으로는 같은 양의 현금을 가지고 있다 하더라도 어느 쪽이 더 유리한지는 명확합니다. 한쪽은 현금이 늘어나거나 유지된 쪽이고, 다른 쪽은 현금이 줄어든 쪽입니다. 시장의 평가는 단호합니다. 주가가 급락하면 기업의 자금 동원 능력과 신용까지 타격을 받습니다. 파산 확률이 올라가며 새로운 대출이 막힙니다. 자금 흐름은 가속적으로 어려워집니다.

비선형적인 헤지 이익

헤지로부터 생기는 이익은 선형적이지 않습니다. 보험도 마찬가지이지요. 위기가 아닌 상황에서는 작은 비용이 들어가지만 위기 상황에서는 커다란 이익이 날 수 있도록 디자인할 수 있는 것입니다. 헤지 포트폴리오만 두고 보면 손실과 이익이 상쇄되어 0이 되었다고 해도 앞에서 살펴본 여러 이점은 총체적 효용을 매우 높입니다. 즉 위기 상황에서 다른 기업과 달리 이익을 발생시킨다면, 그 이익의 가치는 호경기에서 발생하는 같은 규모의 이익과 똑같이 비교할 수 없는 것입니다. 요약하자면 헤지가 단순히 안정성만을 가져오는 것이 아니라 이익의 타이밍을 바꾸어 헤지의 이익을 매우 크게 증폭시킨다는 것입니다. 위기 시 부도 직전의 1억 원은 안정 시 1억 원에 비해 10배의 가치가 있을 수 있습니다. 헤지가 호황기에 1억 원의 손실이 발생하고 불황기에 1억 원의 이익을 올렸을 때, 총체적 수익은 1억 원 - 1억 원 = 0원이 아니라 1억 원 X 10 - 1억 원 = 9억 원이 될 수 있는 것입니다.

헤지는 변화를 선도하는 기업을 만들어 낸다

"위험을 줄이는 헤지는 변화에 뒤처지도록 하는 보수적 접근이 아닐까요?"
"위험을 감당할 수 있는 기업만이 지속적으로 변화를 이끌 수 있어요."

변화를 회피하는 보수성의 원인들

앞에서 살펴보았듯이 극단적 위험 회피 성향을 가진 사람들과 기업은 변화에 적응하는 측면에서 불리한 점이 많습니다.[76] 그러한 불리함을 무릅쓰고 대부분의 사람들은 보수성을 가지고 있습니다. 대부분의

---

[76] 여기에서 언급하는 변화에 저항하는 보수성은 정치 세력의 보수 진영과는 다르다는 것을 밝힙니다. 정치 세력에서는 보수 진영이 더 많은 개혁과 변화를 촉진하기도 하고 진보 세력이 도리어 변화에 거부할 수 있습니다. 예를 들어 강력한 노동자 보호법에 대해 보수 세력이 개혁을 요구하면 진보 세력은 기존의 시스템을 유지하는 보수성을 보입니다. 정치적 진보 세력과 보수 세력은 그 이름과 상관없이 자신이 옹호하는 가치에 대한 보수성을 가지며, 상대편의 가치에 대해서는 진보적 경향을 보입니다. 변화의 촉진과 저항이라는 진보와 보수의 의미와는 완전히 다르다고 할 것입니다. 미국의 민주당이 성소수자를 받아들이는 것도 변화이지만, 공화당이 세금을 줄이는 것 역시 변화입니다. 새로운 기술의 개발과 변화를 이끌어 내는 기업 친화적 정책은 도리어 보수 진영에서 옹호하는 경향을 보일 때도 많습니다. 물론 균등한 소득 재분배 역시 변화를 이끌어 내지만, 역사적으로 균등한 분배는 시스템을 변혁시키기보다는 안정적으로 유지하는 조건이었습니다. 이렇게 변화에 저항하는 보수성과 정치적인 보수 진영은 상당히 다른 개념입니다.

사람들은 기본적으로 변화에 저항하는 속성을 가지는 것입니다. 왜 우리는 이렇게 변화에 저항하는 속성을 기본적으로 가지고 있을까요?

변화가 천천히 일어나는 세상에서는 변화를 빠르게 따라가는 것이 전혀 유리하지 않습니다. 또한 변화를 따라갈 능력이 없을 때에도 변화의 이익을 추구하는 것보다는 변화의 위험을 지지 않는 쪽이 더 유리할 수 있습니다. 하지만 위험 회피 성향이 극대화된 노인 그룹에서 흔히 나타나듯 빠르게 변하는 세상 속에서 변화를 충분히 따라갈 수 있음에도 어떠한 변화도 받아들이지 않는 극단적 보수성은 변화의 시도부터 원천적으로 봉쇄합니다. 예를 들어 이메일과 메시지 앱을 사용할 능력이 충분히 있음에도 굳이 자신이 편안하게 느끼는 전화 통화나 종이로 된 서류만 고집하는 등의 현상입니다. 이러한 극단적 보수성은 인간의 생물학적 조건 때문에 만들어지는 현상입니다.[77] 수백만 년 전의 상황을 기반으로 만들어진 유전자의 프로그램은 백 년의 수명을 바라보는 21세기에는 결코 적합하지 않습니다. 수명이 30년도 넘기기 힘들었던 세상에서 30살이 넘어 새로운 것을 시도한다는 것은 낭비일 수밖에 없었습니다. 높은 사망률 속에 연장자가 없다시피한 집단에서 새로운 시도는 젊은이들에게 넘기고 그때까지 학습한 지식을 최대한 보존하며 살아남아 안정적으로 지식을 후대에 전달하는 쪽이 유리했을

---

77) 노년의 보수성에 대한 생물학적 설명의 하나는 두뇌의 신경 연결이 지속적으로, 비가역적으로 끊겨 나간다는 사실입니다. 나이가 들어갈수록 두뇌의 신경 회로의 연결은 줄어들고 따라서 과거의 지식이 강화되며 새로운 학습이 기억될 여지가 줄어드는 것입니다. 어린아이들의 두뇌에서 새로운 연결이 빠르게 생기며 뇌가 자라는 현상은 반대로 기억을 불안정하게 만들며 행동 패턴, 성향 등 개인의 특성을 규정하는 모든 것이 더 쉽게 바뀌게 됩니다. 그러한 적응성은 변화를 따르고 새로운 상황을 배우는 데에는 적합하지만 기억의 보전에 기반한 원숙한 종합적 판단력에는 적합하지 않습니다. 물론 노년에도 뉴런 세포들이 새로운 연결을 만들어 낼 수 있다는 사실도 보고됩니다. 노년이 모두에게 같은 보수성을 가져오는 것도 아닙니다. 변화는 언제나 가능한 것입니다.
Boldrini M, Fulmore CA, Et. Al. (2018) Human Hippocampal Neurogenesis Persists throughout Aging JJ. Cell Stem Cell. 2018 Apr 5;22(4):589-599.e5
에릭 캔델, 래리 스콰이어, 기억의 비밀, Memory: From Mind to Molecules, 해나무, 2009

터이니까요. 현대로 치자면 연장자는 도서관이자 클라우드 정보 저장소인 셈입니다. 변화가 없는 세상에서는 오랜 시간에 걸쳐 각종 위험을 극복한 경험과 지식이 생존과 번영의 첫 번째 자산입니다. 그러나 계속해서 변화하는 현대 사회 속에서 서른만 넘어가도 새로운 변화를 따라가지 못한다면 남은 칠십 년 인생은 소외되고 뒤처지며 경제적으로도 어려움을 겪을 뿐입니다.

기업 역시 극단적 보수성에 물들면 일본의 노쇠한 기업들에서 보여지는 것처럼 시대에 뒤떨어지고 경쟁에서 뒤처지는 결과를 가져옵니다. 물리적 정보 저장소를 뒤로하고 모든 것을 클라우드에서 처리하는 21세기에 아직도 플로피 디스크를 노트북 컴퓨터의 필수 요소로 생각하고 전자 서명 시대에 도장을 찍어서 우편으로 보내야만 일이 처리되는 일본의 예를 보면 변화는 비용과 역량의 문제가 아닙니다. 후진국과 달리 재정적 역량과 교육적 역량이 충분함에도 불구하고 변화에 대한 저항이 모든 것을 뒤처지게 만드는 것입니다.

보수성이 유리한 시기에서 불리한 시기로의 전환

변화를 기피하는 보수적 성향은 세상이 상대적으로 안정적이고 변화가 느리게 일어날 때 매우 유리합니다. 변화가 일어난다 하더라도 그 변화의 결과가 좀더 오랫동안 지속된다면 굳이 불확실한 위험 속에 가장 앞에 나서서 첫 번째로 위험과 맞닥뜨릴 이유가 없습니다. 남들이 모든 위험을 분석하고 대책을 마련한 이후에 이미 알려진 성공적 방법을 통해서 진입을 해도 충분히 이익을 볼 수 있습니다. 변화의 결과가 삼십 년을 지속하면 십 년 정도 늦게 진입해도 이십 년간 이익을 볼 수 있으니까요.

21세기, 우리가 살아가는 세상은 변화가 더욱 가속적으로 빠르게 일어나고 있습니다. 변화가 일어난 이후 수십 년 이상 같은 상태를 유지한다는 가정을 더이상 할 수 없습니다. 후발 업체가 십 년을 기다려 안전하게 변화를 따라갈 즈음에는 이미 새로운 변화가 이전의 변화를 무의미하게 만듭니다. 선도 업체는 이미 이익을 다 내고 쇠락하는 산업을 후발 업체에게 빼앗기는 것이 아니라, 넘기는 쪽을 선택하는 것입니다. 초기에 거대한 세계 시장을 선점해 얻은 거대 이익을 빠르게 현금화해서 지속적으로 새로운 기술을 선도해 나가는 것입니다.

물론 20세기의 변화가 천천히 일어났다고는 누구도 말할 수 없을 것입니다. 19세기보다 더욱 많은 변화가 빠르게 일어났고, 19세기 역시 그 이전의 세계보다 훨씬 빠른 변화를 만들어 냈습니다. 하지만 21세기의 변화의 속도로 보면 20세기는 매우 느린 변화이고 19세기는 거의 정체에 가깝게 느껴지는 것입니다. 마치 고속 열차를 타고 가면 자전거가 느려 보이고, 걸어가는 사람이 서 있는 것과 구분하기 힘든 것과 같습니다. 거의 100년에 걸쳐 일어났던 18세기의 산업 혁명은 수백 년 수천 년에 걸쳐 기술적 변화가 일어난 그 이전의 시대에 비해 비약적 가속화라는 특징을 부여받을 수 있었지만, 단 몇 년 만에 상업이 인터넷 매장으로 이전하고 스마트폰이 전 세계의 가전제품을 대체하는 현재의 기준으로 볼 때 거의 백여 년이 걸려서야 증기 기관차가 세계로 퍼져 나간 것을 매우 느리다고 느끼는 것은 전혀 과하지 않습니다.[78] 기술이 퍼져 나가는 데에 100년이 걸린다면 50년 전에 개발된 기술을 가지고도 이익을 낼 수 있지만, 단 몇 년 만에 새로운 기술이 퍼져 나간다면 50년 전의 기술은 손실만 가져올 뿐이지요. 그러니 21세기의 기준으로는 변화에 적응하지 못하는 기업도 20세기의 기준으로는 변화에 적응하는 기업이며, 19세기의 기준으로는 매우 빠르게 변하는 성장 기업인 셈입니다.

성장 기업의 고평가를 만들어 낸 가속적 변화

21세기의 지속적이고 가속적인 변화는 결국 주가에 반영되고 시장에서는 성장 기업(growth company)을 고평가하게 됩니다. 성장 기업은 변화를 선도해 미래의 성장을 이끌어 내는 기업이기에 안정된 세상에서는 초기 투자 위험을 지지 않고 대규모 자본으로 시장이 안정화된 이후에 따라붙는 후발 업체의 추격을 물리칠 수 없었습니다. 변화의 속도가 느리면 성장 기업들의 가치 또한 상대적으로 낮게 평가되었습니다. 20세기 내내 가치 투자가 유행한 이유는 이미 안정된 시장을 점령한 기업의 가치가 우연히 낮아질 때 매수를 하는 쪽이 상대적으로 느린 변화의 시기에 적합한 전략이었기 때문입니다. 새로운 변화가 없

---

[78] 산업 혁명의 상징인 증기 기관차 기술은 21세기의 기준으로는 상당히 오랜 기간 큰 변화 없이 지속되었습니다. 1812년 첫 번째 상업 운행이 시작된 증기 기관차가 한국에 도착한 것은 1899년, 퇴역한 것은 1967년이며, 일본은 1976년에야 퇴역합니다. 인도에서는 1832년 도입되어 2000년까지 운행되었습니다. 풍수 사상에 저해된다고 철도를 거부하던 중국은 1876년 도입하여 2005년까지 운행했으며 심지어 1999년까지도 증기 기관차를 제작했습니다.

다면 본연의 사업에서 경쟁력이 있는 기업은 잠시의 충격으로 어려움이 있어도 영구히 쇠락하는 것이 아니라 곧 회복합니다.

21세기에 들어서 일어난 거대한 자산 버블은 기술 주도 성장주에 의해서 주도적으로 일어났습니다. 2001년 인터넷 버블이 그러했고 2022년 기술주 버블이 그러했습니다. 버블로 쏟아져 들어온 현금은 성장 기업의 자산이 되었습니다. 모든 버블은 새로운 변화의 시기에 일어나기 마련입니다. 가치 투자를 옹호하는 진영에서는 지난 백 년 동안 장기적으로는 성장 기업의 이익이 더 작았다고 말하는 사람들도 있습니다. 하지만 이노베이션으로 인한 변화의 가속화는 21세기에 급속도로 이루어졌다는 것을 이해해야 합니다. 새로운 기술과 세계화는 상품 가격을 지속적으로 하락시켰고, 낮은 인플레이션으로 인한 낮은 이자율로 인해 위험이 저평가되며 새로운 기술에 대한 투자는 늘어났고, 세계화가 마련해 준 거대 시장으로 인해 기술 선도 기업의 이익은 급증했습니다.

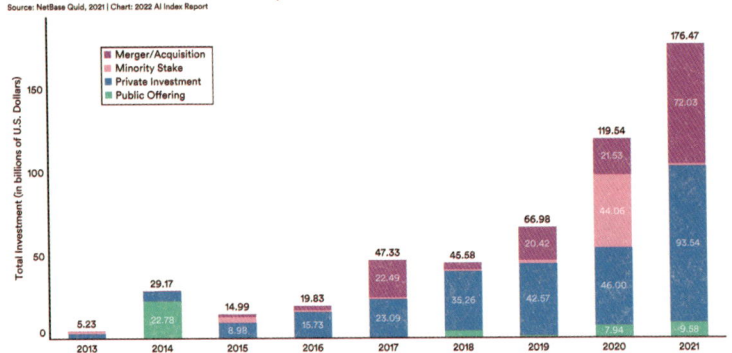

인공 지능 투자액은 8년간 30배 이상 증가합니다.
출처: Artificial Intelligence Index 2022 Annual Report, arXiv:2205.0348

물론 세상이 안정적이고 정체된 시기로 다시 돌아갈 수도 있습니다. 오랜 기간 세계를 이끌던 호황은 사라지고 거대한 불황이 닥친다면 변화를 이끌어 낼 자본과 신용, 역동력이 다시 생겨날 때까지 오랜 시간이 걸릴 수 있습니다. 하지만 지금 현재 일어나고 있는 갈수록 빨라져만 가는 변화의 속도가 가까운 미래에 늦추어질 것 같지는 않습니다.

변화는 곧 위험입니다. 우리는 더욱더 커다란 위험을 감수하며 변화를 따라가야만 이익을 낼 수 있는 세상을 살아가는 것입니다. 헤지를 통해 위험을 극복하고 빠르게 변화하는 경쟁 기업들 사이에서 위험과 변화를 회피하는 기업이 살아남아 이익을 낼 가능성이 얼마나 될까요? 헤지를 수행하는 변화조차 받아들일 수 없다면, 조용히 저무는 석양 아래에서 녹슬어 버린 오래된 제국의 영광만을 되씹는 것도 가능하겠지요.

MSCI World Value vs. MSCI World Growth.
출처: https://am.jpmorgan.com/content/dam/jpm-am-aem/global/en/insights/JPM53624-pi-value-vs-growth-investing.pdf

증기선이 범선을 대체한 1838년, 증기선에 이끌려 해체장으로 향하는 전함 테메레르를 그린 윌리엄 터너의 작품. 30년 전 트라팔가 해전을 승리로 이끌었던 영광은 쓸쓸한 석양 속으로 뿜어져 오르는 검은 증기선의 불꽃에 가려졌으나 마지막까지도 우아한 위용을 잃지 않고 있었습니다.
출처: The National Gallery

능동적 헤지는 공격적 경영의 필수 요소

"공격적 경영과 위험 헤지는 아무래도 어울리지 않아요. 손실을 감수해야 확장을 하지요."
"같은 손실 가능성으로 더 공격적인 경영을 하고 싶지는 않으세요?"

더 많은 위험을 안게 되는 수동적 펀드

　헤지를 가장 중요하게 여기는 헤지 펀드의 전략들이 수동적이라고 생각하는 사람은 아무도 없습니다. 반면에 헤지를 하지 않는 일반 펀드들은 수동적으로 운용됩니다. 뮤추얼 펀드나 ETF는 수동적 운용(Passive Management)을 기본으로 하고, 헤지 펀드는 능동적 운용(Active Management)이 기본입니다. 수동적 운용을 하는 펀드들은 위험 팩터에 노출되어 있는 경우를 많이 볼 수 있는데, 여기에는 여러 이유가 있지만 가장 중요한 이유는 시장 팩터처럼 위험 팩터 자체로부터 수익을 추구하기 때문입니다. 위험 팩터로 수익을 내기 때문에 수익률 대비 위험은 매우 높고, 따라서 대부분의 경우 레버리지가 허용되어 있지 않습니다. 수동적인 펀드일수록 위험에 보수적으로 접근하는 것이 아닙니다. 위험을 줄일 수 없으니 그대로 방치하는 것입니다. 치명적 바이러스가 창궐하는데 아무 대책도 세우지 않는 쪽이 수동적 펀드라면, 빨리 백신을 맞고 더 적극적으로 사업을 확장하는 것이 능동적 펀드입니다. 물론 백신을 맞고 더 많은 활동을 하면 더 위험할 수 있다고 생각할 수도 있겠지요. 그렇다고 백신을 맞지 않는 쪽이 더 안전하다고는 생각하지 않을 것입니다.

위험을 담당하는 위험 관리팀

투자업계에는 보통 투자를 담당하는 부서와 별도로 위험 관리를 담당하는 부서가 있습니다. 보통 위험 관리팀(Risk Team)이라고 불리는 이 부서는 매우 안전 지향적입니다. 심지어 매우 공격적 헤지 펀드에서도 이 부서는 공격적인 사고를 하지 않고, 가장 보수적으로 움직입니다. 커다란 위험에서도 펀드가 살아남도록 하는 것이 이 부서의 주된 목적이므로 도리어 투자 활동과 충돌을 일으키고는 합니다. 특히나 위험이 확실하게 분석되지 않은 경우에는 아예 투자를 못하도록 막아 버린다거나, 위험을 과다하게 추정해서 투자액을 제한합니다. 대부분의 경우 전반적 이익이 줄게 됩니다. 위험 관리팀의 특성상 펀드가 이익이 나도 보상이 없지만 손해가 나면 처벌이 따릅니다. 어쩔수 없는 현상입니다.

이와 마찬가지로 상당히 많은 기업들에도 위험 관리와 헤지를 담당하는 부서가 있습니다. 예를 들어 수출 기업은 기본적으로 외환 헤지를 하겠지요. 하지만 이러한 위험 관리를 담당하는 부서는 역시나 보수적일 수밖에 없고 위험을 과다하게 추정하는 경향을 보일 수밖에 없습니다. 펀드의 위험 관리팀과 마찬가지로 그 팀의 성과에 대한 평가는 회사의 이익에서 오는 것이 아니라 손실을 얼마나 막을 수 있는지에서 오니까요.

위험 관리팀의 위험 관리와 능동적 헤지의 근본적 차이

높은 레버리지의 헤지 펀드에서 헤지는 공격적인 전략을 만들어 내는 핵심입니다. 헤지는 전략을 만들어 내는 레벨에서부터 같이 디자인됩니다. 이와 달리 위험 관리팀의 사후적 위험 관리는 일반적인 가정 하에 주어진 포트폴리오에서 극단적 사건을 분석해 투자를 제한합니다. 커다란 수익을 창출하기 위해서 대부분의 투자는 커다란 위험과 마주하게 되고 그런 경우 위험 관리팀은 투자의 양을 줄이도록 제한합니다. 반면에 능동적 헤지는 위험을 헤지하여 안정화한 이후 더 많은 투자를 통해 공격적으로 나아가는 것입니다. 물론 최근에는 위험 관리팀에서 사후적 헤지를 수행하는 경향도 있습니다. 그러나 모델의 디자인 단계에서 위험이 고려되는 것과 달리 모델을 알지 못하는 사후적 헤지는 모든 위험이 분석되지 않기에 효율이 떨어질 수밖에 없습니다.

헤지를 하지 않는다면 러시안 룰렛을 하는 심정으로 행운에 기대어 투자를 해 나갈 수밖에 없습니다. 러시안 룰렛에서 죽을 확률은 단 6분의 1밖에 되지 않습니다. 운이 좋든, 진정한 신과 같은 예측 능력이든 자신의 예측이 계속해서 맞아 떨어지면 여러 번의 게임에서 살아남습니다. 마찬가지로 운이 좋은 투자자는 열 번을 연속해서 한 번도 틀리지 않고 시장의 방향을 맞출 수도 있으며 그럴 확률은 자그마치 천 분의 일이나 됩니다. 천 명의 투자자가 있으면 한 명은 우연히 단 한 번의 실수도 없이 모든 예측을 우연히 맞추어 비약적인 수익을 볼 수도 있는 것입니다. 만약에 옵션을 샀다면 천 명에 한 명은 오로지 행운만으로 일 억 원을 투자해서 천 억 원을 만들어 내는 것입니다. 열 번을 맞추었으니 열한 번째 투자에서는 더 거대한 투자를 할 것입니다. 위험은 헤지할 생각조차 하지 않습니다. 자신의 예측이 맞다면 위험이 아니라 수익일 뿐이니까요. 결국 한 번에 모든 것을 잃고 맙니다. 위험 관리팀은 이러한 투자를 처음부터 봉쇄하도록 합니다. 투자를 줄이는 것입니다. 위험 관리팀이 위험 한도를 극도로 낮추면 투자자는 모든 포트폴리오를 청산하게 되고, 기업은 어떤 사업도 할 수 없게 됩니다. 물론 위험 관리팀이 위험을 관리하지 않는다면 펀드의 총체적 위험은 관리되지 않고 개별 부서들은 기업의 총체적 위험 중에 더 많은 부분을 사용하기 위해서 경쟁적으로 위험 한도를 올릴 것입니다.

퀀트 투자와 같이 수만 번의 작은 베팅을 상시적으로 수행하는 경우 완전히 우연으로 지속적 수익을 내기란 매우 힘듭니다. 따라서 일단 수익을 내기 시작하면 모델의 위험이 작습니다. 베팅이 크지 않으므로 개별 투자에 대해서는 큰 위험이 없고 모델 자체적으로 팩터 리스크를 제어합니다. 에러가 일어나지 않는 이상 위험 관리팀이 관여할 여지가 거의 없습니다. 사실 위험 관리팀은 투자 자체를 아예 봉쇄할 수 없으므로 일반적으로 상당히 높은 위험 한도를 주게 되는데, 능동적 헤지에서는 이보다 훨씬 낮은 제한치를 내부적으로 적용합니다. 레버리지를 염두에 두고 처음부터 매우 낮은 위험도를 갖도록 모델을 만들기 때문입니다.

이렇게 낮은 위험도에서는 변동성이 작으므로 우연히 수익을 내거나 손실을 낼 가능성이 낮습니다. 우연한 손실이 나기 힘든 상황에서 손실이 난다면 그것은 우연이 아닙니다. 빠르게 투자를 철회하거나 레버리지를 낮추는 결정을 내릴 수 있습니다. 능동적 헤지에서는 이렇게 모델 자체의 성과 평가가 위험 관리의 중요 요인이 됩니다. 반면에 수동적 위험 관리에서는 투자 대상 자체의 변동성에 초점을 맞추기에 모델을 변형시키거나 제한하게 됩니다.

기업의 예를 들면 헤지를 통해 위험을 낮춘 프로젝트 여러 개를 동시에 진행하는 것입니다. 굳이 자본을 더 투자하지 않더라도 위험이 낮으면 더 많은 레버리지가 가능하고 따라서 더 많은 프로젝트를 동시에 진행할 수 있습니다. 위험은 분산되고 그중 손실을 내는 프로젝트는 빠르게 청산함으로써 투자 프로젝트 자체의 오류로부터 오는 위험을 동적으로 관리할 수 있는 것입니다.

공격적 경영과 능동적 헤지의 차이

위험이 헤지되지 않는 공격적 경영은 커다란 문제를 일으킬 수 있습니다. 반도체 호경기가 예상되어서 반도체 생산 기업이 반도체 공장을 증설해야 한다면 어느 규모의 투자를 할지는 그 기업의 생존을 결정짓는 중요한 변수입니다. 헤지를 하지 않는다면 호경기에 대한 예측이 틀릴 것을 대비해서 충분한 현금을 남겨 놓아야만 합니다. 그러나 그럴 만한 현금이 없다면 어찌할까요? 모든 위험을 감수하고 공격적 도박을 할 수밖에 없습니다. 그러나 항상 이렇게 어쩔 수 없는 상황만 있는 것은 아닙니다. 그럼에도 불구하고 반복적으로 이루어지는 공격적 베팅은 결국 위기를 부릅니다.

경영자라면 상품 시장의 미래 동향에 대한 모든 예측이 맞지 않는다는 것을 대부분 잘 인지하고 있습니다. 물론 그래도 예측은 해야겠지요. 그런데 예측의 확실성이 높지 않고, 굳이 꼭 위험을 감수할 필요가 없는데도 과도한 위험을 감수하고 투자를 결정하는 경우가 있습니다. 투자업계에서도 트레이더들이 위험을 감수하고 과다한 도박을 하는 경향이 있다는 것은 잘 알려진 사실입니다. 손실이 나서 회사가 망하고, 펀드가 문을 닫는다고 하더라도 경영인과 트레이더 개인은 단 한푼의 손실도 배상하지 않습니다. 반면에 예측이 우연히 맞아서 엄청난 이익이 나면 트레이더는 평생 먹고 살 만큼의 성과 보수를 받고 전문 경영인은 보너스를 받습니다. 이를 방지하기 위해 장기 보유를 조건으로 하는 주식 옵션 등을 지급하기도 하지만 어찌 되었던 한 번의 커다란 성공에 대한 개인적 예상 수익이 실패로 인한 손실에 비해 월등히 큰 것입니다. 실패한다고 해도 최악의 경우 다른 기업으로 옮기면 그만입니다.

이런 이유 때문에 트레이더들과 전문 경영인들의 개인적 보수의 기대 값은 과도한 베팅으로 도박을 하는 쪽이 더 높아지게 됩니다. 개인적 보수의 기대 값의 왜곡이 심할수록 위험은 헤지되지 않고, 무모하게 자신의 믿음을 밀어붙입니다. 심지어 믿음조차 없음에도 우연과 운에 베팅을 합니다. 특히나 정상적 운영으로는 체계적으로 수익을 낼 자신이 없을수록, 결국 기업을 망하게 하는 길이라는 것이 당연함에도 공격적 도박을 통해 단기적으로 자신의 보상을 추구하게 됩니다.

이렇게 운에 모든 것을 맡기거나 자신의 예측을 과신하여 과도한 베팅을 하는 경향은 능동적 헤지를 저해하는 요인입니다. 안정성을 확보할 필요가 없다면 헤지를 할 필요가 없고, 자신의 예측이 100% 무조건 맞다면, 역시 헤지를 할 필요가 없습니다. 이러한 베팅은 좋게 말하면 자신의 능력에 대한 과신이고 심각하게 보면 도덕적 해이이자 기업과 주주의 손실을 전제로 자신의 이익을 추구하는 행위입니다.

능동적 헤지는 위험이 낮아지기 때문에 레버리지를 통해 사업 규모를 늘릴 수 있습니다. 헤지 없는 공격적 경영보다 같은 자본으로 더 많은 투자를 하기 때문에 기업을 더 위험하게 운영하는 것처럼 보일 수 있습니다. 위험이 상쇄되어 있다는 사실을 들여다보지 않으면 당연히 그렇게 느끼겠지요. 그러나 본질적으로는 위와 같이 상반된 논리에 의해 진행되는 것을 알게 됩니다.

위험의 무시 역시 공격적 경영

높은 위험을 일부러 감수하며 진행하는 공격적 경영까지는 아니라고 해도 자주 일어나지 않는 위험은 무시되는 경향이 있습니다. 어떤 사건을 무시하는 것은 그 일이 일어나지 않는다는 쪽으로 베팅을 하는 것입니다. 이러한 결정은 당연히 대부분의 기간에 수익을 볼 수밖에 없습니다. 예를 들어 해적이 출몰하는 지역으로 운송을 하는데 보험료를 아끼기 위해 보험을 들지 않았다면 보험료만큼 더 수익을 올릴 것입니다. 해적에 배가 나포될 확률이 1퍼센트라면 운이 좋아 백 번째에 나포

되더라도 그동안 쌓인 이익이 보험료를 낸 것보다 많아 이익이었다고 하면서 자신의 결정을 정당화할 수도 있습니다. 꽤 오랫동안 운이 좋으면 위험에 대비하지 않는 쪽이 장기적으로 수치적으로는 이익을 낼 가능성도 있습니다. 물론 이 이익은 위험이 노출되지 않고 숨겨져 있을 때의 일입니다.

그러나 심지어 장기적 기대 이익이 음수라고 해도 자주 일어나지 않는 일이 전혀 일어나지 않는다는 쪽으로 베팅을 하는 것은 트레이더나 경영인을 유혹하는 전략입니다. 예를 들어 시장이 이전 10년 동안 지속적으로 상승했다면 언제 폭락할지 모르는 위험한 상황인데도 적어도 당장은 수익을 올리고 있으므로 계속해서 상승한다고 가정을 하는 것입니다. 커다란 결정을 동반하지 않아도 단지 언제 일어날지 모르는 미래의 하락을 무시함으로써 공격적 투자를 만들어 내는 것입니다. 이러한 결정이 고의적으로 자신의 이익을 위해 투자자나 기업을 위험에 빠트렸다는 것을 증명하기는 매우 힘듭니다.

공격적 경영이 필요한 산업들

반도체의 경우 대규모 투자에 의해서만 연구 개발의 이익이 나는 대표적인 산업입니다. 더 많이 투자할수록 더 좋은 상품을 더 싼 가격에 생산하여 시장 전체를 평정할 수 있습니다. 대규모 투자가 중요한 산업에서 공격적 경영은 선택이 아니라 필수입니다. 반도체 호경기가 예상되어 투자를 결정할 때 반도체 회사는 반도체 불황에 헤지를 한 후에 전체 투자액을 비약적으로 끌어올려 더욱 공격적으로 경영을 할 수 있습니다.

호황 확률이 60퍼센트이고 불황 확률이 40퍼센트인 경우에 경영자는 투자를 머뭇거릴 것입니다. 이런 때 호황 확률이 90퍼센트에 가까울 경우와 비슷한 수준의 공격적 투자를 할 수 있다면 장기적으로 경쟁력이 높아질 것입니다. 물론 능동적 헤지를 해도 위험은 모두 사라지지 않습니다. 단기적으로는 보수적 결정으로 아예 투자를 하지 않는 것보다 더 위험합니다. 헤지가 있다 하더라도 최악의 경우 손실을 입을 수 있습니다. 그러나 보수적 경영은 일본의 반도체 업체가 겪은 것과 같이 필요한 시기에 투자를 줄이도록 만들고 그렇게 경쟁에서 뒤처진 기업은 몇 년도 못 가서 소멸하게 됩니다. 단기적 위험뿐만 아니라 장기적 위험을 같이 고려한다면 어느 쪽이 더 위험한지는 명약관화합니다.

반도체 팩터 헤지의 예

반도체 팩터의 하락에는 어떻게 베팅을 할까요? 가장 쉬운 것은 반도체 산업의 기업들을 공매도하는 것이겠지만 삼성과 같은 세계 1위의 대규모 기업을 헤지하기에는 반도체 산업도 그다지 크지 않습니다. 거래 규모가 크면 비용이 늘어납니다. 게다가 너무 집중된 포트폴리오의 경우 헤지 자산의 이디오신크래틱 리스크가 증폭되어 위험해집니다. 예를 들어 TSMC로 헤지를 했는데 반도체 불황이 닥쳤습니다. 삼성은 어려웠지만 TSMC의 주가가 새로운 투자 등으로 인해 올라 버렸다면 헤지 자체의 위험이 증가해 버리는 것입니다. 거래 비용뿐만이 아니라 분산 투자를 위해서도 반도체 불황을 조금 더 팩터 분해해야 할 필요가 있습니다. 반도체 불황이 왜 일어나는지 이해해서 그 원인 팩터를 만들어 내는 것입니다. IT 산업 전체에서 반도체에 대한 수요가 늘어나고 줄어드는 팩터를 분해해 낸다면 훨씬 다변화된 포트폴리오가 만들어집니다. 즉 어떤 산업이 직접적으로 소비자와 마주하지 않을 때 고객사들의 움직임이 그 산업의 움직임을 선도하거나 같이 움직여 나갈 수 있습니다. 반도체를 만들지 않아도, 많이 소비하거나 비용의 비중 중에 차지하는 비율이 크면 반도체 팩터에 영향을 받는 것입니다. 세계 경기 자체도 반도체에 영향을 줄 것입니다. 이러한 광범위한 분해는 포트폴리오의 개별 자산의 집중도를 낮추어 주고 이디오신크래틱 리스크도 줄입니다. 당연히 거래 비용도 비약적으로 줄어 전체 비용의 상쇄를 가져오겠지요.

예를 들어 삼성전자가 반도체 섹터 전체에 대한 풋 옵션을 사서 반도체 불황에 대한 헤지를 한다고 생각해 봅시다. 삼성과 같은 거대 기업을 헤지하려면 아무리 여러 은행에 분산해 거래를 요청해도 작은 금액이 아닙니다. 어떤 은행이든 거래액이 커질수록 위험이 늘어나게 되고 당연히 옵션의 가격을 올립니다. 옵션의 판매 이후에는 각 은행도 헤지를 해야 할텐데 그 비용은 총 헤지 액수에 선형적으로 비례해 올라가는 것이 아니라 헤지 액수가 커지면 예상보다 훨씬 더 올라가기 마련입니다. 몇 개 은행으로 분산하든 헤지는 결국 시장으로 돌아오게 되어 있어 총량에 해당하는 만큼 비용이 발생합니다. 헤지가 시장 자체의 주가를 높이거나 낮추는 정도가 심해지면 옵션의 판매를 수행했던 은행은 큰 손실을 입을 수 있습니다. 물론 거래를 잘한다면 은행만 손실을 입고 기업에 손실이 전가되지 않을 수도 있습니다. 그러나 다음번 헤지는 어찌될까요? 은행은 이전의 손실을 가격에 반영할 것입니다. 장기적으로는 결국 헤지 비용이 되어 돌아오는 것입니다. 따라서 세계 시장에 영향을 주는 대규모 기업의 헤지를 위해서는 분산된 포트폴리오, 다변화된 헤지 포트폴리오가 필요합니다. 물론 중소규모 반도체 부품과 장비 제조 기업이라면 매우 간단한 헤지 포트폴리오로도 헤지가 가능합니다.

능동적 헤지를 이용한 기업 경영 기획의 변화

이제 요약을 한번 해 볼까요? 헤지에는 능동적 헤지와 방어적 헤지가 있습니다. 능동적 헤지는 같은 위험 수준 아래에서 이익을 극대화하는 쪽으로 나아가고, 방어적 헤지는 이익이 줄더라도 위험을 더 줄이는 쪽으로 나아갑니다. 둘 다 헤지이므로 비슷하다고 생각할 수 있지만 그 결과물은 매우 다릅니다. 전반적으로 이익을 줄이는 방향으로 나아가는 방어적 헤지는 사실상 너무 과도하거나 너무 미약해서 사업 기회를 놓치거나, 위험은 막지 못한 채 비용만 증가시킬 가능성이 상당히 높습니다. 이익을 연동시켜 생각하지 않고 위험의 제어만 목표로 하는 헤지의 결과는 비효율적입니다. 궁극적으로 헤지의 용도는 결국 감소된 위험으로 이익을 극대화하는 것입니다. 퀀트적 투자 관점에서는 위험과 수익을 연계시킬 때 위험도를 줄이는 작업이 수익률을 높이는 작업보다 더 큰 이익을 가져옵니다.

과거의 기업 경영은 시장을 예측해서 프로젝트를 기획하고 이를 기반으로 투자를 결정하고 마지막으로 위험에 대한 헤지를 수행하거나 또는 위험을 감수합니다. 헤지에 기반한 경영은 팩터를 분석한 후 헤지를 먼저 수행합니다. 이로부터 예측 가능한 팩터들이 등장하고 위험이 콘트롤된 상황에서 사업 기회를 찾아냅니다. 프로젝트는 이로부터 기획되고 투자가 이루어집니다.

과거의 경영 기획은 시장 전체를 예측해야 하므로 예측 난이도는 높으며, 특정 아이디어가 아무리 정확하고 신뢰할 수 있어도 시장 전체가 수익을 낼 때만 투자할 수 있으므로 투자가 제한적이며, 헤지를 하더라도 위험이 잘 통제되지 않거나 헤지가 되지 않아 위험이 높으며, 높은 위험으로 인한 보수적 투자 때문에 수익은 낮아지게 됩니다.

반면에 헤지에 기반한 경영은 예측하기 힘든 팩터들은 모두 헤지하기 때문에 예측 난이도가 훨씬 낮습니다. 자신이 예측할 수 있는 것들만 예측하면 됩니다. 시장 상황과 상관없이 투자하며, 팩터 헤지로 인한 새로운 기회가 생기기 때문에 투자 기회가 비약적으로 많아집니다. 위험은 당연히 낮아지고, 더 많은 투자 기회에 다변화된 투자가 가능하므로 레버리지와 함께 수익률도 높아집니다.

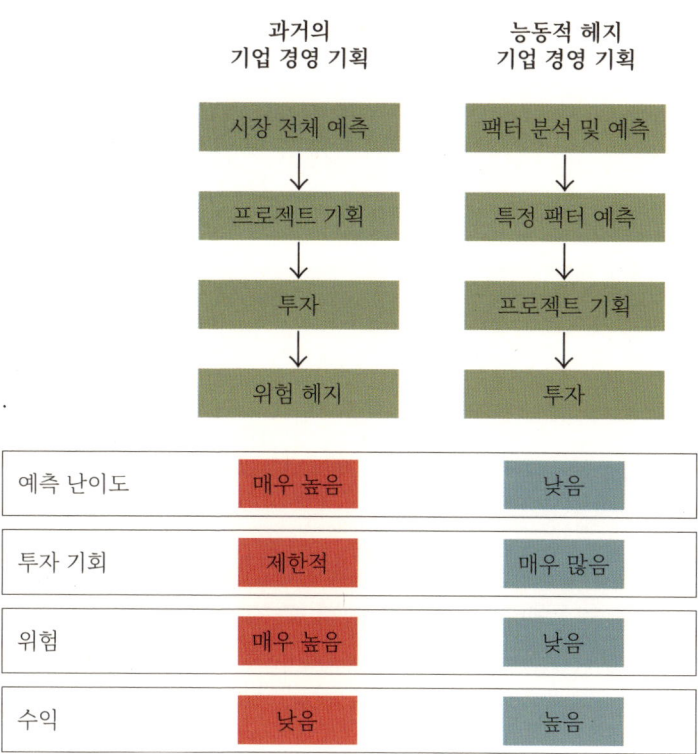

능동적 헤지 기업 경영 기획 플로우 차트

사업 다각화 역시 헤지일까?

"비가 오면 우산을 팔고 날이 좋으면 아이스크림을 팔자"
"길거리에 아이스크림 전문점 즐비한 것 안 보여요?"

많은 기업들이 빠르게 변화하는 세상에서의 위험에 대비하기 위해 사업 다각화를 택합니다. 우산 장수가 아이스크림도 판다면 비가 와도 해가 떠도 좋을 것이라는 생각에서 나온 아주 기본적인 헤지이지요. 즉 우산 장수의 팩터가 날씨라면, 날씨 팩터에 상반되는 노출이 있는 아이스크림 판매와 우산 판매 사업에 모두 투자를 하면 날씨 팩터가 상쇄된다는 헤지 아이디어입니다. 일견 매우 타당해 보입니다.

사업 다각화의 어려움

사업 다각화는 쉽지 않습니다. 예를 들어 경기 사이클에 노출되는 대표적인 산업인 조선업의 위험을 기업 다변화를 통해 해결한다고 생각해 볼까요. 조선업은 세계 경기 사이클의 상승기에 물동량 증가가 만들어 낸 선박 수주의 증가가 일시적으로 몰린다는 점 때문에 매우 큰 등락을 거듭합니다. 어느 시점에 대규모로 수주가 이루어져서 고객에게 인도된 선박은 수십 년 동안 운항되므로 일정 시점에서 수주는 매우 줄어들게 됩니다. 공급 과잉 사이클과 수요 과잉 사이클이 반복되는 반도체라 해도 조선업만큼 심각하지 않습니다. 이러한 조선업이 다변화를 하려면 일단 세계 경기와 반대로 가는 사업이어야 하는데 그중에 조선업과 비슷한 중공업은 거의 없습니다. 반면에 게임 개발 기업은 불경기에 매출을 많이 올립니다. 그러나 조선사의 경영자들이 게임 개발 업체를 운영할 수 있을까요? 선입견을 버리고 조선사가 게임도 잘 만들 수 있다고 가정합시다. 그러나 한 기업의 손실을 메우기 위한 헤지를 하려면 다각화할 기업의 크기가 상당히 커야 합니다. 원래의 조선사와 비슷한 규모의 큰 게임 회사를 차려야만 사업 다각화의 헤지가 효용이 있는 것입니다. 자신의 강점이라고 생각할 수 없는 업종에 대해서 그 정도의 대규모 투자를 한다는 것은 어떻게 생각해도 위험스러워 보입니다.

게다가 투자 포트폴리오는 단 하나의 기업으로 헤지를 하지 않습니다. 포트폴리오 다변화를 위해서라도 당연히 여러 분야의 다양한 기업들을 헤지 포트폴리오에 넣게 됩니다. 그러면 식료품 회사, 유통 회사 등등 여러 기업을 각기 완전히 다른 영역에서 경영해야 하는데, 과연 기업에 그러한 경영 역량이 있을까요?

자본의 가치 하락과 기업의 경쟁력

특별하게 본원적 경쟁력을 가지지 못한 분야로의 문어발식 확장이 과거라면 가능했을지도 모릅니다. 과거에는 21세기보다 신용의 총합이 훨씬 낮았습니다. 자본의 가치가 기술력이나 경영 능력 등 기업 경영을 위한 다른 요구 조건보다 상대적으로 높았다는 뜻입니다. 실력이 없어도 자본으로 그것을 보충할 수 있는 세상이었으며, 자본이 곧 실력이었습니다. 그러나 21세기가 보여준 신용 팽창 속에서는 아이디어만 있는 기업에도 엄청난 자본이 단기간에 집중되었습니다. 커피 전문점 하나만 해도 일단 명성이 오른 후 전 국토가 체인점으로 뒤덮이는 데에 몇 년도 걸리지 않습니다. 원래부터 자본이 많아서 자본으로 경쟁한 것이 아니라, 실력이 있는 기업에게 경쟁적으로 자본이 몰리는 것입니다. 이러한 자본의 무한 경쟁 시대에 자본의 우위로 경쟁자를 모두 제압하려면 도대체 얼마나 많은 자본이 있어야 하나요? 얼마면 자본의 힘만으로 스타벅스를 제압하고 코카콜라를 물리칠 수 있을까요?

사업 다각화는 고비용 저효율 고위험 헤지

사업 다각화가 순전히 자본 투자로 포트폴리오를 구성하는 개념이라면 현재의 세상에서는 그다지 유용하지 않습니다. 차라리 주식을 사서 들고 있는 쪽이 더 낫습니다. 매수보다 더 좋은 방법도 있습니다. 헤지를 위해서는 공매도가 훨씬 더 유용합니다. 다른 업종을 살 필요도 없이 동종 업종을 공매도하면 됩니다. 게다가 주식 포트폴리오는 유지하다가 필요성이 줄어들면 언제든 팔아도 되고, 위험의 변화에 따라 비율을 최적화할 수도 있습니다. 굳이 세계를 지배하는 최고의 기업들과 경쟁할 필요 없이 투자하고 싶은 분야의 최고의 기업을 헤지 포트폴리오에 집어넣고 위험을 상쇄하고 싶은 분야를 공매도하면 됩니다. 그럼에도 불구하고 사업 다각화를 위험 분산을 위한 헤지라고 생각한다면, 그것은 엄청나게 비용이 높고 비효율적이며 도리어 위험을 가중시킬 수 있는 헤지입니다.

수직 계열화와 동종 업계 확장이 위험 헤지가 아닌 이유

물론 기업의 강점을 살려 시너지 효과를 낼 수 있는 다변화는 이야기가 다를 수도 있습니다. 메모리를 만들던 삼성이 CPU도 만드는 것은 어차피 기술 중복성이 있는 반도체 산업의 다른 분야로 자신의 강점을 잘 살려 시너지를 내는 사업 다각화입니다. 수직 계열화 역시 공급과 판매의 안정성을 가져와 전체적 효용을 늘릴 수 있습니다. 하지만 이러한 투자가 어떤 위험을 헤지해 낼까요? 메모리 반도체의 수익과 주문형 반도체의 수익은 조금 다른 구조로 움직이지만 근본적으로 모두 반도체 경기 팩터에 노출되어 있습니다. 위험의 헤지가 아니라 위험의 증폭에 가깝습니다. 메모리와 주문형 반도체가 완전히 같다는 이야기가 전혀 아니라 백화점이나 외식업, 게임 개발 업체와 비교해 너무 동질적이라는 말입니다. 결국 동종 업종에 두 배로 투자해서 노출된 위험을 두 배로 만드는 것이지 헤지가 아닙니다. 동종업에 대해 투자액이 두 배로 증가했다면 마치 기존 기업에서의 연구 개발 투자처럼 위험을 증폭시킨 공격적 경영인 것입니다. 그로 인해 미래의 이익 역시 비약적으로 증가시켰다고 해석해야지, 사업체가 늘었다고 이 자체를 헤지라고 생각하면 안됩니다. 이러한 확장에서는 오히려 위험의 헤지를 더 늘려야 합니다. 새로운 투자로 인해 레버리지가 늘어났기 때문입니다.

세계를 주름잡는 큰 기업들을 봅시다. 웬만한 나라의 GDP보다 큰 시가 총액을 가진 최상위 기업들 중 하나는 기름만 팔고, 하나는 휴대폰만 팝니다.[79] 그 기업들이 대충 다변화해서 기름도 팔고 휴대폰도 팔고 보험도 손을 대면 좋을 거라고는 누구도 생각하지 않습니다. 오직 휴대폰으로 세계 시장을 장악한 기업과 경쟁해서 이기기 위해서는 혼신을 다해 싸워도 힘든데, 유전도 개발하고 자동차도 만들고 음식도 팔면서 여러 전장에서 동시에 전투를 벌인다면 이길 수 있는 확률이 높아질까요? 많은 병법서에서는 동시에 여러 강한 적을 공격하지 말고 하나의 적을 공격할 때는 다른 적과 동맹을 맺으라고 말합니다.

---

79) 애플, 아람코, 마이크로소프트, 버크셔 헤서웨이, 아마존, 유나이티드헬스, 이러한 기업들이 헤지를 위해 전혀 다른 업종으로 다변화하는 경우는 거의 없다고 생각할 수 있습니다. 애플이 아무리 거대해도 버크셔 헤서웨이의 투자업과 유나이티드 헬스의 보험, 마이크로소프트의 운영 체제 및 업무용 소프트웨어 영역과 직접 경쟁하지 않습니다. 한국의 경우는 반대로 대기업이 전자, 보험, 기계, 투자, 건설 등등의 상반된 분야를 다 아우르고 있습니다. 거대 기업들의 인수와 합병 뉴스들이 화려하게 장식한 21세기였지만 대부분은 동종 업계에서 경쟁 기업에 대한 인수 합병이었습니다. 통신 회사인 보다폰과 버라이즌, 화학 회사인 다우와 듀퐁, 방산 기업인 유나이티드 테크놀로지와 레이시온 모두 동종 업종의 확장이었습니다. 시너지를 낼 수 있다고 기대했으나 결국 실패로 끝난 AOL과 타임 워너의 경우도 넷플릭스에 해당하는 기업을 만들 수 있는 연관이 높은 업종이었습니다. 현재로 치면 구글이 디즈니를 합병해서 유튜브를 키우는 셈입니다. 구글의 유튜브 합병은 높은 시너지를 낸 가장 성공적인 동종 업계 합병 중에 하나로 남아 있습니다. 2년밖에 되지 않는 신생 기업을 거의 2조 원이나 되는 가격에 인수할 때는 투자자들로부터 비판을 받기도 했지만 변화의 흐름을 제대로 읽은 투자였다고 할 수 있습니다.

작은 위험이 중요할 때와 큰 위험이 중요할 때

"매출이 30% 줄어드는 위험까지도 헤지해야 되나요? 그 정도는 그냥 넘어가도 큰 문제는 아닐 텐데요."
"작은 수익을 위해서는 중요치 않지만, 큰 수익을 위해서는 중요합니다."

위험을 헤지한다라고 하면 많은 사람들이 사망이나 파산, 매출의 완전한 상실 등 커다란 위험만을 이야기합니다. 그러나 위험이 헤지된 발전된 퀀트 포트폴리오에서 다루는 위험은 단 1%밖에 안되는 투자 손실을 0.5%의 투자 손실로 낮추는 것입니다. 매우 작은 위험들이 대부분입니다. 대부분의 투자자는 일시적으로 0.5%의 손실을 입건 1%의 손실을 입건 별로 상관하지 않을 것이니 그러한 위험에 대해서 별로 생각해 본 적이 없을 것입니다. 하지만 매우 높은 수익률을 가능케 하는 고도의 레버리지는 바로 이러한 작은 위험의 관리를 통해 일어납니다.

작은 위험의 관리가 가능케 하는 높은 수준의 이익 증가

사업의 완전한 실패처럼 100% 손실을 입는 위험뿐만 아니라 30% 매출 저하가 일어나는 위험을 굳이 헤지해야 하는 이유는 무엇일까요? 기업에 그 정도 손실은 충분히 감당할 수 있는 현금이 있다고 할 때 일년 정도 30% 저하되는 매출의 위험을 헤지할 이유는 없어 보입니다. 하지만 이러한 생각은 현재의 상황으로부터 조건을 한정하는 왜곡에 기반합니다. 어떤 기업이 처음부터 왜 그 정도의 현금을 보유하고 있었는지를 생각해 보면 바로 30% 매출 저하를 대비하기 위해서입니다.

핵심은 보유 현금의 비율입니다. 더 작은 보유 현금 비율이 가능하다면 같은 자금으로 훨씬 더 많은 사업을 할 수 있다는 것입니다. 정부가 은행의 파산 위험 관리를 위해 요구하는 지급 준비율도 간단히 이야기하면 보유 현금 비율입니다. 은행에 요구되는 현금 보유 비율 축소가 은행의 수익을 증폭하도록 만드는 것은 아주 직접적인 예 중 하나입니다.

작은 위험의 관리를 위한 선결 조건

어떤 투자 포트폴리오에서 가장 큰 위험이 시장에 대한 노출도였다면, 시장에 대한 노출도조차 헤지하지 않은 채 더 작은 위험인 유가 팩터를 헤지하는 것은 전체 위험의 하락에 도움이 되지 않습니다. 앞 장에서 살펴본 예에서처럼 전체 매출 변동성이 큰 기업이 은행 예금만 선호하는 것과 같습니다. 큰 변동성을 가져오는 위험을 놔두고 작은 위험을 줄여 보았자 아무 소용이 없습니다.

경험이 없는 연구자들은 위험 팩터를 중립화했는데 위험이 줄지 않는다고 불평하는 경우를 많이 봅니다. 위험 헤지가 잘 작동하지 않는 예외적 경우라고 결론을 내리기까지 합니다. 그러나 사실은 중립화를 한 팩터들보다 훨씬 커다란 위험을 가져오는 팩터에 노출되어 있는데 이를 중립화하지 않아서입니다. 대상과 팩터 자체에 대한 이해가 부족한 채 루틴화된 연구를 수행할 때 닥치는 문제이지요.

작지 않은 작은 위험들

어떤 위험이 작다고 할 때는 두 가지 의미로 쓰입니다. 하나는 위험 때문에 입을 손실 규모가 작은 것이고 다른 하나는 일어날 확률이 작은 것입니다. 보통 기업에서 커다란 위험을 이야기할 때는 손실 규모가 크다는 조건과 일어날 확률이 크다는 조건을 같이 만족하는 위험입니다. 하지만 일어날 확률이 아주 높지 않은 위험도 큰 손실을 야기한다면 이를 헤지하는 것은 레버리지를 위해 필요한 과정입니다. 예를 들어 이자율의 급격한 상승은 장기적으로는 매우 드물게 일어나기 때문에 전체로 보면 작은 위험이지만 특정 시기에는 반드시 헤지해야 할 중요 팩터입니다. 이러한 빈번하지 않은 위험을 헤지하기 위해서는 동적 헤지 기법들이 가장 유용합니다.

그 헤지만 헤지가 아니라고요

"헤지야, 우리가 잘하고 있지요. 환율도 방어하고 있고."
"상품이 안 팔리면 어떻게 하실 건가요? 인건비가 상승하면 어떻게 하실 건가요? 수출 관세가 올라가면 어찌할 것인가요?"
"그걸 어떻게 헤지하나요. 열심히 노력할 뿐이지요."

많은 기업인들과 투자자들의 개념 속에 들어 있는 수동적 헤지는 사실 우리가 말하는 헤지의 개념에서 상당히 뒤떨어져 있습니다. 능동적 헤지의 매우 작은 일부분이거나 경우에 따라 도리어 상반되기도 한다는 것을 이제까지 잘 보아 왔을 것입니다.

위험 요소의 다양성

발전업자가 천연가스를 헤지하는 것은 이미 잘 알려져 있습니다. 전기료에서 연료비가 차지하는 비용은 절반에 가깝습니다. 기업의 안정적인 운영을 위해서 당연히 헤지는 필요할 것입니다. 하지만 다른 산업에는 이러한 원자재의 비용 비중이 상대적으로 낮습니다. 예를 들어 게임 개발 업체에서 대부분의 비용은 인건비입니다. 전기료 말고 무슨 재료가 들어가는 것이 아닙니다. 알루미늄 제련 업체도 아닌 게임 개발 업체가 전기료에 대해 헤지해 보았자 별 효과는 없습니다. 반면 개발자들의 전반적인 임금 상승과 함께 다른 업체로 이직을 시작한다면 이는 커다란 문제입니다. 혹은 게임 시장의 포화 상태에 기인한 소비자들의 피로감으로 인해 매출이 기대한 만큼 나오지 못할 위험도 있습니다.

아파트 개발 회사가 금리 상승으로 인해 분양을 하지 못하는 위험 역시 시멘트와 철근 가격을 헤지한다고 해결되지 않습니다. 산업이 고도화할수록 직접적 원료비의 비중은 작아지고, 기업은 더 많은 고도화된 위험 팩터들에 노출됩니다.

매출의 헤지

위험을 비용에 대해서만 한정할 필요가 없습니다. 당연히 매출에 대해서도 헤지를 해야 합니다. 정유사처럼 상품 자체가 헤지 도구로 만들어져 있으면 미리 선도 계약을 하게 되므로 매출이 헤지가 될 것입니다. 해운사 역시 선도 계약과 운임 선물 등으로 헤지를 할 수 있고, 조선소는 보통 몇 년 정도 미래에 인도할 선박의 주문을 받게 됩니다. 그럼에도 불구하고 몇 년이 지나면 더이상 주문이 들어오지 않고 선도 계약을 받지 못하는 시기가 옵니다. 이렇게 주기성이 명백한 경우는 경기 침체와 같이 주기성을 만들어 내는 팩터를 이용해 헤지를 할 수 있습니다.

스마트폰과 자동차와 외식업 및 항공사들은 일반 소비자를 대상으로 하니 상품을 헤지할 수도 선도 계약을 할 수도 없습니다. 일반 소비자가 미래의 상품을 미리 구매할 이유는 거의 없으니까요. 물론 주택과 같이 선구매 시 큰 이익이 있는 경우에는 이를 통해 시공사의 위험을 헤지할 수 있습니다. 그러나 이 또한 주택 가격 상한제 등으로 정책적으로 큰 이익이 나오도록 하는 경우나 주택 가격의 급격한 상승기의 이야기일 뿐입니다. 2022년의 전기차 경우처럼 생산이 소비에 뒤처지는 예외도 있기는 하지만 예외는 예외일 뿐이지 이를 근거로 헤지를 할 수는 없습니다. 아무리 생산이 뒤처져도 소비자가 1년 후에 받을 차량을 확정적으로 선금을 내고 구입하려고 하지는 않습니다.

그렇다면 매출을 어떻게 헤지할 수 있을까요? 시장 전체적으로 경기 침체가 되고 매출이 줄어드는 상황은 팩터 위험이므로 쉽게 헤지가 됩니다. 특정 상품 자체에 대한 수요가 줄어들 경우 동종업계 전체의 하락이라는 팩터를 추출해 낼 수 있습니다.

그러나 새로운 기업에서 새로운 상품을 출시해서 빠르게 자사의 매출을 잠식하고 있다면 전혀 다른 이야기입니다. 이럴 때 경쟁사에 투자하고 합병을 추진하는 것이 코카콜라나 파이저와 같은 거대 기업들의 행보입니다. 코카콜라는 에너지 드링크 시장이 탄생하자 몬스터에 투자하였습니다. 파이저와 같은 거대 제약사들은 자사의 약품과 경쟁할 신약을 개발한 기업들을 합병하는 전략을 잘 사용해 왔습니다. 거대 게임 기업들도 인기를 얻기 시작한 게임의 개발사를 합병하지요. 이 또한 다르게 말하면 일종의 산업 내의 상대적 모멘텀 팩터로 이야기할 수 있습니다. 그러나 이러한 방법은 자본에서 우위에 있는 기업에게 적용됩니다. 더 작은 기업이 더 큰 경쟁사를 합병하기는 힘드니까요. 물론 지분 투자야 언제든 가능하지만 작은 기업의 큰 기업에 대한 지분 투자는 그 반대의 경우보다 실익이 적기 마련입니다. 게다가 거대 기업처럼 완전한 합병 등을 통해 새로운 상품을 흡수해 내지 않는 이상 기업 운영의 헤지가 아니라 가장 중점적인 분야에서 이루어지는 투자는 금전적으로 수익을 낼 뿐 장기적 해결책이 아닙니다. 결국 시장을 완전히 잠식당해 퇴출되는 기업이 이런 투자로 수익을 많이 낸다면 투자업으로 주 업종을 전환했다고 생각해야겠지요.

그렇다면 결국 장기적으로는 어떻게든 매출을 유지할 수 있도록 해야 합니다. 새로운 상품의 아이디어가 뛰어나다면 그 아이디어를 어떻게든 발전시켜 더 뛰어난 아이디어로 만들고, 경쟁사 상품이 기술적으로 우위에 있다면 기술 개발에 투자를 해서 경쟁사보다 뛰어난 기술을 가져야 하고, 경쟁사 상품의 가격이 싸다면 생산 기지를 옮기든 손해를 보며 가격을 낮추든 가격 경쟁력을 확보해야 합니다. 이러한 장기적인 변화를 위해서는 커다란 비용이 발생합니다. 단기적 매출의 충격의 극복이 아닌 장기적 매출의 변화에서 헤지는 이러한 비용을 감당하기 위한 자금을 마련해 주는 수단으로 생각되어야 할 것입니다. 헤지 수익을 통한 직접적 자금 조달뿐 아니라 새로운 투자를 위한 외부 자금 조달을 위해서도 헤지가 매우 유리하니까요.

이익의 헤지

　매출에 큰 변화가 없어도 이익은 크게 줄 수 있습니다. 물론 이익이 기업의 독립적 투자 결정에 의한 비용 증가 등으로 줄어들 수도 있지만, 산업 전반적으로 이익이 하락할 수도 있습니다. 특히나 상품 시장이 성숙하여 전반직인 매출액은 늘어도 과당 경쟁이 촉발된다면 매출액 자체는 줄지 않아도 이익은 줄어들 수 있습니다. 이는 상품 사이클에도 영향을 받으며 경쟁사들 간의 경쟁이 얼마나 큰가에도 영향을 받습니다. 기술적 우위를 점하거나 하여 시장에서 독점적 지위를 가진 기업의 이익률은 지속적으로 유지되는 반면 그렇지 않은 기업의 이익은 경쟁에 매우 민감할 수밖에 없습니다.

　과당 경쟁으로 인한 이익의 하락은 상대적으로 쉽게 헤지가 가능합니다. 과당 경쟁은 그 산업에서 단 하나의 업체만 이익을 하락시키는 것이 아닙니다. 산업 전체의 이익이 하락하게 됩니다. 따라서 시장 전체 대비 특정 산업의 이익 하락에 대한 베팅이 과당 경쟁 팩터에 대한 헤지가 될 수 있는 것입니다.

　앞에서 살펴본 정유사의 예에서 매출은 원료와 상품의 선물로 완전히 헤지되었고 이익은 보장되었습니다. 심지어 정유사의 이익을 뜻하는 크랙 스프레드 자체가 선물로 만들어져 거래됩니다. 하지만 여기서도 허점은 있습니다. 이러한 선물은 보통 2년 정도의 미래가 헤지 가능한 한도입니다. 그 이상은 선물 계약이 존재해도 거래가 잘 되지 않습니다. 하지만 정유사의 시설은 2년만 운영하는 것이 아니지요. 2년간의 이익을 보장받고 정유 시설을 지어도 그 이후에 크랙 스프레드가 폭락할 수도 있습니다. 크랙 스프레드가 너무 낮은 경우 헤지를 하여 이를 미리 확정하는 것은 손실을 확정할 뿐이므로 큰 의미가 없으니 결국 위험에 노출됩니다. 다시 말해 헤지할 수 있는 미래의 이익 자체가 폭락하면 헤지를 통해 이익을 낼 수 없습니다. 그러면 크랙 스프레드는 언제 폭락할까요? 경제가 어렵거나 대체 에너지 전환 등으로 소비가 줄 때이며, 이러한 때에 경제 전반적으로 유류 소비가 줄어들고 이러한 소비 저하는 유가 하락을 불러일으키고 결국에는 이익을 하락시킵니다. 이러한 시기는 시장 인덱스 등으로 쉽게 헤지해 낼 수 있습니다. 또 다른 경우는 과당 경쟁이겠지요. 이 또한 앞에서 살펴본 바대로 동종 업계의 주식으로 헤지가 가능합니다.

헤지는 수익인가 비용인가?

"헤지로 위험이 주는 것은 좋지만, 비용이 들어가는 건 싫습니다"
"장기적으로 수익을 내는 헤지 포트폴리오를 원하세요?"

기업의 운영이 장기적으로는 수익을 낸다는 가정이 성립한다면 헤지는 사실 장기적으로는 손실을 입을 확률이 높다는 것이 대부분의 사람들의 인식입니다. 물론 기업의 위험을 헤지했다면 기업의 수익과 헤지 포트폴리오의 수익은 상관관계가 음이 될 것이라는 주장은 맞습니다. 그러나 상관관계가 음이라고 해서 한쪽이 이익을 볼 때 다른 쪽이 손실을 볼 필요는 없습니다.[80]

물론 장기적으로 반드시 헤지가 손실을 볼 필요가 없다고 하더라도 헤지가 수익을 보도록 만드는 목표는 위험의 헤지 자체와는 다른 목표입니다. 전문적으로 수익을 내도록 만들어진 헤지 포트폴리오가 아닌

---

[80] 상관관계가 음인 두 투자가 장기적으로 모두 이익을 볼 수 없다는 잘못된 선입견은 사실 연구자들도 종종 빠지게 되는 생각입니다. 그러나 다음과 같은 투자 A와 투자 B의 수익은 모두 양의 수익인데 상관관계는 음수입니다. 다음은 -100%의 완전한 상보적 상관관계입니다.

투자 A의 수익: 1, 0, 1, 0, 1, …
투자 B의 수익: 0, 1, 0, 1, 0, …

반대로 상관관계가 양이라 하더라도 한쪽은 수익을 보고 다른 한쪽은 손실을 입을 수 있습니다. 다음은 100% 상관관계로 완전히 일치하는 관계입니다.

투자 A의 수익: 1, 2, 1, 2, …
투자 B의 수익: -2, -1, -2, -1 …

이상, 대부분의 경우 헤지 포트폴리오에서는 수익을 보는 만큼 위험의 헤지 효율이 줄어들게 됩니다. 좋은 목표가 많다고 무조건 좋은 것이 아니지요. 목표가 많아지면 하나하나의 달성은 분산될 수밖에 없습니다.

예를 들어 봅시다. 장기적으로 양의 수익률을 가진 자산은 주식, 부동산, 채권 등입니다. 어떤 기업의 수익이 주식 시장과 음의 상관관계를 가진다면 주식 시장 지수를 양의 베팅하는 포트폴리오로 기업의 위험을 헤지할 때 헤지 포트폴리오는 장기적으로 수익이 나며 전체적으로 위험도 감소합니다. 그러나 여기에서 수익을 더 높이기 위해 주식 시장에 대한 노출을 과도하게 늘린다면 결과적으로 기업은 더 큰 위험에 노출될 수 있습니다. 시장이 상승할 것이라고, 기업의 이익의 두 배가 나오도록 시장에 베팅했다면 시장이 폭락할 때 발생할 손실이 기업의 이익을 훨씬 넘어설 것입니다. 헤지 포트폴리오의 이익에 너무 큰 욕심을 부리면 헤지 포트폴리오가 장기적으로 이익을 내도 단기적으로 기업을 위험에 빠지게 만듭니다.

다시 요약하자면 헤지 포트폴리오라고 해서 음의 수익률은 아닙니다. 다만 헤지 자산 자체로 수익을 내기 위해 너무 애를 쓰다가는 원래의 취지를 잃고 위험을 가중할 수 있다는 것입니다. 수익을 내기보다는 헤지의 비용을 줄이는 정도로 보수적으로 다가가는 것이 일반적 접근입니다. 헤지가 확실한 수익을 낸다면 이미 위험 팩터가 아니라 예측 팩터이겠지요. 예측 팩터에 대한 연구 또한 수많은 연구가 진척되었고 수익을 낼 수 있지만 그것을 잘 해낼 수 있기 위해서는 또 다른 노력이 필요합니다.

양의 수익을 가진 팩터를 헤지하기 위한 조건

장기적으로 양의 수익을 가져오는 팩터를 헤지 용도로 투자하다 보면 장기적으로 손실을 보게 될 가능성이 높아집니다. 물론 동적 헤지 등으로 타이밍을 조절한다면 전혀 다른 이야기지만 적어도 고정적 헤지에서는 손실을 피하기 힘듭니다. 예를 들어 대부분의 기업은 주식시장과 양의 상관관계를 가지고 있습니다. 따라서 고정적 헤지를 수행한다면 장기적으로 시장의 하락에 베팅하게 됩니다. 시장이야 십 년도 하락할 수 있고 이를 통해 중단기적으로 이익을 볼 수도 있지만, 대부분의 경우는 장기적으로 상승하므로 고정적 헤지는 손실을 볼 가능성이 높아집니다. 만약에 기업의 수익이 장기적으로 시장 수익률보다도 낮다면 헤지는 위험을 가중합니다.

그런데 기업의 수익이 시장 자체의 수익률보다 훨씬 낮고 시장과의 상관관계가 매우 높다면 과연 그 사업을 계속 수행해야 할까요? 우리는 사업 모델에 대해 근본부터 다시 재고할 필요를 느낍니다. 어쩌면 경쟁력이 없는 사업을 그저 유지를 위해 유지하고 있는 것일 수도 있습니다.[81] 기업의 경영인이 아니라 투자자의 입장이었다면 시장 수익률도 이기지 못하는 투자를 당연히 정리하고 차라리 시장 인덱스에 투자를 할 것입니다. 기업이라고 해도 현재의 모든 사업을 정리하고 시장 인덱스를 가지고 있는 쪽이 주주들에게 더 좋은 수익을 줄 것이니 변명의

---

81) 일본의 경우 1990년부터 시작된 위기를 극복하기 위한 공적 자금 투자는 대기업들의 경쟁력이 떨어지는 사업들을 유지 보전하는 결과를 낳았습니다. 투자의 수익과 손실에 민감한 투자자라면 투자를 철회했겠지만 정부의 자금은 그렇지 않은 것입니다. 그리하여 기업의 이익은 0에 가깝지만 기업을 존속시키고 고용을 유지하기 위해 정부의 보조로 사업을 계속하니 경쟁은 사라지고 경제 전체의 효율성이 낮아지게 됩니다.

여지가 없습니다. 물론 시장과의 상관관계가 높지 않다면 수익률이 떨어지는 투자는 충분히 일어날 수 있습니다. 투자자들도 전체 포트폴리오를 건전하게 만들 낮은 상관관계의 기업에 투자하기 때문입니다.

예를 들어 봅시다. 두 기업이 동일한 반도체를 만드는데, 한 기업이 다른 기업보다 항상 수익이 작습니다. 상관관계가 1에 가까울 정도로 수익의 방향성이 일치하지만 한 기업이 다른 기업보다 훨씬 더 낮은 수익을 내기만 합니다. 만약 시장이 두 기업으로만 되어 있다면 (혹은 두 기업으로 이루어진 산업 팩터로 헤지를 한다면) 수익이 높은 기업을 헤지 도구로 이용해 수익이 낮은 기업을 헤지하는 것은 손실과 위험을 키웁니다. 반대로 수익이 낮은 기업을 헤지 도구로 이용해 수익이 높은 기업을 헤지하는 것이 훨씬 낫습니다. 정상적 헤지의 전제는 두 기업의 수익 혹은 주가가 예측하기 힘들거나 헤지 도구의 수익률이 기업의 수익률보다 더 낮다는 것입니다.

만약에 이렇게 동종 업계의 평균 수익률도 낼 수 없는 상황이 확실하다면 이제 경영자는 중요한 결정을 내려야만 합니다. 뒤처지는 사업 부문을 정리하는 대가로 상대 기업의 주식을 받는 쪽이 더 이익일 테니까요. 상대 기업은 경쟁자가 사라질 기회이니 기업 가치보다 높은 프리미엄을 줄지도 모릅니다.[82] 기업은 경쟁력이 떨어지는 사업 부문을 정리한 후 그로부터 얻은 자본으로 강점을 가진 쪽에 집중적으로 투자함으로써 모든 사업 분야를 유지하는 것보다 더 큰 이익을 만들어 낼

---

82) 수많은 인수 합병에서 나타나는 이러한 프리미엄은 기업 회계에서 "Good Will" 혹은 "영업권" 정도로 기록됩니다. 이름만 들어 보면 뭔가 좋은 아이템 같지만, 풀이하자면 그냥 필요 없이 선심 쓴 비용이라고 해서 Good Will인 것입니다. 상대편 기업 가치보다 월등히 높은 인수 비용을 정당화할 수 없으니 이러한 회계 아이템을 만들어 버린 것입니다. 투자 분석을 할 때 Good Will이 높은 기업은 가치를 낮게 평가합니다. 다시 말해 과도한 인수 프리미엄은 결코 비용을 정당화하지 못한다는 것이 투자자들의 평가입니다.

수 있습니다.

그런데 사실 시장 팩터를 이기는 것은 생각보다 쉽지 않습니다. 실제로 그러한 기업은 별로 많지 않습니다. 시장은 시장에 속한 기업의 평균으로 만들어지지 않기 때문입니다. 시장의 대부분의 기업들은 시장의 작은 부분일 뿐이며 전체의 상당 부분은 거대 기업들이 차지합니다. 그러한 거대 기업들은 성공적으로 수익을 올려 왔기에 그 위치에 다다른 것입니다. 따라서 시장 수익률은 시장을 구성하는 대부분의 기업의 평균보다 높기 마련입니다. 다시 말해 시장을 이기는 것은 업계 1위 기업의 높은 수익률을 이겨야 하는 것입니다. 그렇다면 대부분의 기업들은 사업을 포기하고 차라리 시장 인덱스를 들고 있어야 할까요? 그렇지는 않습니다. 현재 시장을 이기지 못해도 앞으로도 이길 수 없다는 것이 아니니까요. 누구도 어떤 기업이 미래의 거대 기업으로 자라날지 예측할 수 없습니다. 구글, 아마존, 애플, 테슬라 모두 20년 전에는 잘 보이지도 않는 기업이었습니다. 특히나 초기에는 손실을 보며 어려운 시기를 많이 겪어 나가야 했습니다. 확실하게 경쟁력이 떨어져 미래에도 결코 이길 수 없을 것을 확신하는 경우에야 당연히 시장 인덱스를 들고 있겠지만, 위의 기업들은 미래에 대한 확신을 가지고 미래를 향해 나아갈 선택을 했습니다.

다시 정리하자면 양의 수익률을 가진 팩터를 헤지하기 위해서는 나의 사업이 그 팩터보다 더 높은 수익을 낼 수 있다는 가정이 필요합니다. 그렇지 못하다면 굳이 사업에 투자를 하는 것이 아니라 그 팩터에 투자를 하면 될 테니까요.

헤지의 수익을 높이는 예측 팩터

21세기에 들어 투자업계에는 수많은 새로운 예측 팩터들이 만들어져 이용되었습니다. 스마트 베타 등으로 알려진 양의 수익률의 팩터들이 널리 알려지기도 했지만, 정말 높은 수익률을 안정적으로 내는 팩터라면 공공에 알려지지 않습니다. 더 정확히 말하자면 높은 수익률의 팩터가 알려지는 순간 수익률은 하락합니다. 투자 시장은 매우 효율적이기에 그런 팩터가 알려지는 순간 투자금이 몰려들기 마련입니다. 매우 커다란 투자 규모를 충분히 감당할 수 있는 팩터가 아니라면 수익률이 줄어들 수밖에 없습니다.[83] 도리어 음의 수익률이 되기도 합니다. 따라서 펀드 매니저들은 자신만의 높은 수익률의 팩터가 있다면 어떻게든 비밀을 유지하려고 노력합니다.

헤지 펀드에서 사용되는 시그날 중에는 매우 높은 수익률을 가져오는 시그날들도 많이 있습니다. 당연하게도 이러한 시그날을 고객에게 제공하는 운용사는 높은 성과 보수 등의 보상을 요구할 것입니다. 세상에 공짜는 없으니까요. 또한 이러한 시그날들은 알려지면 알려질수록 그 수익이 감소하므로 매우 한정적으로 운용됩니다. 다시 말해 투자자들을 극도로 제한합니다.[84] 하지만 모든 시그날들이 다 그렇지는 않

---

83) 수익을 낼 수 있는 최대 한도의 투자금을 포트폴리오의 커패서티(Capacity)라고 하는데 단기 투자 포트폴리오일수록 거래가 많아지며 잦은 거래는 시장에 영향을 주게 되어 커패서티는 줄어듭니다. 시그날이 알려지고 커패서티에 대한 콘트롤이 무너지면, 수익을 낼 수 없게 되는 것입니다. 물론 수익을 낼 수 없게 되면 투자자가 줄어들고 커패서티 또한 다시 여유가 생길 수도 있습니다. 그러나 이러한 이유로 양의 수익과 음의 수익이 계속해서 순환하게 되면 결과적으로 커다란 변동성을 가져오고 시그날에 대한 신뢰를 저하시킵니다.

84) 이러한 이유로 르네상스 테크놀로지와 같은 고수익을 내는 안정적 펀드의 경우 핵심 시그날은 외부 투자자들을 전혀 받지 않고 오직 자기 자본 운용으로만 쓰였습니다.

습니다. 만약에 수익률과 확실성을 충분히 낮춘다면 우리는 많은 예측 팩터들을 저렴하게 헤지 포트폴리오에 더할 수 있습니다. 이러한 예측 팩터들은 수익률을 양으로 만들어 줄 수 있습니다.

수익률이 높아지는 만큼 위험은 높아질 수 있습니다. 그 위험이 헤지 대상 자체의 위험과 어떤 상보 관계를 갖느냐에 따라 효용도는 크게 바뀝니다. 작은 양만 배분하는 경우는 언제나 이익이지만, 높은 수익률의 시그널을 만들어 너무 작은 양의 투자를 하면 비효율이 증가하기에 일정 비율 이상의 비중을 가지도록 합니다. 게다가 수익률과 성과가 높을수록 시그널은 한정적이기 마련이므로 헤지 대상 자체의 위험을 상쇄시키는 방향에서는 멀어질 것입니다. 앞에서 이미 이야기했듯 수익에만 너무 치중한 포트폴리오는 헤지 포트폴리오가 아니라 투자 포트폴리오로 접근해야 합니다.

그렇다면 기업에서 충분히 독립적이고 수익성이 높은 투자 포트폴리오를 운용하는 것은 어떨까요? 물론 그럴 때 기업의 위험은 비약적으로 낮아질 것입니다. 하지만 과연 그러한 포트폴리오를 운용할 능력이 기업에 있을까요? 뛰어난 수익률을 내는 펀드들은 매우 한정적이라는 사실을 우리는 이미 잘 알고 있습니다. 이것은 마치 금융 기업이나 조선사가 우리도 구글처럼 세계 검색 시장을 점령하면 어떨지 묻는 것과 같습니다.

대부분의 펀드들 역시 높은 수익률을 내기 위해 노력하지만 실패하고 맙니다. 사실은 손실을 내고 끝나는 펀드들이 더 많습니다. 거기에는 여러 가지 이유가 있으며, 그중 하나로 펀드를 매니지하는 매니저들의 이해관계를 들 수 있습니다. 매니저에게 능력이 없으면 당연히 손실을 입을 것이기에 엄청난 보상을 약속하며 최고의 매니저를 영입했다고 해도 대부분의 기업에는 펀드 매니저들의 이해관계를 제대로 관리할 역량이 없습니다.

매니저의 이해관계가 제대로 관리되지 않으면 투자가 왜 손실을 입을까요? 매니저는 수익에 대해서 보상을 받고 손실에 대해서는 해고 이외에 책임을 지지 않기 때문입니다. 여기에서 도덕적 해이(Moral Hazard) 문제가 발생합니다.[85] 이름은 도덕적 해이라고 되어 있지만 사실은 매니저들이 자신의 이익을 최대화하려는 당연한 동기에서 기인한 것이라 도덕적으로 충분히 건전한 매니저들에게도 그러한 경향이 당연히 존재합니다. 손실에 책임이 없을 때 매니저는 장기적으로 손실을 보더라도 지금 당장은 지속적으로 수익을 내는 방향으로 투자를 하려는 경향을 보입니다. 당장의 금전적 보상이 없다 하더라도 좋은 수익률로부터 나오는 평가 역시 이러한 경향을 강화한다는 것도 굳이 설명하지 않아도 될 것입니다.

문제는 이러한 경향이 매니저가 꼭 의도하지 않더라도 일어날 수 있다는 것입니다. 투자업계에서는 매우 엄밀하게 투자 포트폴리오를 분석하고 매니저의 위험 노출을 관리하지만 그래도 문제를 막기 힘들 정도입니다. 대부분의 기업에서는 이러한 관리 시스템이 부재합니다. 심

---

[85] 투자업계의 매니저들의 도덕적 해이 문제는 2008년 금융 위기에서 더욱 많은 조명을 받았습니다. 이러한 문제를 근본적으로 해결하는 것은 불가능해도 극단적 문제를 줄이기 위해 나온 방안 중에 하나가 매니저의 성과 보너스를 분할 지급하여 단기적 이익이 커도 미래의 손실 시에 전체 보너스가 줄어들게 하는 것이지만 손실 시에 이미 지급한 보너스를 회수한 이후 배상을 청구하지 않는 이상 이러한 성과 체계가 근본적 해결책이 되지는 않습니다.
United States. Financial Crisis Inquiry Commission, On the Causes of the Financial and Economic Crisis in the United States, 2011, https://www.govinfo.gov/content/pkg/GPO-FCIC/pdf/GPO-FCIC.pdf

지어 복잡한 헤지 포트폴리오가 아니라 원자재나 환율 등의 기초적인 헤지에서도 헤지를 담당하는 직원이나 임원의 자의적 결정이 들어갈 수 있습니다. 기업의 전문 경영자가 헤지 포트폴리오를 구성할 때 당장 이익을 볼 수 있지만 장기적으로 손실을 보게 되는 방향을 알고 있다면 어떤 결정을 내릴까요? 경영자에게 기업의 단기적 이익에 연동된 보너스가 예상될 때 경영자의 결정은 과연 완전히 객관적이 될 수 있을까요? 경영진 수준에서 도덕적 해이가 일어나면 왜곡된 동인에 의한 투자 결정은 결국 손실을 일으킬 수밖에 없습니다.

성공적 기업의 헤지를 위해서는 적절한 수익률과 적절한 위험을 가진 예측 팩터를 최적의 비율로 헤지 포트폴리오에 접목시키는 것이 수익을 높일 수 있는 요건입니다. 이러한 요건을 만족할 수 없다면 헤지의 수익률은 잠시 접어 두고 헤지 자체에만 집중하는 쪽이 안정성을 높일 것입니다. 기업의 위험 헤지에 더해서 추가로 양의 수익률까지 목표로 하는 경우에는 특히 기업 내부의 역량을 과신하지 않는 것이 좋습니다.

4부

헤지 과정의 문제점들

세상은 연결되어 있다. 다이나믹한 상관 계수(Dynamic Correlation)

"유가가 오르면 주가가 떨어지는 것 아니었나요?"
"전쟁으로 원유 공급이 줄어들어 유가가 오르면 그렇겠지만, 호경기로 원유 수요가 높아져서 유가가 오르면 반대로 가요."

계속해서 변화하는 상관 계수

위험을 헤지해 낼 수 있는 이유는 기업들과 자산들이 모두 서로 영향을 끼치고 연결되어 있기 때문입니다. 아무 연관이 없다면 팩터 헤지도 할 수가 없지요. 모든 것들이 독립적으로 움직이고 말테니 우리가 무슨 일을 해도 위험은 상쇄되지 않습니다.

세상 일들이 동전 던지기나 주사위 던지기처럼 무작위로 일어난다면 무작위로 일어나는 위험은 상쇄되기 힘듭니다. 그러나 세상 모든 일들은 서로 긴밀하게 연결되어 있고 지속적으로 같은 방향, 아니면 지속적으로 반대 방향으로 움직여 나갑니다. 두 팩터가 동기화되어 움직이는 경향을 우리는 상관 계수로 측정합니다.[86]

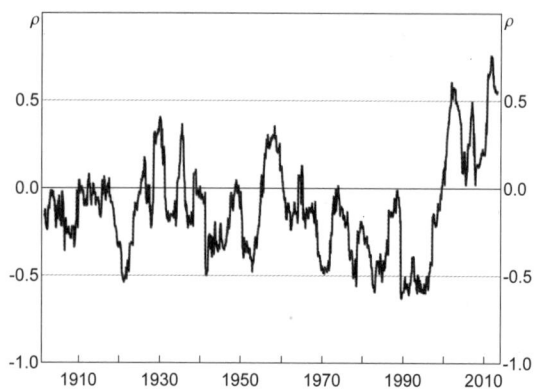

주식과 국채의 상관 계수 변화. S&P500과 미국 10년 국채의 월별 변화율에 대한 3년 상관 계수를 측정하였습니다. 지난 백 년간의 이 수치는 매우 급격하게 변화하였습니다. 심지어 상관 계수가 음에서 양으로 매우 큰 폭으로 변하는 것을 알 수 있습니다.
출처: Global Financial Data; RBA. https://www.rba.gov.au/publications/bulletin/2014/sep/pdf/bu-0914-8.pdf

---

86) 다른 모든 측정값과 같이 상관 계수 또한 최적의 측정은 아닙니다. 적용 대상에 따라 완전히 다른 측정 함수를 만들어 사용하는 것이 최적이지만, 번거로움과 소통의 어려움으로 상관 계수 이외의 측정값은 연구자들 사이에서 잘 사용되지 않습니다. 전혀 다른 측정값의 예로써 이전 n일간 두 팩터가 같은 방향으로 움직인 날이 m일 때 $2(m/n - 0.5)$와 같은 비율을 사용하는 것도 유용하며, 적분을 이용한 정의도 쓰이며, 평균값을 계산할 때 최근에 대한 비중을 가중하기도 합니다.

상관 계수를 연구할 때 중요한 것은 상관 계수가 상당히 다이나믹하다는 것을 이해하는 것입니다.[87] 지금 구글과 애플이 같은 방향으로 움직이고 원유 가격이 주식 시장과 같은 방향으로 영향을 준다고 해도 내일 그러리란 법은 없습니다. 사람들은 수익률은 변동성이 크지만 상관 계수는 변동성이 크지 않고 안정적이라고 생각하지만 이것은 착각입니다. 상관 계수는 하루이들의 데이터가 아니라 여러 날의 데이터가 있어야 측정할 수 있기에 많은 날을 평균 내어 구해집니다. 그렇게 많은 날을 평균 내면 평균 자체가 빠른 변화를 지워 버리는 효과를 가져옵니다. 다시 말해 계산이 변화를 지운 것이지 두 팩터의 관계 자체가 천천히 변한 것이 아닙니다. 예를 들어 천 일을 평균 내면 단 열흘을 평균 낸 것보다 훨씬 더 안정적으로 보이지만 수십 일 동안 전혀 다른 식으로 움직여도 이를 노이즈로 여겨 필터링하게 됩니다.[88] 지금 당장의 상관 계수와는 상관없는 값이 구해지는 것입니다. 천 일 전에 일어난 일이 오늘 일어나는 일과 얼마나 상관이 있을까요? 극단적으로 오늘 단 하루만 본다면 유가와 시장은 같은 방향으로 움직이거나 반대로 움직이거나, 두 가지 선택뿐입니다. 즉 하루의 상관 계수는 1이거나 -1일 뿐이지요. 만약 유가와 시장이 오늘 같은 방향으로 움직였다면 오늘만을 설명하는 상관 계수는 1입니다. 하지만 우리는 오늘 하루가 끝난 뒤

---

[87] 중장기적 투자 포트폴리오에서 가장 많이 언급되는 상관 계수 중에 하나는 주식과 국채의 상관 계수일 것입니다. 이 상관 계수는 단기적으로는 안정적이지만 중장기적으로는 방향 자체가 바뀔 정도로 변한다는 것은 잘 알려져 있습니다. 이러한 변화를 반영하기 위해 상관 계수의 변화를 다른 팩터들을 통해 예측하는 연구가 지속적으로 이루어졌습니다.
Andersson, M., Krylova, E., & Vahamaa, S. (2007). Why does the correlation between stock and bond returns vary over time? Journal of Applied Financial Economics, 18(2), 139-151

[88] 시그널 프로세싱(Signal Processing)에서 이동 평균(Moving Average)은 기본적인 로우 패스 필터(Low Pass Filter)입니다. 우리는 노이즈를 제거하는 로우 패스 필터를 다양한 방식으로 만들 수 있다는 것을 이미 알고 있습니다. 이동 평균이 사용하는 사각형 모양의 적분이 아니라 삼각형 모양으로 적분을 할 수도 있으며, 지수 이동 평균(Exponential Moving Average)처럼 최근의 변화에 가중적으로 중심을 줄 수도 있습니다.

에 이미 일어난 오늘 일을 설명하는 것이 목적이 아니지요. 미래를 예측하는 것이 목적이라면 과거의 단 하루에 기반한 단기적 상관 계수가 적합하지 않습니다. 열흘 내내 상관 계수가 0.7이었다면 상관 계수가 극단적으로 변동성이 크지 않다는 가정 하에 내일도 0.7 근처일 확률이 높을 거라고 가정하는 것입니다. 가까운 미래를 예측하기 위해 그보다 조금 더 긴 기간의 과거로부터 얻어진 통계치를 이용하려면 그 기간 동안 분포가 동일하다는 가정이 필요합니다. 지금 당장 엄청난 변화가 지속적으로 관찰되고 있지 않다면 분포가 동일하다고까지 가정할 수는 없더라도 많이 변하지는 않았다고 가정할 수 있습니다. 변화가 느린 대상이라면 사실 며칠 사이에 분포가 크게 바뀌지는 않을 것입니다. 이러한 가정 하에 하루를 예측하기 위해서는 수십 일의 과거 데이터를 이용하고, 한 달을 예측하기 위해서는 수년의 과거 데이터를 이용해서 상관 계수를 구합니다.

정확한 상관 계수를 위해 줄어드는 측정 기간

상관 계수의 신뢰도를 높이기 위해 기간을 길게 잡을수록 다이나믹하게 변하는 상관 계수를 제대로 잡아내기가 더 어려워집니다. 더 긴 기간을 보기 위해서는 그 긴 기간 동안 상관 계수가 극단적으로 변하지 않았다는 가정이 필요합니다. 사실 이 가정은 세상이 천천히 변해 나가던 과거에는 어느 정도 맞는 가정이었을 수 있습니다. 백 년이 지나도 상인에게 매장이 필요하다는 가정이 변하기가 쉽지 않으니까요. 그런데 세상이 빠르게 바뀌어 코로나 펜데믹이 닥친 2020년처럼 불과 몇 달 사이에 온라인으로만 상품을 팔아야 한다면 상관관계도 극단적으로 변할 수밖에 없습니다. 이러한 변화를 빠르게 따라가기 위해서는 상관관계 측정의 기간을 줄일 수밖에 없습니다.

짧은 기간의 데이터로부터 더 정확한 미래를 예측하는 기법들

상관관계의 신뢰도를 낮추더라도 더 짧은 기간을 이용해 상관관계를 측정할 수밖에 없다면 이를 어떻게 효율적으로 수행할 수 있을까요? 짧은 기간을 통해 통계적 유의성을 얻는 것은 매우 힘든 일이기에 인공 지능 등을 위해 개발된 최신의 통계 기법들이 쓰이고는 합니다. 인간이 마주치는 많은 문제 역시 그러하듯 인공 지능이 해결해야 할 대부분의 일들에도 충분한 통계적 유의성이 담보될 만큼의 데이터가 주어지지 않습니다. 최근에 많이 시도되고 있는 인공 지능의 자동 훈련 데이터처럼 엄청나게 많은 이미지를 무한히 만들어 학습시킬 수 있는 경우는 매우 드뭅니다.[89] 예를 들어 의사에게 찾아온 어떤 환자가 특별한 병인지 아닌지 진단하기 위해 이용할 수 있는 과거 기록이 때로는 수십 명분도 되지 않는 경우가 수두룩합니다. 기록이 부족하다고 데이터를 만들 수는 없는 일입니다. 심지어 한국에서 대장암처럼 예외적으로 많은 환자들의 데이터가 축적된 경우라고 해도, 이를 유전자별

---

[89] 주어진 대상의 이미지로부터 대상의 정체를 알아내는 인공 지능의 학습을 위해서는 이미지가 많이 필요합니다. 그러나 이미 만들어져 있는 이미지는 매우 제한되어 있고 그마저도 누군가가 일일이 그 이미지가 무엇인지 라벨을 붙여 주어야만 하는 제약이 있습니다. 구글과 테슬라에서는 이러한 인공 지능 학습 데이터를 더 쉽게 만들어 내기 위해서 로봇을 이용한다던가 전용 시뮬레이터를 만들어 기존에 없는 이미지들을 무한히 만들어 내는 방법을 고안해 냈습니다.
https://electrek.co/2022/09/20/tesla-creating-simulation-san-francisco-unreal-engine/

로 나누고 연령대별로 나누다 보면 역시 몇 명분 밖에 되지 않는 샘플을 가지고 추정해야 하는 상황에 맞닥뜨리게 됩니다. 수백 억 개의 사례를 쌓아 훈련을 하는 자율 주행이라고 해도 그 사례 중에 어린아이가 초록색 무늬의 옷을 입고 길에 쓰러져 있는 사례는 매우 드물 것입니다. 이렇게 상대적으로 작은 데이터를 활용하기 위해 통계에서는 부트스트랩 기법[90]과 같은 각종 리샘플링 기법들이 개발되고, 인공 지능에서는 디시젼 트리[91]와 같이 조금 더 간단하지만 안정적인 방법들을 여러 개 중첩시켜 사용하기도 합니다.

다행히 우리가 사용하는 중요 팩터들 간의 상관관계는 연구가 어느 정도 이루어져 시간의 경과에 따라, 외부 조건의 변화에 따라 상관관계의 변화를 설명해 내는 공식을 만들어 내기도 합니다.[92] 이러한 연구가 있을 경우 맹목적으로 통계적 모델에 의존하는 것보다 훨씬 더 안

---

90) 부트스트랩(bootstrap): 일종의 리샘플링 기법으로, 작은 부분 샘플 여러 개를 통해 추정한 추정치들이 얼마나 커다란 변이를 보이는가에 따라 작은 데이터가 가지는 통계적 불안정성을 측정할 수 있습니다.
Varian, H.(2005). "Bootstrap Tutorial". *Mathematica Journal*, 9, 768-775

91) 디시젼 트리(decision tree): 상대적으로 작은 샘플 사이즈로 결정을 해야 하는 문제들에서 선형이 아닌 의사 결정을 할 일이 많이 생깁니다. 예를 들어 강수량과 곡물 수확량은 선형적 관계가 아니라 어느 정도 작게 와도 괜찮지만 그 이하에서는 현격히 저하되고, 일정 정도 이상의 강수량에서도 저하되는 비선형적 관계를 가지는데, 이를 정확히 맞추는 함수를 찾는 것이 가능하지만 그것을 통계적으로 의미 있게 측정하기 위해서는 수백 년이 걸립니다. 짧은 관찰 기간에서는 차라리 비가 매우 작게 올 때, 보통, 매우 많이 올 때로 조건을 나누어 간단하게 트리 모델을 만드는 것이 훨씬 안정적입니다.
Quinlan, J. R. (1987). "Simplifying decision trees". *International Journal of Man-Machine Studies*. 27 (3): 221-234

92) 이에 대해서 많은 연구들이 이루어졌으나 아직도 충분하다고는 할 수 없습니다.
AQR white paper (2022) The Stock/Bond Correlation Drivers and Implications
https://www.aqr.com/Insights/Research/Alternative-Thinking/The-Stock-Bond-Correlation
Erik Norland, Economics of Oil-Equity Correlation, CME group white paper
https://www.cmegroup.com/education/files/why-are-equities-moving-in-tandem-with-oil.pdf

정성을 높여 나갈 수 있습니다. 통계 모델은 특히나 짧은 기간에 대한 관찰을 통해 결론을 도출할 경우 오류의 가능성이 높아지기 때문에 변화의 기점에서 그러한 변화가 단기간의 무작위 노이즈에 기인한 것인지 아니면 구조적 변화인지를 알아낼 수 있는 다른 모델들이 있다는 것은 매우 중요한 강점이 될 것입니다.

늘어나는 새로운 헤지 도구들의 시장

"간접 헤지가 있는데 왜 더 많은 선물들이 필요한 거죠?"
"간접 헤지도 그것을 수행할 직접적 헤지 도구가 있어야 하고, 헤지 대상과 별 관련 없는 헤지 도구들만으로 헤지 포트폴리오를 만들면 비용이 많이 들어요."

새로운 헤지 도구들의 급격한 증가

더 많은 직접 헤지 도구들이 판매되고 거래될 때 헤지는 더 쉬워지고 비용은 더욱 감소할 것입니다. 헤지 도구는 포워드 계약처럼 은행과의 일대일 거래를 통해 만들어질 수도 있고 선물처럼 거래소에서 만들어져 거래 당사자들끼리의 거래를 일으킬 수 있습니다. 거래가 충분히 많이 이루어진다면 일대일 계약보다는 다자간 거래가 이루어지는 거래소가 더 효율적이지요. 은행과 같은 경우는 직접적 헤지 도구의 소비자가 아니기 때문에 위험에 대한 비용을 좀더 많이 전가할 테니까요. 하지만 선물이 거래소에서 거래되는 것은 쉬운 일이 아닙니다. 모든 시장이 그러하듯 시장 자체가 제대로 작동하기 위해서는 많은 조건들이 필요합니다. 대부분의 사람들이 당연하게 여기는 선결 조건들을 만족하

지 못해서 실패한 시장들이 현재 우리가 볼수 있는 성공적으로 운영되는 시장들보다 월등히 많습니다.[93]

Product Name	Sub Group	Open Interest
Crude Oil Futures	Crude Oil	1,460,353
Henry Hub Natural Gas Futures	Natural Gas	1,031,091
Henry Hub Natural Gas Last Day Financial Futures	Natural Gas	441,995
Natural Gas (Henry Hub) Last-day Financial Futures	Natural Gas	380,291
NY Harbor ULSD Futures	Refined Products	252,122
RBOB Gasoline Futures	Refined Products	238,427
Natural Gas (Henry Hub) Penultimate Financial Futures	Natural Gas	185,197
Henry Hub Natural Gas Penultimate Financial Futures	Natural Gas	169,202
Mont Belvieu LDH Propane (OPIS) Futures	Petrochemicals	146,264
WTI Houston (Argus) vs. WTI Trade Month Futures	Crude Oil	141,325
Brent Last Day Financial Futures	Crude Oil	139,687
WTI Midland (Argus) vs. WTI Trade Month Futures	Crude Oil	137,858
WTI Financial Futures	Crude Oil	131,126

---

93) 한국거래소에서 시도한 현금 결제 돈육 선물은 2021년 거래를 중지하며 결국 실패로 끝났습니다. 한국에서 거래되던 유일한 상품 선물이었지만 인식 부족 등으로 시장을 활성화시키는 데에는 실패했던 것입니다.

Product Name	Sub Group	Open Interest
WTI-Brent Financial Futures	Crude Oil	108,560
Mont Belvieu Normal Butane (OPIS) Futures	Petrochemicals	51,643
Mont Belvieu Ethane (OPIS) Futures	Petrochemicals	43,035
Propane Non-LDH Mont Belvieu (OPIS) Futures	Petrochemicals	40,206
Mont Belvieu Natural Gasoline (OPIS) Futures	Petrochemicals	36,530
Brent Financial Futures	Crude Oil	35,937
Conway Propane (OPIS) Futures	Petrochemicals	29,469
Micro WTI Crude Oil Futures	Crude Oil	29,200
Gulf Coast ULSD (Platts) Up-Down Futures	Refined Products	24,801
Chicago Ethanol (Platts) Futures	Biofuels	23,606
WTI Midland (Argus) vs. WTI Financial Futures	Crude Oil	17,907
Gulf Coast CBOB Gasoline A2 (Platts) vs. RBOB Gasoline Futures	Refined Products	15,131
PJM Western Hub Peak Calendar-Month Real-Time LMP Futures	Electricity	14,679
CBL Nature-Based Global Emissions Offset Futures	Emissions	13,144
CBL Global Emissions Offset Futures	Emissions	11,769
E-mini Natural Gas Futures	Natural Gas	11,200
Mars (Argus) vs. WTI Trade Month Futures	Crude Oil	11,142

Product Name	Sub Group	Open Interest
Gulf Coast HSFO (Platts) Crack Spread Futures	Refined Products	10,053

CME 그룹의 에너지 선물, Open interest > 10000, 거래소: NYMEX

Product Name	Exchange	Sub Group	Open Interest
Corn Futures	CBOT	Grains	1,221,471
Soybean Futures	CBOT	Oilseeds	603,608
Soybean Meal Futures	CBOT	Oilseeds	404,556
Soybean Oil Futures	CBOT	Oilseeds	375,086
Live Cattle Futures	CME	Livestock	332,816
Chicago SRW Wheat Futures	CBOT	Grains	331,578
Lean Hog Futures	CME	Livestock	188,863
KC HRW Wheat Futures	CBOT	Grains	152,061
Bloomberg Commodity Index Futures	CBOT	Commodity Indices	56,124
S&P-GSCI ER Index Futures	CME	Commodity Indices	44,434
Feeder Cattle Futures	CME	Livestock	43,900
USD Malaysian Crude Palm Oil Calendar Futures	CME	Oilseeds	40,971
Class III Milk Futures	CME	Dairy	26,913
Cash-Settled Cheese Futures	CME	Dairy	18,169
Mini Soybean Futures	CBOT	Oilseeds	14,376

Product Name	Exchange	Sub Group	Open Interest
Bloomberg Roll Select Commodity Index Futures	CBOT	Commodity Indices	12,211
Nonfat Dry Milk Futures	CME	Dairy	10,114
Class IV Milk Futures	CME	Dairy	10,080
Cash-settled Butter Futures	CME	Dairy	9,813
Mini-Corn Futures	CBOT	Grains	8,915
Rough Rice Futures	CBOT	Grains	7,462
Oats Futures	CBOT	Grains	3,650
Random Length Lumber Futures	CME	Lumber and Softs	3,066
Dry Whey Futures	CME	Dairy	2,986
Mini-sized Chicago SRW Wheat Futures	CBOT	Grains	2,775
Urea (Granular) FOB US Gulf Futures	CBOT	Fertilizer	1,523
Canadian Wheat (Platts) Futures	CBOT	Grains	1,100
S&P-GSCI Commodity Index Futures	CME	Commodity Indices	1,041

CME 그룹의 농산물 선물, Open Interest > 1000

Product Name	Exchange	Open Interest
Gold Futures	COMEX	450,073
Copper Futures	COMEX	164,679
Silver Futures	COMEX	132,108

Product Name	Exchange	Open Interest
Platinum Futures	NYMEX	69,694
Aluminum MW U.S. Transaction Premium Platts (25MT) Futures	COMEX	28,906
U.S. Midwest Domestic Hot-Rolled Coil Steel (CRU) Index Futures	COMEX	22,106
Aluminium European Premium Duty-Paid (Metal Bulletin) Futures	COMEX	20,649
Micro Gold Futures	COMEX	20,183
Copper Financial Futures	COMEX	14,645
Cobalt Metal (Fastmarkets) Futures	COMEX	12,773
Palladium Futures	NYMEX	8,465
Aluminium European Premium Duty-Unpaid (Metal Bulletin) Futures	COMEX	8,439
U.S. Midwest Busheling Ferrous Scrap (AMM) Futures	COMEX	8,023
North European Hot-Rolled Coil Steel (Argus) Futures	COMEX	7,112
Micro Silver Futures	COMEX	5,997
Micro Copper Futures	COMEX	1,447
Iron Ore 62% Fe, CFR China (Platts) Futures	COMEX	1,419
Aluminum Futures	COMEX	1,339
Aluminum Japan Premium (Platts) Futures	COMEX	1,317
E-mini Gold Futures	COMEX	1,200
UxC Uranium U3O8 Futures	COMEX	800
Alumina FOB Australia (Platts) Futures	COMEX	775

Product Name	Exchange	Open Interest
Lithium Hydroxide CIF CJK (Fastmarkets) Futures	COMEX	429

CME 그룹의 금속 및 배터리 재료 선물, Open Interest > 400

위의 표에서 보듯 세계 주요 선물 거래소 그룹 중 하나인 CME (Chicago Mercantile Exchange)에서 거래되는 선물과 옵션만 해도 그 종류가 수천 가지입니다. 표에서는 에너지, 농산물, 금속 선물만 포함했고 주식, 금리 및 코인 선물 등은 너무 많아 포함하지 않았습니다. 약정량이 어느 정도 되는 상품의 선물은 성공적으로 시장이 형성되었다고 볼 수 있습니다. 하지만 표에 없는 많은 선물들은 약정량이 전혀 없습니다. 예를 들어 CME 그룹의 면화 선물에는 약정량이 전혀 없습니다. 반면에 ICE의 면화 선물은 거래가 되고 있으며 면화가 주요 산업의 일부인 인디아의 거래소 MCX(Multi Commodity Exchange)에서도 활발한 거래가 있습니다.

환경 관련 선물과 오렌지 쥬스 등 다양한 상품의 선물을 거래할 수도 있는 ICE(Intercontinental Exchange), 변동성 선물인 VIX 선물 및 옵션 등의 주식 파생 상품들이 많이 거래되는 CBOE(Chicago Board Options Exchange), 유럽 관련 선물이 많은 EUREX, 금속류에 강한 LME(London Metal Exchange) 등등 수많은 선물 거래소가 있으며, 이외에도 수많은 국가에서 새로운 거래소들이 떠오르고 있습니다. 2021년 현재 헤지 도구들의 시장은 매우 빠르게 성장하고 있습니다.

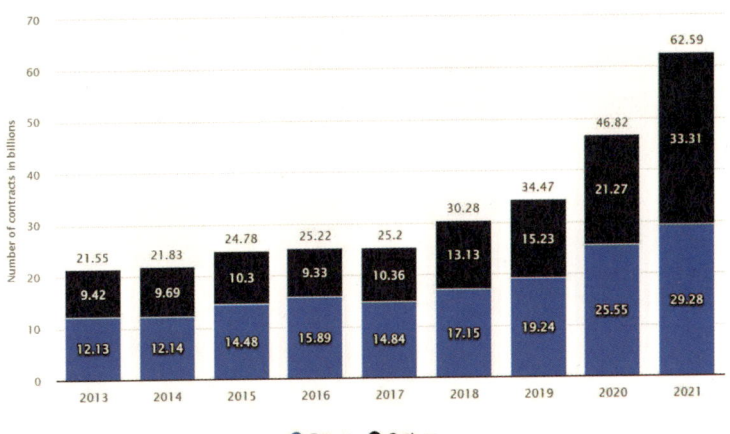

Years	Futures	Options
2013	12.13	9.42
2014	12.14	9.69
2015	14.48	10.30
2016	15.89	9.33
2017	14.84	10.36
2018	17.15	13.13
2019	19.24	15.23
2020	25.55	21.27
2021	29.28	33.31

전 세계의 선물과 옵션의 거래량(십 억 계약)
출처: fia.org

헤지 도구 거래 시장의 기본 조건은 신뢰입니다. 자신이 불리할 때마다 계약을 취소해 버린다면 시장은 문을 닫아야 하겠지요. 신뢰를 유지하는 것은 생각보다 어려운 일입니다. 세계적 선물 거래소들도 손실을 피하기 위해서 계약을 파기하는 결정을 내리고는 했습니다.[94] 일대일로 계약을 하는 개별적 포워드와 스왑 계약에서는 상대편이 지급 불능에 빠질 경우 위험에 처합니다. 선물에도 이러한 위험이 없지는 않지만 거래소의 파산 확률은 상대적으로 훨씬 작습니다.[95] 또한 선물 거래소는 익명의 상대편과 거래를 하게 됩니다. 알지도 못하는 판매자로부터 물건을 사는 것입니다. 익명성 하에서는 팔릴 수 있는 최하 품질의 상품을 판 쪽이 가장 높은 이익을 얻게 됩니다.

신뢰가 충분하고 상품의 품질이 관리되어도, 가격이 비싸 거래자가 없으면 누구도 그 시장을 이용하지 않을 것입니다. 특히 초기 시장에서 판매자는 위험에 처할 수 있습니다. 구매자가 큰 액수의 주문을 했을 경우 그 구매자는 자신의 소비를 위한 일반적 구매가 아니라 유리한 정보를 가지고 이익을 남기기 위해 큰 주문을 냈을 가능성이 있습니다. 주문을 확정한 판매자가 생산을 시작하려 하니 상품 가격을 두 배로

---

94) 2022년 런던 광물 거래소에서는 대규모 니켈 거래를 취소할 수밖에 없었습니다. 니켈 가격의 급변으로 인한 파산과 지급 불능 사태를 막기 위해서였습니다. 이로 인해 수익을 본 많은 거래자들의 수익 역시 무효화되었습니다. 자신이 손해를 보면 취소하고 이익을 볼 때만 계약을 집행한다면 신뢰는 생기지 않겠지만 이러한 경우는 매우 드문 극단적 경우라고 할 것입니다.
https://www.lme.com/-/media/Files/News/Notices/2022/03/22-053-Nickel-Suspension---Further-Information---Delivery-Deferral-and-Trade-Cancellation.pdf

95) 선물 거래(futures deals)와 선도 계약(forward contract)은 상당히 비슷하지만 중대한 차이가 있습니다. 대부분의 경우 선도 계약은 일대일 계약이며 선물은 거래소가 거래를 보증하는 불특정 거래자들 간의 거래입니다. 선도 계약은 계약 당사자가 계약을 이행하지 않으면 손실을 입지만, 선물은 중간에서 선물 거래소가 이를 보증하는 것입니다. 선물 거래소는 큰 위험을 지게 되므로 브로커와 딜러 등을 통해 거래함으로써 개별 거래자의 지급 불능 위험을 완화합니다. 브로커와 딜러는 개별 거래자에게 증거금을 요구함으로써 어느 정도 위험을 완화할 수 있습니다. 반면에 선도 계약은 원칙적으로 아무 보호 장치가 없습니다. 물론 위험을 완화하기 위해서 거래소가 부분적으로 청산 과정에 개입되는 경우도 있기는 하지만, 상대편의 지급 불능을 거래소가 책임지지는 않습니다.

해서 팔았어야 했었다는 것을 발견할 수 있습니다. 판매자는 위험으로부터 자신을 보호하기 위해서 가격을 높이고 판매량을 제한할 수밖에 없습니다. 이렇게 활성화되지 않는 시장은 호가 차이가 높게 유지되고 높아진 가격은 시장을 더욱더 비활성화시킵니다. 악순환이 심화되는 것입니다. 활성화되지 않은 시장의 헤지 도구들은 적정 가격보다 월등히 높고 변동성이 높아져 헤지 도구로서의 유용성을 잃게 됩니다.

반면에 은행과 증권사 및 딜러는 개인과 기업에게 상시적으로 선도 계약과 스왑 및 옵션 등의 파생 상품을 판매합니다. 은행이나 증권사의 파생 상품 데스크에서는 이미 존재하는 상품이 아니라고 해도 고객의 요청에 따라 가격을 책정해 일대일로 상품을 판매하기도 합니다. 물론 일반적이지 않은 계약에는 판매자의 위험 관리와 높은 이익이 포함되어 있지요.

은행을 위해 헤지를 하는 은행의 파생 상품들

한국과 싱가포르에 있는 은행의 프라이빗 뱅킹 코너에서는 복잡한 파생 상품들을 일반 고객에게 추천하는 것을 자주 경험하게 됩니다. 예를 들어 특정 주식 두 개가 한꺼번에 20퍼센트 하락하지 않으면 5퍼센트 확정 금리를 준다는 식입니다. 은행원은 그렇게 큰 기업 두 곳이 동반 하락할 일이 얼마나 되냐고 묻습니다. 저는 은행원에게 되물어 보지요.

"그 둘의 상관 계수를 계산해 보셨나요?"

대답을 듣지 못했습니다. 밑에 작은 글씨가 써 있습니다. 원금이 보장되지 않는답니다. 최대 손실액도 써 있지 않네요. 주가가 30퍼센트 하락하면 얼마나 잃을지도 써 있지 않습니다. 그 당시 지속적인 상승을 계속하던 주식 시장과 거의 0퍼센트에 가깝던 금리로 인해 그 상품은 매우 잘 팔렸던 모양입니다. 하지만 그 상품을 구매한 고객들은 2022년의 주가 폭락 사태에서 큰 손실을 보았을 것이 확실합니다.

사실 그러한 상품의 위험은 완전히 헤지되어 있습니다. 다만 그 헤지가 고객의 위험을 줄이기 위함이 아니라 은행의 위험을 줄이기 위함이었을 뿐입니다. 고객을 위험에 노출시키고 은행은 이익을 취하는 것이지요. 뒤에서 옵션을 어찌 사고팔고 했을지를 굳이 설명하지는 않겠습니다. 무지를 이용해 자신의 이익을 취하면 사람들은 결국 금융 파생 상품 자체에 대한 불신을 쌓아 나갈 것입니다.

그러한 파생 상품을 구입하는 소비자에게도 문제가 없지는 않습니다. 미국의 경우 일반적이지 않은 파생 상품을 제대로 설명하지 않고 판매하면 은행이 소송을 당할 수 있는 매우 위험한 행위이지만, 설사 판매하려고 해도 사람들은 잘 사지 않습니다. 워낙에 다양한 금융 사기꾼들이 발전된 기법으로 수많은 사람들을 속여 왔던 곳인지라 사람들은 위험에 민감하고 적극적으로 대처합니다. 은행을 정부가 세금으로 거의 보증하다시피 하는 한국과 같은 나라들에서는 예금자보호법이 없다 하더라도 시중 은행의 예금을 돌려받지 못할 확률은 낮습니다. 그러나 수많은 은행들의 파산으로 자산을 잃어버린 경험을 많이 했던 미국인들은 높은 이자를 주는 은행은 곧 파산할 신호로 생각하지 목돈 불릴 숨겨진 찬스라고 생각하지 않습니다. 정부는 기본적인 예금자 보호 보험 외에는 파산에 처한 은행의 예금자를 보호하지 않습니다. 물론 시티은행과 같은 대마불사의 예외를 만들기는 했지만 그것은 금융 위기 상황의 특별 예외일 뿐입니다. 위험한 은행에 돈을 넣은 사람의 손실을 세금으로 보전하지 않는다는 원칙을 지키려고 하는 것입니다. 종이로 된 수표를 아직도 사용하는 미국과 금융권의 시스템 통합 속에 하루가 다르게 발전하는 한국의 시스템을 비교하기는 힘들 것입니다. 그러나 거래 시스템이 발전되어 있다고 은행이 파산을 하지 않는 것이 아니며, 판매한 상품에 책임을 지는 것도 아닙니다. 소비자가 위험을 무시하는 이상, 은행은 그로부터 이익을 취할 것입니다.

본질을 잃어버린 금융 서비스

은행의 본질은 고객과 신뢰 관계를 구축해서 신용을 공여하고 고객의 투자와 성공을 뒷받침하고 위험을 낮출 수 있도록 상품과 서비스를 판매하는 것입니다. 교묘하게 만들어진 공식을 통해 고객의 일방적 손실을 자신의 이익으로 취하는 것은 카지노에 가깝습니다. 고객의 심리적 약점을 증폭시켜 돈을 걸게 만들어 수익을 취하는 것이 카지노의 사업 모델입니다.

금융권은 기업과 개인의 위험을 낮추기 위해 헤지 상품을 만들어 팔 수 있습니다. 위험을 관리하는 컨설팅을 적절한 가격에 판매하고 이렇게 창출되는 효율성의 증가와 이익에 대해 기업과 개인은 적절한 비용을 지불하겠지요. 효율성이 증가할수록 헤지 산업의 총 규모는 증가하고 마치 보험업이 처음 생겨났을 때처럼 금융은 비약적으로 발전할 것입니다. 효율성과 이익을 증가시키는 적절한 헤지 상품이 바로 그 기반이 되겠지요.

세상에는 아직 충분히 많은 헤지 상품들이 존재하지 않습니다. 새로운 헤지 상품들로 구성된 시장이 만들어지면 더 많은 위험 헤지가 가능해지고, 더 많은 위험 헤지에 대한 수요는 더 발전한 헤지 상품들을 만들어 낼 것입니다. 발전된 헤지 상품을 디자인하는 것도 중요하지만 기본 헤지 도구를 만들어서 거래되도록 하는 것 역시 더없이 중요합니다. 예를 들면 커피콩 생산자의 위험을 헤지할 수 있는 커피콩 자체의 선물은 존재합니다. 하지만 서울의 커피숍에서 판매되는 커피 한잔의 선물은 없습니다.[96] 새롭게 문을 여는 카페들이 커피 한잔 가격의 선물을 매도하면 경쟁으로 인해 커피 한잔의 가격이 하락할 경우의 위험은 줄 수밖에 없습니다. 강남 지역 오피스나 상가의 평균 임대료에 대

---

96) 석유나 소, 돼지처럼 실물을 배달하는 선물도 있지만 주가 지수 선물처럼 실물을 배달하지 않고 오직 현금으로만 결제하는 선물도 존재합니다. 이를 현금 결제(cash settled) 선물이라고 합니다. 커피콩 일 만 톤은 실물의 배달이 가능하지만 카페의 커피 일 만 잔은 일종의 서비스라고 생각할 수 있으므로 배달을 정의하기가 쉽지 않습니다. 일정 기간에 쓸 수 있는 무료 커피 쿠폰 정도로 생각할 수도 있지만, 더 쉬운 방법은 커피 한잔의 가격 인덱스를 만들어 현금으로만 결제를 하는 것이지요. 다른 예를 들어 집의 평균 매매 가격을 인덱스로 만들어 선물 거래를 할 수 있습니다. 심지어 균일하게 지어진 대규모 아파트라고 하더라도 가격은 층마다 다르고 인테리어나 조향 등 다른 요소도 들어가기에 실제 배달은 쉽지 않습니다. 이러한 현금 결제에 기반한 선물의 단점은 선물의 근거가 되는 자산과 직접적으로 연결되지 않음으로써 선물의 가격이 발산할 수 있는 가능성이 있다는 것입니다. 예를 들어 소를 배달해야 하는 선물은 전체 소의 마리 수를 넘겨서 선물을 발행하는 데에 압박을 받기 마련입니다. 배달 시점에 더이상 소를 구할 수 없으면 큰 손실을 입을 것이니까요. 따라서 실물과의 연계가 강하게 생깁니다. 하지만 소를 배달할 필요가 없는 선물은 이론적으로는 무한정 발행해도 큰 문제가 없습니다. 물론 실제 소의 마리 수보다 월등히 많은 현금 결제 선물을 팔았다면 선물을 대규모로 산 이후 상대적으로 작은 수의 현물 소를 대규모 매입해서 소의 가격 자체를 올리는 전략으로 인해 큰 손실을 입을 수 있습니다. 따라서 실제로는 아무리 현금 결제라고 해도 무한정 발산하지는 않습니다. 주가 인덱스 선물 또한 주가 인덱스의 주식을 배달하는 것이 아니라 현금 결제를 기반으로 합니다.

한 선물 역시 존재하지 않습니다.[97] 이러한 파생 금융 자산들이 성공적으로 거래될 수 있다면 현재 이미 세계 경제의 커다란 부분을 차지하는 보험업보다 비교할 수 없을 만큼 더 큰 시장이 만들어질 것이고 헤지의 비용은 감소하며 자영업이든 기업이든 그 위험은 비약적으로 줄어들 것입니다. 물론 현재도 간접적 헤지 도구들을 이용해서 많은 헤지를 할 수 있지만 더 직접적이고 효율적인 헤지를 할 수 있다면 그 비용이 줄어듭니다.

이러한 헤지 도구의 시장이 잘 발달된다면 기업은 또한 그 헤지 도구의 가격 변동으로부터 거꾸로 미래의 경영 상황을 예측해 낼 수 있습니다. 농업 기업이 옥수수의 선물 가격 등락으로부터 수익 가능성과 경쟁자들의 투자 동향까지 추정할 수 있듯이 말입니다. 헤지 도구 시장은 효율적 시장 경제를 만들어 내는 근간입니다.

---

97) 암호 자산을 통해서 2020년 11월 미국 대통령 선거에서 바이든-트럼프 두 주요 후보의 당락에 베팅할 수 있는 코인이 만들어진 바 있습니다. 암호 자산 탄생 이전에도 정치, 사회 이벤트에 대한 베팅을 할 수 있는 도박 사이트들이 있었습니다. 이를 예측 시장(prediction market)이라고 하는데 실제 시장 참여자들이 자신의 예측에 베팅을 하는 것이기 때문에 정확도가 상당히 높기도 합니다. 하지만 암호 자산은 제대로 된 규제를 할 수 있는 시스템과 상대편 위험을 감당할 수 있을 만큼 투명한 관리가 가능해져야만 제대로 헤지 자산으로 본격적으로 사용될 수 있을 것입니다. 위험을 줄이기 위해 사용되는 헤지 도구를 선정할 때 도리어 위험을 늘릴 수 있는 요소는 지양해야 합니다.
KENNETH J. ARROW et. al. (2008) The Promise of Prediction Markets, Science VOL. 320, NO. 5878 877-878

팩터 모델을 통한 헤지는 항상 안전할까?

"위험 헤지를 함으로써 더 위험해지기도 하나요?"
"당연하지요. 영양제가 좋다고 자신의 상황을 분석하지도 않은 채 무조건 먹으면 부작용이 있는 것처럼 제대로 분석된 헤지를 하지 않으면 안 하니만 못할 때가 생깁니다."

위험 비용보다 커질 수 있는 거래 비용

거래 비용(trade cost)은 단순히 정부의 세금이나 거래소 수수료 등을 이야기하는 것이 아닙니다. 훨씬 중요한 거래 비용은 내가 사고 싶은 가격과 얼마나 가깝게 살 수 있는가입니다. 예를 들어 현재 구글이 100달러에 거래되었다고 해도 그것은 과거의 가격일 뿐입니다. 내가 주문을 내는 순간 가격이 올라 나는 결국 101달러에 살 수도 있습니다. 특히나 나의 주문량이 클 경우 이러한 가격 움직임에 따른 비용은 더욱 높아집니다.[98] 거래 비용은 항상 고정적이지 않고 시장 상황에 따라 매우 달라집니다. 예를 들어 변동성이 늘어나면 거래 비용이 증가하고, 거래량이 줄어도 거래 비용이 증가합니다. 작지만 예측하기 힘든 손실이 발생하게 되는 불확실성이 있습니다.

이러한 거래 비용을 무시하고 위험을 이론으로만 접근하여 너무 극단적으로 위험을 줄이는 과정은 그 자체가 리스크가 될 수도 습니다. 헤지 대상에 비해 그다지 크지 않은 작은 헤지 포트폴리오에서야 헤지의 거래 비용이 전체 수익에 비해 비중이 크지 않을 것입니다. 하지만 크고 복잡한 헤지 포트폴리오에서는 거래 비용의 비중이 헤지해야 할 대상의 위험에 비해 상대적으로 크게 증가할 수 있습니다. 즉 100의 위험을 줄이기 위해 0.1의 거래 비용을 내는 것이 적절하다고 할 때, 너무 커진 극단적 포트폴리오는 10이나 50의 거래 비용까지도 야기할 수 있는 것입니다.

거래 비용의 또 하나의 문제는 미래의 거래 비용을 알 수 없다는 데에 있습니다. 현재의 거래 비용은 낮더라도 미래의 정확한 거래 비용은 일단 그 시점에 도달해야 알 수 있습니다. 만약에 극단적 상황에서도

---

[98] 거래 비용은 브로커나 거래소가 고정적으로 요구하는 수수료뿐만이 아닙니다. 사실 수수료는 전체 거래 비용의 작은 일부일 때가 대부분입니다. 대부분의 거래자는 현재 가격보다 싼 가격에 매도하고, 비싼 가격에 매수할 가능성이 높습니다. 이것은 주문 호가 창에서의 호가 차이인 스프레드(spread) 그리고 마켓 임팩트로 설명할 수 있습니다. 시간 한도 내에 거래를 실행해야 하는 쪽은 자신에게 불리한 가격이라도 거래를 해야 하므로 이러한 불리한 가격이 거래 비용으로 추가되는 것입니다. 이 비용은 따로 부과되는 것이 아니라 가격에 포함되어 있으므로 정확한 추정이 불가능합니다. 굳이 당장 거래를 하지 않아도 되는 쪽은 자신에게 좋은 가격에 호가를 내어 놓고 체결되지 않아도 기다리는 정책을 취하므로(liquidity provider) 더 유리한 가격에 거래를 하게 됩니다. 주식이나 선물 이외의 시장에서도 이러한 현상은 똑같이 일어납니다. 2022년에 암호 자산 거래소인 FTX의 파산을 보면 바이낸스의 대표 창펑 자오가 FTX의 거래소 코인 FFT를 매도하기 직전 바이낸스가 보유하고 있는 FFT 코인의 가치는 미화로 약 5억 달러였으나 시간에 쫓긴 대량 매도로 인해 실제 매도 대금은 5억 달러가 아닌 3억 달러 정도로 추산됩니다.

무조건 거래를 일으켜야만 하는 헤지 포트폴리오라면 조금 더 유동적으로 거래가 가능한 포트폴리오에 비해 훨씬 높은 비용이 들기 마련입니다. 극단적 상황에서의 다이나믹한 헤지는 청산의 최대 비용을 고려하지 않고 만들 때 비현실적입니다. 평상시에는 대부분 낮은 비용으로 거래가 가능하다 하더라도 경계선 상의 상황에서는 어떻게 될지 알 수 없으므로 극단적으로 동적인 헤지를 가정해 완벽하게 위험을 줄이기보다 거래 안정성을 최대한 확보하는 것이 전체 위험을 줄일 수 있는 방편입니다. 새로 개발된 기술들은 헤지의 효용을 많이 낮추지 않고 최적화 기법을 통해 비용을 낮춥니다.

거래 비용이 늘어나는 경우

헤지의 거래 비용이 특히 증가하는 경우 중 하나는 위험을 헤지해야 할 대상 자체가 자주 바뀔 경우입니다. 투자에서도 본래 시그널 자체를 너무 자주 거래하면 수익이 거래 비용을 넘어서기 힘들기 마련입니다. 그런데 시그널 자체가 빈번하게 바뀌면 그 시그널의 거래 비용만 들어가는 것이 아니라 그 시그널을 헤지하는 헤지 포트폴리오의 거래 비용까지 추가됩니다. 수익의 증가가 목적이 아니라 위험을 감소시키는 헤지는 비용이 늘어날 때 취약해집니다. 수익이 고정되어 있는데 비용이 수익을 계속 낮추어 나가기 때문입니다. 물론 원래의 시그널이 장기간 보유를 가정해서 기대 수익이 거래 비용보다 월등히 높을 때는 큰 상관이 없습니다. 헤지 거래 비용으로 줄어드는 수익보다 위험의 감소로부터 증가되는 수익이 훨씬 크기 때문입니다.

기업 활동의 헤지 포트폴리오 역시 투자 포트폴리오의 헤지와 같이 거래 비용이 증가될 수 있습니다. 위험 팩터에 대한 노출이 자주 바뀔 경우 헤지 포트폴리오 역시 단기적으로 많은 거래를 일으킬 수밖에 없습니다. 예를 들어 주중에는 외식업에서 주로 매출이 발생하고 주말에는 레저업에서 주로 매출이 발생한다면 매일 위험 노출이 바뀌는데, 이를 모두 따라가면 비용이 더 들어갑니다. 한 달 이상에 걸쳐 나타나는 장기 변화에 대한 노출을 헤지한다면 헤지 포트폴리오는 안정적이 될 것입니다. 이와 비슷한 예로 B2B 사업에서 소수의 고객이 빈번히 바뀌는 경우에서도 포트폴리오가 거래를 일으킬 수밖에 없습니다.

　또 다른 경우는 거래 및 관리 비용이 매우 높은 부동산이나 석유 및 선박 등의 현물 자산이 헤지 용도로 사용되었을 때입니다. 이러한 경우는 유동성의 위험까지 존재하기 때문에 가급적이면 유동성이 충분히 있는 헤지 도구들을 이용하는 쪽을 고려해야 합니다. 만약에 부동산과 같이 상대적으로 유동성이 떨어지는 도구를 사용한다고 해도 대규모 아파트 단지의 유닛과 같이 가격 산정이 가능한 경우가 아니라 임야처럼 자산 가치가 불확실한 대상을 헤지에 사용하는 것은 거래 비용도 비용이려니와 거래 자체가 적시에 이루어지지 않기에 헤지가 무산됩니다.

　채권이나 주식에서도 유동성이 떨어지고 거래 비용이 높은 경우가 많이 있습니다. 대부분의 주식과 채권은 유동성이 높지 않습니다. 매우 특정한 팩터를 헤지하기 위해서 이러한 채권이나 주식을 포트폴리오에 포함해야 한다면 헤지를 최대한 장기적이고 고정적으로 바꾸어 주어야 합니다. 물론 장기적 투자에서 고정적 위험이 발생한다면 이를 헤지하기 위해 포트폴리오에 포함시킬 수 있습니다. 반면에 동적인 헤지를 가정한다면 헤지 도구의 유동성 및 거래 비용을 중요 요건으로 고려해야 합니다.

팩터 모델 최적화의 불확실성

팩터 모델에도 불확실성이 있습니다. 상관관계는 모두 과거의 데이터에서 만들어지기에 미래에도 정확히 그 관계를 따르지 않습니다. 물론 크게 10퍼센트 20퍼센트 레벨에서는 매우 안정적인 경향성을 보이지만 세밀하게 1퍼센트 레벨로 들어간다면 결코 추정치를 그대로 따르지 않을 것입니다. 이렇게 어느 정도의 불확실성이 내포된 모델로 1퍼센트 이내의 위험을 잡으려고 하면 과잉 최적화가 일어납니다.

소음을 싫어하는 코끼리의 특성을 이용해서 코끼리 무리를 한쪽으로 가도록 만들 수는 있습니다. 그러나 코끼리의 이러한 특성을 이용해서 코끼리들을 정확히 2미터 간격으로 시속 1킬로미터로 가게 만드는 모델을 누군가가 만들었다면, 이론상으로는 가능해도 실제 적용에서는 작은 노이즈에도 실패하고 마는 과잉 최적화로 끝날 것입니다. 과잉 최적화의 결과는 약간의 오차가 일어나는 것이 아닙니다. 코끼리들이 엉뚱한 곳으로 광분하여 달려가는 결과를 만들어 낼 수 있습니다. 사실 이는 위험 팩터 모델뿐만 아니라 과거의 데이터를 통한 모든 모델 구성에서도 일어나는 문제입니다. 헤지 모델의 복잡함으로 헤지 모델을 블랙박스로 여긴다면 이러한 오버 피팅에 대한 통제가 줄어듭니다. 복잡한 헤지 모델일수록 근본적 이해가 필요합니다.

팩터 자체의 불확실성

팩터를 이용한 모델 뿐 아니라 팩터 자체에도 불확실성은 있습니다. 이는 사실 많은 연구자들이 간과하는 부분입니다. 팩터 자체의 불확실성은 몇 가지 이유로 나타납니다.

팩터가 상시적이지 않기에 일어나는 불확실성의 문제는 현재 어떤 팩터가 어떤 대상에 노출을 주고 있는지를 추정하는 불확실성입니다. 사람들은 팩터들이 상시적으로 대상에 영향을 준다고 착각합니다. 그러나 실제로는 전혀 그렇지 않습니다. 예를 들어 주가에 중요한 영향을 미치는 팩터 중 하나인 유가만 하더라도 유가의 오르내림이 항상 같은 정도로 영향을 미치는 것이 전혀 아닙니다. 유가가 똑같이 올라도 유가가 오름으로 인해서 불황이 닥치는 경우와 호황으로 인해 수요가 높아져서 유가가 오르는 경우는 정반대의 영향을 가져옵니다.

팩터에 대한 신뢰도에서 나타나는 불확실성의 문제는 주어진 여러 팩터들에 대한 신뢰도가 각기 다르다는 데에 기인합니다. 일단 팩터들의 신뢰도 자체를 제공하는 곳도 많지 않지만 제공한다 해도 많은 경우 그 복잡성 때문에 이를 모델에 반영하지 않기 마련입니다. 특히나 새로운 팩터에서 나타나는 신뢰도의 문제는 팩터 자체를 처음 찾아내서 만들어 나가는 과정에서 과잉 최적화의 가능성 때문에 일어납니다. 다시 말해 새로 만들어 낸 팩터가 의미 있어 보이는 이유는 바로 우리가 그 의미를 사전에 가정하고 최근의 데이터에 맞추어 팩터를 만들어 냈기 때문일 수 있습니다. 팩터에 낮은 신뢰도가 주어지면 팩터 모델에서 그에 대한 비중을 줄일 수 있습니다. 하지만 그렇지 못한 경우에는 확실한 팩터와 불확실한 팩터를 섞어 버리게 되고 이로 인해 전체적으로 불확실성이 증가합니다.

　예를 들어 새로 만들어 낸 코로나 바이러스 팩터가 데이터 상으로는 90퍼센트의 상관관계를 보이고 있지만 그 팩터를 찾아낸 연구의 특성상 이에 대한 신뢰도는 10%밖에 되지 않을 수 있습니다. 팩터의 불확실성은 그것을 인지할 때 위험이 줄어듭니다. 신뢰도가 60%라고 주장하는 팩터가 신뢰도가 100%라고 주장하는 팩터보다 훨씬 더 안정적인 이유는 신뢰도가 100%라고 주장한다는 사실 자체가 자신의 신뢰도를 전혀 알고 있지 못한다라는 증거이기 때문입니다.

헤지가 쉽지 않을 경우는 언제일까?

"위험을 전부 헤지할 수 있을까요?"
"무차별적으로 모든 위험을 헤지하는 것은 도리어 위험을 가중시켜요."

모든 위험을 헤지하는 위험

    세상 일이 그러하듯 모든 상황에서 모든 위험에 대해 헤지가 가능할 수는 없습니다. 게다가 가능하다고 해도 너무 많은 위험에 대한 헤지는 높은 비용으로 인해 더욱 확실한 손실을 가져오기도 합니다. 모든 위험에 대비한다고 사기를 당할 위험 보험, 세상 모든 질병에 대한 보험, 차량이 홍수에 침수될 위험 보험, 전쟁으로 부상을 당할 위험 보험 등등 보험만 수백 개를 든다면 과도한 보험료 때문에 확실한 위험에 빠지게 되는 것과 같은 이치이지요. 위험은 변화이고 변화는 곧 위험입니다. 세상이 멈추어 있지 않는 이상 어떤 상황도 특정 측면에서 보면 위험으로 여겨질 수 있는 것입니다.

경기 호황이 닥쳐도 그로 인해 경쟁사의 이익이 높아져 버리는 위험이 있을 것이고, 상품이 너무 잘 팔려도 그로 인해 소비자로부터 소송을 당하거나 독과점을 의심받을 확률은 더 높아집니다. 자신이 뜨거운 커피를 엎질러서 화상을 입은 고객이 뜨거운 커피를 판 잘못을 맥도널드에게 돌려 오 억 원에 달하는 배상 판결을 받은 것은 맥도널드가 선두 기업이기 때문이지요.[99] 동네 식당이었다면 그러한 판결은 나오지 않았을 것입니다. 맥도널드가 미지근한 커피를 팔아 이 위험을 사후에 막는 것이야 가능하지만 사전에 고치는 것은 쉽지 않았을 것입니다. 애플이 자신과 비슷하게 모서리가 둥그런 모양의 스마트폰을 만들었다고 삼성을 고소한 것은 삼성이 애플을 위협할 만큼 자라났기 때문입니다. 이 모든 위험을 사전에 막는 것은 쉽지 않고 비용 또한 많이 들 것입니다. 일본의 반도체가 미국에서 제재를 당했던 이유는 너무 많이 팔렸기 때문입니다. 극단적인 상황이 일어나지 않도록 최소한의 관리를 하는 것도 쉽지 않습니다.

위험을 헤지한다고 모든 위험을 없애야 한다고 생각하면 도리어 중요한 위험을 저렴한 비용으로 줄일 기회를 놓치고 맙니다.

---

[99] 앤디 시몬스 (2021) Remember the Hot Coffee Lawsuit? It Changed the Way McDonald's Heats Coffee Forever, 리더스 다이제스트

적절한 헤지 도구가 없을 경우

위험 팩터는 명백한데 이것을 헤지할 직접적 헤지 도구가 뚜렷하게 나오지 않고, 그러한 팩터에 노출된 다른 간접 헤지 도구 역시 많지 않은 경우가 있습니다. 예를 들어 제주도의 수온 상승에 크게 영향을 받는 물고기 양식업을 하는 기업이 수온 상승을 헤지하고 싶다고 합시다. 그러나 특정 지역의 수온에 대한 선물은 아직 없습니다. 물론 미국처럼 한국도 지역별 기온 선물이 만들어질 수도 있지만, 적어도 현재는 존재하지 않습니다. 간접 헤지 도구를 구하려 해도 제주도 수온 팩터에 노출되어 있는 기업이 상장되어 있지 않습니다. 세계 기온 상승이 제주도 수온과 어느 정도 연결되기는 하지만 상관관계가 너무 낮고 불확실성이 높아 헤지 도구로는 적절치 않습니다. 수온 상승이 세계적 지구 온난화 때문이 확실하다면 지구 온난화 팩터로 헤지를 할 수는 있겠지요. 하지만 세계적 온난화와 특정 지역의 수온 상승은 단기적으로는 반대로 움직일 수 있습니다.

또 다른 경우의 예를 들면 정치 권력이 불안정해서 무정부 상태에 근사한 국가에서 현 정권의 허가로 자원 채취 등의 이권 사업을 하는 경우입니다. 쿠데타라도 일어나면 허가는 취소되고 이권은 다른 기업에게 넘어갈 것입니다. 물론 이 국가에 주식 시장이나 금융 시장이 어느 정도 안정화되어 있다면 헤지가 가능합니다. 하지만 이미 모든 경제가 파탄이 나고 국가 신용도가 바닥인 국가에 대해서는 헤지할 방법이 많지 않습니다.

2022년 러시아의 우크라이나 침공으로 인해 미국 증시에서는 모든 러시아 주식의 거래가 금지되었습니다. 그렇다고 삼엄한 제재 속에서 러시아에 직접 투자를 할 수도 없는 일입니다. 러시아 경제의 위험을 헤지하고 싶어도 쉽지 않는 상황이지요. 물론 러시아처럼 큰 국가에 간접적으로 노출된 도구를 찾는 것은 어려운 일이 아닙니다. 하지만 훨씬 사용하기 쉬운 헤지 도구들이 정작 필요한 순간에 자취를 감추는 일이 발생하는 것입니다.

위험을 가중하는 때늦은 헤지

전기차를 만드는 회사가 리튬 가격이 너무 올라서 이미 오른 후에야 헤지를 시도할 경우를 생각해 봅시다. 사실 헤지는 보험처럼 위험이 닥치기 전에 해야 하는데 사람들은 위험이 닥친 이후에야 위험을 헤지하려고 생각합니다. 많은 경우 때늦은 소 잃고 외양간 고치기 식의 헤지가 되기 마련입니다. 위험이 이미 시작되면 헤지의 비용은 높아집니다. 단순히 비용이 높을 뿐 아니라 너무 극단적으로 높아진 가격으로 도리어 하락에 베팅을 해야 하는 시점에서 더 잃는 것이 무섭다고 그때까지 외면하던 헤지를 뒤늦게 대규모로 시작한다면 헤지로 더 손실을 입을 수 있습니다. 이렇게 뒤늦은 헤지에서 이미 손실을 크게 본 팩터에만 집중적으로 헤지하는 것은 헤지의 기본 가정과 어긋나는 것입니다.

전기차 회사가 뒤늦게 리튬 가격 상승으로 인한 충격을 헤지하기 위해 가격 상승에 베팅을 했다고 해 봅시다. 그런데 얼마 후 리튬 가격이 폭락했습니다. 리튬 가격 상승이 이익을 줄였더라도, 리튬 가격이 폭락한다고 해서 전기차 회사의 이익이 꼭 늘어나는 것이 아닙니다. 전기차 매출의 감소로 리튬 가격이 폭락할 수도 있으니까요. 따라서 헤지는 총체적으로 구성된 포트폴리오로 수행해야지 소 잃고 외양간 고치는 식으로 손실을 본 헤지 도구만 콕 집어서 행할 수는 없는 것입니다. 도리어 손실이 가중됩니다. 이러한 거래는 헤지라기보다는 자신의 미래 예측이 들어간 위험한 투자 결정이라고 생각해야 할 것입니다.

경쟁력의 부재 시 오히려 손실을 확정하는 헤지

카지노의 룰렛 게임처럼 음의 기대 값을 가진 대상을 헤지하면 손실을 더욱 확정합니다. 헤지는 손실을 감소시키는 것이 아니라 손실과 이익의 변동성을 감소시키는 것입니다. 이익의 기대 값이 양인 경우 불확실한 이익을 확실하게 만들어 줍니다. 반면에 기대 값이 음인 경우에는 불확실한 손실을 확실한 손실로 만드는 것입니다.

경쟁력이 동종의 다른 기업에 비해 월등히 떨어지는 경우 비교 이익의 기대 값은 음입니다. 평소에 들쑥날쑥 크게 벌고 크게 잃고를 반복하는 기업이 긴 기간, 사업을 하면 결국 손실을 내고 끝나는 것입니다. 헤지는 이러한 기업을 매년 확실하게 손실을 내는 기업으로 바꾸어 줄 것입니다. 물론 경쟁력이 어느 정도 떨어진다고 해도, 헤지는 자금 동원 능력이나 안정성 등에서 경쟁력을 높여 줍니다. 헤지로 인한 경쟁력의 상승은 도움이 될 것입니다. 하지만 근본적으로 경쟁력이 떨어지는 기업에는 도움도 한도가 있기 마련입니다.

본질적으로 맛이 없고 질이 떨어지는 음식을 파는 식당에서 헤지를 통해 벌어들인 자금을 쏟아부어 아무리 마케팅을 하고 음식 값을 낮추고 시설 투자를 해서 인테리어를 꾸며도 장기적으로 이익을 내기는 쉽지 않습니다. 이미 다른 기업들은 모두 저임금 노동력 국가로 공장을 이전했는데, 자동화도 하지 않고 더 낮은 품질이지만 임금만 월등히 높게 지불해야 하는 경우 헤지만으로 이를 해결하는 데에는 한계가 있는 것입니다.

요약하자면, 기업에 상대적 경쟁력 열세인 사업이 존재한다면 헤지는 손실을 확정시킵니다. 헤지는 상대적으로 경쟁력이 높은 사업의 위험을 없애는 것이지, 본원적 경쟁력이 없는 사업에 경쟁력을 만들어 주는 것이 아닙니다.

헤지의 타이밍이 헤지의 효용성을 늘리는가?

"헤지 포트폴리오는 한번 만들면 바꾸지 않아도 되는 것 아닌가요?"
"세상이 바뀌지 않고, 위험이 바뀌지 않고, 헤지 대상이 바뀌지 않는다면 가능할 수도 있지요."

상시적인 헤지와 위기 시에 강화되는 동적 헤지의 차이

보수적으로 위험 헤지를 생각하는 사람들은 헤지는 상시적이고 고정적어야 한다고 주장하기도 합니다. 하지만 학계의 보고를 포함한 실질적 결과들은 다릅니다. 위험이 없는 평상시에도 완전한 헤지를 하는 것보다 변동성이 높은 위기 시에 헤지 포트폴리오를 강화하는 쪽이 더 높은 수익과 안정성을 보여줍니다. 높은 수준의 상시적인 헤지를 하면 기업이 수익을 보는 안정적 시기에 헤지에서 손실이 날 수도 있습니다. 물론 기업의 수익이 이런 손실과 상쇄되겠지만 어쨌든 이런 시기를 지나는 동안은 총체적 수익이 일시적으로는 줄어드는 것이지요. 위기 시에 강화되는 동적인 헤지는 평상시에는 극단적 위기에만 대비하는 최소한의 저비용 헤지를 수행하다가 변동성이 높아지고 위험이 예견되는 시기에는 헤지의 강도를 높입니다. 이러한 동적 헤지는 더 높은 수익과 안정성을 보일 수도 있습니다. 여기에는 두 가지 이유가 있을 수 있습니다. 첫째로 동적 헤지 모델 자체가 수익이 더 높고 위험이 낮기 때문입니다. 둘째로는 같은 성능이라도 실제적 운용 시에 맞닥뜨리는 다양한 헤지 포트폴리오 운용 조건에서 동적 헤지가 더 유리할 수 있습니다.

낮은 신뢰가 증폭시키는 고정적 헤지의 위험

헤지 포트폴리오에 대한 이해와 상시적 신뢰를 가지지 못할 때에 기업은 헤지 포트폴리오를 최악의 시점에서 청산하는 결정을 내릴 수 있습니다. 손실 시의 청산은 고정적 헤지를 최악의 동적 헤지로 바꾸어 줍니다. 투자에서의 예를 들어 본다면 단기 손실을 감수하고 고정적으로 30년 장기 투자를 하겠다고 나스닥 인덱스 ETF를 구입하였는데 채 일 년을 견디지 못하고 몇십 퍼센트 손실 시점에서 매각을 단행하는 것과 같습니다. 나스닥 인덱스가 장기적으로 아무리 이익을 가져온다 해도 이러한 투자는 손실을 볼 수밖에 없습니다. 고정적 투자로 시작해 결국 동적인 투자로 끝나는 쪽이 처음부터 동적인 투자를 하는 쪽보다 더 불리합니다. 고정적 투자는 동적 투자처럼 하락 초기에 매각하고 하락의 막바지에 다시 매수하는 논리 자체가 존재하지 않습니다. 대부분의 청산 시점은 손실이 가장 극대화되는 상황이기 마련입니다. 도리어 고정적 투자를 하겠다고 가정했기에 손실이 시작되어도 매각하지 않습니다. 당연히 하락의 초기가 아니라 가장 마지막 순간일 가능성이 높아집니다. 동적 투자의 입장에서는 매도를 끝내고 도리어 매수를 시작하는 시점이지요.

동적 헤지는 기업의 헤지 포트폴리오에 대한 신뢰가 약하더라도 평상시의 포트폴리오 규모가 더 작으므로 청산의 확률이 더 낮아집니다. 투자 포트폴리오에서 보여지듯이 여유 자본 대비 투자 금액이 작을 때에는 같은 비율의 손실이라고 해도 투자를 더 오래 유지하는 경향이 있습니다.

물론 이것은 절대적인 법칙이 아닙니다. 기업 경영자가 동적 헤지를 핑계로 임의적 판단으로 잦은 거래를 시행할 수도 있기 때문입니다. 그러한 경우는 동적 헤지가 손실을 증가시킬 수 있습니다. 이러한 임의적 투자는 장기 손실을 가져올 확률이 높습니다. 게다가 도덕적 해이 문제를 관리 감찰할 주체인 경영진이 자기 자신을 감찰할 확률도 낮기 마련입니다.

변동성이 높은 위기 상황에서의 동적 헤지 강화의 효용성

헤지 포트폴리오가 수익을 가장 많이 내는 시기는 당연히 위기 상황입니다. 만약 이런 시기에 헤지를 더욱 강화하면 어떻게 될까요? 물론 소 잃고 외양간 고치는 식으로 특정 팩터로 인해 커다란 손실을 내고 나서야 뒤늦게 그 특정 팩터에 대해 헤지를 수행한다면 결국 이중의 손실을 볼 것입니다. 그러나 이미 손실을 낸 시점이 아니라 위기 상황 자체가 시작되는 시점에서의 헤지 강화는 성능의 향상을 가져옵니다. 하지만 어떻게 위기 상황을 빠르게 감지하고 동적 헤지를 강화할까요?

우리는 팩터들의 변동성의 증가가 대부분 실질적 위기 상황보다 선행한다는 것을 알 수 있습니다. 변동성이 높다고 최종적으로 시장과 같은 팩터가 반드시 하락하거나 손실이 발생하는 것은 아닙니다. 변동성이 높아지는 시기에 시장이 폭락할 가능성도 있지만 반대로 일시적으로 하락했다가 다시 더 큰 상승을 하며 결과적으로는 이익을 낼 수도 있기 때문입니다. 변동성의 상승을 빠르게 알 수 있는 능력과 시장의 방향성을 맞출 수 있는 능력은 본질적으로 다른 능력입니다. 시장처럼 이미 잘 알려져서 효율성이 극대화된 팩터들의 방향성을 미리 맞추는 것은 매우 어려운 목표입니다.[100] 반면에 팩터들의 변동성을 일찍 알아내어 경고하는 것은 상당히 안정적으로 행할 수 있는 작업이며 많은 퀀트 포트폴리오에서 효과적으로 이용되고 있습니다.

---

[100] 시장과 같이 효율성이 극대화된 대상에 대해서 예측이 가능할까요? 이 질문은 사실 시장의 예측으로부터 수익을 낼 수 있을지의 질문과 혼동을 가져오는 것을 많이 발견합니다. 사실 예측을 잘하는 것은 가능하지만 수익을 내는 것은 쉽지 않습니다. 효율성 자체가 제대로 작동하지 않는 밀리세컨드 레벨의 초단기 예측은 매우 정확하지만 그로부터 이익을 내는 것은 그 거래 비용 및 시스템 구축 비용 때문에 매우 어렵습니다. 반면에 며칠에서 몇 달 정도의 중장기 예측은 예측이 매우 어렵습니다. 누군가 예측을 정확하게 할 수 있다면 이익을 내기는 훨씬 더 쉬워집니다. 예측이 정확한 30년 정도의 초장기 예측은 반면에 중간의 변동성의 위험에 노출됩니다. 30년 이후에 세계 경제는 지금보다 더 성장해 있고 주가는 상승할 것이라고 예측한다면 크게 틀리지 않을 것이지만 당장 한 달 동안 주가는 알기 힘든 것입니다. 하지만 인류가 현재와 같이 세계가 통합되며 폭발적으로 성장하면서 거대한 경제 규모를 누리고 기술 개발이 극도로 가속화한 것은 채 50년 정도밖에 안됩니다. 50년 전에는 대부분의 기업에게 사용할 수 있는 컴퓨터조차 없어서 계산원과 주판이 모든 계산을 했었다는 사실을 기억해야 합니다. 그런데 그러한 50년간의 데이터를 토대로 30년 주기로 보면 경제가 성장했다고 미래의 30년을 높은 신뢰도로 신뢰하는 것은 적어도 통계적으로는 그릇된 예측입니다. 사실 이러한 투자에는 일종의 미래 시점의 생존자 왜곡이 들어갑니다. 30년 후에 세계 경제가 현재보다 하락하는 경우는 세계 경제의 극단적 파탄이나 장기적 세계 대전과 같은 매우 극단적 상황입니다. 현재의 투자자들이 그러한 시기에 살아남을 확률은 매우 작을 것입니다. 즉 대부분의 투자자가 손실을 보고 시장에서 사라질 경우, 자기 자신 역시 그 일부가 된다고 해도 어쩔 수 없다고 생각할 수 있는 것입니다. 극단적 경제 파탄으로 세계의 대부분의 인구가 극빈층으로 전락하고 만다면 투자 포트폴리오의 어느 정도의 손실 정도는 그리 큰 문제가 아닐 수도 있으니까요. 반면 대부분의 투자자가 살아남았다면, 세계 경제는 건재하고 수많은 투자자들이 부를 늘려 나갔다면, 그러한 가정 하에서는 자신의 포트폴리오는 반드시 수익을 내야 한다는 일종의 심리적 미래 시점의 생존자 왜곡이 30년 장기 투자를 뒷받침하는 하나의 팩터라고 생각합니다.

발전된 헤지는 변동성을 잘 활용하여 헤지 포트폴리오를 다이나믹하게 운영할 수 있습니다. 매우 많은 팩터들에 대한 헤지는 특히나 변동성이 작은 시기에 큰 이점 없이 비용을 가중시키기 마련입니다. 더 많은 위험 팩터를 헤지할수록 비용은 더 늘어나겠지요. 그러나 변동성이 충분히 높은 시기를 빠르게 감지해서 동적으로 헤지 포트폴리오를 운용한다면 비용을 낮추어 효율성을 높일 수 있습니다. 헤지 포트폴리오가 더 많은 위험 팩터를 사용할 수 있도록 하고, 더 높은 수익을 낼 수 있도록 합니다.

변화하는 위험에 대한 동적 헤지

고정적 헤지 포트폴리오에는 또 하나의 커다란 단점이 있습니다. 헤지 포트폴리오가 고정적이라면 헤지를 수행해야 할 위험도 고정적이어야만 한다는 것입니다. 그러나 세상은 머물러 있지 않기에 위험의 정도가 바뀌기도 하고 전혀 새로운 위험들이 등장합니다. 이자율이 높아지고 기업들이 자금을 빌리지 못하는 순간이 오기 전까지 자기 자본 대비 상대적으로 높은 대출금은 위험의 팩터로 드러나지 않고 기업 경영에 당장 큰 영향을 주지 않습니다. 다시 말해 높은 대출금으로 인한 레버리지가 적어도 주가에서는 주요 위험 팩터로 잡히지 않다가 단기간에 위험으로 드러나는 것입니다. 그러나 시기가 바뀌면 이전에는 영향을 주지 않았던 것들이 한꺼번에 영향을 주기 시작합니다. 코로나 바이러스가 만연하고 전 세계가 부품 및 자재 수급 문제를 겪기 전까지는 재고 최소화와 공급망 세계화는 기업 경영에 있어 이점이었지 단점이 아니었습니다. 이전에는 드러나지 않았던 위험 팩터들이 빠른 시간 동안에 주요 위험 팩터로 등장할 수 있다는 사실을 받아들여야 합니다.

역사적으로 인플레이션과 같은 위험 팩터는 그 영향이 주기적으로 높아졌다 낮아졌다를 반복합니다. 하지만 소셜 미디어에 기반한 군중의 집단 행동과 같이 다른 위험 팩터는 이전에 존재하지도 않았습니다. 새로운 팩터가 만들어져 급격하게 위험 요소로 떠오르는 것입니다. 심지어 인류 역사에서 반복적으로 영향을 끼쳤던 인플레이션과 같은 위험 팩터도 지난 삼십여 년간의 미국 경제에서 관찰되듯 매우 낮은 인플레이션 하에서 위험 팩터로 작용하지 않았습니다. 주기적 팩터라 해도 매우 장기적으로 주요 팩터로 작용하지 않았다면 거의 새로운 팩터의 등장과 같은 효과를 주는 것입니다.

이렇게 동적으로 변화하는 팩터들에 대한 헤지를 고정적 헤지 포트폴리오로 달성한다는 것은 불가능에 가까운 목표라고 할 것입니다. 물론 고정적 헤지가 잘 수행할 수 있는 시장 위험 같은 경우는 그 영향이 극단적으로 바뀌지는 않습니다. 그럼에도 불구하고 시장에 대한 노출도마저도 육 개월 단위나 일 년 단위로 보면 상당한 변화가 생겨나기 마련입니다. 위험 팩터 자체부터 동적으로 분석해서 실시간으로 헤지 모델을 만들어 내는 동적 헤지의 효율성은 더이상 설명하지 않아도 충분할 것입니다.

동적 헤지의 어려움

　동적 헤지의 조건은 지속적인 연구 능력과 긴밀한 포트폴리오 운용 능력입니다. 연구 능력이 결여된 상태에서 동적 헤지를 한다는 것은 마치 눈을 가린 상태로 절벽을 오르는 것과 같습니다. 새로운 팩터를 발견해 내는 작업은 많은 연구자들이 성공적으로 행하는 업무이기에 시간만 충분하다면 연구자들이 잘 수행할 수 있을 것입니다. 그러나 동적 헤지의 성공은 팩터의 변화를 얼마나 빨리 발견할 수 있는지에 달려 있습니다. 더 높은 성과를 내기 위해 시간에 쫓긴 연구자들은 팩터를 검증할 충분한 시간을 가지지 못하고, 다시 말해 충분한 데이터를 확보하지 못하고, 팩터를 만들어 낼 수밖에 없습니다.

　물론 안정성만을 추구하여 남들이 이미 오래전에 검증한 팩터만을 가져다 쓰는 연구자 역시 문제입니다. 잘 알려지고 검증이 끝났을 때즈음에는 그 팩터의 위험은 이미 지나간 이후이기 마련입니다. 검증되지 않은 팩터는 분석의 오류가 너무 높고, 너무 늦은 팩터의 도입은 효용이 작거나 역효과를 내니 어찌해야 할까요?[101]

　동적 헤지의 또 다른 조건은 헤지 포트폴리오의 변화를 반영하는 거래를 더 자주 수행할 수 있어야 한다는 것입니다. 물론 고정적 헤지라

---

101) 늦은 위험 팩터의 도입에는 더 많은 데이터가 쌓이는데 효과가 없으면 없는 것이지 왜 역효과가 나는지 의문이 있을 수 있습니다. 늦은 도입으로 쌓인 데이터에는 생존자 편향이 생긴다는 것을 이해해야 합니다. 도입 시점에서 더이상 팩터가 작용하지 않으면 연구자는 분석을 그만두었을 것입니다. 연구자가 분석을 시도했던 사실 자체가 선택적 왜곡을 일으킨 것입니다. 더 많은 데이터가 왜곡이 생기는 이유는 이러한 생존자 편향으로 팩터가 연구자가 원하는 방향으로 작용하는 시기만 데이터가 더 많이 쌓이도록 했기 때문입니다. 게다가 너무 작은 데이터에서는 불확실성 때문에 시행하지 않았던 최적화를 데이터가 많다고 생각하며 과도하게 수행하는 경향도 늘어납니다.

고 해도 최소 일 년에 한 번 이상은 모델을 다시 검증하고 이에 따라 바뀐 부분을 거래해 주어야 하지만 동적 헤지는 적어도 한 달에 한 번 이상은 거래를 함으로써 빠르게 바뀌어 가는 팩터들을 따라가 주어야 합니다. 게다가 모멘텀 팩터처럼 팩터 자체가 동적인 팩터라면 며칠 동안에도 팩터 포트폴리오가 바뀌어 버립니다. 성능 향상을 위해서는 잦은 거래를 해야 하는데, 이러한 밀접한 거래에는 단순 거래 비용 증가뿐 아니라 거래를 수행하고 관리하는 시스템과 운용 인력이 더 필요하게 됩니다.

쉬운 정답은 없습니다. 훌륭한 연구자들이 우리가 이제까지 이야기해 온 다양한 방법들을 종합적으로 적용하는 것이 문제를 해결해 나가는 길일 뿐입니다.

기업 운영의 타이밍을 헤지로 이루어 내자

"지금 회사가 너무 어려워요. 물건을 팔아도 생산 원가도 되지 않아요."
"생산을 멈출 수는 없나요?"
"공장을 돌려야 적자가 덜해요. 고정비가 너무 높아요."

투자 포트폴리오의 타이밍 조절과 기업 운영의 타이밍 조절

전문 투자자들은 기업이 어려움을 겪을 것이라고 생각되면 주식을 매각합니다. 물론 매각 비용이나 투자 계약 등 여러 조건에 얽매여 고정적 장기 투자를 하기도 하고, 워렌 버핏처럼 기업의 소유주라는 생각으로 매각하지 않을 경우도 있습니다. 하지만 대부분의 전문 투자자들은 기업이 어려움을 겪을 것이 예상되면 심지어 현재 이익을 내고 있다고 하더라도 가차없이 선도적으로 매각합니다. 매각을 얼마나 빠르게 효율적으로 잘 수행하는가가 전문 투자자와 일반 투자자들을 구분하는 차이라는 학계의 분석까지 있을 정도입니다. 그러나 기업의 경영자는 다릅니다. 아무리 어려운 시기가 닥칠 것이 예상되어도 회사를 매각하거나 운영을 중단할 여건은 되지 않습니다. 공장을 잠시 멈추거나 생산량을 줄이는 것을 포함해 다운사이징은 쉽지 않습니다. 주식의 매각과는 비교할 수 없을 만큼 높은 비용을 야기하기 때문입니다.

업계 전반이 활황일 때야 제값을 받을 수 있어도 경영 악화 상태에서는 제값을 받기는커녕 매각 자체가 힘듭니다. 인력 감축 비용 때문에 운영을 계속하는 결정을 내릴 수도 있습니다. 고용이 유연한 국가에서는 국가가 실업 급여 등으로 해고 비용의 대부분을 감당하지만 한국과 같은 국가들에는 해당되지 않습니다. 사회를 안정시키는 모든 비용을 기업에게 떠넘기는 것은 국가 차원에서 커다란 낭비이자 비효율입니다. 노동 비용이 고정되어 있다면 장기간에 걸쳐 분할 상환해야 하는 부채가 됩니다. 레버리지를 높여 위험을 늘려 버린 효과입니다.[102] 기업의 위험이 늘면 투자는 줄고 투자가 줄면 고용도 줄어듭니다. 다운사이징이 불가능한 기업은 막대한 현금을 보유해야 위기를 넘길 수 있습니다. 이것은 마치 상품을 수송하는 선박을 보유한 선사에게 침몰 시 보상해야 할 모든 비용을 현금으로 보유하고 있으라고 요구하는 것과 같습니다. 선진국에서 국가가 실업의 비용을 더 많이 감당하는 것은 복지 수준이 높아서이기도 하지만 기업 경영의 효율을 높여 경제를 활성화시키기 위해서이기도 합니다.

---

102) 높아진 레버리지는 결과적으로 더 많은 해고를 일으킵니다. 레버리지가 높아진 상태에서 경기 불황과 같은 큰 위험이 닥치면 파산할 수밖에 없습니다.

헤지를 통한 다운사이징

그렇다면 어찌해야 할까요? 경영자는 어려운 시기를 잘 예측했음에도 불구하고 파산을 운명으로 받아들여야 할까요? 헤지에 그 해답이 있습니다. 업계 전체가 어려움을 겪는 어려운 시기에 기업은 업계 전체를 팩터로 하는 헤지 포트폴리오를 하락에 베팅함으로써 기업의 운영에서 생기는 손실과 상쇄시킬 수 있습니다. 물론 기업이 이익을 낸다면 이익 역시 상쇄될 것입니다. 만약에 기업의 손실 절반을 상쇄하는 헤지 포트폴리오를 운용한다면 기업은 절반의 다운사이징을 매우 효율적으로 수행한 효과를 볼 수 있습니다.

다운사이징의 결정으로부터 수익이 날 수 있는지의 문제는 전혀 다른 이야기입니다. 우리의 관심은 기업이 다운사이징을 얼마나 작은 비용으로 수행할 수 있는가입니다. 다운사이징을 하지 않으면 즉각적 파산이 예상되는 기업에게 다운사이징의 결과가 이익인지 손실인지는 전혀 중요치 않습니다. 어느 정도 손해가 나더라도 파산을 막는 비용일 뿐이고 이익이 나면 더 좋을 뿐입니다.

헤지는 작은 비용으로 다운사이징의 역할을 수행할 수 있지만 경영자들이 이를 받아들일 수 있는가는 다른 이야기입니다. 기업 운영에 어려운 시기가 닥칠 것을 예측하는 것부터 대부분의 경영자들이 선호하는 주제가 아닙니다. 어려운 시기가 닥쳐 다른 모든 기업이 어렵더라도 자신의 기업만은 수익을 낼 수 있다고 희망적으로 생각하는 것이 아마도 기본적 태도일 것입니다. 부정적인 예측으로 사기를 저하시키는 임직원에 대해서 기업 내부적으로 용납하는 문화 자체가 없을 수도 있습니다.

하락 예측은 기업 외부에서 행해질 때 더욱 객관적이 됩니다. 주식 시장에서 공매도를 주도하는 세력의 가장 중요한 역할이 바로 기업에 대한 부정적 뉴스를 투자자들에게 객관적으로 전달하는 것입니다. 기업에서 유포하는 공시 자료는 어떤 부정적 뉴스도 담아내지 않거나, 최대한 긍정적으로 보이도록 포장을 합니다. 기업과 투자자와의 관계를 유지해야 하는 증권사 애널리스트들마저도 결코 부정적 의견을 있는 그대로 내지 못합니다. 간접적으로 관계를 갖는 외부인도 그러한데 내부적으로 부정적 분석이 생성되기가 얼마나 어려운지 잘 알 수 있을 것입니다. 부정적 분석에 기반한 공시가 기업의 임직원이나 투자자들에게만 공포를 심는 것이 아니라 금융 기관의 부채 상환 압박과 거래처의 거래 단절까지 불러일으킬 수 있다는 걱정을 하는 경영자들을 이해하지 못할 것도 아닙니다. 그러나 모든 기업은 어려운 시기를 겪어 나가고 어려운 시기를 제대로 분석해 내는 능력은 기업에 대한 신뢰를 높여 줍니다. 나쁜 뉴스는 결국 시간이 지나면 언젠가는 드러나기 마련입니다. 경영인이 선제적으로 어려운 시기를 예측한다면 단기적으로 소폭의 주가 하락을 가져올 수 있지만 장기적으로는 투명성과 위기 관리 능력으로 인해 투자자들은 더 높은 주가를 부여할 것입니다. 어려운 시기가 닥친 이후 아무 예측도 분석도 없이 실적이 나빠진 것을 발견한 투자자들은 이에 더욱 부정적으로 답할 것입니다.

위험을 운영 규모 축소 없이 헤지로 넘어간다면 기업은 시장 지배력을 확고히 할 수 있는 절호의 기회를 얻게 됩니다. 노동자들은 해고의 위험이 줄어드니 노동 안정성이 높아집니다. 물론 산업 전반으로는 과잉 생산이 충분히 줄어들 때까지 어떤 기업이든 파산하거나 생산 규모를 줄여야만 할 것입니다. 헤지를 수행하지 않는 기업들에게 그 고통이 전가될 것입니다.

만약 헤지가 모든 기업에 일반화된다면 어떻게 될까요? 첫 번째 가능성은 위험 헤지의 경쟁이 높아져 헤지의 비용이 늘어납니다. 비용이 너무 높으면 더이상 헤지를 수행한 사업을 할 수가 없게 됩니다. 다시 말해 선제적 다운사이징이 되는 것입니다. 투자 후 다운사이징은 비용이 들어가지만 선제적 투자의 취소에는 비용이 들어가지 않기 때문에 효율성이 높아집니다. 두 번째 가능성은 높아진 헤지 비용을 감수하고서라도 모두가 손해를 보며 헤지를 수행하고 사업을 진행하는 경우입니다. 결국 모두가 더 오랫동안 과잉 투자를 줄이지 않게 되고 어려운 시기는 더욱 장기간 지속됩니다. 가장 강력한 헤지를 수행한 기업이 최후의 승자가 되겠지요. 그다지 이득은 많지 않은 승리이겠지만 말입니다. 이러한 상황에서는 역시 사업을 진행하지 않는 쪽이 맞을 것입니다.

불확실한 헤지를 성공시키기

"헤지 기법들은 너무 어렵고, 틀릴 위험도 많아서 걱정이 됩니다."
"헤지 방법들을 모두 알지 못해도 괜찮을까요?"

"모두 다 알지 못하면 안됩니다"라고 대답한다면 도리어 헤지를 모르는 것이겠지요. 위험 헤지의 핵심은 위험을 우리가 잘 모르기에 위험하다는 것입니다. 자기가 조금이라도 알 수 있는 대상이라면 헤지가 아니라 예측을 하겠지요. 예측을 잘할 수 있는 대상이라면 왜 굳이 헤지를 할까요? 헤지는 이렇게 이해하고 예측할 수 있는 부분이 아니기에 헤지를 하는 것입니다. 예측을 잘할 수 없는 것이 위험이기에 상쇄시키려 하는 것입니다. 따라서 아무리 좋은 헤지 기법을 적용해도 불확실성은 항상 있다는 것을 연구자라면 잘 알고 있습니다. 좋은 연구자는 자신이 다루고 있는 불확실성을 인지하고 그 정도에 따라 모델의 적용 강도를 조절해 나갑니다.

하지만 그렇게 불확실성이 있다면 헤지가 도움이 되기는 하는 걸까요? 당연히 도움이 되지요. 불확실성은 헤지로 인해 생겨난 것이 아닙니다. 원래 있던 불확실성을 헤지가 줄여 주었지만 그래도 아직 남아 있는 것일 뿐입니다. 원래 존재하던 불확실성이 얼마나 줄었는지 정확히 알지 못한다는 뜻이고, 헤지를 수행해 줄어든 불확실성을 실제보다 과잉 해석하면 도리어 위험을 늘릴 수 있으니 경계하자는 것 뿐입니다.

위험을 줄이기 위해 모든 헤지 이론과 세부적인 적용 방법을 다 알아야 하는 것은 아닙니다. 어차피 가장 최적이라고 판단되는 헤지 모델도 팩터를 완전히 알 수 없고, 불확실성은 상재합니다. 가장 기본적 헤지 모델을 이용하더라도 자신이 이용하는 모델의 불확실성을 인지한다면 그 한도 내에서 사용해도 효용은 충분합니다. 더 높은 성능을 위해 더 좋은 모델을 만드는 것은 그다음 단계입니다. 재산이 세 배로 늘면 더 좋겠지만, 두 배로 늘어나는 것도 하나도 늘지 않는 것보다는 당연히 나쁘지는 않죠. 다른 비유를 들어 보면 이러합니다. 강풍에도 무너지지 않는 현수교로 섬을 연결하기 위해서는 편미분 방정식을 배우면 도움이 되겠지요. 하지만 기본적 미분과 적분만 해도 강 정도는 건널 수 있고, 사칙연산만 잘 해도 개울을 건너는 데에는 문제가 없습니다.

확실성을 증가시키는 불확실성의 인지

과잉 최적화 문제의 대부분은 불확실성의 존재를 인지하지 못하기 때문에 일어납니다. 불확실성이 있다는 것을 인지한 모델은 이를 줄이기 위한 노력을 합니다. 노력을 하니 불확실성이 줄어들겠지요. 반면에 아무 노력도 하지 않는 모델은 불확실성이 높아집니다. 그래서 다음과 같은 재미있는 역설이 일어납니다. 어떤 모델이 그 모델의 불확실성을 이야기한다면, 사실 그 모델은 상당히 안정적입니다. 반면에 불확실성에 대한 언급이 없고 확실성만 이야기하면 그 모델은 도리어 불확실한 것입니다. 불확실성에 대한 언급이 없는 모델들은 불확실성에 대해 고려조차 되어 있지 않을 때가 많은 것입니다.

데이터를 연구하는 연구자들 중에 많은 사람들이 자신의 모델 속에 들어 있는 불확실성을 매우 일부만 인지하는 경향이 있습니다. 통계 기반 투자를 시도했던 수많은 퀀트들이 그로 인한 과잉 최적화로 실패했던 것입니다. 모델의 불확실성을 간과하는 중요 동인은 불확실성을 간과함으로써 적어도 표면적으로는 매우 확실해 보이는 모델이 만들어지기 때문입니다. 특히나 상사나 고객에 의해서 높은 성과 목표를 강요받을 때 아무래도 더 확실한 모델이 필요하겠지요. 목표가 현실에서 괴리될 때는 왜곡을 가져오기 마련입니다.

모든 위험이 0이 된다면 최상이겠지만, 위험이 단 50%만 줄어들어도 이익을 두 배로 만들 수 있습니다. 50%도 사실 필요 없습니다. 기업의 위험이 10퍼센트만 줄어도 이는 커다란 진보입니다. 10퍼센트의 차이가 경쟁사와의 경쟁에서 우위를 만들어 내고 생존과 소멸의 차이를 가져올 수 있습니다. 그 정도를 바꾸어 내는 방법들이 얼마나 될까요? 수많은 상품 중에 하나의 상품이 선택받는 이유는 엄청난 차이가 아니라 10퍼센트 더 저렴한 가격입니다. 현실적이고 보수적인 목표도 커다란 이익을 가져오는 것입니다.

헤지 모델들을 모아서 불확실성 낮추기

헤지에 불확실성이 있다는 것을 인지한다면 특정 헤지 모델에 대한 신뢰도는 낮아질 것입니다. 전반적 신뢰도가 낮아지면 처음에는 부정확하다고 여겨졌던 다른 모델들에 대한 신뢰도가 상대적으로 높아집니다. 예를 들어 한 연구자가 만들어 낸 두 모델이 있는데 한 모델은 에러가 10%이고 또 다른 모델은 에러가 20%라고 합시다. 제대로 된 연구자라면 당연히 더 낮은 에러를 가진 첫 번째 모델을 고르겠지요. 그러나 만약에 에러 추정에 대한 불확실성이 에러를 최대 30% 더할 수 있다면 전체 에러는 각각 40%와 50%로 변해 버립니다. 둘 사이의 상대적 차이는 매우 작아집니다. 두 번째 모델이 그리 나빠 보이지 않는 것입니다. 큰 차이가 나지 않는 모델들이 있을 때 그중 가장 좋은 모델을 선택하는 것보다 그 모델들을 합쳐서 하이브리드 모델을 구성하는 것이 전체 정확도를 높인다고 수학은 말해 줍니다. 이러한 방식은 통계에서 일반적으로 사용하는 방식이기도 하고 데이터 마이닝 테크닉으로도 잘 쓰입니다.[103]

---

[103] 데이터 마이닝은 많은 경우 데이터의 양이 작아 통계적 확신을 하기 어려울 때가 많습니다. 이럴 때 서로 다른 여러 모델들을 합쳐서 예측을 하면 하나하나의 모델이 가진 노이즈가 상쇄되어 조금 더 정확한 예측이 가능합니다. 대표적으로 랜덤 포레스트 알고리즘(Random Forest Algorithm) 같은 방법은 모델이 가진 불확실성이 높을 때 이를 줄이기 위해 도리어 최적이 아닌 수많은 모델을 자동으로 만들어 낸 후 이를 합쳐 예측을 합니다.
Hastie, Trevor; Tibshirani, Robert; Friedman, Jerome (2008). The Elements of Statistical Learning. Springer
Ho TK (1998). "The Random Subspace Method for Constructing Decision Forests" (PDF). IEEE Transactions on Pattern Analysis and Machine Intelligence. 20 (8): 832-844
앙상블 메소드(ensemble method)는 보다 일반적으로 다른 모델들을 합하여 신뢰도를 높이려는 시도를 담아내고 있습니다. 기업의 헤지와 같은 변화하는 대상에 대한 실제 응용에서 모델 신뢰도 자체의 정확한 측정은 쉽지 않습니다. 신뢰도가 정확하다면 가장 신뢰도가 높은 좋은 모델을 쓸 것이지만 정확한 신뢰도를 모르는 경우라 하더라도 전혀 다른 솔루션을 가져오는 다양한 모델들은 안정성을 높이는 것으로 잘 알려져 있습니다.
Opitz, D.; Maclin, R. (1999). Popular ensemble methods: An empirical study. Journal of Artificial Intelligence Research. 11: 169-198
Kim, Y.; Sohn, S. (2012). Stock fraud detection using peer group analysis. Expert Systems with Applications. 39 (10): 8986-8992

예를 들자면 이렇습니다. 나의 기업이 시장 팩터에 노출된 것 같은데 아무래도 S&P500에 상관관계가 가장 높은 것 같습니다. 하지만 NASDAQ 기업들과의 상관관계 역시 충분히 높다면 굳이 S&P500으로만 헤지를 하는 것이 아니라 각각의 인덱스로 헤지를 한 두 모델을 종합한 모델로 헤지를 하는 것입니다. 위와 같이 헤지를 한 후 합친 모델은 두 팩터 모두를 한번에 집어넣어 헤지한 모델보다 사실 과거의 데이터에 대해서 성능이 더 떨어지는 것으로 나타날 수 있을 것입니다. 하지만 정작 미래의 실제 상황에서 헤지 성능은 합친 쪽이 더 향상되는 것을 볼 수 있습니다.

이렇게 더함으로써 정확성을 높이는 것은 수학의 대수의 법칙과도 맥락을 같이 합니다. 즉 개별적 예측에 노이즈가 어느 정도 있다고 하더라도 전체를 합치면 노이즈가 줄어드는 것입니다. 여기에서 하나의 어려움은 각각의 예측이 독립적이어야 한다는 것입니다. 사실 우리가 만들어 낸 헤지 모델들이 서로 독립적일 리가 없습니다. 그러나 완전히 독립적이지 않다 하더라도 최대한 서로 다른 모델들을 만들어 합칠수록 헤지의 성능은 좋아집니다. 이 독립성을 높이는 작업은 좀더 수학적이고 기술적인 측면이라 여기에서 더 깊게 다루지 않을 것입니다만, 이 작업에 실패한다면 합치는 쪽이 도리어 전체 위험을 가중시키는 결과를 가져오는 중요한 과정이라는 것만 밝혀 둡니다. 아무리 좋은 방법이라고 해도 모든 대상에 일방적으로 적용되는 것이 아닙니다. 제대로 된 응용을 위해서는 깊은 이해가 선행되어야 합니다.

경쟁력 없는 부서를 제거하는 헤지

헤지는 원래 이익을 낼 수 없다고 생각했던 사업을 매우 유망한 투자 기회로 창출해 내는 것 뿐만이 아니라 그 반대의 역할도 효율적으로 수행해 냅니다. 기업에서 경쟁력이 없는 부분을 빠르게 제거하면 기업의 총체적 경쟁력을 향상시킵니다. 최근의 의학의 발전이 찾아낸 중요한 발견 중에 하나는 우리 몸의 세포 중에서 더이상 정상적이지 않는 세포들을 빠르게 제거하는 자가 포식 작용이 건강한 세포를 생산하는 것만큼 중요하다는 것입니다. 아무리 영양을 공급해도 정상적이지 않은 세포들이 계속 쌓이면 도리어 독소만 만들고 암만 퍼져 나갈 뿐입니다.[104] 다시 말해 우리 몸은 에러를 줄이려고 극단적으로 노력하는 것이 아니라 에러를 만들어 낸 부분을 지속적으로 제거함으로써 몸 전체가 오염되는 위험을 관리하고 정상을 유지하는 것입니다.

그러나 우리는 어느 프로젝트가 경쟁력을 상실했는지 계량적으로 알아내기가 쉽지 않습니다. 어떤 부서가 몇 년 손실을 보았다고 경영자가 과연 그 부서가 앞으로 계속해서 손실을 볼 것인지 알 수 있을까요? 그 손실이 외부 팩터의 우연한 큰 움직임에 의해 일어난 것인지 그 부서 자체의 경쟁력 저하로 일어난 것인지, 처음부터 아이디어가 틀린 것인지 쉽게 검증할 수 없습니다.

---

104) 자가 포식 유전자에 관한 연구로 오스미 요시노리는 2016년 노벨 생리의학상을 받았습니다. Tsukada, M. and Ohsumi, Y. (1993). Isolation and characterization of autophagy-defective mutants of Saccharomyces cervisiae. FEBS Letters 333, 169-174

헤지는 경쟁력 평가를 더 높은 신뢰성을 가지고 할 수 있게 만들어 줍니다. 외부 팩터를 모두 제거했는데 손실을 보았다면 그 부서 자체의 경쟁력 저하일 확률이 더 높습니다. 따라서 훨씬 더 짧은 기간에 평가를 가능하게 만듭니다. 투자에 있어서 평가 사이클의 축소는 이익 증가에 필수적입니다. 더 확실한 결정을 내리기 위해 실패해서 손실을 내는 투자를 더 오랫동안 유지해야 한다면 기업은 손실을 볼 것입니다. 반대로 더 빠른 결정을 위해 무리하게 짧은 평가 기간을 부여한 경우도 무작위로 유망한 사업을 폐기하는 위험을 초래합니다. 마치 자가 포식 과정이 정상 세포를 모두 제거하는 것과 같은 현상입니다. 반면에 헤지를 수행한다면 신뢰도의 증가로 더 확실한 평가를 더 짧은 기간에 일으킬 수 있도록 합니다.

투자에 있어서 평가를 통계적으로 하기 위해서 우리는 샤프 비율 (Sharpe Ratio)을 사용합니다. 샤프 비율은 '수익/변동성'이라고 쉽게 이해할 수 있는데, 이 비율이 높을수록 통계적으로 이익을 낼 확률이 높습니다. 똑같이 10% 평균 이익을 내는 투자라고 해도 샤프 비율이 낮은 투자는 삼십 년을 기다려야 목표 10%를 달성하고 중간에 한 십 년 정도는 내리 손실을 낼 수 있는 반면, 샤프 비율이 높은 투자는 매년 꾸준히 10% 이익을 내는 것입니다. 우리는 거꾸로 이 비율을 투자 평가로 이용할 수 있습니다.

샤프 비율이 높다고 주장하는 투자는 한 육 개월 지켜보았는데 수익이 나지 않으면 무언가가 잘못되었다는 것을 알 수 있습니다. 반면에 시장 자체에 대한 투자처럼 샤프 비율이 낮은 투자는 아이디어가 틀렸다는 것을 알려면 삼십 년을 기다려야 할 것입니다. 사실, 삼십 년이 지나 손해를 보았어도 꼭 틀렸다고 말할 수 없을 만큼 통계적 신뢰도가 낮습니다. 이 둘의 차이가 얼마나 커다란 수익의 차이를 가져올지 굳이 이야기하지 않아도 잘 알 수 있을 것입니다. 삼십 년을 기다려야 틀렸다는 것을 알 수 있는 투자는 너무 위험하기에 1의 자본을 투자해도 위험하다면 육개 월 정도면 결과를 알 수 있는 투자는 10의 자본을 투자해도 그리 위험하지 않기 때문입니다. 위험 헤지는 변동성을 낮춤으로서 위험/변동성인 샤프 비율을 높입니다. 기업에서의 효율적 평가와 그것을 통한 이익 증대를 위해서도 보다 높은 샤프 비율을 가진 사업을 헤지를 통해 구성하고 헤지를 통해 평가해야 합니다.

5부

투자와 경영

기업 경영에서의 손절과 익절

"손실이 나도 이익을 볼 때까지 계속해서 투자하면 결국 이익을 보게 되는 것 아닌가요?"
"수많은 투자 초보자들이 빠지는 오류입니다만 잘못 이루어진 투자에 대한 확신은 손실을 증가시킬 뿐입니다. 오류를 깨달았다면 빠른 손절이 답이겠고, 오류가 아니라도 버틸 수 있는 능력이 없다면 더 큰 손실이 기다리겠지요."

투자에서의 손절과 기업의 손절

투자에 손절이 있듯이 기업 경영에도 손절이 있습니다. 경영자는 기업의 특별한 환경과 속성을 긴 시간 동안 관찰해 왔으므로 어떤 시점에서 손실을 제한해야 할지 이해할 수 있을 것입니다. 하지만 수십 년 경력의 투자 전문가라도 특정 기업이나 산업군을 아무리 잘 분석해도 어느 순간 손실을 제한할지 그렇지 않을지에 대한 예측은 전혀 쉽지 않습니다. 손절을 결정하는 원칙과 관련하여 기업마다 특수한 환경이 있겠지만 우리는 좀더 공통적인 일반 원칙의 측면에서 이야기해 보겠습니다.

투자 포트폴리오에서의 손절은 투자가 여러 기업으로 분산되어 있기에 기업 하나의 위험을 좀더 많이 견디어 낼 수 있다는 것과, 상황이 좋지 않아 투자를 그만두는 데 드는 비용이 기업보다 훨씬 더 작다는 차이가 있지만 기본 원칙은 많은 면에서 유사합니다.

물론 차이는 있습니다. 투자 포트폴리오는 굳이 개별 기업의 가치가 하락하는 사실 자체만 가지고 손절을 결정할 필요가 낮습니다. 전체적인 아이디어가 맞다면 개별 기업이 파산해도 언젠가는 전체적으로 이익을 볼 것이니까요. 반면에 기업은 사업 부문 하나가 전체에 커다란 영향을 끼칠 정도로 규모가 클 수 있습니다. 주식과 달리 하나의 사업의 손실은 제한되지 않고 위험이 파급되기 때문에 기업이 파산할 수 있습니다. 이를 주식 투자의 입장으로 보면 자본이 매우 제한된 상태에서 실행되는 소수 기업에 대한 집중 투자라고 볼 수 있습니다.

주기적 팩터 위험과 손절

팩터 위험을 먼저 들여다볼까요? 사전에 헤지를 잘 수행했다면 주기적인 위험 팩터는 사업에 손실을 끼치지 않을 것입니다. 하지만 헤지가 안되었거나 불충분한 기업이라면 어찌해야 할까요? 손실이 누적되지만 그럼에도 불구하고 어떻게든 사업을 유지해야 합니다. 상대적 경쟁력이 남아 있는 한 어려운 시기가 닥쳤다고 그것이 기업의 문을 닫는 이유는 되지 않습니다. 어려운 시기는 지나가고 이익은 돌아올 것입니다. 하지만 세계 불황과 같은 위험 팩터가 장기간 지속된다면 어찌해야 할까요? 많은 경영자들은 이러한 상황에서 반대로 행동합니다. 다시 말해 팩터가 자신에게 불리한 방향으로 움직일 때에 사업을 접거나 축소하는 것입니다. 이를 이겨 나갈 충분한 자본이 없는 한 투자 포트폴리오가 브로커에 의해 강제 청산 당하듯 강제적 손절을 수행하는 것입니다. 팩터가 기업에 불리한 방향으로 움직일 때 그 기간은 수 년 이상일 수 있고 그 긴 기간 동안 아무런 헤지도 없이 살아남는다는 것은 힘든 일입니다. 하지만 이러한 힘든 기간이 기업의 경쟁력에 문제가 있음을 말해 주는 것은 아닙니다. 다른 경쟁 기업 모두가 어려움을 겪고 있는 시기일 뿐입니다. 이런 시기를 성공적으로 이겨 낸다면 오히려 다른 경쟁자들을 모두 물리치고 업계 선두로 올라설 수 있는 절호의 기회입니다. 다시 이야기하지만 팩터로 인한 손실은 팩터 헤지로 극복하며 최대한 버텨야지 손절의 이유는 되지 않습니다.

헤지 방법이 검증을 충분히 거치지 못해서 위험을 제대로 줄이지 못했다면 어찌할까요? 즉 사업도 손실을 입고, 헤지에서 충분한 이익이 나지 않는 경우가 있을 수 있습니다. 이런 경우 역시 사업을 계속해야겠지요. 전문가의 분석을 통한 헤지의 재조율은 필요할 것입니다. 사람들은 헤지가 실패하는 원인이 어떤 디테일 하나가 가정과 들어맞지 않아서라고 생각하지만, 실제로는 전반적 구조가 잘못 구성되었기 때문일 경우가 더 많습니다. 예를 들어 이전에 살펴보았듯 삼성이 반도체 공장을 짓는데 반도체 불황을 헤지하기 위해 TSMC를 공매도했다면, TSMC가 폭등할 경우 큰 손실을 입을 수 있는 것처럼 말입니다. 헤지는 상시적으로 변화하는 팩터의 움직임에 따라 헤지 포트폴리오를 보완해 주어야 합니다. 역시, 헤지를 제대로 점검할 때이지 사업을 포기할 시기는 아닙니다.

비주기적 팩터 위험과 손절

어떤 팩터는 그리 주기적이지 않습니다. 일회성으로 변화가 닥치고 그 상태가 지속됩니다. 사실 이러한 팩터 중 대부분은 그 주기가 불규칙하고 장기적이라 예측이 어려울 뿐 주기 자체가 없는 것은 아닙니다. 다만 우리가 느끼기에는 그냥 비가역적 변화라고 생각해도 틀리지 않습니다. 몇 년 정도의 어려운 시기야 기업이 버티며 살아남을 수 있지만 수십 년의 어려운 시기는 살아남을 수 없으니까요.

예를 들어 구 소련 연방 해체 이후 핵탄두의 대량 폐기로 발전용 핵연료 가격이 폭락했습니다. 이후 폐기 핵탄두가 모두 소진되고 우라늄 가격이 다시 상승하는 데에는 기나긴 시간이 필요했습니다. 우라늄 채굴 업체에게는 최악의 상황이었습니다. 헤지로 단기 손실은 막을 수 있지만 장기적인 수익성 저하를 근본적으로 막지 못합니다. 따라서 이러한 팩터의 변화에서는 사업 자체를 손절하고 헤지로부터의 수익을 토대로 다른 사업을 시작하는 것이 낫습니다. 이러한 상황에서의 핵심은 기업이 자신에게 닥친 위험의 구조적 팩터 위험을 제대로 분석해 내는 것입니다. 이를 분석해 내지 못하고 자사만의 어려움이라고 착각한다면 그것으로 인해 완전히 그릇된 결정을 하게 됩니다.

또 다른 예를 들어 보겠습니다. 2022년 러시아의 우크라이나 침공으로 세계는 엄청난 정치 경제적 변화를 겪었습니다. 유럽의 주요 에너지원인 러시아 천연가스 가격은 폭등했고 이로 인해 유럽 전체는 성장성에 커다란 위협을 받았습니다. 싸고 안정적인 에너지 가격은 모든 상품의 생산 원가이니까요. 그런데 만약 유럽의 기업이 이러한 변화를 주기적 변화라고 치부하고 잠시 후면 지나갈 것이라고 생각한다면 그것은 잘못된 결정일 것입니다. 물론 같은 시기 전 세계적으로 에너지 가격은 상승했고 전 세계 에너지 가격은 주기적 변동을 겪어 나가지만, 이전의 저렴하고 안정적인 러시아 천연가스에 의존하던 유럽의 경제는 근본적으로 흔들리는 것입니다. 다시 평화가 찾아오고 유럽이 과거를 잊어버리고 맹목적으로 러시아의 가스에 의존하는 상태로 회귀할 가능성도 있습니다. 그러나 오 년 이후에도 이전의 상태로 회귀하지 않을 가능성이 더 크고 유럽은 이전보다 더 비싼 에너지 가격에 익숙해져야 할 것입니다. 세계의 천연가스 가격이 하락하더라도 그 가격이 유럽으로 전파되는 것은 새로운 투자가 필요한 다른 이야기입니다. 만약에 과거에 러시아에서 공급되던 싸고 안정적인 천연가스에 의존하는 사업을 수행했다면 손절 후 새로운 사업을 심각하게 고려해야 할 때입니다. 당분간은 세계의 천연가스 가격이 하락하더라도 유럽의 천연가스 가격은 타국보다 더 비쌀 것이니까요.

이디오신크래틱 위험과 손절

이디오신크래틱 위험을 들여다볼까요? 공장을 짓고 있는데 갑자기 법적 분쟁이 생겨 공장 건설이 지연되기 시작했습니다. 어찌해야 할까요? 이런 경우 사전에 보험 가입이 가능할 수도 있지만 보험 등으로 헤지가 되지 않았다면 매우 커다란 문제입니다. 투자업계에서 이디오신크래틱 리스크를 헤지하는 가장 기본적인 방법은 당연히 투자 분산입니다. 커다란 공장 하나가 아니라 국가나 지역 등의 팩터에 대한 영향이 서로 다른 곳에 여러 개의 공장을 지었다면 이러한 문제를 줄일 수 있었을 것입니다. 그러나 비용 문제 등으로 사전에 분산을 하지 못했다면 어찌해야 할까요? 주식을 딱 한 기업에만 투자했는데 그 기업이 전혀 예상치 못한 법적 소송에 휘말리며 가격이 폭락한 경우와 같습니다. 2022년 레고랜드 사태처럼 우리나라에서 단 하나의 부지에 지을 놀이 공원을 두 곳으로 분산시키는 것은 쉽지 않았을 것입니다.[105] 일반적으로 투자자는 그러한 소송이 원래의 투자 가설을 바꾸지 않는 한 계속 들고 있을 것입니다. 하지만 공장 자체를 짓지 못하는 것처럼 원래 가설에 영향을 준다면 청산을 고려해야 합니다. 언제 해소될지 알 수 없는 위험 속에서 투자가 좌초될 위험을 제대로 헤지하지 못한다면 위험의 비용이 과연 수익을 넘어서는지를 심각하게 재고려해야 할 때입니다. 그러나 레고랜드 투자사인 멀린사는 추가 투자를 결정했습니다. 멀린사 입장에서는 한국에 짓는 레고랜드는 전 세계 138개나 되는 수많은 놀이공원 투자 중에 하나일 뿐이었으며 이디오신크래틱 위험은 마치 투자 포트폴리오처럼 상당히 분산되어 있었기 때문입니다.[106]

팩터가 아닌 우연한 이디오신크래틱 위험으로 인해 문제가 발생한다면 두 가지 측면을 살펴보아야 합니다. 첫 번째는 해당 사태를 일으킬 최대 위험을 견딜 만큼의 충분한 자금을 기업이 보유하고 있는지입니다. 두 번째는 그 우연한 위험이 얼마나 지속될지입니다. 단기적이고 해

---

[105] 2022년 레고랜드 사태처럼 놀이공원 개발 부지에서 우연히 대규모 문화재가 발견되어 개발이 십 년 가까이 지체된 후 비용을 감당하지 못해 파산하는 것은 대표적인 이디오신크래틱 리스크의 예라고 할 수 있습니다. 사실 놀이공원이 끝까지 완성된 것이 더 신기할 정도로 개발에 난항을 겪은 이 사태를 헤지할 방법은 그다지 많지 않았을 것이지만, 사태의 초기에 빨리 새로운 부지를 선정해서 개발을 재개했다면, 아니 처음부터 다중의 예비 부지를 선정해 놓았더라면 훨씬 더 순조롭게 진행되어 비용을 줄일 수 있었을 것입니다. 십 년 가까이 지체된 개발은 확실하게 비용을 늘려 파산의 위험을 비약적으로 늘렸습니다.

[106] Merline Entertainments 2021 Annual Report
https://www.merlinentertainments.biz/investor-relations/results-reports-and-presentations

결 가능한 위험이며 자금도 충분하다면 당연히 계속 투자하는 것이 손실을 확정하는 것보다 낫습니다. 하지만 미래의 추가 비용까지 고려해서 감당할 수 없거나, 문제가 장기적이라면 손절이 해법입니다.

자체 경쟁력 저하의 이디오신크래틱 위험과 손절

이디오신크래틱 위험은 우연한 사건만 일어나는 것이 아닙니다. 자체 경쟁력 저하로 생기는 투자 가정의 변동에 대해서 생각해 보겠습니다. 우리가 가장 앞선 기술을 가지고 있다는 가정 하에 공장을 짓고 있는데 알고 보니 경쟁자가 우리가 짓고 있는 공장보다 더 좋은 설비와 더 좋은 기술로 더 싸게 상품을 이미 생산해 버렸습니다. 당연히 원래의 투자 가설이 변하였으므로 사업을 빨리 정리해야 하겠지요. 물론 그때부터 새로운 투자 계획을 만들 수는 있습니다. 하지만 경쟁자가 있다는 것을 처음부터 알았다면 새로운 투자 계획이라 하더라도 투자를 시작하지 않았을 가능성이 있습니다. 만약에 그러하다면 빨리 청산하고, 새로 다시 시작하는 것이 적어도 투자의 관점에서는 옳은 방법입니다.

그러나 기업은 이러한 경우에도 사업을 지속해 나가는 경우가 많이 있습니다. 처음에 가정했던 투자 환경보다 좋지 않아도 적어도 단기적으로는 수익이 나올 수도 있으며 그 사업에 연관된 사람들도 많이 있을 테니까요. 그러나 이러한 경우는 투자 계획을 처음부터 새로 세우고 분석을 다시 수행해야 한다는 사실을 이해해야 합니다. 사업에 대한 접근 자체를 밑바닥부터 다시 이해하고, 과연 사업에 경쟁력이 있는지 평가해야 합니다. 자신의 경쟁력이 월등해서 현재의 수익이 나는 것이 아니라 경쟁사들과 공유하는 팩터가 일시적으로 수익을 내기 때문에 현재의 수익이 나는 것이라면, 과연 경쟁사보다 비싼 비용과 낮은 수익을 감수하고 경쟁을 하는 사업에 뛰어들고 싶은지 다시 생각해야 합니다. 투자 포트폴리오의 관점이라면 당연히 그렇게 하지 않을 것입니다. 투자적 헤지의 관점에서는 사업을 지속하는 것이 맞지 않습니다. 수익성 있는 팩터에 일시적으로 노출되는 것이 목적이라면 자신의 경쟁력이 없는 사업 분야를 정리하고 그 자본으로 경쟁사의 주식을 가지고 있는 편이 더 나을 수 있습니다.

기업 환경의 모멘텀, 리버전과 손절의 타이밍

기업 환경에도 모멘텀과 리버전이 있습니다. 팩터에 모멘텀과 리버전이 있으므로 이를 분석해 기업 활동에 응용할 수 있습니다. 사업을 정리할 최고의 타이밍은 당연히 일시적으로 좋은 수익을 올려 사업을 비싸게 팔 수 있을 때이지요. 즉 사업이 잘 될 때입니다. 만약 팩터가 리버트한다면 익절이 좋겠지요. 경쟁자가 없는 독과점 사업은 수익 자체가 너무 커서 팩터의 영향을 덜 받을 수도 있으니 손절이고 익절이고 필요가 없을 수 있습니다. 그렇지 못하다면, 사업이 잘 될수록 더 많은 경쟁자의 개입으로 경쟁이 치열해지기 시작할 것이고 사업 모델 자체의 이익은 점차 줄어들 것입니다. 특정 산업 분야의 수익률의 사이클을 우리는 수도 없이 반복해서 보아 왔습니다. 치킨집이든 대규모 공장이든 배추 농사든 모두 같은 맥락입니다. 만약 자신의 수익이 이러한 순환적 팩터와 산업 분야 자체의 일시적 총 수익의 증가로 인한 것이라면 좋은 가격에 빨리 사업을 처분하는 것이 이익입니다. 특히 나 자신이 지금 당장 아무리 수익을 많이 보고 있어도 다른 사업자들도 다들 나와 비슷하게 많은 수익을 내고 있다면 이것은 커다란 적신호입니다.

경쟁력이 유지되는 손실은 팩터 위험

다른 사업들은 다 엄청난 손실을 보는데 내 사업만 손실을 작게 본다면 손실을 보았지만 경쟁사들에 비해서는 상대적 이익을 가지고 있는 것입니다. 이 경우 헤지를 했다면 물론 도리어 이익을 보았을 터이지만, 헤지를 하지 않았을 때의 가정입니다. 내 사업에만 있는 비결이 있거나, 다른 많은 사업체들이 노출되지 않는 다른 팩터에 나의 사업이 노출되어 있는 경우입니다. 당연히 이런 경우는 손실을 보더라도 최대한 어려운 상황을 이겨 내고 헤지를 통해 손실을 상쇄해 나가며 기다려야 하겠습니다. 예를 들어 보지요. 만약에 내 식당의 특별 레시피가 다른 식당보다 높은 수익을 내고 있지만 전반적으로 손실이 일어나고 있습니다. 이것은 투자 모델의 알파이므로, 헤지를 통해 알파를 최대한 부각시켜야 합니다. 즉 외식업을 공매도하든 내가 판매하는 음식의 팩터를 구성해 헤지를 하든 해서 나의 특별 레시피만 남도록 구성해 내어야 합니다. 아무리 레시피가 좋아도 사람들이 코로나 바이러스로 외식 자체를 하지 못한다면 그대로 망할 수밖에 없는 것이니까요. 이렇게 경쟁력이 유지되면서 생기는 중단기 손실은 외부 팩터로 인한 영향일 가능성이 큽니다.

잘 알려지지 않는 팩터는 경쟁력의 일부

나의 사업이 대부분의 경쟁자들에 비해 상대적 이익을 내고 있지만 그것이 나만이 가지고 있는 고유한 이유 때문이 아니라 다른 어떤 팩터에 의한 것이라면 어떻게 할까요? 나의 식당이 최근 SNS에 막 떠오르기 시작하는 MEME과 맞아 떨어져 있다고 가정합시다. 아직은 그 MEME이 그다지 널리 퍼지지 못했지만 손님들이 주로 그것 때문에 찾아오고 있습니다. 이것은 아직 잘 알려지지 않은 작은 팩터이므로 비효율성이 높습니다. 때문에 경쟁이 격화될 때까지는 그 팩터 자체의 모멘텀으로부터 이익을 취할 수 있습니다. 수많은 모멘텀 투자 모델들로부터 익히 증명되었듯이 작고 잘 알려지지 않은 팩터는 긴 모멘텀을 가질 수 있습니다. 이러한 팩터들은 사실 어느 정도 조금 알려진 이후라고 해도 경쟁으로 인해 효율성이 높아져 이익이 줄어드는 상황이 오지 않는 한 자신만의 알파 팩터라고 생각할 수도 있습니다.

팩터를 이해하고 헤지를 이해한다면 언제 투자를 시작하고 언제 그만두어야 할지 더 좋은 결정을 내리는 데 도움이 될 것입니다. 물론 기업 경영인들의 고유한 이해가 개별 기업의 경영을 결정하는 데에 매우 중요하겠지만, 팩터들은 한두 개의 기업 뿐만 아니라 세계 전체에 영향을 줍니다. 강릉에서 하고 있는 나의 사업이 힘든 것은 사실 뉴욕과 런던의 영향일 가능성이 매우 높습니다. 시야를 넓히기 위해서는 팩터의 이해가 필수적입니다.

기업 경영을 위한 모멘텀의 이해

주식을 포함해서 대부분의 투자 대상은 결코 독립성을 만족하지 않습니다. 단순히 독립성과 무작위성을 따르지 않는 정도가 아니라 강력한 리버전과 모멘텀의 특성까지 가지고 있습니다. 사실 투자 대상을 넘어 인간 세상의 대부분의 현상들이 리버전과 모멘텀의 속성을 가지고 있습니다. 만약에 모든 현상이 무작위적 분포를 따르는 노이즈라면 리버전이나 모멘텀 같은 것은 나타나지 않겠지요. 그럼에도 불구하고 우리는 교과서에서 리버전이나 모멘텀이 나타나지 않는 무작위의 모델을 주로 배워 왔습니다. 예를 들면 동전 던지기를 통한 확률 수업이 대표적입니다. 투자 수익이 동전을 던져 결정된다고 하면 수익은 노이즈가 되겠지요. 이러한 경우 자기 자본을 보존하도록 투자액을 조절해 주기만 하면 안정적으로 이익을 봅니다.[107] 그러나 현실에서는 동전 던지기 같이 무작위성의 투자는 결코 발견할 수 없다고 생각해도 좋습니다.

투자에서도 기업 경영에서도 이익과 손실은 결코 노이즈가 아닙니다. 이익을 보는 시기가 있고, 손실을 보는 시기가 있으며 단기적 노이

---

107) 켈리 공식(Kelly Criterion)은 이러한 상황에서의 투자 금액의 최적화를 가져오는 많은 공식 중에 하나입니다. 그러나 이 공식은 분포가 무작위적이고 기대 값을 알 수 있어야 성립합니다. 리버전과 모멘텀이 존재하고 투자 대상의 이상적 내재 가치가 있는 상황에서는 전혀 맞지 않을 뿐만 아니라 손실을 증폭시킬 수 있는 공식인데도 심지어 퀀트들마저 이를 과학적 투자법으로 인지하는 이유는 수학 공식과 증명이 가져오는 권위 편향(Authority Bias)이라고 할 수 있습니다.
Kelly, J. L. A New Interpretation of Information Rate, Bell System Technical Journal. 35 (4): 917-926, 1956

즈가 섞여 들어와 일시적 변동이 있으면 얼마 후에 원래 가야 할 곳으로 돌아가고 맙니다. 이러한 사실을 외면하고 과학적 사고를 도입한다고 무작위의 노이즈를 가정하는 정규 분포를 이용하여 모델을 세우고 경영을 한다면 그것은 도리어 과학을 가장한 아집일 뿐입니다. 비과학적이고 비수학적인 사고는 수학 공식을 사용하지 않는 쪽보다 틀린 공식을 믿는 쪽이 더 위험합니다. 수백 억 년 후가 되면 어떨지 몰라도 적어도 현재 우주의 엔트로피는 매우 낮습니다. 엔트로피가 증가할 수 있다는 사실 자체가 적어도 지금은 전혀 무작위가 아니라는 말입니다.[108] 우주에서 완전한 무작위의 노이즈는 도리어 쉽게 찾아내기 힘듭니다.[109]

우리가 쉽게 찾아 볼 수 있는 자연계의 대표적 모멘텀 현상 중의 하나는 바로 생명체입니다. 세포가 일단 에너지를 흡수하여 분열을 시작하면 더 많은 세포가 생기고, 더 많은 세포는 더 많은 분열을 지수적으로 일으킵니다. 원자 폭탄에서 일어나는 핵분열 현상과 동일한 모델입

---

108) 엔트로피는 주어진 시스템의 무작위의 정도를 측정한다고 이해할 수 있습니다. 모든 것이 무작위하고 예측 불가한 상태는 모든 것이 거의 동일하고 균질한 상태일 때 일어납니다. 생명체가 살아가고 인류가 새로운 발견을 한다는 사실 자체가 아직 우리가 살고 있는 세상의 엔트로피는 충분히 낮다는 것을 이야기합니다. 미국은 세계를 지배하는 힘을 가지고 있고 파키스탄은 파산을 하는 심각한 불균질성은 무작위를 깨뜨리고 이를 통해 미래에 대한 예측을 가능하게 합니다. 미국의 주도로 전 세계가 군사적 경제적으로 안정되면 적어도 몇 년 동안 미국은 계속해서 세계를 주도할 것이고 파키스탄은 그러지 못할 것이라는 예측은 매우 쉽게 할 수 있습니다. 무작위로 미국이 갑자기 패권을 잃을 확률도 있겠지만 그 확률은 파키스탄에게 더욱 높은 것이지요. 반면에 만약 세계의 모든 나라들이 거의 같은 힘을 가지고 있다면 엔트로피는 높아지고, 예측의 난이도 역시 높아집니다. 작은 변화에도 결과는 바뀌고 어느 나라가 어떻게 영향을 받아서 어느 쪽으로 움직여 나갈지 예측하는 것은 거의 무작위적으로 결정될 것입니다. 그럼에도 불구하고 기업과 국가에서 사용하는 많은 모델들은 무작위성에 기반한 확률 분포를 사용합니다. 그 이유는 무작위성을 가정하지 않으면 분석 모델의 난이도가 급격히 올라가기 때문입니다.

109) 사람들은 진공의 우주 공간에 미세한 먼지들이 무작위로 움직이고 있다고 상상하지만 그 먼지들은 오랜 시간에 걸쳐 별을 형성해 내고, 은하를 구성해 내었으며, 생명을 탄생시켰습니다. 바다 속의 물 분자 하나도, 공기 중의 산소 분자 하나도, 하나도 빠짐없이 모두가 연결되어 서로에게 영향을 주고 있습니다.

니다. 물론 주어진 양분이 모두 소모되면 모든 세포는 한꺼번에 죽게 됩니다. 주식 시장의 버블을 이끄는 모멘텀 역시 비슷합니다. 일단 버블 현상이 일어나 자본이 몰려들면 가격이 높아지고, 이렇게 높아진 가격은 더 많은 자본을 끌어들입니다. 이 사이클이 끝나고 폭락이 시작되는 것은 더이상 끌어들일 여유 자본이 남지 않고 모두 소진되었을 때이지요. 모멘텀 현상은 주식 시장과 같은 투자 대상에만 일어나는 특수한 현상이 아니라 세상 어디에서나 일어나는 현상입니다.

리버전을 만드는 노이즈

퀀트 투자 모델에서도 때때로 적용하는 칼만 필터(Kalman Filter)[110]는 원래 레이더에서 측정된 비행체의 불분명한 위치를 추정하기 위해 만들어졌습니다. 사실 양자 역학 수준으로 불확정성의 원리를 적용하기에 비행기는 너무 크므로 위치 자체가 불분명한 것은 절대 아닙니다. 그러나 측정 기기인 레이더에는 기기 자체의 오차가 있습니다. 게다가 레이더가 쏜 전파 이외의 수많은 다른 전파 노이즈가 입력에 섞여 들어옵니다. 현재도 레이더의 오차는 작지 않지만 초기의 레이더는 오차가 너무 커서 측정할 때마다 비행체가 전혀 다른 곳으로 순간 이동하는 것처럼 나올 정도였습니다. 그 오차에 더해서 비행체는 가만히 있지 않습니다. 실제 위치 자체도 빠르게 변하는데 레이더는 거기에 노이즈를 더해서 위치를 출력하는 것입니다. 그러나 역시 수학은 이러한 문제

---

110) Stratonovich, R. L. (1959). Optimum nonlinear systems which bring about a separation of a signal with constant parameters from noise. Radiofizika, 2:6, pp. 892-901

를 쉽게 풀어내기 마련입니다. 오차를 효율적으로 필터링해서 원래 위치를 찾아 주는 필터로 고안된 것 중에 하나가 칼만 필터입니다.

노이즈를 필터해서 본연의 위치를 찾는 원리는 주식에도 적용할 수 있습니다. 주가는 당연히 기업 본연의 가치를 반영해야 합니다. 기업의 가치 측정 자체가 불가하다는 사람들도 있지만 측정이 어려운 것과 기업의 가치가 존재하지 않는 것은 전혀 다른 이야기일 것입니다. 공장 가동 상태, 특허 개수, 브랜드 파워 등등 모든 것을 다 정확히 알아내서 수치화하는 것은 어렵지만 수치화하기 어렵다고 그 가치 자체가 존재하지 않는 것은 절대로 아닙니다. 존재한다면 그 가치가 얼마이든 기업의 가치가 일 초 사이에 오르락내리락하지는 않을 것입니다. 만약 그러한 사태가 발생했다면 그것은 기업의 본연의 가치가 변한 것이 아니라 그 가치를 추정하는 사람들이 가치를 정확하게 알아내지 못한 것입니다. 노이즈가 섞여 있는 것입니다. 특정 투자자가 느낌이 안 좋아서 매도했다고, 대주주 중에 한 명이 별장 구매를 위해 매도했다고, 기업의 가치가 떨어지지는 않습니다. 이런 행동은 노이즈로 해석할 수 있고, 기업의 주가는 언제가 되었든 결국 이상적 가치와 근접하는 레벨로 돌아갑니다.

반면에 시장 전체가 금리 상승과 같은 중요 뉴스에 의해 오 퍼센트 하락했다면 기업 역시 충분히 동반 하락할 이유가 있습니다. 노이즈가 아니기에 주가가 원래의 상태로 다시 회복할 이유 역시 없습니다. 즉 노이즈는 리버전을 만들지만 정보를 반영하는 뉴스는 리버전을 만들지 않습니다. 시장이 무한히 효율적이라면, 다시 말해 레이더가 무한히 정확하다면 노이즈는 없어지고 기업의 주가는 오직 가야 할 곳으로 갈 뿐이기에 리버전을 하지 않을 것입니다. 그러나 시장은 매우 비효율적이고 리버전은 시장에 만연합니다. 퀀트 모델의 기본은 이러한 리버전에서 시작합니다. 칼만 필터가 노이즈를 없애서 원래 위치를 알아냈듯 리버전은 노이즈를 다양한 기법으로 필터해서 제거해 나가는 작업입니다. 따라서 이러한 리버전의 예측은 칼만 필터가 그러하듯 매우 수학적입니다. 수학자의 눈으로 볼 때 예측 모델 중에 가장 높은 수학적 아름다움을 가진다고도 할 수 있습니다.

모멘텀이 일어나는 이유

반면에 모멘텀은 수학적으로는 훨씬 다루기 어려운 문제입니다. 뉴턴 역학의 첫 번째 원칙이 바로 관성, 혹은 모멘텀이라는 것은 잘 알고 있을 것입니다. "한번 움직인 물체는 계속해서 움직인다." 자연계에서 이러한 현상은 매우 당연하게도 많은 곳에서 잘 관찰되고 직관적으로도 그럴듯 합니다. 그러나 주가의 경우에는 그런 현상이 당연하지 않습니다. 주식의 가격은 연속적일 수 없습니다. 지금 100원인 주식이 다음 거래에서 200원이 될 수 있습니다. 100원과 200원 사이를 이어 주는 것은 아무것도 없습니다. 주가는 몇몇 순간을 제외하고는 멈추어 있는 것입니다. 그래도 연속이라고 생각되면 구글이나 애플처럼 거래가 많이 되는 주식이 아니라 잘 알려져 있지 않은 주식의 가격을 보세요. 며칠에 한 번밖에 가격이 변하지 않습니다. 조금 수학적으로 말하자면 메저 제로(measure zero)의 시간을 제외하고는 멈추어 있습니다.[111]

---

111) 메저 제로를 언급한 것은 수학적 표현을 통해 좀더 불연속성을 정확하게 표현하기 위해서일 뿐 굳이 메저 제로에 대해서 이해할 필요는 없습니다.

다시 돌아가서, 행성이나 비행기처럼 연속적으로 움직이는 물체가 어느 정도의 시간 동안은 계속해서 같은 방향으로 움직인다는 것은 그럴듯 합니다. 그러나 어떤 물체가 한 번 점프했다가 멈추었는데, 한참 후에 같은 방향으로 또다시 점프를 한다니? 전혀 자연스럽지 않습니다. 왜 멈추어 있는 주가가 한 번 점프를 한 뒤에 같은 방향으로 점프를 계속해서 해야만 할까요? 효율적 시장이라면 이러한 일은 결코 벌어지지 않을 것입니다. 주가를 움질일만한 뉴스가 공표되는 순간 주가는 그 뉴스를 반영하여 순간적으로 단 한 번 점프할 것입니다. 뉴스의 가치를 한 번에 완벽하게 반영하는 것이 효율성의 가정입니다. 그다음 점프는 어느 방향일지 모르지만 다음 뉴스가 가리키는 방향으로 일어나게 되며 그 방향은 앞의 뉴스와 일치할 이유가 전혀 없습니다.

효율적인 시장에서는 모멘텀이 일어날 수 없다는 사실이 잘 받아들여지지 않으면 다음과 같이 설명할 수도 있습니다. 만약에 모멘텀 때문에 오늘 오른 주식이 미래에 더 오른다는 사실을 사람들이 알고 있다면 그 높아질 가격과 차이로부터 이익을 취하기 위해 사람들은 당장 오늘 그 주식을 더 많이 매수할 것입니다. 더 많은 매수는 주가를 상승시키겠지요. 사람들은 주가가 미래의 가격까지 오를 때까지 매수를 그치지 않을 것입니다. 그렇다면 당장 오늘의 주가가 미래의 모멘텀까지 반영된 가격으로 점프하고 모멘텀은 일어나지 않게 되는 것입니다.

그러나 시장은 효율적이지 않고, 모멘텀은 많은 포트폴리오에서 팩터 투자 전략의 기본 모델로 이용될 정도로 이미 그 작용이 잘 알려져 있습니다.[112] 시장 참여자들이 바보가 아닌데 왜 이런 비효율성을 허용하는 것일까요? 이제부터 모멘텀의 원인을 살펴보겠습니다. 모멘텀은 노이즈 리버전과 달리 매우 복잡 다양한 원인에 의해 일어나게 됩니다.

주가의 모멘텀

주가나 선물의 가격에서 모멘텀을 관찰해 낸 금융계는 이 현상을 과학적으로 설명하기 위해 많은 애를 썼습니다.[113] 한때는 이것이 효율적인 시장 가설을 반박하는 근거다 아니다에 대해서도 논란이 분분한 적이 있었지만 21세기에 들어서 시장이 효율성과는 거리가 멀다는 사실은 이미 학계에서나 투자업계에서나 널리 받아들여진 상태입니다. 주가의 모멘텀을 설명하려 시도하는 논문들에서 이야기되는 중요한 가설 중의 하나는 모멘텀은 불확실성 때문에 일어난다는 것입니다. 다른 식으로 말하자면 뉴스를 가격에 반영시키는 투자를 행할 때, 그 투자의 위험도가 모멘텀을 발생시킨다는 것입니다. 새로운 뉴스가 증권가를 떠돌고 있는데 사람들이 들어 본 적도 없는 신생 기업인 미래신약이

---

112) 클리프 애스니스의 AQR 펀드는 대표적인 모멘텀 팩터 투자를 중심으로 하는 펀드 중 하나입니다.
Cliff, A. Moskowitz, T. Pedersen, L.H. (2013) Value and Momentum Everywhere, Journal of Finance 68, 929-985

113) Jegadeesh, N., Titman, S. (1993) Returns to buying winners and selling losers: implications for stock market efficiency J. Finance 48(1), 65-91

라는 회사가 대장암을 치유할 수 있는 신약을 개발했다고 합니다. 이것이 맞다면 미래신약의 주가는 열 배 이상 상승할 것입니다. 그러나 잘 모르는 기업이 정말로 그런 엄청난 신약을 만들어 냈다고 곧이곧대로 받아들이기에는 불확실성이 너무 큽니다. 주가는 서서히 상승해 나가며 투자자들의 신뢰가 쌓일 때까지 기다릴 것입니다. 반면에 화이자처럼 세계 시장을 지배하는 거대 제약사에서 같은 뉴스가 나왔다면 주가는 빠르게 목표점에 다다를 것입니다. 투자자들은 설마 화이자가 허황된 발표를 하지는 않을 것이라고 생각합니다. 불확실성이 작은 것입니다. 학계에서는 이러한 가설을 좀더 과학적으로 검증하기 위해서 기업의 불확실성을 다양한 측면에서 측정했습니다. 신생 회사, 작은 회사, 경영진이 강력하지 못한 회사 등등 불확실성을 가중시키는 여러 요소를 가진 기업들을 대상으로 테스트했을 때 주가의 모멘텀은 불확실성이 높은 기업에서 더 확실한 경향을 보인다고 관측되었습니다.

그러나 모멘텀이 오직 하나의 원인으로 일어나는 것은 아닙니다. 개인적으로 중요한 요소로 꼽는 원인 중에 하나는 노이즈 리버전의 수익성입니다. 노이즈 리버전을 위한 거래는 모멘텀 방향과 정반대로 거래를 일으킵니다. 리버전은 주가가 바로 이전의 움직임의 방향과 반대로 간다고 예측하므로 모멘텀과 방향이 반대이지요. 이 노이즈 리버전이 수익을 가져온다면 주식 시장에는 이 수익을 달성하기 위해 자본이 투입됩니다. 이렇게 모멘텀에 반대로 가는 움직임이 주가를 천천히 오르도록 해서 뉴스에 대한 모멘텀을 만들어 낼 수 있습니다. 작은 회사는 큰 회사보다 덜 다변화되어 있고 정보가 작기에 노이즈의 레벨이 큽니다. 그렇기에 리버전은 더 큰 이익을 올릴 수 있고 더 긴 기간에 걸쳐 일어납니다. 리버전이 좀더 길게 작용하고 수익성이 높아지면 투자금이 몰려들게 되고 이에 따라 더 강한 리버전 거래가 생겨나게 됩니다.

주가의 과도한 상승이나 하락을 막는 리버전은 한 번에 큰 점프를 허용하지 않고, 따라서 주가는 천천히 조금씩 올라가게 됩니다. 급격한 가격의 상승이 지연되는 것입니다.

기업의 크기와 노이즈의 관계에 대해서는 다음 예로 설명할 수 있을 것입니다. 만약에 애플의 주가가 3퍼센트 오른다면 무언가 이유가 있을 것입니다. 수백만 명의 사람들이 관측하고 있는 기업의 주가가 아무 이유도 없이 큰 폭으로 올라가기는 매우 힘든 일입니다. 하지만 매우 작고 거래도 잘 되지 않는 회사들의 주가는 별 이유 없이 3퍼센트 올랐다가 떨어지기를 반복합니다. 심지어 매수 호가와 매도 호가의 차이가 3퍼센트 이상 될 수 있기에 아무 정보도 없는 일상적인 거래도 등락을 반복합니다. 이에 대해 리버전 전략들은 더 큰 폭의 수익을 올리는 것입니다.[114] 큰 회사의 주가가 3퍼센트 움직이면 리버전 전략들은 그 움직임이 노이즈가 아니라고 가정하기에 리버전 거래를 포기하겠지요. 따라서 큰 회사의 주가는 효율적으로 빠르게 올라가고 모멘텀은 더 이상 작용하지 않게 됩니다. 작은 회사들은 주가의 움직임이 뉴스인지 노이즈인지 알기가 힘들기에 어느 정도 큰 폭의 움직임에도 계속해서 가격의 인상에 반대로 저항하는 리버전 세력들이 거래를 시도하게 되고, 그에 따라 주가도 더 오랫동안 천천히 올라가게 됩니다.

---

114) 매수 호가와 매도 호가의 차이를 등락하는 주가로부터 리버전 전략으로 수익을 취하는 것이 바로 유동성 공급자(liquidity provider)들의 수익 모델입니다. 마켓 메이커(Market Maker)라고도 불리는 이 전략의 이름은 시장이 전산화되기 전의 시기에 일반인의 주문을 받아 주는 역할을 하였던 세력들을 지칭하는 것입니다. 현재는 일반인도 지정가 주문을 냄으로써 마켓 메이커 역할을 할 수 있지만, 높은 기술력과 장비 및 인력 투자를 바탕으로 빠르게 움직이는 하이 프리퀀시 투자자들과의 경쟁에서 이기기는 힘듭니다.

상품 선물에서의 모멘텀

반면에 선물에서의 모멘텀은 매우 다르게 설명됩니다. 유가가 낮아져서 석유의 생산은 줄고 소비자들의 석유 소비량이 증가하기 시작했다고 생각해 보지요. 그 추세가 지속된다면 곧 소비량이 생산량을 상회하기 시작해 유가가 다시 오르기 시작할 것입니다. 물론 유가가 충분히 오르면 생산자들은 유전을 더 많이 지을 것이고 결국 석유 값이 다시 떨어질 것입니다. 그러나 유전을 짓기까지는 오랜 시간이 걸립니다. 만약에 산유국들의 인위적 감산 등으로 인해 따로 남겨 놓은 여분의 생산력이 존재하지 않는다면 재고는 점점 줄어들고 석유 값은 지속적으로 상승해 나갈 것입니다. 게다가 생산자의 입장에서는 지금 당장 소비가 조금 늘어났다고 막대한 자본을 들여 유전을 개발하기도 힘듭니다. 어느 순간 소비가 다시 줄 수도 있으니 유전을 짓는 것 자체를 머뭇거릴 수밖에 없습니다. 유가가 하락할 때도 이러한 비효율이 발생합니다. 생산자들은 가격 하락으로 생산을 줄이는 것이 아니라 어떻게든 줄어든 매출을 보전하기 위해 더 많은 생산을 하려 하고 유가는 더욱 가속적으로 떨어지게 되고 맙니다. 어찌 보면 이러한 상품 가격의 모멘텀은 시장이 너무나도 비효율적이어서 수요와 공급이 결코 균형을 맞추지 못한다는 사실을 증명한 것일 수도 있습니다.

이렇게 유전, 광산 등과 같이 설비 투자가 긴 시간이 걸리는 경우 시장이나 다른 경제 주체들이 생산과 소비 사이의 균형을 결코 맞추지 못하고 항상 과잉 생산과 과소 생산을 반복한다는 가설은 모멘텀을 잘 설명할 수 있습니다. 미래의 소비를 미리 예측하고 생산 설비를 지어야 하는데, 이 정보가 시장 참여자의 예측력만으로는 부족하다는 것이지요. 따라서 일단 과잉 생산이 되면 과잉 생산이 더 가속화되고, 생산 부족이 시작되면 생산 부족이 더 가속화되다가 상당히 시간이 지나서야 균형을 맞추게 되어 가격 역시 이를 반영하는 것이지요. 이것은 선물 시장에서 가격 모멘텀을 설명하는 중요 이론 중 하나입니다. 하지만 여기에는 큰 허점이 있습니다. 즉 선물 거래에는 소비자와 생산자뿐만 아니라 이러한 가격 모멘텀으로부터 이익을 취하는 트레이더들도 참여합니다. 이 제 삼의 세력들이 경쟁한다면 이렇게 쉽게 취할 수 있는 이익이 없어질 때까지 가격이 더 빨리 오르거나 더 빨리 떨어져야 합니다. 그렇다면 또다시 모멘텀은 사라져 버리고 커다란 점프만 남게 됩니다. 그럼에도 불구하고 오랫동안 CTA(Commodity Trading Advisor) 펀드들은 상품 모멘텀 전략으로 수익을 올려 왔습니다. 어찌된 일일까요?

이를 설명하는 이론은 생산자들의 위험을 헤지하기 위한 헤지 비용이 모멘텀 트레이더들의 이익이 된다는 것입니다. 생산자들이 생산 설비를 짓기 위해서 지금 당장 투자를 하려면 미래의 높은 가격이 보장되어야 하는데, 이 위험을 헤지하기 위해서 미래의 생산품을 현 시점에서 더 싸게 팔아 버린 것입니다. 현재의 투자금보다 월등히 높은 가격만 확실히 보장되면 약간 더 싸게 파는 것을 충분히 감수하는 것이지요. 헤지 비용이 조금 높더라도 생산자들은 더 큰 이익을 목표로 하기 때문입니다. 다시 말해 현재의 생산과 소비의 불균형으로 인한 비효율이 모멘텀 트레이더의 이익을 발생시키는 것입니다.

모멘텀 트레이더들은 모멘텀을 통해 수익을 낼 기대감으로 생산자의 상품 가격 하락 위험을 마치 보험 회사처럼 헤지하여 줍니다. 미래의 예상되는 가격보다 더 싼 가격에 생산자로부터 미래의 생산품을 사게 되면 시간이 지날수록 미래의 가격으로 수렴하면서 가격이 오르니까요. 모멘텀 트레이더들이 너무 많은 경쟁을 해서 더 많은 미래의 생산품을 더 비싸게 사 준다면 모멘텀은 사라질까요? 그러나 그렇게 되지는 않습니다. 생산자들 입장에서는 위험 없이 확실하게 수익을 낼 기회이므로 선물을 더 비싸게 사 주면 훨씬 더 많은 선물을 팔고 훨씬 더 많은 생산 시설을 지을 것입니다. 반면에 모멘텀 트레이더는 아무 보장이 없기에 위험이 높고, 따라서 경쟁이 있더라도 무한정 사는 것은 불가합니다. 결국 양쪽 모두 어느 정도 적정한 수익을 보는 선에서 균형이 일어나는데 그 균형은 모멘텀 트레이더가 위험을 감수하는 데 대한 보상을 받을 정도에서 일어납니다. 즉 위험 보상 이론으로 상품 선물의 모멘텀이 설명됩니다.

위험 헤지 상품을 파는 트레이더들과 위험 헤지를 사는 생산자와의 관계가 생산물의 가격에 모멘텀을 가져온다는 이론은 원유에만 적용되는 것이 아닙니다. 어떤 상품이든 헤지가 발달할수록 가격은 안정화되고, 수요와 생산의 불균형이 줄어들어 산업의 효율성이 늘어나게 되지만 차액 거래만을 위해 헤지 상품을 파는 측이 그 위험을 보상받아야 거래를 계속하게 되겠지요. 다시 말해 생산자와 소비자는 다른 곳에서 수익이 오지만 트레이더들은 가격의 차이에서 수익이 오므로 그 가격 차이를 보전한다면 모멘텀이 발생하는 것입니다.

가격 하락 시에도 모멘텀은 발생하지만 위에서 언급한 생산자의 헤지 수요로 설명하는 이론이 대칭적으로 적용되지 않습니다. 수요가 줄어가면 가격이 하락하고 그에 따라 생산이 줄겠지만, 생산은 빠르게 멈출 수도 있습니다. 가격 상승 시처럼 투자도 필요 없고 설비를 짓는 시간도 필요 없으니까요. 물론 현실에서 이렇게 효율적으로 수요에 맞추어 생산이 줄지는 않습니다. 중동의 원유처럼 생산 원가보다 월등히 높은 가격에 판매를 하는 경우 가격이 하락해도 생산의 감소는 거의 일어나지 않습니다. 도리어 증산을 통해 부족한 수입을 메꾸려는 움직임까지도 일어납니다. 판매가가 생산 원가보다 월등히 높지 않다 하더라도 투자 비용이 큰 시설은 생산을 멈출 시에 더욱 손해를 보는 특성 때문에 생산자들은 되도록 생산을 유지하려 합니다. 이러한 경우 현물 가격이 지속적으로 하락하는 모멘텀이 생길 것입니다. 하지만 현물 가격이 하락한다고 이로부터 수익을 낼 수 있는 것은 아닙니다. 선물 가격의 하락 모멘텀이 일어나지 않으면 현물은 하락에 베팅할 수가 없으니까요.[115]

셰일 오일처럼 설비의 시효가 상대적으로 짧은 경우 새로운 설비 투자가 일어나지 않으면 점진적으로 생산 시설 자체가 사라집니다. 소비가 다시 늘어나든 생산이 줄든 언젠가는 가격이 다시 상승할 것입니다. 이제는 생산자가 아니라 항공사와 같은 소비자들이 가격 상승에 대한 헤지를 시도할 것입니다. 소비자는 싼 가격에 최대한 많은 미래의 구매를 확정하고 싶어합니다. 반면에 생산자들은 폭락한 가격에 미래의 판매를 확정하고 싶어하지 않습니다. 가격 상승 시처럼 생산 설비를 새로 짓는 것도 아니기에 위험을 헤지할 필요도 없습니다. 생산자는 선물을 팔고 싶어하지 않고 소비자는 선물을 사고 싶어하니 둘 사이의 불균형이 발생하여 선물 가격은 미래에 현실화될 현물의 가격보다 높아지게 됩니다. 예를 들어, 원유 가격이 100달러에서 20달러로 폭락해서 1년 후 예상 가격이 20달러라고 할 때, 1년 후 원유의 선물은 30달러 정도

---

[115] 이 부분도 주식과 같은 공매도가 허용된 자산과의 중요한 차이입니다. 상품 현물 상승에 베팅하려면 간단하게 상품을 사면 됩니다. 그러나 내게 상품이 없는데 상품 현물 하락에 베팅하기 위해서는 누군가에게서 상품을 빌려 와서 팔아야 합니다. 이 부분은 쉽지 않습니다.

까지밖에 하락하지 않다가 점진적으로 20달러로 수렴해 가는 것입니다. 소비자가 20달러에 현물로 원유를 사서 탱크에 저장해 놓을 수도 있지만, 폭락 시에는 저장 시설이 모자라 비용이 10달러 이상 들테니 1년 후 원유를 폭락가에 확정하고 싶다면 30달러에 선물을 구매하는 쪽이 더 싼 것입니다. 이들에게 선물을 팔아 주는 측이 차익 거래 모멘텀 트레이더들입니다. 만약 저장 비용보다 현물과 선물의 차액이 더 크게 벌어지면 현물을 사서 창고에 보관했다가 더 비싼 가격에 미래에 인도하는 아비트라지 트레이더들도 동참합니다. 몇몇 트레이더들은 너무 가격이 오른 저장 시설 대신 오일 탱커를 통째로 사서 바다에 띄워 놓으며 이러한 기회를 활용하기도 했습니다.

선물, 현물의 미래가와 현재가가 섞이니 조금 혼동스러운 이야기이지만 이러한 구조를 이해하면 어떤 주체가 어떤 주체로부터 어떠한 동인으로 수익을 취하고 비용을 지불하는지를 이해하게 되고, 가격 변화가 일어나는 전체 그림을 알게 됩니다. 물론 이러한 분석이 모든 것을 설명할 수는 없고 항상 예외적인 요소는 있기 마련입니다. 예를 들어 생산자와 소비자가 동시에 헤지를 시도할 수도 있는 것입니다. 현재의 가격을 확정하는 것이 양쪽 모두에게 이익일 때 차익 거래 트레이더들의 이익을 보전할 필요는 없어질 것입니다. 그러나 그럼에도 불구하고 모멘텀은 기본 시그날로 거래자들이 수익을 내어 왔기 때문에 거래자들의 모멘텀이 발생한다는 믿음으로 인해 모멘텀이 발생할 수도 있습니다. 예외는 끝이 없고, 분석은 갈수록 복잡해집니다.

주가에는 적용되지 않는 상품 선물의 모멘텀 원리

생산자와 소비자의 헤지에 기반한 상품의 모멘텀 이론은 기업의 주가에는 적용되지 않습니다. 주가는 미래의 가치를 현재에 선반영하기 때문입니다. 미래의 원유 가격을 현재에 선반영하기 위해서는 타임머신을 이용해서 미래의 원유를 현재로 보내야 합니다. 하지만 주식은 미래의 주식이 바로 현재의 주식입니다. 원유처럼 현재의 상품이 소비되어 사라지고 보관되지 않는 특성을 보이는 더욱 극단적인 대상이 전력 시장입니다. 아무리 미래에 전기가 남아돌아도 지금 당장 전기가 모자라면 전력 그리드 전체가 정전되어 버립니다. 전력 공급사는 백 배의 가격에라도 당장 전력을 구매할 수밖에 없습니다.

반면에 미래에 기업이 손실을 입을 것을 알게 되면 현재의 주가가 하락합니다. 미래의 기업과 현재의 기업은 같은 기업이고 현재의 주가는 미래의 기업이 배당할 모든 배당금의 총합이기 때문입니다. 따라서 주식 선물과 주식 현물의 가격 차이는 이자율 정도의 근소한 차이만 날 뿐입니다. 상품과 달리 기업은 소비되는 것도 사라지는 것도 아닌 동일한 대상이기 때문인데, 비유를 하자면 먹어서 사라지는 사과의 판매 가격이 상품 선물의 가격이라면, 누구도 먹을 수 없는 황금사과의 가격이 주식의 선물입니다. 배당을 전혀 하지 않는 기업의 주식은 거의 먹을 수 없는 황금사과 같아서 아무리 들고 있어도 아무것도 생기지 않습니다. 단지 사람들의 평가에 따라 가격만 오르내릴 뿐입니다. 주식과 비슷한 양상을 띠는 금과 같은 귀금속의 선물 가격 역시 현물 가격에 이자율을 곱한 정도의 차이만 존재할 뿐 현재의 가격을 크게 벗어나지 않습니다. 금은 공업용으로 소모가 되기는 하지만 소모되는 양은 보관

되는 양에 비해 매우 작아 전체 가격 변동에 큰 영향을 끼치지 않고 영구히 보존이 가능하며 보관 비용 역시 매우 작기 때문에 주식과 같은 현상을 보이는 것입니다.

요약하자면 상품 선물은 헤지의 수요에 따라 예상가보다 훨씬 더 높거나 낮은 가격을 형성할 수 있어 모멘텀을 발생시키지만, 주식 선물의 가격은 미래의 주가를 반영한 것이 아니라 사실상 현재의 주가라고 생각하면 됩니다. 기업의 주식에는 생산자 혹은 소비자의 헤지 수요로 인한 모멘텀은 전혀 존재하지 않습니다. 그냥 모멘텀이니까 비슷할 것이라고 생각했던 주식의 모멘텀과 선물의 모멘텀이 전혀 다른 원리에 의해 나타나는 것을 보면 왜 모멘텀에 대한 이해가 어려운지 조금씩 이해가 갈 것입니다.

군중 심리와 시장의 모멘텀

개별 주식의 모멘텀과 개별 주식이 모여 만들어지는 시장의 모멘텀은 또 다른 이야기입니다. 물론 개별 주식은 시장의 영향을 받으니 개별 주식의 모멘텀은 시장 모멘텀과 합쳐져서 나타나겠지만 일단 여기에서는 둘을 분리해서 이야기해 봅시다. 개별 기업 주가의 모멘텀을 설명하던 정보의 불확실성은 시장의 모멘텀을 설명하기 힘듭니다. 시장 자체를 움직이는 큰 뉴스는 순식간에 퍼져 나가고 검증되기에 불확실성은 매우 작습니다. 수천만 명이 주시하고 있는 금리가 인상되었는데 그것이 사실이 아닐 확률이 얼마나 될까요? 그러나 그렇게 불확실성이 작다면 개별 주식 모멘텀의 이론에 따라 모멘텀이 사라져야 하는데 사실은 그렇지 않다는 것을 우리는 관찰합니다. 도대체 왜 시장의 모멘텀이 생기는 것일까요?

그 이유는 여러 가지가 있겠지만 인간의 유전자에 프로그래밍된 군중적 쏠림 현상이 중요한 이유 중에 하나라고 생각합니다. 개별 기업에 군중이 조금이라도 몰려들면 시장 전체에 같은 규모의 군중이 투자하는 것보다 더욱 빠르게 가격이 상승할 수밖에 없습니다. 순식간에 너무 높이 상승한 가격은 빠르게 멈출 수밖에 없습니다. 다시 말해 개별 기업이 과도한 관심을 받으면 모멘텀이 일어나는 것이 아니라 순간적 급상승 후에 과잉 상승분에 대해서 반대로 하락하기 마련입니다. 사람들이 모멘텀에 대해서 상상하는 것과는 반대입니다. 관심을 덜 받는 쪽이 비효율이 높기에 지속적 모멘텀을 발생할 확률이 높아집니다. 게다가 군중 심리가 형성되기에는 하나의 회사는 너무 작습니다. 테슬라 같은 예외도 있겠지만, 대부분의 회사의 경우 주변 다른 사람이 아무도 그 회사를 모르거나, 안다 해도 굳이 관심을 가지지 않는다면 군중 간의 상호 강화 작용이 일어나기 힘듭니다. 옆집 사람 하나가 자신이 가진 주식의 가격이 올랐다고 아무리 자랑을 하더라도 사람들은 굳이 그 주식을 살 생각까지 하지는 않습니다.[116] 반면에 시장은 다릅니다. 개별 주식은 특정적이지만 시장은 모든 사람에게 적용되는 일반적인 투자입니다. 일단 오르기 시작해 주변 사람들이 사기 시작하면 더 많은 사람들이 그것에 영향을 받아 같이 사게 됩니다. 옆집 사람 앞집 사

---

116) Mark Grinblatt, Sheridan Titman and Russ Wermers, Momentum Investment Strategies, Portfolio Performance, and Herding: A Study of Mutual Fund Behavior, The American Economic Review 85(5) 1088-1105, 1995
Spyros Spyrou, Herding in financial markets: a review of the literature, Review of Behavioral Finance Vol. 5, Issue 2, 2013

람 뒷집 사람이 모두 모여 오직 주식 이야기만 합니다. 주식 이야기를 하지 않으면 소외 당하는 사태가 벌어지는 것입니다.[117] 버블은 이런 식으로 형성되어 갑니다. 군중에 거꾸로 가는 훈련을 하거나 특별한 두뇌를 가진 사람들도 있겠지만 대부분의 사람들은 본능적으로 주변 사람들을 따라갑니다. 모두가 틀렸는데 자신도 같이 틀렸으면 사람들은 틀려도 두려움을 크게 가지지 않습니다. 그러나 모두가 틀리고 자신만 맞다고 이야기하는 사람들은 공격을 받게 되고 두려움을 느끼게 됩니다.

과거의 세계에서는 무리를 따르는 것은 생존의 필수 조건이었고 무리를 따르는 유전자가 번성할 수 있었지만 투자의 세계에서도 과학의 세계에서도 틀린 것은 결국 틀린 것입니다.[118] 다수가 그렇다고 생각해도 태양이 지구를 돌지 않으며, 다수가 끝없이 올라갈 것이라고 말해도 시장은 끝없이 올라갈 수가 없습니다. 이러한 군중 심리에 의한 버블이 다른 여러 현상들과 함께 시장 전체의 모멘텀을 만들어 냅니다. 공포에 기반한 하락도 마찬가지입니다. 주변 사람이 모두 팔면 같이 팔고 싶어지는 본능이 우리 모두에게 내재해 있습니다.

군중 심리의 형성은 점진적으로 일어날 수밖에 없습니다. 상대적으로 작은 수의 행동이 무리 전체로 퍼져 나가는 데에는 시간이 필요합

---

117) 기회를 잃을까봐 두려워하는(FOMO: fear of missing out) 현상은 다양한 분야에서 관찰되고 있습니다.
Sornette, D. Deschâtres, F. Gilbert, T. Ageon, Y. Endogenous Versus Exogenous Shocks in Complex Networks: An Empirical Test Using Book Sale Rankings, Physical Review Letters 93, 228701, 2004

118) 이러한 특징을 반영하여 소수자 게임으로서의 투자 시장을 모델링할 수도 있습니다.
Damien Challet, Matteo Marsili, Yi-ChengZhang, Modeling market mechanism with minority game, Physica A: Statistical Mechanics and its Applications Volume 276, Issues 1-2, 284-315, 2000

니다. 무리의 수가 커질수록 군중 심리는 강화되기 때문에 가격이 오른 후 계속 올라가는 시장 전체의 모멘텀이 회귀적 자기 강화를 통해 만들어지면 강한 심리적 믿음을 수반하는 버블을 형성하는 것입니다.

모멘텀의 예외 현상들, 조직화된 군중

이제까지 수많은 복잡한 모델을 가지고 다양한 모멘텀을 잡아냈음에도 항상 다른 예외 현상들이 떠오릅니다. 더군다나 우리가 다루는 모멘텀이 작용하는 세상은 우리와 동떨어진 실험실 속의 세계가 아니라 바로 우리가 살고 있는 세상입니다. 모멘텀의 존재를 사람들이 이해하는 순간 그 이해에 의해서 모멘텀 자체가 바뀌어 버리기도 합니다. 예를 들어 모든 사람들이 군중 심리를 따르는 행동은 투자 손해를 입고 만다는 것을 잘 이해해 낸다면 시장 모멘텀은 줄어들 것입니다. 사람들은 심리적으로 영향을 받지만, 교육과 훈련으로 바뀔 수 있습니다.

사람들이 바뀌지 않아도, 모멘텀 펀드들에 너무 많은 투자금이 몰려든다면 결국 모멘텀의 수익성이 저하되고 말 것입니다. 시장의 버블과 같이 모멘텀 투자 자체에도 버블은 있기 마련입니다. 너무 성공적이라면 너무 많은 자금이 몰려들고, 너무 많은 과잉 투자는 손실을 예견하는 신호입니다.

2021년 게임스탑과 AMC처럼 소셜 미디어를 이용한 군중의 대규모 조직적 움직임처럼 군중 심리를 도리어 강화하여 버블을 일으키는 방향으로 작용할 수도 있습니다. 이전에는 그렇게 빠른 기간에 대규모로 군중들의 생각을 결집하여 전파시키는 매체가 많지 않았지만 그것이 가능해지자 암묵적으로 천천히 일어나던 군중의 움직임이 조직화되고 시장을 극단적으로 몰아붙이는 현상이 나온 것입니다. 시간이 지날수록 커져 가는 군중의 열정에 휘둘려 마지막으로 제일 비싼 값에 매수를 했던 투자자들은 폭탄 돌리기의 희생자가 되어 결국 큰 손실을 입고 말았습니다. 이러한 현상의 등장은 군중의 움직임의 새로운 국면을 보여 주었습니다. 우리가 이용할 모멘텀 모델들 또한 대규모로 조직된 군중이 모멘텀에 끼치는 영향까지 포함되어야 하는 것입니다.

모멘텀을 이해하는 것은 참으로 길고도 어려운 여정입니다. 저 역시도 모멘텀 현상에 대해 오랫동안 살펴보았음에도 아직도 크고 작은 의문점들이 떠오르곤 합니다.

기업의 모멘텀 활용

모멘텀 현상을 제대로 이해했다면 기업은 경영에서 커다란 이점을 누릴 수 있습니다. 실제로 기업에서 일어나는 많은 결정은 모멘텀을 가정한 상태에서 일어납니다. 일단 팔리기 시작한 상품은 계속해서 팔리고, 하락 경향을 보이기 시작한 상품은 계속해서 하락해 갑니다. 그러나 그러한 모멘텀의 가정이 항상 맞을 수는 없습니다. 모멘텀을 무작정 가정하는 것이 아니라 모멘텀이 일어나는 원리를 이해한다면 모멘텀을 가정한 예측이 언제 실패할지도 알 수 있게 됩니다.

상품의 선물 가격 모멘텀의 이해는 더 직접적 효과를 줍니다. 가격을 이해하면 당연히 기업은 그에 맞추어 생산과 투자를 결정지을 수 있습니다. 주가의 모멘텀을 이해한다면 어떤 상황에서 회사의 주가가 지속적 상승을 이루어 내고 그로부터 안정적으로 투자 자본을 조달해 낼 수 있을지 알 수 있습니다. 어떤 팩터에 모멘텀이 일어나고, 어떻게 일어나고, 얼마나 지속되고, 어떻게 사라지는지, 각각의 기업은 자신이 노출된 팩터들에 대해서 모멘텀을 분석해 나가야 할 것입니다.

어떤 기업이 특정 팩터에 노출이 있고, 그 팩터가 모멘텀을 가지고 있다면 그 기업 자체도 모멘텀을 가지게 됩니다.[119] 그렇다면 기업의 매출이나 이익에 모멘텀이 있다고 최종적 결과만 생각할 것이 아니라 그 분석을 팩터 레벨에서부터 시작해야만 합니다. 그렇지 않으면 모멘텀이 일어났다는 사실만 알 뿐 왜 일어나고 있는지를 이해하지 못하게 되니까요. 왜 일어났는지를 이해한다면 더 정확하게 그 모멘텀이 언제 그칠지 아니면 지속될지를 예측할 수 있습니다. 예를 들어 이디오신크래틱 수익에 해당하는 기업의 상대적 경쟁력 하락으로 지난 일 년간 주가는 폭락했지만 위험 팩터인 코로나 바이러스 사태로 지난 6개월간의 상품 시장 자체의 급격한 성장을 통해 6개월 동안의 매출과 이익은 도리어 늘어났을 수 있습니다. 이 두 가지 모멘텀을 따로 분석해서 서

---

119) 모멘텀 팩터에 대한 노출이 있는 것과 모멘텀이 관찰되는 것은 다른 이야기라는 점을 다시 한 번 강조합니다. 모멘텀 팩터가 아닌 시장 팩터나 가치 팩터 등 다른 팩터들도 모멘텀을 가지고 있습니다. 통상적 모멘텀 팩터는 주가의 과거 특정 기간의 움직임을 이용해서 이를 정의하지만 주가의 움직임은 복합적 팩터들과 이디오신크래틱 수익들이 종합된 것이기에 특정 팩터의 모멘텀을 들여다보는 것과는 상당히 다른 결과를 가져올 수 있습니다.

로 다른 조치를 취해야 할 것입니다. 경쟁력 하락은 장기적으로 지속되는 경향성이고 본질적 대처가 필요하지만, 코로나 바이러스 사태는 단기적 주기이며 빠른 대처가 필요하니까요.

다시 이야기하지만, 모멘텀은 하나의 기제로 만들어지는 것이 아닙니다. 하나의 해답을 안다고 그것만을 맹신하는 것은 더욱 커다란 위험에 빠지도록 만듭니다. 가급적 많은 다양한 모델들을 열린 비전을 가지고 받아들여서 그러한 다양성으로부터 최대한의 예측력을 끌어올려야 하는 것입니다. 다양한 결론을 내는 다양한 모델들은 서로 상호 배치되는 것이 아니라, 여러 요인들을 다양한 방면에서 비추어 주는 것입니다. 여러 모델 중에서 하나를 고르는 것이 아니라 가능한 많은 모델을 종합적으로 이용하는 능력이 필요한 것입니다.

불연속적 세상 속에서의 기업 경영

물리적으로 관찰되는 세상은 상당히 연속적이지만[120] 인간 세상은 그다지 연속적이지 않습니다. 대표적으로 주가 역시 연속적으로 변하지 않고, 주가를 결정짓는 사람들의 결정 역시 연속적으로 일어날 수 없습니다. 많은 사람들이 보고 있는 주식은 조금 더 부드럽게 움직이겠지만, 그렇지 못한 주식의 경우 몇 분 동안, 혹은 며칠 동안 아무도 쳐다보지 않고 있을 수도 있습니다. 쳐다보지 않아도 아무 문제가 되지는 않습니다. 보통 매수 호가와 매도 호가의 차이가 엄청나게 벌어져 거래 자체가 일어나지 않을 테니까요. 그렇게 멈추어 있다가 거래가 일어나면 매우 큰 점프가 일어날 수 있는 것입니다. 이렇게 모든 자산의 가격은 대부분 멈추어 있다가 한순간에 다른 곳으로 점프를 합니다. 집값 역시 어제 10억 원에 팔리던 집이 9.999억 원, 9.998억 원 같은 중간 과정을 지나며 변하는 것이 아닙니다. 어제는 금리 하락에 긍정적 분위기가 널리 퍼져 모든 사람들이 10억 원이라고 생각했는데, 깨어나 보니 예상을 뛰어넘은 급격히 인상된 금리에 갑자기 공포를 느낀 사람들의 마음은 8억 원의 상태로 건너뛰는 것입니다. 즉 10억 원의 상태와 8억 원의 상태는 다른 상태이며, 이 두 상태 사이를 연속적으로 지나가는

---

[120] 정확하게는 물리적 세계도 연속은 아닙니다. 양자 역학의 세계에서는 세상의 모든 존재에 매 관찰 시마다 순간 이동의 도약이 일어납니다. 확률 분포 함수가 부여하는 특정 장소에서 관찰될 확률이 0보다 큰 이상 서울에서 도약해 뉴욕에서 관찰되는 것도 가능은 한 것입니다. 다만 충분히 커다란 크기의 물체는 구성 요소들의 도약이 서로 상쇄될 확률이 높을 뿐이지요. 전자만 하더라도 매우 작은 질량을 가지고 있기에 상당한 도약을 일으키고 이 때문에 밀집된 전자 회로를 벗어나는 현상이 자주 일어납니다. 반도체 칩 디자인의 난제입니다.

것이 아니라 한번에 건너뛰어 전환되는 것입니다.

컴퓨터가 연속성을 인지하는 것은 쉬운 일이 아닙니다. 서로 다른 두 상태를 동일한 대상이 변화한 것으로 인지하는 프로그램은 매우 어려운 작업이며 아직은 많은 오류가 생겨납니다. 인간의 마음속에는 연속성에 대한 인지 프로그램이 구현되어 있습니다. 그러나 인간의 두뇌 자체는 마치 컴퓨터가 그러하듯이 동기화되어 단속적으로 작동합니다. 컴퓨터의 CPU가 클럭에 맞추어 연산하는 것처럼 일정 사이클마다 한 번씩 연산을 행하는 것이지 연속적인 연산을 하지 않습니다.[121] 원래 인간의 두뇌가 연속적이어서 연속을 아는 것이 아니라 연속적이지 않은 두뇌로 어떻게든 연속을 인지하도록 프로그램된 것입니다. 인간의 심리 상태는 기쁘거나 우울하거나 공포에 휩싸이거나 하는 상태가 점진적으로 바뀌는 것이 아니라 특정 조건 하에서 점화되는 호르몬 분비로 인해 도약적으로 일어납니다. 사람들이 논리적이라고 상상하는 인간의 사고 과정 역시 그러합니다. 불연속적 생각의 단상들에 의해 생각 자체가 도약에 도약을 거듭하는 것이지 한 생각을 연속적으로 유지하는 것은 거의 불가능합니다. 대부분의 사람들은 자신이 십 분 전에 무슨 생각을 했는지 기억조차 하지 못합니다. 주식 투자를 계획하다가, 크레딧 카드 지출을 계산하더니, 여행 계획을 세우는 것과 같습니다.

---

121) 다른 예를 들자면 인간의 시각 정보를 처리하는 양식은 전혀 연속적이 아닙니다. 시각 시스템으로부터의 정보는 연속적 데이터가 아니라 단속적 이미지입니다. 두 개의 사진에 찍힌 늑대의 사진에서 늑대의 위치가 변해 버렸다면 인간의 의식은 그 중간을 연속적으로 늑대가 움직였다는 가설을 가지고 채워 넣습니다. 시각 시스템이 만들어 낸 이미지들로부터 상위 인지 시스템이 연속성을 가정하고 중간의 빈 구멍을 채워 넣는 것입니다. 그래서 초창기 영화처럼 일 초에 단 몇 번 움직이는 사진들을 보여 주어도, 아니 몇 초마다 찍은 사진을 보여 주어도 인간의 두뇌는 그것이 연속으로 움직였다고 생각합니다.

연속성의 개념으로 세상을 해석하는 프로그램은 유용한 면이 많습니다. 연속성을 가정하면 작은 변화에 대한 오차를 노이즈로 필터하게 됩니다. 이렇게 작은 변화를 무시하는 경향은 장기적 대처를 가능하게 합니다. 그래서 인간은 연속성의 개념을 유지하는 것입니다. 한여름에 며칠 추웠다고 겨울을 대비하는 것이 아니라 다시 따뜻해질 것을 가정하는 것은 자연스럽고 유용합니다. 모든 것이 천천히 변화하는 세상에서는 급격한 변동이 매우 드물고 따라서 상황이 전혀 다른 상태로 전이되는 것에 대해 그리 크게 대비할 필요가 없었습니다.

하지만 현대의 복잡한 세상에서 빠르게 변화하는 팩터들은 동시다발적으로 변화를 가중시키고 불연속적 전이는 일상적인 현상이 되어가고 있습니다. 이러한 세상에서 연속성의 편향을 가진 인지 구조는 왜곡을 가져옵니다. 극단적 상황이 적게 일어날 것이라고 상상하고, 변화가 일어난다고 해도 초기에 이를 감지하여 자신이 대처할 만큼 천천히 바뀌어 나갈 것이라고 생각합니다. 천천히 오랜 기간 올라가던 시장의 버블은 한 번에 깨어지지만, 연속성을 가정한 투자자는 이러한 폭락이 일어나지 않거나, 폭락이 일어나도 천천히 연속적으로 일어나서 자신이 초기에 청산할 수 있다고 믿습니다. 그러나 실제로 폭락이 시작될 때에는 연속성의 가정을 더욱 강화시키며 변화를 무시하고 맙니다.

기업의 임직원 역시 이런 연속의 가설에 얽매인 사고에서 자유롭지 않습니다. 본질적 변화가 빠르게 일어나도 그렇게 빨리 변화가 일어날 리가 없다고 부정하는 것입니다. 선진국에서 교육 받고 기술 선도 기업의 첨단 기술을 습득한 인재들을 대거 빨아들이면서 중국의 기술력이 빠른 시간에 비약적으로 성장했음에도 과거의 중국에 대한 연속성에 묶여 있는 미국과 한국은 이성적으로는 이를 이해해도 심정적으로는 받아들이지 못하는 것입니다. 아직까지도 중국을 저렴한 노동력을 기반으로 한 노동 집약적 경제라는 생각을 떨치지 못합니다. 이성적으로는 인지하지만, 심정적으로는 그렇지 않을 것이라 느끼는 것입니다.

연속적인 GDP, 불연속적인 소기업 매출

국가의 GDP는 측정 자체를 자주 하기가 힘들 뿐 만약에 자주 측정할 수 있다면 매우 천천히 연속적으로 변하는 것을 알 수 있을 것입니다. 당장 내일 거래처와의 관계가 끊어질 수도 있는 개별 기업과 개인의 생산 활동은 불연속적인 도약으로 점철되어도, 수많은 개별 기업들의 생산 활동을 합하면 도약이 상쇄되며 연속성이 확보되는 것입니다. 마치 하나의 양자가 어디로 불연속 도약을 할지 알 수 없듯이 규모가 아주 작은 소기업의 매출은 매우 불연속적일 수 있습니다. 작은 기업일수록 다변화와는 거리가 멀게 되므로 상쇄되고 분산되는 도약의 효과는 기대할 수 없는 것입니다.[122] 설사 대기업이라고 해도 국가처럼 모든 것이 다 합쳐진 대상에 비하면 훨씬 편중되어 있고 위험 팩터들에 더 많이 노출될 수밖에 없습니다. 세상이 한 상태에서 다른 상태로 도약함에 따라 상당히 다른 상황으로 도약하게 되는 것입니다. GDP가 연속적인 이유와 같은 이유로 인해 다양한 사업을 하는 기업일수록 매출은 연속적입니다.

---

[122] 소기업이라고 해도 불특정 다수의 고객을 대상으로 하는 소매업은 매우 많은 고객을 대상으로 사업을 하므로 매출이 좀더 연속적입니다. 반면 소규모 건축 회사처럼 소기업이 소수의 고객을 대상으로 한다면 매출 자체가 언제 0으로 될지 알 수 없습니다.

반면에 위험에 대한 인식은 반대입니다. 커다란 기업이나 국가일수록 다양한 팩터에 노출되므로 위험이 분산되어 하나하나의 위험이 작아지더라도 불연속적 전이 자체는 훨씬 자주 닥칠 수밖에 없습니다. 따라서 불연속적 전이에 대해서 더 큰 경각심을 가지게 됩니다. 반면에 소기업의 경우 사업이 매우 특정한 팩터에만 노출되어 있다면 그 팩터가 영향을 받지 않는 이상 커다란 변동을 겪지 않는 것입니다. 예를 들어 공립 학교에 장기 계약으로 급식을 납품하는 기업이라면 국가의 급식 정책이 크게 바뀌지 않는 이상 대기업이나 국가가 영향을 받을 외환 충격에도, 유가 급등에도, 주식 시장 급락에도, 농산물 가격 파동에도, 확산되는 건설업체 부도에도 별 상관없이 안정적 사업을 지속할 테니까요. 마찬가지로 전기차에 배터리 부품을 공급하는 기업도 앞의 팩터들에 큰 연관이 없이 오직 전기차와 배터리 시장을 바라볼 뿐이지요. 물론 배터리 시장 역시 미국의 국내 생산 배터리 우선 정책과 같은 큰 도약을 마주하게 될 수 있지만 그 도약의 충격이 큰 대신 빈도가 매우 낮은 것입니다. 다시 말해 대기업의 위험이 더 연속적이지만 불연속적 도약에 더 대비를 하고 소기업일수록 불연속적 도약의 위험이 크지만 더 연속적인 사고를 하게 됩니다.

위험을 저평가하게 만드는 연속성의 왜곡

연속성에 대한 가정은 위험을 과다하게 작다고 생각하게 만들어 줍니다. 세상의 많은 현상을 설명하는 정규 분포는 대상이 연속적으로 움직일 경우 더 잘 맞아 떨어집니다.[123] 정규 분포를 보게 되면 꼬리에 분포한 극단적 사건의 확률은 매우 작아집니다. 보통 4 시그마 이벤트라고 하면 중심에서 표준 편차의 4배밖에 떨어져 있지 않습니다. 연속성 하에서는 그러한 이벤트라 해도 40년에 한 번 정도밖에 닥치지 않으니 대부분의 기업들은 크게 신경을 쓰지 않습니다. 그러나 연속이 아니라면 전혀 다른 이야기가 됩니다. 일단 정규 분포 자체가 만들어지지 않을 수 있습니다. 정규 분포가 아니라면 표준 편차의 4배 떨어져 있는 극단적 이벤트가 연례 행사처럼 매년 일어날 수 있습니다. 연방준비은행의 이자율 변동만 해도 정규 분포와는 거리가 멉니다. 변화 역시 실시간으로 연속적으로 바뀌어 나가는 것이 아니라 한 달에 한 번 혹은 그 이상 기간마다 한 번씩 점프를 해서 변동됩니다. 예상과 다른 변화율이 발표될 때는 큰 충격이 닥치는 것을 아는데 왜 이렇게 충격을 주면서 불연속적으로 극단적 이벤트를 만들어 내며 이자율을 바꾸는 걸까요? 매일 매시간 매분 조금씩 바꾸면 충격이 줄어들지 않을까요?[124]

---

123) 만약에 1, -1을 일정 시간마다 1/2의 확률로 도약해서 전이하는 분포라면 아무리 관찰을 합쳐도 절대로 정규 분포가 되지 않지만, 만약 연속적으로 움직인다는 가정으로 도약의 중간을 채워 넣으면 중간 관찰 값들은 조금 더 중심이 두꺼워져 정규 분포에 가까워집니다.

124) 이자율이 0.5%에서 1%로 오르는 것을 단지 0.5%의 절대적 차이 변화로만 생각한다면 커다란 오류입니다. 이자의 비용이 두 배로 올라가는 것이며 그것은 거의 100%에 가까운 극단적 충격입니다. 5%에서 6%로 이자 비용과 월세가 20% 늘어나는 것도 이미 커다란 충격인데 100% 이상의 충격이 가능한 데는 한 가지 이유가 있습니다. 시장이 현재의 0.5%라는 낮은 이자가 장기적으로는 유지되지는 않을 것이라고 이미 과거에 예상했다면 미래의 예상 이자까지 포함한 전체 이자율 변화가 그렇게까지 크지는 않은 것입니다. 그럼에도 불구하고 현재의 낮은 이자율은 미래의 이자율까지도 어느 정도 낮추기 때문에 이 정도의 변화는 극단적입니다. 일본과 같이 장기적으로 매우 낮은 이자율을 유지한 국가에서라면 미래의 이자율에 대한 기대치 역시 이미 매우 낮아져 있기 때문에 같은 규모의 변화가 가져오는 충격은 비교할 수 없이 더 클 수밖에 없습니다.

충격으로 깨뜨리는 연속성으로 인한 정체

금융 당국이 불연속적 충격을 과도하게 가하는 이유는 그 도약이 경제에 혼란을 일으키는 비용을 감수하고서라도 인간의 심리가 연속적으로 하나의 상태에 정체되는 속성을 깨뜨려야 하기 때문입니다. 심리의 상태 전이는 불연속적으로 일어나고 이를 위해서는 도약적 충격이 필요한 것입니다. 공포는 조금씩 점진적으로 생겨나는 것이 아닙니다. 인간에게 공포가 생길만한 정보가 조금씩 늘어난다면 인간의 마음은 점진적으로 공포의 상태로 전환하는 것이 아니라 그러한 변화를 무시하고 맙니다. 해수면이 하루에 0.1센티미터씩 매일 상승한 결과로 삼십 년 후에 10미터가 높아진 해수면 아래로 집이 완전히 잠긴다 해도 인간은 그다지 공포에 휩싸이지 않습니다. 하지만 삼십 년 중 어느 하루에 해수면이 3미터라도 상승한다면, 설사 도로의 낮은 부분에만 물이 좀 차는 정도로 피해가 거의 없다고 해도 인간은 커다란 공포에 휩싸이는 것입니다. 따라서 같은 양의 정보를 준다 하더라도 정보를 조금씩 나누어준다면 이렇게 정체된 인간의 심리 상태를 바꾸기 힘듭니다. 매일의 작은 충격은 심리 상태를 바꾸기에는 너무 작은 정보의 변화이기 때문입니다. 한 번에 도약적 충격을 전달할 때 공포에서 안정으로, 혹은 그 반대로 전이를 시킬 수 있습니다. 다시 말해 인간의 심리는 전체 변화의 크기보다 변화의 속도에 반응을 합니다.

게다가 도약은 가속화합니다. 일단 도약이 시작되면 수렴과 안정의 상태에서 발산과 변동성의 상태로 상전이(phase transition)가 일어납니다. 도약이 드물게 관찰되는 주기에서 도약이 빈번한 주기로 분포의 분포가 바뀌는 것입니다. 변동성이 높은 주기에서는 더 높은 확률로 도약이 일어납니다. 이렇게 주기 자체의 전이가 일어나는 이유가 심리적인 것만은 아닙니다. 커다란 사건들이 새로운 커다란 사건들이 일어나도록 연쇄 작용을 일으키기 때문이기도 합니다. 커다란 도약적 변화에 의해 한 대상의 상태가 바뀌면 그 대상의 변화가 도미노처럼 다른 대상에 영향을 주고, 다른 대상 역시 상전이를 일으키며 도약을 하는 것입니다. 예를 들어서 금리를 조금씩 올리면 주가가 조금씩 하락하고 집을 산 사람들의 가용 소득이 조금씩 줄어들 뿐입니다. 하지만 금리가 한 번에 큰 폭으로 오르면 그 변화를 감당하지 못하고 모기지를 내지 못하는 사람들이 대량으로 생겨납니다. 이 도약적 변화는 모기지 대출을 한 은행들을 파산시키고, 은행들의 파산은 은행에서 자금을 빌리지 못하게 된 기업들을 파산시키는 연쇄 작용을 일으킵니다. 정부나 다른 통제 주체가 이러한 연쇄 고리를 적절하게 끊어서 통제하는 데에 실패한다면 회복하기 힘든 극단적 경제 붕괴가 시작되는 것입니다.

이제 왜 우리가 살아가는 세상에서는 선형성을 가지고 연속적, 비례적으로 사건이 일어나지 않는지 이해할 수 있을 것입니다. 인공 지능 신경 회로망을 만드는 시그모이드 함수처럼, 그리고 우리 두뇌의 뉴런 세포들처럼, 경계선을 넘지 못하는 변화들은 무시되고 경계선을 넘는 변화는 도약적 상전이를 일으킵니다.

안정성을 과신하게 하는 생존자 편향

평소에 우리가 사는 물리적 세상은 상당히 안정적입니다. 태양은 매일 따뜻하게 떠오르고, 너무 뜨거워 바닷물이 끓어오르지도 않고, 너무 추워 공기까지 얼어 버리지도 않습니다. 세상이 원래 안정적이라서 그럴까요? 전혀 아닙니다. 빅뱅의 거대한 폭발은 엄청난 불안정의 시작이었으며 백 억 년을 식어 내린 지금도 우주는 가혹하기만 합니다. 우리가 사는 물리적 세상이 안정적인 것은 안정적이지 않은 곳에서 인류가 생존할 수 없기 때문입니다. 하늘과 땅이 뒤집히는 곳에서는 살아남을 수 없기에 인류가 번성할 수 있었던 장소가 안정적인 것일 뿐입니다. 생존자 편향(survivorship bias)이 발생한 것입니다.[125] 생명을 멸망시킨 격변의 시기가 기억되지 못하는 이유는 격변이 닥치지 않아서가 아니라 기억할 생명이 모두 사라졌기 때문이지요.

생존자 편향은 현재 존재하는 기업들에게도 세상이 실제보다 더 안정적이라고 착각하게 만듭니다. 변화에 적응하지 못하고 사라진 대부분의 기업들은 현재 존재하지 않기 때문입니다. 그러나 변화를 넘어 살아남은 기업들에게 살아남을 수 있는 좋은 조건이 주어진 것이지 다른 기업들을 파산시킨 변화가 일어나지 않았던 것이 아닙니다. 예를 들어

---

125) 수많은 연구자들이 그들의 연구 과정에서 생존자 편향으로 인해 오류를 범했습니다. 생존자 편향은 다양한 형태로 나타나는데, 투자 연구에서도 이로 인한 오류가 산재한다는 것을 일톤 그루버는 말합니다. 지금도 이는 많은 연구에 영향을 끼칩니다. 이미 망한 기업을 연구 대상에서 빠뜨리는 경우와 같은 기초적 오류만 생존자 편향이 아닙니다. 특정 팩터에 관한 데이터 자체가 만들어져 관심을 받는 이유가 특정 팩터가 살아남았기 때문일 가능성이 높습니다. 이렇게 잡아내기 힘든 오류까지 많은 면에서 연구자들의 결과를 왜곡시킵니다.
Elton, Gruber, Blake, Survivorship Bias and Mutual Fund Performance. Review of Financial Studies. 9 (4): 1097-1120, 1996

빙하기가 닥쳤는데 우연히 적도 근처에 위치해 있었던 인류를 생각해 봅시다. 도리어 시원하고 살기 좋은 기후로 변해 버린 덕분에 성공적으로 살아남았겠지만, 다른 많은 인류와 동식물을 멸종시킨 위기가 없던 것이 아닙니다. 그러한 우연은 다음 변화에서의 생존을 보장하지 않습니다. 빙하기가 끝나면 적도는 살아남기 힘든 사막과 정글로 변합니다. 어떠한 기업이 과거의 변화를 딛고 우연하게 살아남았을 때 그것이 그 기업의 본질적 경쟁력이라고 생각하는 것은 심각한 착각입니다. 코로나 바이러스가 창궐했을 때 망해 가던 의료 기기 생산업자가 매출의 비약적 성장을 통해 성공을 했다고 그 기업이 같은 기간에 파산한 수많은 외식업체들보다 경쟁력이 더 있었던 것이 아닙니다. 그럼에도 불구하고 그 기업은 바이러스의 위험이 크지 않았다고 생각하는 데에서 그치지 않고 다음에 닥칠 새로운 변화도 별것 아니라고 생각하고 맙니다.

안정된 상태는 영원히 지속되지 않고 안정 상태를 한번 이탈하면 다음 안정 상태에 도달할 때까지 발산이 시작됩니다. 제임스 웹 위성이 쏘아 올려진 라그랑쥬 포인트는 지구와 태양 간에 중력 균형을 이루는 안정점입니다. 운석을 포함한 수많은 물질들이 방랑을 하다 지쳐 머무는 우주의 휴양지이지요. 그러나 그곳을 조금 벗어나 버리면 우주선은 그 근처에 머무는 것이 아니라 알 수 없는 전혀 다른 곳으로 흘러갑니다. 다음 안정점은 언제 다시 만날지 알 수가 없으며 태양의 반대편에 존재하는 또 다른 안정점을 과연 찾아낼 수 있을지, 아니면 다른 행성으로 끌려 들어가 그 여정을 마감하고 말지, 아무도 예측하기 힘듭니다. 작은 조건 변화에 의해서도 전혀 다른 종착점에 다다르게 되는 현상은 20세기 후반에 카오스 이론(chaos theory)과 동적 구조 이론(dynamical systems)을 연구하도록 만들었습니다.

생존자 편향은 기업에게 안정점을 쉽게 찾을 수 있다는 과신을 불러일으키지만 다음 안정점을 찾지 못하고 소멸해 버린 대부분의 기업들은 아무 말이 없기 마련입니다.

기업의 생존자 편향과 변화에 저항하는 보수성

절대 다수의 기업은 10년 이내에 그 존재를 마감하지만 생존자 편향은 자신의 기업과 자신의 투자가 장기적으로 살아남을 것이라고 믿으며 과거의 생존 전략이 미래에도 성공적일 것이라고 착각하도록 합니다.[126] 그들은 과거의 공식을 반복하는 것이 변화에 적응하는 것보다 나을 것이라고 생각하는 것입니다. 새로운 상황의 본질을 이해하는 노력이 줄어들면 매출이 줄어들고 불안정성은 가중되겠지요. 그러나 위험이 늘어날수록 알 수 없는 미지로의 새로운 도전을 하는 것이 아니라 더욱더 과거의 안정적이었던 성공에 집착하는 것입니다.

변화가 작고 안정된 시기에는 오랜 기간 성공을 증명했던 사업 모델들이 안정적 수익을 냅니다. 하지만 변화의 시기에는 과거에 실패했던 것들이 성공하고 과거에 성공했던 것들이 실패하기에 이를 변화의 시기라고 합니다. 고객을 직접 만나 인간적 유대 속에 요구를 들어보지도 않고 안일하게 메시지만 돌리던 최악의 세일즈가 최상의 세일즈로 떠

---

[126] 2000년에서 2009년 사이에 기업의 5년 생존 확률은 63퍼센트이고, 이에 따르면 10년 후에는 60퍼센트 이상의 기업이 사라집니다. 이는 작은 기업이 아니라 미국에서 상장된 기업들의 예입니다.
The Scary Truth About Corporate Survival, Harvard Business Review, 2016 Dec
https://hbr.org/2016/12/the-scary-truth-about-corporate-survival

오르는 것이 변화입니다. 마케팅의 기본이었던 공중파 매체를 통한 대규모 광고가 아무에게도 주목받지 못하는 것이 변화입니다. 운전의 재미를 보증하던 강력한 엔진과 타이트한 서스펜션이 운전자가 편안하게 쉴 수 있는 자율 주행 성능과 무공해 저에너지 전기 모터에 밀려나는 것이 변화입니다. 과거의 성공을 증명했던 사업 모델이 어떻게 살아남을 수 있을까요?

20세기의 경우처럼 어느 정도 변화가 가속화되었다고 해도 변화가 단속적으로 띄엄띄엄 일어나면 성공이 입증된 사업 분야를 후발 주자로 따라가는 쪽이 비용도 적게 들고 위험도 적어질 수 있습니다. 다시 말해 변화를 거부하지는 않되, 최대한 안정적으로 모든 것이 증명된 후에 천천히 따라가는 쪽이 커다란 이점을 가집니다. 그러나 21세기에 보여진 것처럼 변화의 도약이 빠르게 반복된다면 후발 업체의 이점은 약점이 됩니다. 새로운 상품이 채 몇 년을 유지하지 못하는 상황에서는 기존 상품의 품질과 가격 경쟁력을 높이는 것이 아니라 새로운 상품 자체를 창조하고 지속적으로 변화를 리드하는 쪽이 성공한다는 것이 확인되었습니다. 변화의 주기가 짧아지면 변화를 이끄는 높은 비용을 지는 쪽이 시장을 지배하는 것입니다.

코카콜라의 예를 들어 봅시다. 과거 수많은 투자 포트폴리오에서 사랑을 받은 이 기업은 워낙에 오랜 세월 동안 탄산음료의 독점적 지위를 유지한 안정된 기업이라 다른 기업에 비해 커다란 위험을 겪지 않았습니다. 탄산음료 시장에 커다란 위험이 닥치는 것은 상상하기 힘드니까요. 그러나 새로운 변화를 이끌어 가던 기업들이 빠르게 성장했던 2000년대에 코카콜라는 매우 뒤처지고 맙니다. 주가가 98년의 고점을 회복하는 데에만 무려 20년이 걸립니다. 성장주의 급성장 시기에 변화를 리드하는 기업들이 코로나 바이러스 창궐 시 버블까지 일으킬 정도로 비약적 성장을 한 것과 비교하면 매우 실망스러운 실적입니다. 어떻게 해서 도저히 실패할 수 없을 것 같던 최고의 기업이 넘치는 현금 속에 특별한 위기 역시 없었는데도 변화의 시기에 뒤로 처지게 되는 것일까요? 영원할 것 같았던 미국인의 탄산음료 사랑이 조금 식어 내린 것 정도는 판매하던 상품의 시장 자체가 사라져 버린 기업들이 맞닥뜨린 변화에 비하면 조족지혈일 정도입니다. 그 많은 자본과 최고의 인력, 독점적 시장 지배력을 가지고도 레드불이 극단적 위험에 대한 도전이라는 새로운 라이프 스타일을 창조하며 에너지 드링크라는 새로운 음료 시장을 단 몇 년 만에 만들어 냈을 때 코카콜라는 변화를 초기에 인지하지도 못했습니다. 에너지 드링크가 탄산음료 시장에 버금가게 성장하자 코카콜라는 그들을 B급 카피하며 후발 주자로 따라가다 그 강력한 세일즈 파워를 가지고도 결국 에너지 드링크 시장에서 철수합니다.[127)]

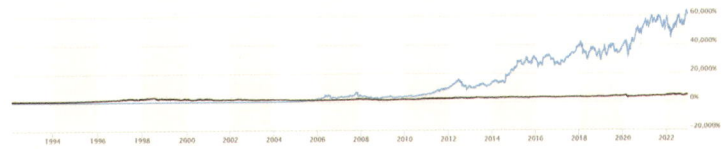

코카콜라와 몬스터의 주가. 파란색: 몬스터(MNST), 검정색: 코카콜라(KO)

127) 에너지 드링크 시장을 만들어 낸 레드불은 상장이 되지 않는 기업입니다. 코카콜라는 2014년 몬스터의 주식 16.7%을 인수하며 전략적 파트너십을 맺었습니다. 몬스터는 레드불의 후발 경쟁 업체임에도 불구하고 레드불이 만들어 낸 변화를 초기에 인지해 빠르게 따라가며 시장을 나누었습니다. 몬스터의 주가는 에너지 드링크 시장에 뛰어든 2000년대에 자그마치 1000배 가까운 상승을 하지만 코카콜라가 지분을 인수한 2014년 8월에서 2022년 현재에 이르기까지는 약 4배 상승을 하였을 뿐입니다.

변화의 시기가 가져온 도약적 인식의 전환과 버블

코로나 바이러스 창궐 시에는 변화를 리드하던 기업들이 극단적 성장을 했습니다. 코로나 바이러스가 기업에 그렇게 커다란 영향을 준 것일까요? 일정 부분은 맞지만 사실 그렇게 커다란 변화는 아니었습니다. 애플의 휴대폰이 코로나 바이러스 이후 집에 갇혀 있던 사람들의 스마트폰 수요 증가에 힘입어 더 많이 팔린 것은 사실이지만 매출 전체로는 고작 삼십 퍼센트 정도 늘었을 뿐입니다. 애플의 주가는 일 년 새 두 배 이상 올랐는데 사업은 일 년 새 두 배 이상 늘어나지 않습니다. 기업의 주가는 기업의 한 해 매출이 늘었다고 올라가지 않습니다. 미래 수익의 현재 가치 총합이 주가이므로 매출이 설사 두 배 넘게 늘어나고 이익 역시 두 배가 되었어도 주가를 두 배로 올리기 위해서는 그 이후 매년 두 배 이상의 매출을 꾸준히 올려야 합니다. 매년 코로나 바이러스가 만연하고 사람들이 계속해서 집에 갇혀 있을 것이라고 상상한 것일까요? 당연히 그렇지 않았습니다. 그럼에도 불구하고 사람들이 애플을 선택하고 코카콜라를 선택하지 않은 것은 애플이 변화하는 기업이고 코카콜라는 변하지 않는 기업이라고 생각했기 때문입니다. 사람들은 코로나 바이러스로 인한 변화가 기업의 가치를 몇 배로 부풀릴 만큼 크지 않음에도 왜 변화하는 기업들을 선택했을까요? 이 당시 커다란 관심을 받은 그래픽칩 제조사 NVIDIA나 전기차 제조사 테슬라처럼 새로운 변화를 이끌어 내는 성장 기업들에 비하면 애플의 주가 상승은 정상적인 것처럼 보일 정도로 성장 기업들은 폭발적 관심을 받으며 주가가 치솟으며 버블을 일으켰습니다.

사람들의 인식이 전환되는 도약이 일어날 때까지 대부분의 투자와 기업은 연속성을 가정하며 변화에 저항한다는 사실을 이해하면 이러한 도약적 전환이 설명됩니다. 코로나 바이러스 자체가 산업을 영구적으로 완전히 개편할 만큼 큰 변화는 아니었습니다. 한 일 년 집에서 일을 하고 여행을 못 간다고 해서 경제 전체가 마비되지도 않았습니다. 그러나 한쪽 측면에서의 급격한 변화는 보수성을 가진 사람들의 변화에 대한 저항선을 낮추었습니다. 어쩔 수 없이 이미 받아들인 변화 때문에 직접적 관련이 특별히 없었던 다른 변화의 연쇄 폭발을 점화한 것입니다. 그 이전까지는 변화하지 않는다고 생각하고 머물러 있던 사람들과 기업들이 상당한 폭의 변화를 강요당하고, 실제로 변화를 성공적으로 수행하자, 다른 모든 분야로까지 모두 변화할 수 있다는 쪽으로 심리적 상태의 전반적 도약을 일으킨 것입니다. 새로운 세상을 부정하던 사람들이 새로운 세상을 꿈꾸자 과거의 것은 부정되고, 그때까지 불확실하다고 내쳐졌던 것들을 한꺼번에 받아들입니다.

게다가 정부는 경기를 부양키 위해 위험을 없애고 신용까지 높여 주었습니다. 알지 못하는 새로운 땅으로 떠나야 하는데, 아무것도 못 찾고 망할 위험을 없애는 보증을 정부가 선 것입니다. 18세기 해외 개척의 폭발적인 성장을 통해 해가 지지 않는 제국을 건설해 낸 영국의 바탕에는 로이드 보험사 등이 만들어지며 시작된 보험 시스템이 있습니다.[128] 정부와 결탁한 보험 회사들이 식민지 정복과 통상이라는 위험도가 높고 손실의 가능성이 큰 신산업을 부흥시킨 것입니다. 성공에 필수인 대규모 선단과 군사력을 갖출수록 투자의 실패에 따르는 손해의 위험은 감당하기 힘들 정도로 커지기 마련이지만 보험이 이에 따른

---

128) A. B. LEONARD, UNDERWRITING BRITISH TRADE TO INDIA AND CHINA, 1780-1835, The Historical Journal, Cambridge University Press, Vol. 55, No. 4 983-1006, 2012

위험을 상쇄시켜 안정성을 증가시켰습니다. 이와 마찬가지로 미국 정부는 2020년 코로나의 위기 상황을 극복한다는 명분 하에 민간의 위험을 비약적으로 낮추었습니다. 위험이 작아지자 신용이 창출되고, 신용이 창출되니 위험의 비용은 더욱 작아지는 순환이 생겼습니다. 그러한 상황은 버블을 발생시키고 새로운 변화를 이끄는 산업에 대한 묻지마 투자가 최고의 투자로 자리잡습니다. 물론 미국 정부는 충격을 완화하고 경기를 부양하기 위해 위험을 상쇄시킨 것이었지 신산업 육성을 위해 위험을 상쇄시킨 것이 아니었지만 위험의 저하와 도약적 충격으로 인한 광범위한 변화는 결국 신산업 부흥을 지원하는 기제가 되고 맙니다. 위험의 감소가 얼마나 폭발적 성장을 가능케 하는지 수많은 예들은 이야기하고 있습니다.

사회에 기여하는 버블

변화의 순간에는 과거가 부정되고, 과거의 모든 것들에 반대로 움직이는 세상에 익숙해져야 합니다. 2001년 닷컴 버블 시기에 버블이 깨지는 데 장장 삼 년여가 걸렸습니다. 그 당시 벽돌과 회반죽(brick and mortar)이라고 불리던 실질적 공장에서 생산을 하는 기업의 주가는 하락하고, 인터넷에서 주식 발행으로 모은 현금을 말 그대로 불살라 숫자상의 매출을 증가시키는 기업의 주가는 올라갔습니다. 이렇게 더 큰 손해를 내는 것이 더 좋은 기업이란 인식은 2021년 버블 때도 반복되어 나타난 현상이었습니다. 이익 대비 주가 비율이 수백 배를 넘어 마이너스인 기업일수록 더 빠른 주가 상승을 일으켰습니다. 플랫폼 사업(platform business)에서 가입자 수 증가를 위해서 현금을 불사르는 것이 20년 만에 그대로 재탕된 것입니다. 버블의 시기가 지나가면 사람들은 이러한 투자를 비웃습니다. 아이작 뉴턴 역시 버블을 일으킨 식민 개척 사업 기업인 남해회사에 투자했다가 전 재산을 잃고 자신이 바보짓을 했다고 후회할 정도니 버블 시기의 비이성적 투자는 지적 능력과는 상관이 없어 보입니다. 그러나 이러한 버블 시기의 성장주에 대한 투자가 과연 틀린 것일까요? 주가가 열 배로 상승하는 버블 시기가 인간의 욕심과 군중 심리에 의해 발현되는 것은 맞지만 그것이 모두 그저 무지와 아둔함의 소치일까요? 개개인의 결정은 아둔함일지라도 사회 전체에서 그 버블은 과연 아무 의미가 없었을까요? 버블을 지나며 영국은 세계를 지배하는 제국을 만들었고, 닷컴 버블은 아마존과 구글을 만들었으며 현재 우리는 모든 기업이 인터넷으로 사업을 하는 세상을 살고 있습니다. 2021년 매우 짧은 열풍으로 끝나 버린 메타버스, 인공 지능, 가상 화폐는 그 짧은 순간에도 주가를 열 배로 올리고 수많은 기술 기업들이 넘쳐나도록 현금을 조달합니다. 그 이전에는 자금을 조달받지 못할 새로운 연구 개발이 시작된 것입니다. 버블 붕괴 시 바보같은 투자가 비웃음을 당할 수는 있지만 메타버스, 인공 지능, 가상 화폐는 결국 세상을 바꿀 것입니다. 변화는 기본적으로 손해를 감수하고 위험을 감수하는 자들에 의해 만들어집니다. 목숨을 걸고 새로운 땅을 찾아 나섰던 수많은 개척자들은 거의 대부분 죽거나 실패했습니다. 그들 자신도 거의 죽을 뻔 했지만 행운으로 살아남았던 콜롬버스와 마젤란에 가려 잘 보이지 않을 뿐입니다. 개인의 이익이라는 측면으로만 바라보면 매우 아둔하고 바보 같은 행위일 수도 있습니다. 그러나 사회 전체적으로 본다면 버블은 사람들이 변화에 저항하는 보수성을 깨뜨리고 위험을 평가 절하해서 위험 속으로 뛰어들 수 있도록 저항선을 낮추어 줍니다. 그로 인해 세상은 위험이라는 장벽을 넘어서 새로운 단계로 변할 수 있습니다. 버블이 사회 전체적으로 이익을 낸다면, 개인적 차원에서는 사실 변동이 있을 뿐입니다. 제로섬 게임에서 누군가가 커다란 손실을 보았다는 것은 다른 누군가가 커다란 이익을 본 것입니다. 뉴턴이 잃은 전 재산은 다른 누군가의 부가 된 것이지 완전히 사라진 것이 아닙니다.[129] 남해회사 버블은 수많은 거부를 탄생시켰습니다.[130] 그러한 버블로 이익을 보는 쪽은 변화에 저항하다 마지막에야 동참하는 사람들이 아니라 초기에 변화를 이해한 사람들입니다. 초기에 투자를 시작하고 일찍 위험을 인지한 사람들이지요. 변화의 위험을 콘트롤할 수 있는 능력이 중요해지는 이유입니다.

극단적 버블 상황에서의 헤지

버블 시기에 수백, 수천 퍼센트의 비상식적인 상승이 판을 치더라도 그것들 중 많은 것은 의미 있는 변화를 포함합니다. 설사 군중의 비이성적 쏠림에 의한 노이즈라고 하더라도 모든 사람들이 몰려가는 대세를 거스르는 것은 그 자체로 큰 위험입니다. 버블에 반대로 베팅을 한 이후 버블이 끝나는 시점까지 기다려서 최종적으로는 이익이 났다고 그리 좋아할 것이 아닙니다. 대부분의 투자자들은 도중에 겪어 내야 할 손실을 견디지 못할테니까요. 변화의 순간에 대세적 변화에 역행하는 것이 얼마나 위험한지는 2021년의 기술 성장주 버블에서도 나타납

---

[129] 버블 붕괴로 인한 일시적 신용 축소와 경제 위축은 닥칠 수 있습니다.
[130] 윈스턴 처칠 가문 또한 남해회사로 부를 축적했고, 헨델은 그 수익으로 왕립음악아카데미를 만들었습니다.

니다. 테슬라 같은 기업을 대상으로 공매도를 시도했다가는 원금의 몇 배에 해당하는 빚더미에 휩싸일 것입니다. 버블 시기에 수많은 개인 투자자들의 사랑을 받은 테슬라는 그 직전까지만 해도 기존의 투자 전략들에서 집중적으로 공매도를 시도하던 대표적 기업입니다. 기존의 기업들과 다른 공식을 가지고 성장을 이루었기 때문에 기존의 분석 방식으로 접근했던 트레이더들은 실패할 확률이 높다고 여겼던 것입니다. 그렇게 테슬라를 공매도하였던 수많은 트레이더들과 퀀트 전략들은 수백 퍼센트의 커다란 손실을 입었습니다. 물론 테슬라의 주가는 2022년 들어 결국 다른 성장주와 같이 하락했지요. 게다가 진입 장벽이 상대적으로 낮은 전기차 시장은 이미 레드 오션 마켓(red ocean market)을 향해 빠르게 나아가고 있습니다. 기존의 자동차 기업들을 모두 합친 것보다 더 많은 시가 총액을 자랑하는 전기차 기업들의 주가 상승이 가져온 것은 전기차 생산력 증가에 대한 과감한 투자입니다. 세계 시장을 지배하던 기존의 자동차 연합들 역시 모두 뛰어들고, 이미 판매량으로는 세계 일 위인 중국 내수 시장의 전기차 산업은 기술 격차를 줄여 수출을 성공시키고, 현대차는 더이상 가솔린 차는 만들지 않겠다며 배수의 진까지 칩니다. 대규모 전쟁을 앞두고 진행되는 군비 경쟁과 같습니다. 누군가는 최후의 강자가 될 것이지만, 테슬라가 그 강자가 될지는 누구도 확신하지 못합니다. 하지만 그러한 사실이 주가에 반영되는 것은 적어도 2021년의 상황은 아니었습니다. 당장 2021년에 테슬라를 공매도했다가는 한 달도 안되어 길거리로 나앉을 것인데 몇 년 후를 걱정할 일이 아닌 것입니다. 버블이 깨어질 것이 아무리 확실해도 버블에 역행하는 데에는 커다란 위험 비용이 들어가는 것입니다.

"나는 틀리고 시장은 맞다"

트레이더들이 자주 되뇌이는 말이지요. 자신의 아이디어가 아무리 맞아도 결국 거꾸로 가버리는 시장에 대한 무력감이 잘 드러나는 말입니다. 사실 시장이 맞다라기보다 다음과 같이 말하는 것이 더 정확할 것입니다.

"내일은 내가 맞을 수 있지만 시장은 현재 무엇이 맞는지를 결정할 수 있다."

시장 자체는 많은 사람이 참여한다고 해서 특별히 더 똑똑한 무엇이 되는 것이 아닙니다. 시장의 움직임을 보면 집단 지성(collective intelligence) 같은 것은 그다지 없는 것으로 드러납니다. 시장을 좌우하는 몇몇 큰 움직임은 중요 정보를 가진 자들(informed trader)이 큰 자본을 가지고 주도하기에 집단 지성이라고 말하기는 힘듭니다. 대부분의 사람들이 특별한 정보가 없다면 그들은 한 방향으로 움직이지 않고 무작위로 움직이게 되며 그러한 움직임은 상쇄됩니다. 대수의 법칙에 의해 이러한 상쇄된 노이즈는 주가에 거의 영향을 끼치지 않습니다. 반면에 소수의 정보를 가진 투자자들의 거래는 그들이 가진 정보가 가리키는 방향으로 움직여 나가게 되고 이 거래는 주가의 움직임을 통해 드러납니다.[131] 집단 지성이 아니라 사실상 개별 지성이지요. 수많은 사람들이 이미 알려진 정보를 바탕으로 같은 방향으로 움직일 때는 지성이라기보다는 담합이나 도취에 가까운 상태입니다. 사람들이 같

---

[131] 기업의 내재 가치를 보고 트레이딩하는 기본 가치 투자자와 시장의 조그만 움직임에도 반응하는 노이즈 트레이더(noise trader)가 공존할 때의 주가 모형도 존재합니다.
Lux, T. and Marchesi, M., Scaling and criticality in a stochastic multi-agent model of a financial market, Nature, 397, 498-500, 1999

이 움직이는 데에는 정보의 전달 시간 등의 비효율이 발생합니다. 이러한 비효율을 무릅쓰고 같은 방향으로 움직여 나가기 위해서는 이미 효율적으로 가격에 반영된 정보 이외에 심리적 요인의 비효율성 같은 다른 동기가 필요합니다.

그러나 군중이 심리적 비효율성으로 시장을 움직였고, 아무리 내가 올바른 예측을 했어도 시장이 나와 반대로 움직였다는 것은 변하지 않습니다. 지성에 의한 것이든 아니든, 제대로 된 정보에 의한 것이든 무작위의 흔들림이든 시장을 거스르는 투자는 위험합니다. 헤지의 관점에서는 누가 맞는지가 중요치 않습니다.

2021년 초 게임 대여 회사인 Gamestop과 영화관 운영 회사인 AMC에 대한 전문 투자자들의 공매도 투자에 대해 일반 투자자들이 공격에 나섰습니다.[132] 사실 이 사태에 대해 저는 최종적 승자는 공매도에 맞선 일반 투자자가 아니라 공매도 세력의 승리라고 생각합니다. 시간이 지난 후 결국 가격은 하락했고, 최고점 근처에서 끝까지 밀어붙이던 군중적 매수자들은 커다란 손실을 볼 수밖에 없었습니다. 공매도의 비율은 마지막까지 줄어들지 않았습니다. 수익은 결국 마지막에 공매도를 시도한 편이 본 것입니다. 하지만 헤지의 입장에서는 누가 이익을 보았

---

132) 게임스탑의 주가를 밀어붙인 쇼트 스퀴즈는 사실 기존의 퀀트 전략이나 중단기 공매도 투자 전략에서 이미 매우 밀접하게 주시하는 현상입니다. 공매도는 주식의 소유자로부터 주식을 빌리는 과정이 선행되어야 합법적으로 이루어집니다. 이렇게 주식을 빌려줄 주주를 찾아내는 것을 로케이트(Locate)라고 하며 증권사에 수수료 수익을 가져오는 주요 업무 중에 하나입니다. 공매도가 너무 많이 되어 있어서 더이상 주식을 빌려 올 대상이 없을 경우 매수 세력이 강하게 밀어붙일 때 이에 반대로 매도할 세력은 기존의 주주밖에 없게 됩니다. 만약에 담합에 의한 것이든 아니든 어떤 세력이 주식을 모두 사 모으며 매도를 하지 않으면 매도 세력이 사라져 거래는 일어나지 않아도 가격은 계속 상승합니다. 물론 의도적으로 이렇게 한다면 이것은 합법적이 아닙니다. 어찌 되었든 이로 인한 손실이 공매도 세력이 가진 증거금 한도를 넘어서면 증권사는 자동 청산을 시작해 더 많은 극단적 매수 물량이 쏟아져 나오고 가격은 극단적 상승을 하기 시작합니다.
https://en.wikipedia.org/wiki/GameStop_short_squeeze

든 전혀 중요치 않습니다. 공매도로 이익을 본 쪽은 마지막에 공매도를 한 새로운 펀드들이었지 초반 공매도를 시도한 펀드들이 아니었습니다. 파산을 초래할 수 있는 커다란 위험에 노출되었다는 사실이 중요한 것입니다. 손실을 메꾸려 브로커에서 자동으로 일어난 공매도 커버(short covering)는 가격을 급격하게 밀어붙여 손실을 가중시켰습니다.

우리는 버블이 지난 이후 지나간 버블을 되돌아보며 버블을 만들어 냈던 투자자들의 반대로 갔다면 커다란 이익을 보았을 것이라 상상하지만, 실상은 전혀 그렇지 않습니다. 대세를 따라 버블을 그대로 따르라는 것도 아니지만, 반대로 베팅하는 것은 더더욱 힘든 일입니다. 대폭락 시기에 상승에 베팅하는 것보다 더욱 위험한 투자가 버블 시기에 하락에 베팅하는 것입니다. 대폭락은 상승 시점이 틀려도 얼마 가지 않아 결국 짧은 폭락을 끝내고 반등합니다. 버블에서 하락에 베팅을 하면 몇 년이 될지 알 수도 없는 긴 기간에 자기 자본의 몇 배에 해당하는 빚을 지며 버텨야 하는 상황에 처하게 됩니다. 따라서 버블 시기에는 버블을 주도하는 팩터에 최대한 중립성을 만들어 내야지 버블이 틀리다는 선입견이나, 버블이 곧 깨질 것이라는 선입견을 가져서는 안됩니다.

그럼에도 불구하고 자신의 투자 결정은 버블과 반대로 갈 가능성이 있습니다. 그렇다면 어찌해야 할까요? 중단기 모멘텀을 이용한 전략들을 이용하여 버블의 형성과 붕괴를 따라가면 위험을 줄일 수 있습니다. 다시 말해 버블과 반대로 가는 전략들만 있다면 어느 정도 버블과 함께하는 전략으로 배분을 나누어 버블 팩터를 상쇄하는 것이 좋은 헤지라고 할 수 있습니다.

다시 한번 정리해 볼까요? 급격한 도약적 변화를 이끌어 내는 상황은 버블을 만들어 낼 경우가 많습니다. 그것은 바보 같은 것도 아니고, 해악만 있는 것도 결코 아닙니다. 중요한 것은 매일같이 주가가 치솟아 오르고 수백 퍼센트의 수익이 일상적으로 거론되는 버블 상황에서는 하락 시보다 더 커다란 위험에 노출될 수 있다는 것입니다. 변화를 맹목적으로 추종하는 것이나 변화를 거스르는 것이나 모두 위험한 일입니다. 진정한 변화는 빠르게 받아들여야 하고, 이러한 빠른 전환은 버블 시기에 커다란 이익의 기회를 가져옵니다. 아무리 보수적 관점을 가졌다 하더라도 특히나 버블이 형성되기 시작하는 시점에서 섣부르게 반대 방향으로 투자하는 것은 삼가해야 합니다. 버블의 시초에 폭락을 말하는 것은 올바른 예언도 아니며 그저 변화를 거스르는 성향의 표출일 뿐입니다. 중요한 것은 폭락을 말하든 상승을 말하든 변동성의 시기에 최종적으로 살아남는 자는 매우 적다는 것입니다. 변화는 한 방향으로만 닥치지 않기에 한 시기에 유리했던 편은 다음 시기에 불리해집니다. 빠르게 변화를 따라가며 변화의 위험을 헤지하는 쪽은 살아남지만, 어느 한 방향만을 고수한다면 한동안 이익을 보았다 하더라도 다음 시기에 손실을 볼 것입니다. 역동적 헤지가 필요한 시기입니다.

투자의 헤지와 기업의 헤지

"기업이 헤지를 하는 것이 아니라 주식을 보유한 투자자들이 투자 포트폴리오에서 헤지를 하면 결과적으로 똑같은 것 아닌가요?"
"주주들이 헤지를 통해 기업의 신사업을 계획하고 지원할 수 있나요? 주주들의 헤지는 기업의 경쟁력을 높이는 것이 아니라 주주의 투자 포트폴리오를 제한적으로 안정화할 뿐이지요."

기업이 헤지를 수행해야 하는 이유

기업의 헤지에 대한 초기 논의 중 하나는 기업을 소유한 투자자들이 환헤지나 원자재 선물 헤지를 수행할 수 있는데 왜 기업이 헤지를 수행해야 하는지에 관한 것이었습니다. 특히 투자자가 전문 펀드라면 기업의 헤지 포트폴리오와 같은 포트폴리오를 잘 구성할 수 있는데 굳이 기업이 헤지를 할 때 생기는 이익이 있을까요?

투자자가 기업과 같은 헤지를 수행하기 위해서는 기업의 정보가 투자자에게 모두 공개되어야 한다는 전제가 필요합니다. 기업이 어떤 위험에 노출되었는지 알 수조차 없는데 헤지를 수행한다는 것은 불가능할 테니까요. 그러나 위험 팩터 모두가 과거의 주가 변동처럼 투자자가 쉽게 접근할 수 있는 공개된 정보로 드러나는 것은 아닙니다. 대다수의 팩터는 특정 시기에만 영향을 끼치는 팩터들입니다. 기업의 경영자들은 그 팩터를 알 수 있겠지만, 투자자는 정보를 가지고 있지 않고 과거의 데이터로 추정하기도 쉽지 않습니다. 기업에는 외부로 노출되지 않는 정보가 공개되는 정보보다 월등히 많다는 사실만으로도 내부적 헤지는 충분히 유용합니다.

또 하나의 중요한 측면은 개별 기업의 능동적 헤지를 투자자가 행할 수 없다는 것입니다. 투자자는 투자자가 레버리지를 수행할 수 있지 않느냐고 반문하겠지만, 기업의 능동적 헤지는 기업이 새로운 사업 기회에 도전함으로써 완성됩니다. 이름 모를 투자자가 아무리 헤지를 한다고 해도 기업이 새로운 사업을 시작하지는 않습니다. 다시 말해 기업을 그대로 위험에 노출시키고 투자자가 레버리지를 하는 것보다 기업 자체가 헤지를 통해 새로운 수익을 내는 다양한 사업 기회를 창출하는 것이 더 이익입니다. 투자 포트폴리오에서도 시그날을 고정시키고 헤지로만 레버리지를 일으키는 것보다, 헤지를 통해 시그날 자체가 다양화될 때 훨씬 더 안정적이고 높은 수익을 가져옵니다.

새로운 사업으로 사업을 다변화하지 않더라도 기업의 위험이 달라지면 위험을 마주할 때마다 지출하게 되는 구조 조정 등의 가외의 비용이 줄어들게 되고, 금융 비용 역시 낮은 위험도로 인해 줄어듭니다. 예를 들어 기업이 불황에 대비해서 헤지를 하면 사업은 더욱 확장되고 성장하겠지만, 투자자가 자신의 위험을 줄이기 위해 불황에 대한 헤지를 아무리 수행해도 기업은 위험이 전혀 줄지 않으므로 불황 시에 높은 비용을 지출하며 사업 규모를 줄여야 하고 결국 경쟁에서 뒤처집니다.

투자 포트폴리오의 위험만 관리하는 투자 포트폴리오의 헤지

투자 포트폴리오의 헤지와 개별 기업의 헤지는 위험의 헤지라는 측면에서는 매우 비슷한 헤지 과정을 가지고 있지만 본질적으로 다른 목표를 가집니다. 투자 포트폴리오의 위험은 개별 기업의 파산이 아니라 투자 포트폴리오 전체의 손실입니다. 포트폴리오에 속한 개별 기업 하나하나가 파산을 하든 말든 전체 포트폴리오는 위험하지 않도록 투자 포트폴리오를 구성할 수 있습니다. 미래의 이익이 불투명하다면 손절을 통해 개별 기업을 포트폴리오에서 제거하는 것도 언제든 가능합니다. 이런 식으로 기업을 운영한다면 투자자의 이익 증대를 위해서는 올바른 방향일 수도 있지만, 개별 기업의 입장에서는 어처구니 없는 일입니다. 비유하자면 기업의 이익 저하가 예상될 때 바로 다음날로 기업을 폐업시키는 것이 투자 포트폴리오의 위험 관리 방식입니다.

이러한 방식의 위험 관리가 투자 포트폴리오에서 가능한 이유는 투자 포트폴리오가 주식을 처분하더라도 심각하게 많은 비중이 아니라면 투자 포트폴리오도 기업도 직접적 타격을 입지 않기 때문입니다. 사실 그러한 매각이 기업에 영향을 준다고 해도 투자 포트폴리오를 운영하는 매니저가 크게 상관할 것 같지는 않지만 말입니다. 투자 포트폴리오는 이후에 주가가 더욱 하락하면 적절한 시기에 다시 매수를 할 수 있습니다. 물론 실질적으로는 이러한 청산 매매는 대부분 낮은 가격에 매도하고 비싼 가격에 매수하여 손실을 볼 확률이 높습니다. 단기적 위험은 주가가 빠르게 선반영한 이후 곧 다시 반등하기 때문입니다. 중장기 투자 포트폴리오가 손절을 하는 이유는 손실을 보더라도 위험을 줄이기 위한 목적이지 이익을 내기 위한 손절은 많지 않습니다.

투자 포트폴리오 헤지의 또 다른 이점은 포트폴리오에 속한 주식들이 서로에게 헤지 포트폴리오 역할을 한다는 것입니다. 헤지 포트폴리오가 없어도 기본적으로 분산 투자가 됩니다. 따로 헤지를 하지 않는다고 해도 이디오신크래틱 위험을 낮추는데부터 큰 도움이 되는 것입니다. 반면에 기업은 이러한 위험을 헤지하기 위해서 따로 포트폴리오를 구성해서 헤지를 수행해야 합니다.

헤지 수행 비용에서도 포트폴리오 레벨의 헤지는 개별 기업의 헤지보다 비용이 적게 듭니다. 포트폴리오에서는 개별 기업의 위험이 서로 상쇄되기 때문에 남은 잔차만 헤지하게 됩니다. 따라서 위험 팩터에 대한 최종 노출도 작고 헤지 거래의 크기도 작아집니다. 게다가 헤지 포트폴리오의 거래는 본연의 포트폴리오의 거래와 함께 일어나므로 거래 상쇄 효과도 일어납니다. 펀드 전체가 수행하는 더 높은 거래량 때문에 수수료 할인과 운영자에 대한 비용 지출 측면에서도 규모의 경제가 생깁니다.

기업을 헤지하는 투자 포트폴리오

기업 차원에서의 헤지가 이점이 있지만 투자 포트폴리오의 헤지에도 또 다른 이점이 있다면 두 이점을 합하면 어떨까요? 워렌 버핏은 투자 포트폴리오의 관점으로 기업을 장기적으로 투자하는 대표적 투자자입니다. 그의 방식은 기업의 수익이 일시적으로 저하된다고 포트폴리오에서 청산하는 것이 아니라 기업이 성장할 수 있도록 장기적으로 자본을 공급하면서 경영에는 관여하지 않습니다. 경영자는 불특정 주주들의 눈치를 볼 필요가 없이 워렌 버핏 한 명만 설득하면 되므로 중요 의사 결정 역시 효율적으로 진행될 수 있습니다. 이러한 고정적 독점적 관계를 가지는 포트폴리오에 헤지를 결합한다면, 투자 포트폴리오가 효율적으로 저비용 헤지를 수행해서 생긴 이익으로 기업은 위기 시에 안정적인 자본을 공급받을 수 있습니다. 위기 시에 청산을 하는 것이 아니라 자본을 안정적으로 공급하여 기업을 안정시키는 것입니다. 헤지로부터 나온 수익뿐만 아니라 서로 상쇄되는 팩터를 가진 기업들을 포트폴리오에 포함한다면 한 기업이 손실을 보더라도 다른 기업에서 얻은 배당을 이용해 자본을 공급할 수 있습니다. 마치 한국의 재벌 그룹이 유동성 위기에 빠진 계열사에게 자본을 조달하듯, 위험이 헤지됩니다.

포트폴리오가 위험을 보증하는 방식의 단점이라면 포트폴리오에 속한 개별 기업이 위험이 낮아진 포트폴리오의 보증을 악용해서 필요보다 더 큰 위험을 지고 투자를 행할 가능성이 있다는 것입니다. 게다가 포트폴리오의 모든 기업이 동시에 위기에 빠질 때에는 경쟁력이 가장 낮아 위기에 가장 빨리 빠진 기업이 가장 큰 혜택을 볼 수 있습니다. 마치 버블 시기에 위험에 대한 저평가가 만연해지는 것처럼 기업이 위험한 투자를 성공적 투자로 인식하는 플랫폼이 되어서는 안됩니다. 이를 더욱 악용한다면, 개별 기업이 손실을 낼 때, 마치 카지노에서 돈을 잃고 손실을 만회하기 위해 베팅을 하듯 무작위적 투자를 하는 도덕적 해이가 일어날 수 있습니다. 확실하게 손실을 내고 책임 추궁을 당하는 것보다는 낫다고 생각할 경영자도 있을 테니까요.

일반 투자 펀드보다 기업에 대해 조금 더 밀접한 관리를 하는 엔젤 투자 펀드도 분산 포트폴리오의 이점을 가집니다. 하지만 엔젤 투자는 분산 투자로 위험을 헤지하기는 하지만 개별 기업이 위기에 처했을 때 개별 기업의 위험을 줄이는 것이 아니라 포트폴리오의 위험을 줄이는 쪽을 선택합니다. 개별 기업의 위험에 대한 팩터 헤지를 수행하는 것도 아니지요.

한국의 재벌 기업과 같은 체계 역시 개별 기업의 위험을 분산시키지만 강력한 지배 구조는 개별 기업의 창조성을 저해합니다. 무에서 유를 창조하며 세계를 순식간에 평정한 스티브 잡스, 래리 페이지, 일론 머스크, 마크 주커버그 모두가 재학 중에 자신의 기업을 창업했습니다. 제프 베조스가 대기업을 고사하고 몇몇 신생 기업을 잠시 전전한 것이 예외일 뿐입니다. 이같은 경영자들이 대기업의 계열사에 입사해서 승진의 사다리를 오르고 있을까요? 상상이 잘 가지 않습니다. 설사 어떤 이유로 입사를 했다 해도 그들은 지금의 마이크로소프트, 구글, 테슬라, 페이스북, 애플, 아마존을 만들지 못했을 것입니다. 세상은 이제 아이비엠, 토요타, GE와 같은 기업들에 의해 바뀌는 것이 아니라 애플이나 아마존 같은 기업들에 의해 바뀌어 가고 있으며 그러한 기업들이 투자 포트폴리오의 주된 수익이 되었습니다. 재벌 지배 구조는 세상의 변화 속에서 수익을 증진시키기 위해서라도 체제를 바꿀 필요가 있는 것입니다. 세계를 바꾸는 본질적 변화를 내부적으로 창조할 수 없다면 변화를 이끄는 경영자를 내부로 끌어들이는 투자 포트폴리오적 접근도 좋은 해답이 될 것입니다.

가장 큰 상대편 위험인 국가의 위험 헤지

한국과 같이 위기를 이겨 내고 성장해서 파산 위험이 낮아진 국가에서 살다 보면 국가의 파산에 대한 위험을 제대로 인지하지 못할 때가 많습니다. 그러나 국가 파산의 위험은 전 세계적으로 상당히 만연합니다. 세계 경제의 주축 중 하나인 일본만 해도 국가 파산의 위험이 거론되고 있으며 이를 반영한 신용도 역시 상당히 낮게 책정될 정도입니다.[133] 신대륙을 점령하고 아메리카의 은을 대량으로 채굴해 들여와 유럽에 인플레이션을 일으킬 정도로 모든 부의 핵심에 있었던 과거의 강대국 스페인이 그 강대함 속에서도 국가 파산을 여러 번 반복했던 예에서도 보이듯이 국가 파산은 국가가 약하거나 가난할 때만 일어나는 것이 아닙니다. 유럽 전체를 위기로 몰고 갔던 그리스가 위기를 겪었을 때, 그리스는 어떤 관점으로 보아도 가난하다는 표현과는 거리가 먼 국가였습니다.[134] 파산은 가난해서가 아니라 수입을 넘어서는 과다한 재정 지출을 고통을 감수하고 줄일 의지가 없을 때 일어납니다. 아무리 막대한 수입이 있다 하더라도 그 수입을 월등히 넘어선 지출이 영원히 지속되는 일은 일어나지 않습니다. 국가의 부유함과 강대함 때문에 파

---

133) 2022년, 일본의 스탠다드앤푸어스 신용 등급은 A+로, 상위 그룹에 속한 한국(AA)이나 최고 그룹에 속한 싱가폴(AAA) 등의 국가보다 월등히 낮습니다. 지속적으로 국가 부도 위험이 거론되어 온 스페인(A) 등과도 비교될 수 있는 그룹에 속해 있습니다.

134) 그리스의 경우만 하더라도 일 인당 GDP가 파산 위기 직전인 2008년 당시 3만 달러를 넘어서서 2만 달러대 초반의 한국보다 월등히 높았습니다. 위기 이후 각종 구제 금융으로 연명하는 시기에도 1만 8천 달러 이상의 일 인당 GDP를 유지했습니다. 가난하고 돈이 없어서 빚을 갚지 않고 파산하는 것이 아니라는 것을 보여줍니다.

산이 일어나지 않을 것이라고 생각하는 것은 잘못된 생각입니다.

상대편 위험 중에 규모가 가장 큰 국가의 위험을 이해하지 못하면 투자의 위험을 완전히 이해하지 못합니다. 주식을 사도 채권을 사도 부동산을 사도 국가의 파산 위험 앞에서는 모든 가치가 폭락할 수 있습니다. 물론 건재한 국가가 단 며칠 만에 파산하거나 경쟁력이 저하되지는 않습니다. 세계가 위기 상황이 아닌 이상 국가 차원의 파산이나 급격한 환율 변동을 목격하는 것 자체가 매일 일어나는 일이 아닙니다. 그러나 몇 년의 주기를 두고 보면 그리스나 러시아 같이 세계 경제에 영향을 끼칠 정도로 충분히 큰 국가가 파산에 준하는 위기로 빠져들 수 있으며, 수십 년의 주기를 두고 볼 때 파산에 준하는 사건이 없었던 국가를 찾기가 더 힘들 정도입니다. 2022년 12월 현재 IMF로부터 융자를 받아 갚지 못한 국가는 90개국 이상입니다.[135] 그중 아르헨티나, 이집트, 파키스탄, 우크라이나, 케냐, 남아프리카 등 큰 액수를 융자받은 국가는 거의 파산이나 전쟁에 준하는 위기 상황이라고 생각할 수 있습니다. 전 세계 200여 국가 중에 거의 절반에 이르는 국가의 위험이 우려할 수준인 것입니다. IMF 구제 금융을 받지 못하는 러시아, 구제 금융을 받을 필요는 아직 없어도 신용도가 심각하게 낮아진 일본, 치명적 인플레에도 불구하고 2016년 IMF와 결별한 차베스의 베네수엘라 같은 국가는 리스트에 포함되지도 않았습니다. 일본처럼 세계에서 가장 안전할 것처럼 여겨지던 국가의 경우는 조금만 위험이 늘어나도

---

135) 현대에는 IMF처럼 구제 금융을 제공하여 국가 차원의 파산을 방지하는 국제 기구가 있기에 실질적 파산으로 가기가 더 힘들겠지만, 구제 금융을 지원받는 것 자체가 거의 파산에 준하는 효과를 가져옵니다. 국가 신용도는 떨어지고 경제는 헤어날 수 없는 나락으로 빠지는 경우가 대부분입니다. 한국 역시 1997년 IMF 구제 금융을 받아 파산은 면했지만 수많은 기업들이 파산하는 사태가 이어졌습니다. 따라서 상대편 위험의 측면에서는 구제 금융을 지원받는 사태나 국가 파산이나 똑같이 심각한 상태입니다.
https://www.imf.org/external/np/fin/tad/balmov2.aspx?type=TOTAL

경제 구조 전체를 파탄시킬 충격을 가져올 수 있습니다. 위험의 저평가로 창출된 거대한 규모의 신용이 순식간에 사라져 버리기 때문입니다.[136]

기업의 신사업 진출은 이익을 볼 때까지 수년 이상이 걸립니다. 개인의 연금과 같은 장기 투자는 심지어 수십여 년에 걸쳐 행해집니다. 수십 년 후의 노년에 받을 국민연금은 지금 당장이 아니라 몇 년 후에 국가가 파산하더라도 받지 못하는 것은 마찬가지입니다. 몇 년 동안의 투자를 통해 개발 도상 국가로 이전되는 생산 시설은 몇 년 후에 해당 국가가 내전에 휩싸이면 무용지물입니다.

국가 위험의 헤지

국가는 기업보다 높은 신용도가 유지되고 직접 헤지 도구도 많기에 헤지할 수 있는 방법이 훨씬 더 많습니다. 게다가 국가는 기업이나 개

---

136) 이러한 신용 증발에 의한 위험을 이해할 때 중요한 것은 위험은 변동에 의한 것이지 신용도의 절대값에 의한 것이 아니라는 점입니다. 원래부터 국가 신용도가 투자가 겨우 이루어질 수 있는 경계선인 BBB인 국가라도 계속해서 BBB라면 커다란 위험이 닥치는 것은 아닙니다. 예를 들면 이미 파산에 가까운 상태인 은행이 파산하지 않고 운영을 지속하는 것입니다. 위험은 이미 가격에 들어 있습니다. 누구도 파산할 은행을 이용하지 않을테니 대부분의 거래는 선진국의 금융 기관을 통해 이루어집니다. 베네수엘라처럼 극단적 인플레를 겪는 국가는 자국 통화를 불신하다 못해 거부하기 때문에 국내 시장의 모든 거래가 안전한 미국 달러로 이루어집니다. 어떻게 보면 도리어 위험이 줄어든 것입니다. 반면에 신용도가 AAA인 국가가 BBB는커녕 A로만 하락하더라도 경제는 파탄이 납니다. 갑자기 낮아진 신용도는 기존 대출에 대한 회수를 불러일으키고 새로운 대출은 사라지게 만들어 부도를 촉발합니다. 처음부터 신용도가 낮으면 부도를 일으킬 대출 자체가 원래부터 없습니다. 위험이 높은 개발 도상 국가에서 사업을 하는 것보다 위험이 낮은 선진국에서 사업을 하다가 신용도가 변하는 쪽이 더 큰 위험을 가져올 수 있는 것입니다.

인에 비해 다변화되어 있어서 이디오신크래틱 위험 중에 헤지하기 힘든 위험이 상대적으로 적습니다. 심각한 예외적 위험이라고 해 보았자 홍수와 지진이 나거나 전쟁이 나거나 하는 일들입니다. 심지어 이런 예외적 사건이 일어난다 하더라도 대부분의 국가는 부패 등과 같은 구조적인 문제들에 비해서 일시적인 예외적 사건들을 더 쉽게 극복해 냅니다. 기업은 지진으로 공장이 파괴되면 그대로 파산할 수도 있지만 국가는 폐허가 된 국토에서도 국민들만 건재하면 재건됩니다. 국가의 흥망에 영향을 주는 팩터를 세부적으로 헤지하는 것도 상대적으로 쉽습니다. 물론 헤지하기 어려운 팩터들도 있습니다. 개발 도상 국가들에서 보여지는 높은 부패 지수와 낮은 교육 수준처럼 장기적이고 예측이 가능한 구조적 팩터들이 그 예입니다.

국가 부패 정도는 국가 경쟁력을 규정하는 중요 요소 중 하나입니다. 정도의 차이가 있을 뿐 미국, 중국, 한국을 포함해 어떤 시스템에든 부패로 인한 비효율은 있기 마련입니다. 부패는 단순히 뇌물의 문제가 아닙니다. 권력을 이용해 특정 집단이 이권을 챙기는 구조는 다양한 방식으로 이루어집니다. 국가가 차라리 뇌물을 허용하고 관리하는 쪽이 뇌물을 불허하고 뒤로 이권을 챙기는 것보다 더 효율적이었다는 중국 역사가의 증언이 있을 정도입니다.[137] 부패는 개발 도상 국가에서 사업을 진행할 때 어려움을 겪는 주요 원인 중 하나입니다. 게다가 이런 구조적 문제는 정보가 노출된 팩터이기에 위험 팩터로서 다루어 내기가 어렵습니다. 작은 기업에 부패가 있다면 그것은 알려지지 않은 정보일 수도 있지만, 국가 수준의 부패는 숨기기가 쉽지 않습니다. 모두가 인지하는 상태는 위험이 아니라 사실일 뿐입니다. 이미 부패가 만연하고 경쟁력이 하락한 국가를 헤지하려 해도 헤지 도구는 미래까지 지속될 부

---

137) 레이 황, 1587 만력 15년, 아무 일도 없었던 해, 새물결, 2004

패와 그로 인한 손실을 선반영합니다. 이미 암에 걸린 사람이 수술비를 마련하기 위해 보험을 가입하는 것과 같습니다. 확정적 사실에 보험을 들어도 확정적 손실만 생깁니다. 부패도가 심한 국가에서는 헤지를 해도 사업의 어려움이 줄지 않습니다.[138]

국가 차원의 단기적 위험 팩터는 국가 파산, 정부 시스템의 붕괴, 정책 변화, 정권 교체, 외교 관계 변화와 통상 분쟁, 전쟁, 내부 분열 및 집단 간의 갈등 등이 있을 것입니다. 장기적 팩터로는 연령대별 인구 구성비, 교육 수준, 주요 산업 구성비, 부패 정도, 국민성, 금융 시장의 성숙도, 기술 개발 능력 및 기술 축적도 등이 있을 것입니다.

국가 팩터 헤지 도구

단기적으로 국가에 대한 상대편 위험이 생겼다면 이를 어떻게 헤지할까요. 직접적 헤지 도구만 해도 여러 가지가 있습니다. 국가 전체 차원의 위험을 잘 반영하는 주식 인덱스를 공매도할 수도 있고, 국채 가격이 떨어지는 쪽으로 투자할 수도 있으며, 통화 가치 하락 쪽으로 환율에 투자할 수도 있습니다. CDS(Credit Default Swap) 또한 기업보다 국가 차원에서 훨씬 활발히 발행됩니다. 실제의 헤지는 국가 팩터에

---

[138] 차라리 파산 위험이 높은 국가에서 사업을 할지언정 부패도가 극단적으로 높은 국가에서는 사업 자체를 진행하지 않는 쪽을 추천합니다. 이러한 국가에서는 계약을 포함해서 법에 따른 권리를 보장받는다는 가정도 할 수 없기에 위험을 관리할 수가 없습니다. 기업의 수익은 주주에게 돌아가지 않고 권력 집단과 결탁한 소수에게 돌아가며 정상적 방식으로 수익을 내는 것 자체가 허용되지 않습니다. 그럼에도 불구하고 거부할 수 없는 사업 기회가 기다린다면, 가능한한 수익을 빠르게 실현시켜 투자금을 회수해야겠지요.

영향을 주는 팩터들 중에 어떤 세부 팩터가 투자에 위험을 주는지 분석한 이후 상황에 따라 이러한 자산들을 복합적으로 활용할 것입니다.

국가의 신용이 흔들리는 위기 상황의 경우는 CDS 등이 이를 잘 반영하겠지만 꼭 국가의 신용도까지 변하는 대규모의 위험이 아닐 때 이는 주식에 잘 드러납니다. 환율도 그 국가의 경제 상황에 영향을 받기는 하지만, 외환 위기가 생길 정도의 위험 상황이 아니라면 영향은 미미할 수 있습니다. 한국의 경우 경제는 수출에 의해 좌우되기에 수출이 늘어 경제가 좋아지면 원화가 강세가 될 것이지만 미국의 경우 경제는 내수에 의해 좌우되므로 내수가 증가했다고 달러가 강세가 되지 않습니다. 반대로 경제 위기가 닥쳐 세계가 어려울 때는 도리어 달러가 상승하기도 합니다. 세계 경제가 어려워지면 미국 경제도 어려워지지만, 다른 국가들이 더 어려워지기에 미국이 파산할 확률이 다른 국가에 비해 상대적으로 낮아지는 것입니다.

다른 국가가 자국의 기업에 영향을 주는 경우 자국의 주식 포트폴리오로 자국이 아닌 다른 국가를 헤지하는 것도 가능합니다. 이렇게 국가 위험을 헤지하는 예로, 중국 위험 팩터를 중국 기업의 주식이 아닌 미국 기업으로 구성하는 예를 찾아볼 수 있습니다. 미국의 기업이 중국의 정책 변화에 영향을 받을 때 이로부터 팩터를 구성할 수 있기 때문입니다. 한국의 경우에도 중국에 대한 매출이 높거나 미국에 대한 매출이 높은 기업의 주식으로 국가 팩터를 구성해 낼 수 있습니다. 이런 식으로 구성된 팩터는 거래를 쉽게 만들어 줍니다. 헤지해야 할 국가에 주식 계좌를 만들거나 증권사와의 스왑 거래를 이용하는 것은 조금 더 복잡한 절차를 거쳐야 합니다. 주식을 통해 헤지를 수행할 때 주의할 것은 국가 팩터뿐만 아니라 세계 경기 등 다양한 다른 팩터에 영향을 받는 주식에서 국가 팩터만을 추출해 내는 과정입니다.

인구 노령화 팩터

한국의 인구 노령화는 미래 한국의 경쟁력을 위협하는 장기 팩터입니다. 국가의 경쟁력을 그 나라의 전체 인구 대비 노동 가능 인력의 비율로 측정하는 것 역시 널리 쓰이는 방법 중 하나입니다. 단순히 노동이 가능한 인구도 중요하지만, 새로운 기술과 정보를 가진 경쟁력 있는 노동력이 국가의 경쟁력을 결정합니다. 노동 가능 인구의 극단적 감소와 노령화가 예상되는 한국의 상황에서 미래 경쟁력이 약화될 것은 당연한 사실입니다.[139] 그러나 그럼에도 불구하고 이를 헤지하는 비용이 그렇게까지 증가하지는 않았습니다. 십 년 이상의 시간이면 너무 먼 미래의 위험이라고 생각될 수도 있고 2022년 현재 이미 정점을 찍고 감소하고는 있지만 그럼에도 불구하고 아직은 매우 높은 비율의 생산 가능 인구를 바탕으로 계속해서 상승하는 한국의 경쟁력이 미래의 위험을 평가 절하시키는 것입니다. 앞에서 언급했듯이 미래의 이익과 위험의 현재 값은 실제보다 평가 절하되는 쪽으로 나타납니다. 사회가 부패했다면 그것은 미래의 일이 아니라 이미 현재 일어난 사실입니다. 따라서 현재의 값이 미래의 부패를 대부분 반영합니다. 반면에 인구의 노령화는 아무리 확정적이라고 해도 현재가 아니라 머나먼 미래의 일입

---

139) 2020년 3738만 명에서 2040년 2852만 명으로 노동 가능 인구가 1/4이 줄어드는 것도 크지만 젊은 노동 인구의 비율은 비약적으로 줄어 현재 60대 인구 대비 20대 인구의 비율이 90%인데 반해 20년 후에는 55%로 줄게 됩니다. 한국 사회의 문화와 소비, 생산 활동이 노령 인구에 의해 압도되고 변화를 이끄는 젊은 층이 줄어듭니다.

니다. 이렇게 수십 년 먼 미래의 수익과 손실을 현재의 값으로 가져오는 과정에서 이자율 등이 곱해지면 그 영향이 줄어듭니다. 30년 후에 받을 1억 원의 현재 가치는 현재 3.7%의 국채 수익률로도 약 3천만 원 정도밖에 되지 않습니다. 실질적으로는 더 높은 이자율이 적용되기도 하고 미래의 사건을 평가 절하하는 사람들의 심리적 기제까지 더해지게 되어 이보다도 더욱 작아집니다.

기업에서 국가 차원의 장기적 위험은 자주 고려되지 않고 있습니다. 노인 인구가 늘어나는 추세 자체가 경쟁력 높은 일류 기업의 경쟁력을 크게 약화시키지는 않을 것입니다. 다른 기업들이 문제가 심각해져도 경쟁력 있는 세계적 기업은 젊은 신규 직원을 채용해 나가는 데 아무 문제가 없을 것입니다. 2022년 현재 대기업 직원의 평균 연령은 중소기업 직원의 평균 연령보다 5년 이상 차이를 보이며 격차를 벌려 가고 있습니다.[140] 중소기업이라고 해도 임직원의 평균 연령이 십 년 더 높아졌다고 기업이 당장 망하는 것도 아닙니다. 그러나 평균 연령이 높은 기업일수록 매번 다른 방식으로 찾아올 위기에 대한 빠른 변화를 수행하는 데에 어려움을 겪게 됩니다. 인구 고령화로 임원의 평균 연령이 비약적으로 증가한 일본에서 과거 방식에 집착하는 임원들은 기업의 발전적 변화를 막는 요인으로 드러났습니다. 평균 연령이 높다고 반드시 변화에 저항하는 것은 아닙니다. 하지만 이러한 노령화에 따른 보수적 경향은 생물학적 조건에 기반하기에 단순히 이성적 이해만으로는 해결되지 않습니다. 이미 노령화 팩터에 노출된 기업은 이 팩터를 상쇄시키는 체계적 헤지를 해 주어야 합니다. 헤지 포트폴리오는 꼭 주식이나 선물로 이루어지는 것이 아닙니다. 새로운 도전을 장려하고 그로부

---

140) 2021년 임직원 평균 연령은 중소기업 47.3세, 대기업 41.8세로 나타났습니다. 통계청 2021년 일자리행정통계 결과, kostat.go.kr

터 창출된 수익에 대해 직급을 뛰어넘어 사장급 임원 승진과 같은 보상을 주는 헤지 역시 가능합니다. 결과적으로 임원들의 연령대가 하향하고 임원들의 변화에 적응성이 높아지겠지요. 기업은 개별 변화 적응성을 수치화해서 위험 팩터로 만들어 관리할 수 있습니다. 물론 변화를 이끄는 능력은 모든 직원에게 요구되는 능력은 아닙니다. 소수의 리더가 변화를 이끌어 높은 보상과 함께 임원을 맡고 다른 직원들이 안정적 서포트를 하며 변화를 따라가는 구조 역시 모든 직원들에게 창조적 변화를 강제하는 것보다 효율적일 수 있습니다. 창조성을 창조적이지 않은 직원에게 강제할 때 나타나는 결과는 손실과 위험의 증가 뿐이니까요. 정작 창조성이 발현된 프로젝트는 지원을 받지 못하고 대부분의 프로젝트에는 마치 창조성이 들어 있는 것처럼 요식화된 절차만 남게 되겠지요.

팩터 분해로 헤지하는 국가 레벨의 장기 위험

노령화와 같은 장기적 미래의 위험으로부터 개인과 기업을 지키기 위해 국가 전체의 주식을 공매도하거나 국가의 통화 가치 하락에 베팅한다면 상당한 비용과 위험의 증가를 가져옵니다. 더군다나 국가가 성장하는 시기에 이러한 헤지를 하는 것은 마치 시장의 버블이 한창인 상황에서 이를 공매도하는 것과 같습니다. 미래에 성장이 멈추고 쇠퇴하더라도 그 이전에 국가의 경제가 세 배 더 성장했다면 국가 전체에 대한 역베팅은 헤지가 아니라 위험의 증가입니다. 국가라는 팩터 안에는 너무 많은 하위 팩터들이 한꺼번에 섞여 있는데 그중에 하나를 헤지하다가 다른 팩터들에 대한 노출이 늘어나는 것입니다.

따라서 국가에 영향을 끼치는 팩터를 장기 헤지할 때는 국가의 흥망에 베팅하는 것이 아니라 팩터를 분해해서 수행해야 합니다. 예를 들어 노령화로 인한 인구 피라미드 역전만을 분해하여 팩터로 만들어야 합니다. 기업이 아니라 국가가 국가 자신의 위험을 헤지한다면 이렇게 분해된 팩터에 대한 헤지가 매우 어렵습니다. 국가가 자신의 위험을 헤지한다면 헤지 상품의 거래가 산업 전체를 바꿀 정도로 큰 규모이기 때문입니다. 예를 들어 고령자를 위한 헬스케어 시스템과 같이 고령화 사회에서 수익을 보는 산업을 매수하고 유아 교육 산업처럼 매출이 줄 산업을 매도할 수는 있지만 국가를 위험으로부터 헤지할 정도의 자금이 유입될 만큼 산업 자체가 크지 않습니다. 하지만 기업 정도의 수준이라면 충분히 가능합니다.

국가 차원에서 헤지하는 인구 노령화 팩터

국가 차원에서 헤지 도구를 이용해서 인구 노령화 팩터와 같은 중요 위험의 헤지를 수행하기 힘들다면 국가는 위험을 어떻게 헤지할 수 있을까요?

국가가 노령화 팩터를 금융 자산으로 헤지하는 것은 어떤 식으로든 좋지 않는 결과를 가져옵니다. 대부분의 금융 자산이 국가 차원의 헤지를 수행할 만큼 충분치 않고, 가능하다 해도 그 헤지 거래들은 도리어 국가에 악영향을 줍니다. 미래에 노령화된 시대에 대비한다고 국민들로부터 세금을 걷든 세금과 다름 없는 연금을 더 걷든 자금을 모았다고 합시다. 일단 이렇게 세금을 걷는 것은 국가의 경쟁력을 약화시킵니다. 걷은 자금으로 국가가 투자를 하지 않는 이상 세금을 낸 만큼 민간의 연구 개발 투자 여력을 없애는 것입니다. 노령화 팩터를 대비한다고 걷은 자금으로 기술 개발 연구를 수행하지는 않을 것이니까요. 설사 국가의 세금으로 수행한다고 해도 민간의 자발적 연구를 막고 국가가 연구를 주도하는 것은 심각한 비효율입니다.

　미래의 노령화된 인구에게 연금을 지불하기 위해 걷은 자금으로 국가가 자신의 국채를 사는 것은 단지 국가의 현금 유통을 줄여 경제를 위축시킬 뿐입니다. 국내의 기업에 장기 투자를 해 보았자 어차피 노령화로 국내 기업도 어려워질 것이 확정적이라면 손실만 돌아올 것입니다. 결국 남는 것은 금을 사거나, 해외 국채를 사거나, 국외의 기업에 투자하겠지요. 그러나 국가가 해외 투자를 하는 것은 아무리 금융 수익을 가져올 수 있어도 단기적으로는 국부의 유출입니다. 국내에서 교육을 하고, 연구 개발을 하고, 공장을 지을 자금을 유출시켜 다른 국가에서 교육을 시키고, 연구 개발을 하며, 공장을 짓는 셈입니다. 국가의 미래가 없다면 그렇게라도 해서 미래가 밝은 국가로부터 나온 수익으로 연금을 지급해야 하겠지요. 산유국들이 석유 산업 쇠퇴를 예상하며 거대한 부를 해외에 투자하고 있는 이유도 이 때문입니다. 하지만 한국과 같은 국가는 산유국이 아닙니다. 교육과 연구 개발에 대한 투자가 미래의 유일한 자산인 국가에서 그 투자를 모두 해외로 내보내는 것은 미래를 확실하게 없애 버리는 겪입니다. 한국과 같은 국가가 경쟁력을 유지하기 위해 투자할 곳은 인공 지능 등을 포함해서 너무나도 많은데, 투자를 없앤다면 성장은 사라지고, 성장이 사라지면 노령화는 도리어 가속화됩니다. 사람들은 미래가 어두운 사회에서 아이를 낳고 싶어하지 않습니다.

현재의 경제를 줄이는 대가로 쌓아 놓은 금과 해외로부터 받은 배당을 가지고 노령화의 위험을 감당할 수 있을까요? 이미 성장 동력을 상실한 경제를 살리는 데에는 그 정도의 자금으로는 역부족입니다. 심지어 연금을 지불하는 데에도 전혀 충분치 않습니다. 많은 국가에서 보여지는 것처럼 연금의 대부분은 다음 세대의 세금으로부터 나옵니다. 연금도 일종의 세금입니다. 다음 세대의 연금을 걷어 이전 세대의 연금을 지불하는 것입니다. 다음 세대가 줄어들면 해외 투자로 몇 푼이 들어오더라도 연금은 결국 줄어들 수밖에 없습니다.

해외 투자가 극단적으로 성공해서 연금을 충분히 준다는 비현실적인 가정을 해도 그 연금으로 무엇을 할 수 있을까요? 일할 젊은이들이 없다면 서비스를 제공할 사람은 없습니다. 모두가 연금을 충분히 받는다고 가정해도 그 연금으로 혜택을 누리기 위해서는 국외로 이주할 수밖에 없는 것입니다. 연기금을 얼마를 쌓아 놓든 결과적으로는 미래의 노동력이 미래의 은퇴자를 부양합니다. 미래의 노동 인구는 작은데 너무 많은 연금을 쌓아 놓게 되면 도리어 미래의 노동 인구로부터 더 많은 부를 이전시켜 퇴직자들에게 지급하는 것밖에 되지 않습니다. 일할 수 있는 젊은 의사가 하루 열 명밖에 치료를 하지 못하는데 백 명의 아픈 노인이 기다리고 있다면, 돈을 얼마나 쌓아 놓든 구십 명은 치료를 받을 수 없습니다. 경쟁 속에 치료비만 비싸질 뿐입니다. 노인들 연금만 무작정 높이면 상대적으로 가난한 미래의 젊은이들은 병원도 가지

못하는 것입니다.[141]

그러나 국가는 위험 팩터의 헤지가 아니라 위험 팩터 자체를 바꿀 수 있습니다. 인구 노령화는 어떤 식으로든 출산율을 높이면 해결될 일입니다. 만약에 국가가 국채를 발행하여 그 국채로 매우 높은 출산 보조금을 지원한다면 출산율은 늘어날 것입니다. 현금 지급이 출산율을 늘리지 못하는 것은 현금이 충분히 주어지지 않아서입니다. 출산으로 상실되는 노동 기회 수익만 보전하려 해도 5년에서 10년치의 노동자 임금을 현금으로 지불해야 어느 정도 출산의 동인이 생깁니다. 교육비 등의 비용은 제외한 것입니다. 현재 지급하는 최대 몇천만 원의 보조금으로는 이러한 비용을 감당할 수 없으니 출산을 위해서 개인은 커다란 손실을 감수해야 합니다. 충분한 보조금을 지불하기 위해 국민연금을 늘려 그 기금을 백 퍼센트 모두 출산 보조 기금 국채를 사는 데 소모한다고 해도 이는 국민연금의 미래를 위해 전혀 잘못된 투자가 아닙니다. 미래에 지불할 연금은 앞에서 이야기했듯 늘어난 출산율이 해결해 줍니다. 출산율이 빠르게 늘지 않으면 어떤 투자도 연금의 문제를 해결할 수 없습니다.

국가가 어떤 정책을 취하는가에 따라 노령화 팩터는 전혀 다른 양상을 띠게 됩니다. 국가는 위험 팩터를 헤지하는 쪽을 선택하는 것이 아니라 위험 팩터 자체를 바꿀 수 있습니다. 국가가 노령화 팩터의 방향을 바꾼다면 기업은 젊은 노동자들의 역동성과 풍부한 노동력을 가정하고 사업을 계획할 수 있습니다.

---

141) 21세기 선진국의 경제는 대부분 서비스업이 주를 차지합니다. 미국처럼 제조업을 모두 외국으로 내보낸 경우에도 서비스업은 한도가 있기 때문입니다. 의료 및 노인에 대한 서비스는 커다란 문제입니다. 수명은 증가하니 노인의 수는 도리어 늘어나겠지요. 한국의 의료 비용이 타 국가에 비해 저렴한 이유 중 하나는 양질의 의료 인력이 충분한 노동력을 제공하기 때문입니다.

인공 지능과 자동화 그리고 보호주의 팩터

인공 지능에 의해 가속된 자동화의 변혁은 기존의 노동력을 더욱 빠르게 대체해 나가고 있습니다. 결국 대부분의 사람들은 일자리를 잃고 말 것인가요? 일자리의 상실은 인공 지능만의 이야기가 아닙니다. 인공 지능이 없었던 시기에도 이미 선진국의 생산직 노동은 노동 비용이 저렴한 국가의 노동으로 대부분 대체되었습니다.[142] 세계 시장은 통합되어 무한 경쟁으로 나아갔기에 기업들은 가장 싼 노동력의 국가에서 생산을 하는 것만이 생존의 조건이었습니다. 세계화(globalization)와 함께 거대 기업들이 성장한 현상은 자유 경쟁 상황에서 최저 비용으로 최고 품질의 상품을 만들어 세계적 판매망으로 판매하는 몇몇 기업이 시장을 독점하는 현상일 뿐입니다. 세계 통합 시장으로부터의 거대 이익은 대규모 연구 개발을 가능케 하며, 이는 지역 시장의 경쟁자들이 기술 혁신과 설비 투자에서 넘을 수 없는 벽을 만들어 냅니다. 지속적

---

[142] 세계화로 인해 선진국의 임금은 하향 압력을 받을 수밖에 없었습니다. 그러나 중국, 인도, 베트남처럼 노동력을 제공한 국가의 임금은 비약적으로 상승을 하였으니 세계 전체의 관점에서 선진국 임금의 하락에 대해 좋고 나쁨을 논하기는 힘듭니다. 한국 역시 세계화로의 진행이 가속화되던 1970년대에 값싼 노동력을 제공하며 급속도로 성장했는데 50년 후 선진국으로 진입해 임금의 하향 압력을 받고 있다고 후회할 수는 없지요. 게다가 세계화는 한국이나 특정 국가가 동참을 선택하거나 거부함으로써 등락하는 것이 아닙니다. 지구 온난화가 특정 국가의 선택이 아니라 기술 발전과 경제 발전의 결과물로 세계적으로 일어나는 현상인 것과 같습니다. 물론 전 세계가 단합해 지구 온난화를 저지하듯, 19세기의 세계화가 보호주의에 의해 주춤했듯, 전 세계가 모두 보호주의를 택한다면 세계화 또한 저물어갈 것입니다.

인 기술 혁신의 가속화가 세계화를 빠르게 강화시킨 것입니다.[143]

세계화의 퇴조와 보호주의를 뒷받침하는 자동화

선진국의 노동력을 대체하던 세계화의 추세는 커다란 변화를 마주하고 있습니다. 그것은 인공 지능으로 뒷받침된 자동화와 보호주의입니다. 공장에서 무거운 물건을 옮기고 나사를 박고 용접을 하는 단순 반복적 노동을 대체한 로봇들의 이야기가 아닙니다. 이전에는 인간만이 수행할 수 있었던 복잡한 작업까지도 로봇이 할 수 있게 된 것입니다. 세계화로 일자리를 만들어 내던 저임금 국가들에게는 회복하기 힘든 철퇴라고 할 수 있습니다.[144] 인공 지능 및 자동화가 아직 고임금 연구 개발 및 관리직까지는 대체할 수 없어도 적어도 저임금 노동력은 확실하게 대체할 수 있게 되었습니다. 세계화의 구조 속에 저임금 노동력을 제공하던 국가는 도리어 초기 비용이 높은 인공 지능과 로봇에 대한 내수 저하로 변화에서 뒤처지게 됩니다. 노동 비용이 낮으면 노동을

---

143) 대규모 투자가 필요한 기술 혁신이 지속적으로 일어나지 않는 분야의 경우 기존 시장을 독점하는 거대 기업이 독점을 유지하기 어렵습니다. 첨단 기술이 아닌 단순 저가 기계 및 장비의 경우 기술 장벽이 존재하지 않습니다. 중소기업이라고 해도 굳이 세계적으로 생산 기지를 운용할 필요 없이, 이미 모듈화된 부품을 세계 시장에서 최저가로 구입하여 생산한 후 아마존과 알리바바 등의 플랫폼된 세계 시장 판매망을 이용해 판매할 수 있습니다. 반면에 난립한 업체들로 인해 작아진 이익을 거대 기업은 감당할 수 없습니다. 선진국 거대 기업의 일방적 독점이 아니라 도리어 개발 도상국가들의 중소 규모 기업들이 경쟁할 수 있는 것입니다.

144) 세계화는 최적의 효용을 제공하는 국가로 일자리를 이전하기 때문에 세계화가 일어난 후에도 일자리가 창출되지 못한 국가들이 대부분이었습니다. 인공 지능 역시 일자리를 선진국으로 다시 회귀시킬지언정 세계화로부터 소외된 국가로 일자리를 이전할 가능성은 높지 않습니다. 이들 국가는 인공 지능이 필수적일 만큼 노동 비용이 높지도 않고, 기업 활동을 지원할 다른 여건들이 잘 갖추어져 있지 않기 때문입니다.

인공 지능으로 대처해도 이득이 없기에 결국 변화가 필요가 없습니다. 자체적으로 새로운 변화에서 소외되는 것입니다. 사라진 일자리와 반대로 새로 떠오르는 일자리는 로봇을 만들고 인공 지능을 통해 자동화를 이루고 자동화 기기들을 운용하고 새로운 서비스를 제공해야 하는데, 이는 저개발 국가의 교육 받지 못한 노동자들의 범주를 벗어나는 노동입니다. 교육을 받은 인재라 하더라도 자국에서는 쓰이지도 않는 로봇과 자동화 과정을 연구하는 것은 쉽지 않습니다. 어떤 국가의 공장에 인공 지능 로봇이 한 대도 없고, 자율 주행 자동차를 살 돈이면 전속 기사를 고용할 수 있으며, 농산물 수확 로봇을 쓸 비용으로 열 명의 농업 노동자를 고용하여 수확을 더 빨리 끝내면, 그 나라의 연구자 인건비가 저렴해도 연구를 수행하는 데에는 한계가 있습니다. 인도에서 소프트웨어 개발 인력이 앱을 개발할 수 있는 것은 그들 역시 앱을 사용하기 때문이고, 미얀마에서 옷을 만들 수 있는 것은 그들 역시 옷을 구매하기 때문입니다. 하지만 중국과 인도는 경제 규모를 바탕으로 인공 지능 연구와 투자에서 미국 다음으로 큰 규모를 보이고 있습니다. 대규모 투자가 반드시 산업의 성공을 가져오는 것은 아니지만, 적어도 기술의 발전은 빠르게 일어나고 있는 것입니다

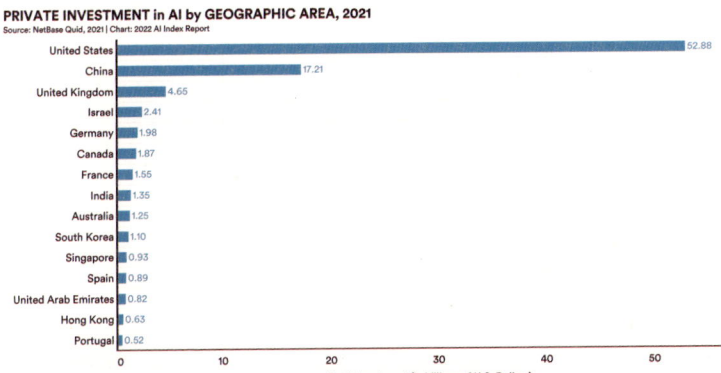

지역별 인공 지능 투자액(2013년에서 2021년까지). 출처: Artificial Intelligence Index 2022 Annual Report, arXiv:2205.0348

자동화가 세계화를 통한 노동 비용 절감을 무의미하게 만들고 있다면 보호주의는 세계화가 가져왔던 거대 시장을 조각내고 있습니다.[145] 보호주의는 세계화 시기에 이루어졌던 생산의 모듈화와 생산 기지의 분산을 역행하고 부품을 포함해 모든 생산 사이클을 자국에서 끝내도록 강제합니다. 특히나 코로나 사태로 인해 부품 공급에 큰 어려움을

---

145) 2022년 미국의 요구처럼 기업이 자국에서 노동 비용을 더 많이 지불하며 일자리를 만들고, 결과적으로 더 비싼 상품을 생산하도록 강제할 때 보호주의 내수 시장은 필연적 결과물입니다. 직간접으로 기업을 지원하든 소비자에게 크레딧을 주든 수입품에 관세를 매기든 다 똑같습니다. 정부의 보호 없이 더 비싼 상품이 더 저렴하고 품질 좋은 상품과 경쟁할 수는 없습니다. 과거의 예를 보면 강력한 보호주의 정책은 한때 선진국이었던 아르헨티나처럼 산업을 쇠락시켰습니다. 자국에서 생산한 고비용의 자동차가 두 배 더 비싸다면 수입품에 세 배의 관세를 물려 보호하는 식이니 기업은 정부와의 결탁을 통해 이익을 창출해 냅니다. 보호주의 내수 시장을 장기적으로 유지했던 국가는 경쟁의 부재와 부패를 마주해야 했습니다. 게다가 대규모 투자가 필요한 기술은 세계 시장으로부터의 거대한 수익이 필요합니다. 그러한 투자금을 만들 수익도 없고, 수익을 만들어 낼 비전도 없으며, 게다가 투자 없이 뒤따라가기만 해도 수익을 내는 보호된 내수 시장만 가지고는 연구 개발의 동력은 사라지고 기술은 뒤처질 수밖에 없었습니다. 물론 내수 시장 자체의 규모가 거대해서 자체적 경쟁과 수익이 기술을 발전시킨다면 다른 이야기일 수도 있습니다. 세계 전체 시장과 맞먹는 규모였던 보호된 중국의 전기차 시장에서는 전기차 기술이 빠르게 발전했습니다. 세계 최대 시장의 지위에서는 내려왔지만 아직도 거대한 내수 시장을 가진 미국의 보호주의가 어떤 결론을 맺을지는 흥미로운 일입니다. 보호주의는 과거의 모든 국가들이 취하던 기본 정책이었습니다. 19세기 조선, 일본, 청나라는 무역 자체를 금지했습니다. 유럽이라고 보호주의라는 측면에서 다를 바가 없었습니다. 중상주의는 상업을 중시한다는 뜻이 아니라 오직 자국의 이익만을 일방적으로 밀어 부친다는 뜻이기에 국가 간 무역을 마비시킬 지경이었습니다. 무역을 할 수 없으니 식민지가 필요했던 것입니다. 21세기의 세계적 호황을 가져온 세계화의 물결은 이제 정점을 지나고 있습니다. 2022년 현재 미국과 중국의 통상 분쟁은 관세의 상승을 가져왔고, 미국의 주도하에 이루어진 세계 통합을 받아들이지 않은 국가들은 자의든 타의든 경제 블록화의 조짐이 일어나고 있습니다. 하지만 아직까지도 미국에서 팔리는 상품의 대부분은 중국에서 생산되고 있으며 미국의 보복으로 수출이 막히는 듯 하던 화웨이는 매출이 도리어 성장했습니다. 아직은 무역을 통한 경쟁력 강화가 보호주의보다 더 큰 설득력으로 세계를 지배하고 있습니다. 당장 세계가 경쟁적으로 보호주의로 회귀하고 있다고 생각하기에는 이릅니다. 그러나 미국의 2022년 인플레이션 감축법에서 자국의 전기차 제조업체를 우선하여 실질적 수입 장벽을 만들어 내었듯 자국 우선의 보호주의가 점진적으로 강화되고 있습니다. 효율성을 증진시켰던 세계화가 깨어지면 상품 생산 비용은 높아지고 시장은 작아집니다. 수십 년 동안 익숙하지 않던 상품 가격의 상승이 세계를 뒤덮고, 잊혀졌던 인플레이션은 경제의 뒷덜미를 잡아끌 것입니다.
U.S. Department of Energy, Incentive for Electric Vehicles with Final Assembly in North America
https://afdc.energy.gov/laws/electric-vehicles-for-tax-credit
United States International Trade Commission, A Centennial History of the United States International Trade Commission, 2017
https://www.usitc.gov/documents/final_centennial_history_508_compliant_v2.pdf

겪은 세계는 이러한 자국 생산 우선 원칙 정착에 속도를 내고 있습니다. 물론 이것은 현대의 고도로 복잡한 산업 구조상 쉽지 않은 일이지요. 미국은 대만과 한국이 없으면 반도체가 없는 세상을 살아야 할 지경입니다. 따라서 실질적으로는 완전한 국가별 보호주의보다는 경제 블록화와 관세 인상으로 인한 자유 경쟁의 퇴조 정도로 끝날 것입니다. 그러나 이러한 점진적 변화도 효율성을 저해하며 효율의 저하는 상품 가격 인상으로 이어집니다. 인플레이션은 금리를 높여 신용의 축소와 함께 경제 위기를 불러옵니다. 세계적 경제 위기 상황에서 대부분의 정치 권력은 무역을 활성화하는 것이 아니라 도리어 보호주의를 강화해 온 전력이 있습니다.[146] 당장 자국의 국민들이 일자리를 잃는 위기 상황에서 아무리 자유 무역을 신봉해도 타국으로 일자리를 보내는 것을 용납하는 국가는 많지 않았습니다. 국가 차원에서의 보복적 관세 등의 보호주의는 사업에서 장기적 위험을 초래할 뿐 아니라 단기적으로 흥망을 결정짓는 커다란 위협입니다. 수퍼301조를 동반한 미국의 반도체 협정은 세계를 지배하던 일본의 반도체 산업을 단 몇 년 만에 쇠망시킬 정도로 파격적 위험을 가져왔습니다.

보호주의와 인공 지능, 로봇, 자동화는 서로가 상승 작용을 일으킵니다. 선진국의 보호주의가 강해질수록 고임금 노동력을 대체하기 위해 인공 지능의 필요성이 증가하고, 인공 지능과 자동화가 발전할수록 고임금으로 자국의 산업 경쟁력을 저하시킬 염려 없이 보호주의를 강화할 수 있습니다. 희토류 광산의 공해 물질과 같은 노동 비용 외적인 요소가 아니라면 무인 공장을 운영할 수 있는 기업들은 안정적인 인프

---

[146] 자유 무역의 상징인 미국도 경제 공황 시인 1920년대 말 관세를 최고 60% 가까이 올렸습니다. 살기가 어려워지면 모두가 보호주의로 회귀합니다. 보호주의 정책이 경제를 보호할 수 있는지는 알 수 없어도 적어도 기존 정치 권력을 보호하고 정부의 지배력을 높이는 데에는 효과적이기 때문입니다.

라를 구축하고 보호주의 내수 시장을 제공하는 선진국으로 되돌아오는 쪽이 수익을 올릴 수 있게 된 것입니다. 자동화로 가격 경쟁력까지 생기면 심지어 내수 시장을 넘어 수출도 가능합니다. 인공 지능과 로봇은 초기 투자가 큰 대신 일단 성공하게 되면 단위 비용은 매우 작습니다. 이러한 변화가 가속화하면 개발 도상국의 저임금 생산력과 선진국의 상품 수요를 이어주던 중간 다리 역할을 하던 한국의 기업들은 빠르게 새로운 입지를 찾아야 할 것입니다.

로봇과 인공 지능은 자동화 팩터의 작은 일부: 자동화 응용 팩터

인공 지능은 이미 많은 노동력을 대체했지만 이제 시작일 뿐입니다. 농업 노동력도, 택시 기사도, 택배 기사도, 전화 상담원도 살아남는 일자리는 아닐 것이라는 점은 명백합니다. 앞으로 어디까지 대체될지 물어보는 것보다, 과연 대체될 수 없는 노동이 무엇인지 묻는 것이 빠를 것입니다. 인공 지능 팩터가 중요 장기 위험 팩터가 된 것은 이미 기정 사실입니다. 그럼에도 불구하고 로봇 제조 기업이 직접적 매출을 올리는 것은 아직도 미미합니다. 한국은 세계에서 가장 높은 로봇 이용 비중을 가졌음에도 불구하고 로봇 부품업을 포함해서 2500여 개 로봇 관련 기업의 매출액을 다 합쳐도 세계 시장을 리드하는 ABB 한 회사가 로봇 분야에서만 올린 3조 원 이상의 매출액과 비슷한 5조 원 대입니다.[147] 사실 부품을 뺀 로봇 자체만 한정하면 ABB와 비슷한 수준입니다. 게다가 ABB라고 해도 로봇을 포함한 자동화 관련 총 매출액 10조 원은 삼성전자 한 기업의 매출액인 280조 원이나 현대자동차의 120조 원과 비교해도 작습니다. 업계 전체의 규모가 상당히 작아 보입니다. 로봇 산업이 아직 중요하지 않은 것일까요?

이러한 착시 현상에서 간과해서 안되는 부분이 있습니다. 한국에 로봇 산업이 없었다면 현대와 삼성이 한국에서 사업을 과연 할 수 있는가라는 질문입니다. 한국의 높은 자동화 수치가 말해 주듯 자동화가 불가능했다면 이미 높아진 임금 속에 현대와 삼성은 가격 경쟁력을 더 이상 유지할 수 없었을 것입니다. 물론 ABB와 같은 외국의 제품과 서비스를 이용할 수도 있지만 국내에서 쓰이는 대부분의 로봇은 국내에서 제조되고 있습니다. 높은 품질의 로봇을 저렴하게 이용하는 것뿐만 아니라 자동화 과정 전체를 더 밀접하게 협력해서 성공시킬 수 있는 것입니다. 이러한 이야기는 국내 로봇이 충분한 경쟁력이 있고 이러한 경쟁력을 통해 현대와 삼성이 경쟁력을 가질 수 있었다는 것을 이야기해 줍니다. 다시 말해 자동화 산업은 단순히 로봇을 생산하는 것 뿐만 아니라 전체 자동화를 기획하고 로봇 및 자동화 프로세스를 운용하는 것까지 포함해야 합니다. 로봇을 만드는 것보다 로봇을 운용하는 것이 진정한 자동화의 완성이라고 할 수 있겠지요. 삼성과 현대의 매출 중

---

147) ABB의 2021년 매출액은 오직 로봇 분야에 제한된 것이고 자동화 분야까지 합하면 10조 원이 넘는 매출을 발생시켰습니다.
ABB SEC 20F filing 2021
https://global.abb/content/dam/abb/global/group/investors/results-and-reports/2021/abb-ltd-2021-form-20f.pdf
현대 로보틱스는 로봇 관련 기업 중 국내에서 가장 큰 매출액을 올렸으나 2000억 원에 미치지도 못합니다.
한국 로봇산업진흥원, 국가 통계 2021년 기준 로봇산업 실태조사, kiria.org

상당 부분은 자동화를 수행함으로부터 온 것이라고 할 수 있습니다. 그렇다면 국내 산업에서 자동화의 비중은 이미 극도로 높다고 할 수 있습니다. 로봇 제조 기업뿐만 아니라, 삼성도 현대도 테슬라도 애플도 아마존도 모두 자동화라는 팩터로 매출을 올리는 기업이기 때문입니다. 삼성을 포함해 이미 많은 기업들이 무인 공장을 운영하겠다고 이야기하고 있습니다. 이것은 자동화로 이미 줄어든 인건비를 얼마나 더 줄일 수 있는가의 이야기가 아닙니다. 그것을 가능하게 하는 기술력의 증명입니다. 자동화가 쉽지 않아 접근하지 못했던 모든 산업 분야를 자동화를 통해 석권할 수 있는 능력은 21세기의 근본적 경쟁력입니다.[148]

요약하자면, 자동화는 스마트폰처럼 소비자에게 판매되는 상품만으로 그 비중을 측정할 수 없습니다. 자동화 팩터는 로봇 생산업체의 매출 뿐 아니라 자동화를 수행한 기업의 자동화로 인한 매출과 이익 창출까지 포함해야 합니다. 자동화를 응용하는 기술력이 자동화 자체를 연구하는 기술만큼 중요하며, 대부분의 수익은 응용에서 창출되고 있습니다.

컴퓨터가 기업의 서버로만 쓰이던 시대를 지나자 일반인에 대한 직접적 컴퓨터 매출이 크게 증가했듯이 로봇 및 자동화 역시 기업에 주로 매출을 올리는 시기를 지나 일반 소비자들에 대한 판매가 증가하면 현재의 모든 산업을 합한 것보다 더 큰 시장이 탄생할 것입니다. 운전,

---

148) 자동화 응용을 통해 생산을 성공한 기업은 보호주의로 방어된 선진국의 소비 시장에 무인 자동화 공장을 세움으로써 경쟁력을 확보하고 세계 시장을 석권할 수 있습니다. 전기차가 가솔린 엔진을 대체하는 것 또한 자동화 응용의 일부로 해석할 수 있습니다. 더 작은 수의 부품과 더 적은 노동력을 필요로 하는 전기차에서 주요 비용은 노동력이 아니라 리튬 배터리와 같은 재료 비용으로 바뀌었습니다. 노동비가 주요 비용이 아니라면 저임금 노동력이 필수적이지 않게 됩니다. 기계가 아닌 전기적 제어가 바탕이 된 전기차는 컴퓨터가 제어하기에 적합하며 그 자체로도 이미 점점 더 운송 로봇에 가깝게 변해 가고 있습니다.

육아, 청소, 요리, 설거지, 빨래 등을 로봇이 대신하는 것만 해도 이미 거대한 시장이지만, 기업이 공장을 자동화하듯 개인도 자신이 직접 훈련시킨 인공 지능을 통해 업무를 보조 받을 수 있습니다. 자신의 엣지가 모두 들어간 반자동 상품 디자인, 자기만의 코딩 스타일로 훈련된 프로그램 헬퍼, 자신의 판단 로직으로 훈련된 거래 상황 요약 및 자동 메시지 템플릿, 이런 부분은 아마도 기업보다는 개인과 직원의 경쟁력이며 개인이 소유할 가능성이 높을 것입니다. 마치 회사 이메일을 체크하기 위해 스마트폰을 구매하듯 개인이 매년 높은 비용을 지불하고 구매할 인공 지능의 시장이 새로이 열리는 것입니다.[149] 노동의 형태 또한 과거의 수직적 노동자와 개인의 관계로부터 발전해서 기업이라는 플랫폼에 서비스를 제공하는 개인 프리랜서의 형태로 발전해 나가고 있습니다.[150] 이러한 상황에서는 더더욱 개인 차원의 인공 지능 업무 플랫폼은 개인의 중요 자산으로 자리할 것입니다.

---

[149] 만약에 현재 인공 지능의 능력을 의심한다면 ChatGPT와 같은 프로그램을 경험해 볼 필요가 있습니다. 질문을 이해하고 필요한 정보를 찾아 답을 할 뿐만 아니라 원하는 기능을 수행하는 코딩까지 만들어 주고 있습니다.
https://chat.openai.com
[150] 일주일의 대부분을 집에서 일하거나 일주일 내내 집에서 일하고 있는 노동자들의 업무와 프리랜서와의 차이라면 아마 직업의 안정성 정도일 것입니다. 세부적 업무 지시와 밀접한 협업은 줄어들고 노동자 개개인이 업무를 더욱 포괄적으로 수행하게 되었습니다. 기업 또한 중심 사업 분야가 아닌 회계, 인사, 총무, IT 등은 외주를 주는 방식으로 변하고 있기에 매 업무마다 다른 기업으로부터 서비스를 구매하는 방식으로 업무를 수행하는 데에 익숙해져 가고 있습니다. 중심 업무 분야에서도 특히나 프로그래밍 같은 업무 분야는 더욱더 이러한 특성을 빠르게 강화하고 있습니다.

인공 지능 개발을 위해 필요한 대규모 노동력

인공 지능 개발과 자동화 응용을 이끄는 국가는 마치 반도체 산업이 그러했듯 세계 경제의 중심을 장악할 것입니다. 아직까지 이러한 연구 개발은 대부분 미국과 같은 선진국에서 행해지고 있습니다. 모든 초기의 기술이 그러하듯 기술 개발 초기에는 국가 간 격차가 크기 마련입니다. 따라서 아직까지는 고임금의 국가에서 연구가 수행되어도 임금 비용이 상쇄될 만큼 경쟁력을 가집니다. 하지만 기술이 성숙할수록 격차는 줄어들고 임금은 중요 요소로 작용하게 됩니다. 기술 개발을 위한 인력은 갈수록 늘어나니, 수백만 명 이상의 개발 인력이 필요한 것이 인공 지능입니다. 자동차의 자율 주행을 위해 신호등을 인지하도록 만드는 연구 개발만 해도 제대로 수행하려면 많은 인력과 노력이 필요합니다.[151] 우리가 사는 세상의 문제들은 일률적이지 않고 인간이 그 문제를 해결한다 해도 필요한 능력과 지식은 달라집니다. 인공 지능 역시 성숙하기 위해서는 교육이 필요한 것입니다. 인간의 뇌세포에 해당하는 네트워크만 만들어 놓고 도로 주행 영상만 보여 주며 훈련시킨 후 운전을 시키는 것은 세 살짜리 아이에게 운전을 시키는 것과 같습니다. 세 살짜리 어린아이라고 해도 게임을 하듯 반복 훈련만 받으면 운전은 할 수 있습니다. 그러나 음주 운전 단속을 피하려 유턴을 시도

---

151) 자율 주행이 서로 다른 국가에서 잘 동작하지 않는 이유 중 하나는 신호등과 도로 표지판이 다르기 때문입니다. 테슬라와 같은 경우 시각적으로 신호등을 인지하도록 인공 지능을 훈련하였습니다. 따라서 이전에 받은 훈련에서 학습한 신호등과 모양이 다르다면 인지를 하지 못하는 것입니다. 심지어 같은 국가라도 새로운 모델의 신호등은 중대한 실수를 일으킵니다. 이를 단순히 시각적 인지로 해결하는 것이 아니라 근본적으로 해결하는 연구 방향 중 하나는 신호등과 자동차 간의 직접적 통신을 이용하는 것입니다. 그러나 모든 새로운 연구는 어느 방향이 최종적 성공을 가져올지 예측하기 힘듭니다. 하나의 결과를 성공시키기 위해서 다양한 방향의 연구를 모두 지원해야 하는 것입니다.

하는 다른 운전자가 비키라고 경적을 울릴 때 그 아이가 종합적으로 대처할 수는 없겠지요. 하늘의 달을 신호등의 노란불로 착각하거나 하얀 트레일러를 하늘로 착각하여 사망 사고를 내는 단순한 문제가 인공 지능이 풀어야 할 문제의 전부가 아닌 것입니다. 인공 지능의 발전은 대부분의 사람들이 생각하는 것보다 많은 연구 개발 노동력이 필요한 분야입니다. 몇 명의 프로그래머들이 관여한 상위 레벨의 디자인에 의해 만들어지는 것이 아니며 지식을 교육하는 종합적 작업이 필요합니다.[152] 대부분의 업무는 사진의 물체가 신호등인지 아닌지를 학습시키는 것처럼 프로그래밍 능력이 아니라 상식과 지식이 더 중요한 업무이며, 교육을 통해 대부분의 사람들이 수행할 수 있는 업무입니다. 세계화가 그러했듯이 이러한 작업은 결국 이를 수행할 수 있는 최저 임금의 연구 개발 인력이 있는 곳으로 옮겨갈 것입니다. 보호주의가 상품 수입은 막을 수 있어도 인공 지능이 어디에서 훈련되었는지 공장 자동화가 어디에서 이루어졌는지를 따지기는 쉽지 않을 것입니다. 다시 말해 보호주의가 아무리 극에 달해도 인공 지능과 자동화는 세계 전체를 시장으로 할 것이고, 거대 기업은 기술 격차를 통해 독점을 향해 나아갈 것입니다. 다행히도 인공 지능은 하나가 아니며 각각의 전문 분야를 석권하는 다양한 기업들이 등장할 것입니다. 자율 주행 전문 기업이 환자 보살핌 전문 기업과 경쟁하기는 쉽지 않으니까요. 그러나 중요한 것은 대부분의 가치는 인공 지능을 만드는 쪽보다 그것을 응용하는 자율 주행 운송 회사와 무인 병원 쪽에서 가져가게 될 것입니다.

---

[152] 테슬라의 자율 주행 연구에서도 프로그램 작업이 아니라 주행 데이터를 분석해서 분류하는 작업에 수백 명 연구 인력 중 대부분이 연관되어 있었습니다. 인공 지능 연구에서 이러한 라벨링은 길 앞에 보이는 대상이 사람인지 아닌지를 가리는 상당히 단순한 작업에서부터 법률 판례나 의학적 판단과 같이 고도로 복잡한 전문적 판단 능력을 필요로 하는 작업까지 다양합니다.

```
import imaplib
import smtplib

# Set up the email server and login credentials
imap_server = imaplib.IMAP4_SSL('imap.gmail.com')
imap_server.login('your_email@gmail.com', 'your_email_password')

# Retrieve the emails from the INBOX folder
imap_server.select('INBOX')
status, messages = imap_server.search(None, 'FROM', 'your_boss@example.com')
messages = messages[0].split()

# Iterate through the emails and respond to each one
for message in messages:
    # Retrieve the email message
    status, msg = imap_server.fetch(message, '(RFC822)')
    msg = msg[0][1]
    msg = email.message_from_bytes(msg)

    # Extract the subject and body of the email
    subject = msg['Subject']
    body = msg.get_payload(decode=True).decode('utf-8')

    # Compose the response email
    response = "Thank you for your email. I will get back to you as soon as possible."
    to = msg['From']
    subject = 'Re: ' + subject
    message = 'Subject: {}\n\n{}'.format(subject, response)

    # Send the response email
    smtp_server = smtplib.SMTP('smtp.gmail.com', 587)
    smtp_server.starttls()
    smtp_server.login('your_email@gmail.com', 'your_email_password')
    smtp_server.sendmail('your_email@gmail.com',
```

ChatGPT에서 "내 상사 이메일에 자동으로 답하는 프로그램을 짜 주세요"라는 요청에 대해 A.I.는 상사의 이메일을 받자마자 "최대한 빨리 답변하겠습니다"라고 자동으로 답변하는 프로그램을 만들어 줍니다. 이외에도 "상사의 이메일을 받을 때 내게 알람 전화를 거는 프로그램을 짜 주세요"라는 요구에 대한 프로그램 역시 만들어 주었습니다. 이미 이 정도의 성능으로도 이 주제를 사전에 접해 보지 못한 프로그래머에게 최소 한 시간 이상의 노동 시간을 절약해 줄 것입니다.

자동화의 위험: 노동 안정성에 대한 국가 정책 팩터

자동화의 경우 가장 큰 걸림돌은 국가 팩터가 될 수도 있습니다. 한국에서 우버 같은 새로운 시스템의 도입을 반대하는 기존 이권 세력에게 손을 들어 주었던 과거 예처럼, 인공 지능과 로봇이 기존의 노동력을 대체하는 과정에 정부의 대처 방법은 미지수입니다. 기업은 비약적으로 사업을 확장하지 않는 한 기존 생산에 들어가던 노동 비용을 줄여야 자동화를 수행한 비용을 넘는 이득을 볼 수 있습니다. 인력을 줄이지 못하면 자동화 수행의 의미가 없어집니다. 자동화 수행으로 인한 해고의 경우 국가에서 노동자가 직업을 구할 때까지의 임금 보전 및 국가 일자리 우선 제공, 추가로 지불되는 위로금 및 자동화 교육 등으로 해고 비용을 보전할 수 있습니다.[153]

자동화의 첨단에 선 국가에는 수많은 일자리가 창출될 것이며 그 비용은 결과적으로 국가에 더 큰 이익을 가져올 것입니다. 새로운 고임금 일자리가 넘쳐나면 노동자들은 기계에 의해 대체될 정도의 노동에 종사하기를 거부하고 자발적으로 새로이 창출된 고임금의 일자리로 이직할 것입니다. 일단 불이 붙은 자동화는 가속화됩니다. 이런 변화를 기업에게 모두 떠넘기면, 자동화는 이루어지지 않고 결국 경쟁력을 상실한 기업은 문을 닫습니다. 현대가 자동화를 하지 않았다면, 경쟁력을 상실하여 문을 닫았을 것이고, 자동차 생산 관련 일자리는 더이상 한

---
[153] 스웨덴처럼 복지 선진국에서는 기업이 노동력이 남을 때 언제든 해고를 하도록 하는 대신 국가가 책임지고 노동자를 다음 직업을 구하도록 도우며 임금을 보전해 줍니다. 이러한 시스템에서 1년 이내 재취업률은 90%로 세계에서 가장 높은 편으로 드러납니다. 정부가 강제하는 기본 실직 보험과 선택 실직 보험은 노동자의 실직 시의 위험을 크게 줄여 줍니다.
https://www.bbc.com/worklife/article/20191212-where-losing-your-job-is-a-good-thing

국에 남아 있지 않았을 것입니다.[154]

사실 빠르게 성장하는 대기업은 분산이 잘 되어 있기 때문에 굳이 해고까지 하지 않더라도 확장 등을 통해 자동화로 필요 없어진 인력을 흡수할 수 있습니다. 그러나 매출이 고정적인 기업에게 이전의 고정 비용은 놔두고 추가로 투자를 대규모로 늘려 비용을 더 들이고도 이익을 대폭 증가시키라는 것은 무리한 요구입니다.

다시 말해 국가 전체적으로는 이익이지만 개별 기업에게는 단기적으로 너무 큰 부담과 위험이 되는 것입니다. 국가가 인력 축소 비용을 감당하는 것은 이러한 위험을 헤지해 주는 역할을 합니다. 규제로 막을 것인지 아니면 보조를 할 것인지, 국가의 정책이 자동화 성공에 중대한 결정 요소가 되는 것입니다.

자율 주행 택시로 인해 인간이 운행하는 택시가 없어지는 것을 정부가 용납할까요? 용납한다 해도 이해관계를 성공적으로 조율할 수 있을까요? 자국의 노동력조차 대체하지 못하는 인공 지능과 로봇이라면 세계 시장에서 경쟁력을 가지기는 쉽지 않습니다.

해고 시 아무 보장이 없는 세상에서는 노동 안정성이 중요했지만 해고 시 경제적 위험이 없다면 높은 임금과 업무의 질 및 커리어 성장 가능성이 노동 안정성보다 더 중요하겠지요. 노동자는 여가를 즐기며 자동화 교육을 받고 국가로부터 임금을 보전 받는 쪽을 선호할까요? 아

---

154) 1970년대 이후 미국의 자동차 산업은 일본과 한국에서 생산한 값싼 소형차와 경쟁할 수 없고 수많은 자동차 공장이 문을 닫았습니다. 아직도 미국에서 판매되는 대부분의 소형차들은 저임금의 해외 공장에서 생산되고 있습니다.

니면 포크레인으로 한 시간이면 끝날 작업을 단지 일자리를 창출하기 위해 며칠이고 곡괭이로 파는 것을 선호할까요?[155]

자동화 팩터의 헤지

기업은 자신의 자동화 팩터에 대한 노출을 측정할 수 있습니다. 이는 중요한 장기적 위험이지만 국가 정책 등은 단기적 위험이기도 합니다. 어느 경우에나 헤지는 가능합니다. 자동화 팩터에 대한 노출이 작거나 음일 경우 기업은 자동화와 인공 지능을 더 많이 도입하고 이를 선도하는 기업에 투자를 늘리고 반대의 기업을 공매도할 수 있습니다. 반대로 기업이 인공 지능 사업을 하고 있어 노출이 너무 높으면 반대로 낮추는 것도 가능하겠지요. 세계적 자동화 팩터에 노출을 시키기 위해서는 국가별 자동화 팩터의 위험을 중립화해야 합니다. 세계가 인공 지능에 의해 뒤덮이는 상황이라도 특정 국가의 정책은 그 국가의 인공 지능 관련 산업과 자동화 수행 기업을 쇠락시킬 수 있기 때문입니다. 특히 특정 국가의 자동화 산업에 투자할 경우 그 국가의 정책이 산업 전체를 쇠락시키는 위험이 있다는 전제 하에 헤지를 통한 대비를 해야 할 것입니다.

---

155) 한국의 공공근로사업과 같은 경우 충분히 자동화가 가능한 업무를 오직 일자리를 창출하기 위해 자동화하지 않고 인간이 처리하도록 하는 경우도 보입니다. 쓰레기 분리 수거와 청소를 사람이 관리하면 A.I.를 이용한 쓰레기 분리 자동화와 스마트 거리 청소 기술은 사장되기 마련입니다. 반면에 아직 발전 중에 있는 거리 청소 A.I.의 훈련 및 관리를 지원하는 인력이라면 노동은 커다란 가치를 창출합니다. 공공 근로 인력으로 자동화된 택시에 위험 관리 운전자를 태운다면 인공 지능은 훨씬 빠르게 발전할 수 있습니다.

부록

참고 문헌

- Agrawal, A. J. Jaffe, and G. Mandelkar (1992) The Post Merger Performances of Acquiring Firms: A re-examination of an anomaly. Journal of Finance 47, 1605-1621
- Alexander, C. and Barbosa, A. (2007) Effectiveness of Minimum Variance Hedging, Journal of Portfolio Management 33, 46-59
- Alexander, C. and Kaeck, A. (2008) Regime Dependent Determinants of Credit Default Swap Spreads, Journal of Banking and Finance 32
- Alexandridis, George & Chen, Zhong & Zeng, Yeqin (2021) Financial hedging and corporate investment, Journal of Corporate Finance, 67(C)
- Arena, M.Haggard, K.S. and Yan X. (2008) Price Momentum and Idiosyncratic risk, The financial Review 43, 159-190
- Arndt, C. (2004) Information measures, Springer
- Arnott, R.t D. Clements, M. Kalesnik, V. Linnainmaa, J. T. (2021) Factor Momentum. Available at SSRN: https://ssrn.com/abstract=3116974
- Aswath Damodaran, Damodaran on Valuation (2006) Wiley Finance
- Barber, B.M. Odean T. (2002) Trading is Hazadous to your wealth, Journal of Finance 55, 773-806
- Beck, J., Hsu, V. Kalesnik, and H. Kostka. (2016) Will Your Factor Deliver? An Examination of Factor Robustness and Implementation Costs. Financial Analysts Journal 72
- Bender, J. Briand, R. Melas, D. Subramanian, R. A. (2013) Foundations of Factor Investing, MSCI Insight https://www.msci.com/documents/1296102/1336482/Foundations_of_Factor_Investing.pdf/004e02ad-6f98-4730-90e0-ea14515ff3dc
- Berben, R.P. and Jansen, W.J. (2005) Comovement in International Equity Markets: A Sectoral View, Journal of International Money and Finance 24. 832~857

- Biais, B.R. Glosten, L. and Spatt, C. (2005) Market Microstructure: A Survey of Micro Foundations, Empirical Results, and Policy Implications. Journal of Financial Markets 8, 217-264
- Bodnar, G.M., B. Dumas, and R.C. Marston (2002) Pass-through and exposure. Journal of Finance 57:1: 199-231
- Boyson, Nicole. (2008) Hedge Fund Performance Persistence: A New Approach. Financial Analysts Journal 64, 27–44
- Bradshaw, M., S. Richardson, and R. Sloan (2006) The Relation Between Corporate Financing Activities, Analysts' Forecasts and Stock Returns, J. Accounting & Economics 42, 53-85
- Brav, A., J. Graham, R. Michaely and C. Harvey (2005) Payout Policy in the 21st Century, J. Financial Economics 77, 483-527
- Carol Alexander (2008) Quantitative Methods in Finance, Wiley
- Chen, S., Lee, C. and Shrestha, K. (2003) Futures Hedge Ratio : A Review, Quarterly Review of Economics and Finance 43, 433-465
- Chui, A. C. W. and Sheridan, T. Wei, K.C.J. (2010) Individualism and Momentum Around the World, Journal of Finance, 65(1) 361-392
- Cliff, A. Liew, J.M. Stevens, R.L. (1997) Parallels Between the Cross-Sectional Predictability of Stock and Country Returns. Journal of Portfolio Management, 23(3), 79–87
- Cliff, A. Moskowitz, T. Pedersen, L.H. (2013) Value and Momentum Everywhere, Journal of Finance 68, 929–985
- Clifford, A. Frazzini, A. Gormsen, N.J. and Pedersen, L.H. (2020) Betting Against Correlation: Testing Theories of the Low-Risk Effect. Journal of Financial Economics, 135, 629-652
- David Buss (2019) Evolutionary Psychology, Routledge
- Davis Dyer, Frederick Dalzell, Rowena Olegario (2004) Rising Tide: Lessons from 165 Years of Brand Building at Procter & Gamble, Harvard Business Review Press
- Dixon, M.F. Halperin, I. Bilokon, P. (2020) Machine Learning in Finance: From Theory to Practice, Springer
- Dowd, K. (2005) Measuring Market Risk, Wiley

- Easley, D. Kleinberg, J. (2010) Networks Crowds and Markets, Cambridge University Press
- Elroy Dimson, Paul Marsh and Mike Staunton (2002) Triumph of the Optimists: 101 Years of Global Investment Returns, Princeton University Press
- Eric Falkenstein (2009) Finding Alpha, Wiley
- Fama, E.F. (1970) Efficient Capital Markets: A Review of Theory and Empirical Work. Journal of Finance 25, 383-417
- Fama, E.F. (1991) Efficient Capital Markets II. Journal of Finance 45, 1575-1617
- Fama, E. F., French, K. R. (2002) The equity premium. Journal of Finance 57, 637 – 659
- Fama, E.F. French, K. R. (2018) Choosing factors, Journal of Financial Economics, 128(2), 234-252
- Federico J.D., Fan, J. Villegas-Sánchez, C. (2021) Global Declining Competition?, Journal of International Economics 132, 2021
- Freedman, L. (2013) Strategy, Oxford University Press
- Getmansky, M. Lee, P. A. Lo, A. W. (2015) Hedge Funds: A Dynamic Industry In Transition, Annual Review of Financial Economics Volume 7, 483-577
- Geyer-Klingeberg, J. & Hang, M. & Rathgeber, A. W. (2019) What drives financial hedging? A meta-regression analysis of corporate hedging determinants, International Review of Financial Analysis, 61(C), 203-221
- Ghayur, K. Heaney, R. Platt, S.C. (2019) Equity Smart Beta and Factor Investing for Practitioners, Wiley
- Goetzmann, W. N., Li, L. Rouwenhorst, K.G. (2005) Long term Global Market Correlations. Journal of Business 78, 1-38
- Guay, Wayne & Kothari, S. P (2003) How much do firms hedge with derivatives?,Journal of Financial Economics, Elsevier, vol. 70(3), 423-461
- Hany Ahmed, Richard Fairchild & Yilmaz Guney (2020) Is corporate hedging always beneficial? A theoretical and empirical analysis, The European Journal of Finance, 26:17, 1746-1780
- Hastie, T.; Tibshirani, R. Friedman, J. (2008) The Elements of Statistical Learning, Springer
- HSBC (2020) Does Hedging Improve Shareholder Value, https://www.gbm.hsbc.com/insights/markets/does-hedging-improve-shareholder-value

- Ian Moris (2011) Why the West Rules-for Now, Picador
- Ian Moris (2014) War What Is It Good For?, Farrar, Straus and Giroux
- IMF (2022.10) World Economic Outlook https://www.imf.org/en/Publications/WEO/Issues/2022/10/11/world-economic-outlook-october-2022
- Jaehyung Choi (2014) Physical approach to price momentum and its application to momentum strategy, Physica A: Statistical Mechanics and its Applications Volume 415, 61-72
- Javaheri A. (2015) Inside Volatility Filtering, Wiley Finance
- Jay R. Ritter (2005) Economic growth and equity returns, Pacific Basin Finance Journal, 13, 489-503
- John C. Hull (2018) Risk Management and Financial Institutions, Wiley Finance
- Johnson, N. Zhao, G. Hunsader, E. Meng, J. Ravindar, A. Carran, S. Tivnan B. (2012) Financial black swans driven by ultrafast machine ecology, arXiv:1202.1448
- Kevin Aretz & Söhnke M. Bartram (2010) Corporate Hedging And Shareholder Value,Journal of Financial Research, 33(4), 317-371
- Krummaker, S. (2019) Firm's demand for insurance: An explorative approach,Risk Management and Insurance Review, 22(3), 279-301, 2019
- Lee, C.M. Swaminathan, B. (2000) Price Momentum and Trading Volume, Journal of Finance 55, 2017-2069
- Liu Y., Tsyvinski A., Wu X. (2022) Common risk factors in cryptocurrency. Journal of Finance, 77, 1133-1177
- Lopez de Prado, M. (2020) Machine Learning for Asset Managers,Cambridge University Press
- Lopez de Prado, M. (2020) The 10 Reasons Most Machine Learning Funds Fail, The Journal of Portfolio Management 44, 120-133
- Malevergne, Y. and Sornette, D. (2003) Testing the Gaussian Copula Hypothesis for Financial Assets Dependences. Quantitative Finance, 3, 231-250
- Merkert, Rico & Swidan, Hassan, (2019) Flying with(out) a safety net: Financial hedging in the airline industry, Transportation Research Part E: Logistics and Transportation Review, 127(C), 206-219

- Michael B. Miller (2013) Mathematics and Statistics for Financial Risk Management, Wiley
- Michael M Pompian (2006) Behavioral Finance and Wealth Management, Wiley Finance
- Moskowitz, T. J. Grinblatt, M. (1999) Do Industries Explain Momentum? Journal of Finance, 54(4) 1249-1290.
- Murillo Campello & Chen Lin & Yue Ma & Hong Zou (2011) The Real and Financial Implications of Corporate Hedging, Journal of Finance, 66(5), 1615-1647
- Nance, D. R., Smith, C. W. JR., and Smithson, C. W. (1993)On the Determinants of Corporate Hedging. Journal of Finance, 48, 267-284
- Penrose, R. (1994) Shadow of the Mind, Oxford University Press
- Pierre Bremaud, Markov Chains (1999) Gibbs Fields, Monte Carlo Simulation, and Queues, Springer
- Pozen, R. Hasmacher, T. (2011) The Fund Industry, Wiley Finance
- Ray Dalio (2017) Principles, Simon & Schuster
- Ray Dalio (2021) Principles for Dealing with the Changing World Order, Avid Reader Press
- Sornette, D. (2009) Why Stock Markets Crash? Princeton University Press
- Sornette, D. Deschâtres, F. Gilbert, T. Ageon, Y. (2004) Endogenous versus exogenous shocks in complex networks: An empirical test using book sale rankings, Physical Review Letters, 93(22) 228701
- Sornette, D. Johansen A. (2001) Significance of log-periodic precursors to financial crashes, Quantitative Finance 1(4) 452
- Spivey, M. (2008) The Continuity of Mind, Oxford University Press
- Stephanini, F. (2010) Investment Strategies of Hedge Funds,, Wiley Finance
- Sung C. B. & Kwon, T.H. (2021) Hedging operating and financing risk with financial derivatives during the global financial crisis, Journal of Futures Markets, 41(3), 384-405
- Szakmary, A. Shen, Q. Sharma, S. (2010) Trend-Following Trading Strategies in Commodity Futures: A Re-Examination, Journal of Banking and Finance, 34, 409-426

- Vidyamurthy, G. (2004) Pairs Trading: Quantitative Methods and Analysis, Wiley
- Wilmott, P. (2006) Paul Wilmott on Quantitative Finance, Wiley
- Z. Kakushadze (2020) Quant Bust 2020, World Economics 21, 183-217
- Z. Kakushadze (2016) 101 Formulaic Alphas, Wilmott Magazine 84, 72-80
- Z. Kakushadze (2014) Factor Models for Alpha Streams, The Journal of Investment Strategies 4, 83 - 109
- Zacks, L. (2011) The Handbook of Equity Market Anomalies, Wiley Finance
- Zhengzi, L.S. Yuan, P and Zhou, G (2022) Risk Momentum, Available at SSRN: https://ssrn.com/abstract=4062260

- 군터 뒤크 (2008) 호황의 경제학 불황의 경제학 Abschied vom Homo Oeconomicus, 비즈니스맵
- 남길남, 이효섭, 천창민 (2015), 한국파생상품시장의 현황진단과 발전방향, 자본시장연구원
  https://www.kcmi.re.kr/common/downloadw.php?fid=18886&fgu=002002&fty=004003
- 네사 캐리 (2015) 정크 DNA, Junk DNA, 해나무
- 닉 보스트롬 (2017) 슈퍼 인텔리전스 - 경로, 위험, 전략 Superintelligence: paths, dangers, strategies, 까치
- 다니엘 네틀 (2007) 성격의 탄생, Personality: What makes you the way you are was, 와이즈북
- 대니얼 카너먼 (2018) 생각에 관한 생각 - 우리의 행동을 지배하는 생각의 반란! Thinking, Fast And Slow, 김영사
- 레이 황 (2004) 1587 만력 15년, 아무 일도 없었던 해, 1587, A Year of No Significance: The Ming Dynasty in Decline, 새물결
- 리처드 H. 탈러, (1994) 승자의 저주 - 경제현상의 패러독스와 행동경제학 The Winner's Curse: Paradoxes and Anomalies of Economic Life, 이음
- 로버트 트리버스 (2011) 우리는 왜 자신을 속이도록 진화했을까? The Folly of Fools, 살림
- 마크 뷰캐넌 (2013) 내일의 경제 - 복잡계 과학이 다시 만드는 경제학의 미래 Forecast: What Physics, Meteorology, and the Natural Sciences Can Teach Us about Economics, 사이언스북스

- 마크 파버 (2002) 내일의 금맥, Tomorrow's Gold, 필맥
- 미카엘 발랑텡 (2021) 테슬라 웨이, Tesla Way, 한빛비즈
- 박종훈 (2022) 자이언트 임팩트, 웅진지식하우스
- 시드니 호머 (2005) 리차드 실라, 금리의 역사, Interest Rates, 리딩리더
- 앤드류 로 (2017) 금융시장으로 간 진화론 Adaptive Markets, 부크온
- 에릭 캔델, 래리 스콰이어 (2009) 기억의 비밀, Memory: From Mind to Molecules, 해나무
- 영주 닐슨 (2018) 그들이 알려주지 않는 투자의 법칙, 위즈덤하우스
- 영주 닐슨 (2019) 월스트리트 퀀트투자의 법칙, 비즈니스북스
- 영주 닐슨 (2017) 글로벌 투자 전쟁, 비즈니스북스
- 조지프 슘페터 (2013) 경제분석의 역사, 한길사
- 짐 콜린스 (2002) 좋은 기업을 넘어 위대한 기업으로, Good to Great : Good to Great: Why Some Companies Make the Leap and Others Don't, 김영사
- 찰스 모리스 (2020) 테슬라 모터스 Tesla: How Elon Musk and Company Made Electric Cars Cool, and Remade the Automotive and Energy Industries, 을유문화사
- 헨리 아슬라니언 (2018) 패브리스 피셔, 새로운 금융이 온다, 차밍시티

찾아보기

3 팩터 모델 119
4 시그마 이벤트 350
5 팩터 모델 119

ABB 392
Active Management 215
adverse selection 162
A.I. 401
AMC 342, 365
AOL 232
Approximate 113
a priori probability 97
AQR 펀드 329

bootstrap 260
buyer's remorse 185

Capacity 247
cash settled 274
CBOE 68, 268
CDS 194, 378
chaos theory 354

ChatGPT 395, 398
Chicago Board Options Exchange 268
Chicago Mercantile Exchange 268
CME 그룹 86, 265
Cognitive Dissonance 185
collective intelligence 364
Commodity Trading Advisor 333
Confirmation Bias 137
correlation 27
counterparty risk 191
covariance 117
Credit Default Swap 194, 378
credit limit 198
CTA 333

decision tree 260
default rate 204
dynamical systems 354

ensemble method 305
epsilon 115
ETF 130
EUREX 268

Evolved Navigation Theory 51
Exponential Moving Average 257

fat tailed distribution 94
fear index 68
FFT 277
FOMO 340
forward contract 33, 270
forward looking bias 187
Freight Futures 143
FTX 277
futures deals 33, 270

Gamestop 365
GDP 348, 374
GE 373
globalization 387
GM 73
Good Will 245
GOOG 146
GOOGL 146
growth company 211

High Yield Corporate Bond 204

ICE 268
i.i.d. 101
IMF 375
independent identical
    distribution 101

informed trader 364
Intercontinental Exchange 268

Junk Bond 204

Kalman Filter 325
Know Your Counterparty 195
KYC 195

L1-norm 40
L2-norm 40
L3/2-norm 40
Liquidity 121, 180
liquidity provider 277, 331
LME 268
Locate 365
log normal 91
London Metal Exchange 268
Low Pass Filter 257

Market Maker 331
Market Sentiment Factor 175
Maximum Likelihood
    Estimation 93
MCX 268
measure 40
measure zero 327
MLE 93
Momentum 121
Moral Hazard 249

Moving Average 257
Multi Commodity Exchange 268

noise trader 364
normal distribution 91
normalize 157
NVIDIA 358

out of money option 53

Passive Management 215
PER 70
phase transition 351
platform business 361
prediction market 275

Random Forest Algorithm 305
R&D 65, 77
red ocean market 363
regime 101
Residual Volatility 121
Risk 39
risk factor herding 139
Risk Team 216
Robert Whaley 68

Sharpe Ratio 308
short covering 366
short-selling 32

Signal Processing 257
survivorship bias 353

temporal discounting 54
trade cost 276
TSMC 127, 223, 315

ULSD 89

Value at Risk 45
value investing 34
VAR 45
VIX 지수 68
volatility 40
VXX 68

yield farming 41

가격 경쟁력 239
가격 변동 위험 84
가상 화폐 361
가속적 변화 211
가치 투자 34
가치 팩터 119, 135, 343
간접 팩터 노출 141
간접 헤지 도구 143
강제 청산 47

개발 도상 국가 377
거래량 121, 180
거래 비용 63, 276
게임스탑 342, 365
게임스탑 사태 72
경기 방어주 44
경기 부양 359
경기 불황 298
경기 침체 237
경영 기획 226
경쟁력 230
경쟁력 부재 287
경쟁력 저하 319
경제 공황 391
경제 블록화 390
계약을 통한 헤지 196
계약 파기 270
고비용 고위험 76
고성장 기업 70
고위험 채권 204
고유 위험 116
고전 역학 147
고정적 헤지 290
공격적 경영 215
공격적 투자 타이밍 205
공매도 32, 74, 363
공매도 커버 366
공매도 투자 365
공분산 117
공선 형성 145
공포 351
공포 지수 68
과다 상승 176
과다 하락 176

과소 생산 332
과잉 생산 84, 332
과잉 최적화 95, 109, 174, 303
과잉 투자 85
관성 327
관세 390
관측, 과다 104
관측 기간 104
관측 데이터 103
교육 389
구글 176, 232, 259, 373
구입자의 후회 185
구조 조정 192, 369
국가 경쟁력 377
국가 부도 122
국가 부패 377
국가 신용도 376
국가의 위험 헤지 374
국가 파산 374
국가 팩터 128
국가 팩터 헤지 도구 378
국민연금 386
국채 256
군중 심리 338
극단 분포도 92
근사 113
금 337
금속 및 배터리 재료 선물 268
금융 당국의 충격 351
금융 비용 369
금융 서비스, 본질 273
금융 위기 67, 191, 197, 249
기관 투자 118
기본 가치 투자자 364

기술 개발 투자 76, 239
기술 변화 76
기술 성장주 버블 362
기술 주도 성장주 212
기술주 버블 212
기술 팩터 119
기업 경영 313, 323
기업 경영 기획 225
기업 고유 특성 헤지 148
기업 문화 72
기업 손절 313
기업 운영의 타이밍 297
기업의 심리적 팩터 188
기업의 헤지 368
기업 활동 헤지 9
꼬리가 긴 분포 94

날씨 선물 87
남해회사 361
넷플릭스 232
노동 가능 인구 380
노동력 396
노동력 대체 392
노동 안정성 399
노동 인구 385
노령화 문제 124
노이즈 146, 325
노이즈 리버전 330
노이즈 트레이더 364
노이즈 필터 326
농산물 84
농산물 선물 266
농업 기업 84, 275

뉴스 125, 131, 326
뉴턴 113
능동적 운용 215
능동적 헤지 215, 225, 236
능동적 헤지 기법 7

다변화 369
다우 232
다운사이징 299
단기적 매출 239
닷컴 버블 53
대기업 381, 400
대수의 법칙 364
대안 프로젝트 164
대체 전략 투자자 179
대체 투자자 183
데이터 동일성 106
데이터 마이닝 305
델 컴퓨터 105
도덕적 해이 249
독립성 100, 103
동일성 100
동일성, 데이터 106
동적 구조 이론 354
동적 헤지 289, 291
동종 기업군 155
동종 업계 확장 231
두꺼운 꼬리 분포 95
듀퐁 232
디시젼 트리 260
디즈니 232

랜덤 포레스트 알고리즘 305
런던 광물 거래소 270
레고랜드 사태 318
레드불 357
레드 오션 마켓 363
레버리지 218, 233, 298, 369
레버리지 감소 164
레버리지 팩터 154
레이시온 232
로그노말 91
로버트 웨일리 68
로봇 389
로우 패스 필터 257
로이드 보험사 359
로케이트 365
롱쇼트 기법 6
롱쇼트 펀드 179
루나-테라 폭락 사태 195
르네상스 테크놀로지 247
리만브라더스 191, 197
리버전 320, 323
리샘플링 기법 260
리스크 39
리스크 정의 26

마이크로소프트 232, 373
마인드 콘트롤 181
마켓 메이커 331
매수 타이밍 184
매출 헤지 237
멀린사 318
메저 40
메저 제로 327

메타버스 361
메타 분포 97
면화 선물 268
모멘텀 46, 121, 320, 323, 327, 338
모멘텀의 예외 현상 341
모멘텀 트레이더 333
모멘텀 팩터 343
모멘텀 팩터 투자 329
모멘텀 펀드 341
목표 주가 177
몬스터 238, 357
무리 짓기 효과 177
무작위 149
무작위적 분포 323
미국 디젤 선물 89
미래를 아는 왜곡 187
미래 수익 56
미래의 위험 42
미적분학 113

바라 팩터 모델 120
바이낸스 277
반도체 산업 222
반도체 팩터 156
반도체 팩터 헤지 223
발전업자 236
방어적 헤지 225
배터리 394
배터리 시장 349
백테스팅 186
버라이즌 232
버블 360
버블 붕괴 362

버크셔 헤서웨이 232
베어스턴스 191
변동성 40, 45, 95, 291
변화 104
변화 리드 76
변화 모델링 96
변화 선도 기업 207
변화에 저항 355
변화와 위험 213
변화 회피 207
보다폰 232
보수성 207, 355
보유 현금 234
보호주의 387
부도를 낼 확률 204
부도율 204
부동산 243, 279
부서 제거 307
부정적 보상 179
부트스트랩 기법 260
부패 377
분산 투자 72
분산 포트폴리오 373
분포 97
분포의 분포 28, 97
불연속적 세상 345
불확실성 낮추기 304
불확실한 헤지 302
불황 76, 223, 369
불황기 82
블랙박스 136
비메모리 주문 반도체 127
비선형 모델 109
비주기적 팩터 위험 316

비트코인 투자 69

사업 기획 128
사업 다각화 228
산업 팩터 130
산업 혁명 211
삼성전자 127, 156, 165, 224, 393
상관 계수 255, 272
상관 계수, 측정 기간 258
상관관계 27
상대편 알기 195
상대편 위험 191, 374
상대편 위험의 주기성 197
상대편 위험 헤지 194
상쇄된 노이즈 364
상전이 351
상품 모멘텀 전략 333
상품 사이클 240
상품 선물 332
상품 현물 335
생산물 가격 86
생존자 왜곡 292
생존자 편향 295, 353
샤프 비율 308
선도 계약 33, 86, 270
선도 기업 76
선물 130
선물 가격 모멘텀 343
선물 거래 33, 86, 270
선물 거래소 270
선진국 386
선험적 확률 97
선형 모델 108

선형 방정식 113
선형 팩터 113
성장 기업 211
성장주 65, 135, 361
성장주 급락 70
성장 팩터 119, 135
세계 경기 379
세계화 387
세금 384
세상 변화 208
셰일 오일 335
소기업 348
소셜 미디어 342
손실 45, 248, 289, 321
손실 가중 366
손실의 주기 46
손실 확정 287
손절 158, 189, 313
쇼트 스퀴즈 365
수동적 운용 215
수동적 펀드 215
수동적 헤지 236
수수료 365
수익 289
수익률 40, 176, 233, 243
수익성 330
수직 계열화 231
수출 관세 236
스마트 베타 247
스마트폰 358
스마트폰 산업 127
스마트폰 팩터 156
스타일 위험 팩터 125
스탠다드앤푸어스 374

시계열 데이터 44
시그날 126, 247, 278, 369
시그날 프로세싱 257
시장 경제 275
시장 심리 팩터 175
시장 주도 기업 75
시장 팩터 119, 246, 343
시카고선물옵션거래소 68
시티은행 273
신산업 부흥 360
신용 공여 198
신용도 376
신용 증발 376
신용 창출 360
신용 확산 69
실직 399
심리적 위험의 헤지 183
심리적 팩터 181, 188
심리 팩터 175, 179
쌍봉 낙타형 분포 98
쏠림 현상 179, 180

아람코 232
아마존 143, 176, 232, 373
아비트라지 트레이더 336
아시아 외환 위기 198
아웃 오브 머니 옵션 53
아이비엠 373
아프리카 돼지 열병 85
안전 자산 57
안정성 353
알파 팩터 322
암호 자산 275

앙상블 메소드 305
애널리스트 178
애플 127, 232, 331, 358, 373
양의 수익 244
양자 역학 147, 345
에너지 317
에너지 선물 265
엔젤 투자 373
엔트로피 324
역선택 문제 161
연구 개발 실패 67
연구 개발 투자 64, 75, 384
연금 384
연기금 385
연방준비은행 350
연속성 346
연속성의 왜곡 349
영업권 245
예금자 보호 273
예측과 헤지 167
예측 시장 275
예측 오차 172
예측 팩터 167, 247
오스미 요시노리 307
옵션 가격 151
옵티마이저 136, 174
외부 위험 팩터 130
외생 변수 31
외환 헤지 146
운송 비용 선물 143
워렌 버핏 170, 195, 297, 371, 372
원유 335
원유 선물 86
원자재 236

위험 39
위험 가중 69, 100, 286
위험 고평가 70
위험, 과거의 42
위험, 과소평가 46
위험 관리 370
위험 관리팀 216
위험 대비 수익 비율 63
위험 무시 221
위험, 무형의 가치 70
위험, 미래의 42
위험, 받아들일 수 없는 78
위험, 변화 293
위험 부정 82
위험 비용 276
위험 상쇄 255
위험 상존 76
위험 요소 236
위험 자산 63
위험, 작은 233
위험 저평가 54, 69, 349
위험 정의 50
위험 정의, 재무적 26
위험 줄이기 80
위험 중립화 122
위험 증가 57
위험, 증권사 47
위험, 총체적 55
위험 추정 모델 154
위험 측정 42, 49, 151
위험, 큰 233
위험 팩터 167
위험 팩터 쏠림 139
위험, 평가 절하 43

위험 헤지 276
위험 헤지, 보험 이용 161
위험, 헤지 비용이 높은 79
위험 회피 61, 207
윈스턴 처칠 362
유가 팩터 140
유나이티드 테크놀로지 232
유나이티드헬스 232
유동성 180
유동성 공급자 331
유동성 위험 279
유튜브 232
은행 파산 193
음의 수익률 247
이동 평균 257
이디오신크래틱 위험 117, 317
이디오신크래틱 위험의 다양성 166
이디오신크래틱 위험의 추정 150
이디오신크래틱 위험 헤지 148, 158
이익 45, 67
이익 대비 주가 비율 70, 360
이익의 주기 46
이익 저하 76
이익 증가 75, 234
이익 헤지 240
이익, 확정적 88
이자율 152, 350
이자율 변동 350
익절 313
인건비 상승 236
인공 지능 361, 387
인구 노령화 380
인덱스 68
인수 합병 245

인지 부조화 185
인터넷 버블 212
인플레이션 294, 390
인플레이션 감축법 390
일간 수익률의 변동성 46
일드 파밍 41
일자리 389
일톤 그루버 353

자가 포식 유전자 307
자금 조달 239
자금 조달의 효율성 203
자금 흐름 206
자동차 산업 400
자동화 387
자동화 응용 팩터 392
자동화의 위험 399
자동화 팩터의 헤지 401
자본의 가치 하락 230
자산 버블 212
자유 무역 391
자율 주행 396
잔차 148
잔차 변동성 121
장기 수익 64
장기 위험 382
장기적 매출 239
전기 자동차 팩터 141
전기차 73, 286, 349
전기차 시장 363
전문 투자자 177, 183
정규 분포 47, 91, 94
정규 분포도 92

정규화 157
정보 전달 시간 365
정유사 240
정유 회사 88
정크 본드 204
조직화된 군중 341
주가 337
주가 모형 364
주가 방어 205
주가 분포 97
주가 연관성 160
주가 예측 모델 169
주가의 모멘텀 329
주가의 움직임 168
주기 93, 101, 351
주기별 분포 93
주기성 237
주기적 팩터 위험 314
주성분 분석 138
주식 243, 279
주식 청산 74
주식 파생 상품 268
주주 368
중립화 184
중소기업 381
중심 극한 정리 102, 157
중요 정보를 가진 자들 364
증거금 한도 365
증권사의 위험 47
지구 온난화 387
지급 불능 270
지분 투자 239
지수 이동 평균 257
직교화 과정 138

직선 근사 113
직선의 방정식 113
직접적 헤지 도구 141
진입 장벽 76
집단 지성 364
집단 행동 294

창평 자오 277
채권 243, 279
채권 가격 152
천연가스 236, 316
청산 180, 185, 219, 290
초단기 거래 123
초장기 투자 123
총체적 위험 55
최대우도법 93
추정 모델 154

카오스 이론 354
칼만 필터 325
커패서티 247
코로나 357
코비드 빔 사건 198
코카콜라 238, 356, 358
쿠팡 143
퀀트 멜트다운 180
퀀트 모델 10
퀀트 투자 183, 218
퀀트 투자 본질 11
퀀트 트레이더 26
퀀트 펀드 125, 182
크기 팩터 119

크랙 스프레드 241
크랙 스프레드 헤지 88
크립토 펀드 41
클리프 애스니스 329

타이밍 297
타임 워너 232
타타그룹 71
테슬라 66, 259, 358, 363, 373
토요타 373
통계 100
통계 분석 108
통계적 신뢰도 308
통화 가치 폭락 193
투자 가설 319
투자 분산 317
투자 손실 233
투자 손절 313
투자의 헤지 368
투자 타이밍 205
투자 포트폴리오 118, 121, 229, 248, 371
투자 포트폴리오의 헤지 370

파마와 프렌치 119
파산 66, 366
파산 위험 72
파산 확률 44, 152, 270
파생 상품 68, 271
파이저 238
파타고니아 71
팩터 동기화 256

팩터 리스크 218
팩터 모델 113, 276
팩터 모델, 불확실성 280
팩터 모델 최적화 280
팩터 분해 224
팩터 분해로 헤지 382
팩터 예측 169
팩터 위험 117, 130, 314
팩터의 불확실성 281
팩터의 신뢰도 281
팩터 중립화 119
팩터 찾기 132
팩터 최적화 135
팩터 포트폴리오 130, 140
팩터 헤지 119
펀드 매니저 249
펀드 위험 관리 119
페어 트레이딩 127
페이스북 373
평균 수익률 47
포드 73
포워드 계약 193
표준 편차 40
프록터앤드갬블 65
플랫폼 사업 360

합병 238
해외 국채 384
해외 투자 385
행렬 연산 138
허리케인 선물 90
헤지 도구 142, 193, 262
헤지 도구 거래 시장 270

헤지 도구 부재　285
헤지, 모든 위험　283
헤지, 불가능　79
헤지 비용　371
헤지, 상시적인　289
헤지 상품　274
헤지 이익의 비선형성　206
헤지 타이밍　289
헤지 투자　80
헤지 펀드　247
헤지 포기　194
헤지 포트폴리오　243, 289
헤지 효용성　289
현금 결제 돈육 선물　263
현금 결제 선물　274
현대자동차　133, 393
현물 자산　279
호황　76, 223
호황기　82
화물 운송 선물　143
화웨이　390
확률, 변화　91
확률 분포　28, 92, 96
확실성 증가　303
확정적 이익　88
확증 편향　137
환율 방어　236
회생 가능성　74

차밍시티
우리가 사는
도시 시리즈

이번 책

#금융투자

투자 퀀트와 함께하는 위험 헤지
: 헤지로 기업과 투자 수익 N배 올리기

차밍시티는
매력적인 도시를
만들기 위한
방법론이 담긴 책들을
출간합니다.

헤지 펀드들이 헤지를 이용하여 매우 높은 수익을 올렸고, 그들이 사용했던 헤지 기법을 경영과 투자에 이용하면 기업과 개인도 고수익을 올릴 수 있다는 전제하에서 이 책이 저술되었습니다. 현재, 사례는 찾기 어렵습니다. 위험 헤지 기법을 선도적으로 도입하는 순간 해당 기업과 투자자는 이미 높은 경쟁력을 확보한 셈이 됩니다.

시리즈 키워드

#지속가능한 도시

UN 지속가능발전목표(UN SDGs) 11번인 지속가능한 도시와 커뮤니티를 추구합니다.

UN 지속가능발전목표(UN SDGs)란?
UN 지속가능발전목표(UN SDGs)는 전 세계의 지속가능발전을 실현하기 위해 유엔과 국제사회가 달성해 나가야 할 목표입니다.

#금융투자

매력적인 도시를 만들기 위해서는 선진화된 부동산 금융투자가 필요합니다. 리츠, 펀드, 임팩트 투자, 핀테크 등을 다룹니다.

#IT기술

기술의 발전이 우리가 사는 도시를 더 나은 곳으로 만드는 데 기여할 거라 믿습니다. 도시와 IT 기술 간의 만남에 대해 고민합니다.

지난 책

SDGs X 지방창생 X ESG
지속가능한 지역 만들기
: 지역 활성화를 위한 '사람과 경제 생태계' 디자인 바이블

`#지속가능한 도시`

지속가능한 개발 목표(SDGs)의 17가지 목표별로 지역이 해결해야 할 이슈들을 소개하고, 지속가능한 지역을 만들기 위해 지역 구성원들이 할 수 있는 방법들을 제시합니다. '누구 하나 남겨두지 않는다'라는 SDGs의 기본 이념을 실천하여 풍요로운 삶이 있는 커뮤니티를 만들 수 있습니다.

아이디얼 시티
: 이상적인 도시를 찾아서

`#지속가능한 도시`

지속가능한 도시 분야 연구로 세계적 명성을 지닌 스페이스10에서 기획한 책입니다. 전 세계적으로 도시화가 심화되고 있습니다. 오늘날 도시는 많은 문제를 야기하고 있으며 인류의 지속가능성을 위협하고 있습니다. 하지만 슬기롭게 대처한다면 현재 인류가 직면한 여러 문제에 대한 해결책이 될 수도 있습니다. 우리가 사는 도시를 유토피아와 같은 이상적인 도시로 만들기 위한 담대한 여정을 담고 있습니다.

LIFESTYLE & SPACE
: 사람들이 원하는
홈 라이프스타일의 현재와 미래 전망

`#지속가능한 도시`

홈코노미에 소비가 집중되고 있습니다. 국내 홈퍼니싱 시장은 어떻게 성장해 왔을까요? '집'과 '홈퍼니싱'에 대한 소비자의 니즈, 그리고 홈퍼니싱 콘텐츠의 성장에 대해 설명합니다.
홈퍼니싱 브랜드가 하나의 라이프스타일로 소비되기 위해 어떤 전략이 필요할까요? 소비자에게 그 상징성을 인정받는 해외 홈퍼니싱&라이프스타일 브랜드를 들여다보고, 그들이 운영하는 공간은 어떤 차이를 만들어내는지를 살펴봅니다.

새로운 금융이 온다
: 핀테크, 가상자산,
인공지능이 바꿀 디지 금융

`#금융투자` `#IT기술`

모든 산업이 디지털화되어 가고 있으며 금융 산업에서도 커다란 변화가 일어나고 있습니다.
이 책은 핀테크, 가상자산, 인공지능이 주도할 디지털 금융에 대해 설명합니다.

바이오필릭 디자인
: 당신의 공간에 자연
가져오기

`#지속가능한 도시`

'인간은 본성적으로 자연 환경 가운데에 있을 때 건강하고 행복하다'는 바이오필리아 이론을 기반으로, 사람이 머무르는 일상의 공간인 집과 오피스에 자연을 가져오는 디자인 방법론을 소개합니다.

지난 책

뉴스케이프
: 콘텐츠로 만들어가는 오프라인 공간 비즈니스의 새로운 모습

`#지속가능한 도시`

오프라인 공간은 자신만의 콘텐츠를 담아 '특별한 경험'에 대한 고객의 기대를 충족시켜주어야 합니다. 콘텐츠로 고객의 시간을 채우고 소비를 이끌어 내는 방법을 담고 있습니다.

부동산 디벨로퍼의 사고법
: 도시를 만들어 가는 사람들의 이야기

`#지속가능한 도시`

우리가 사는 도시를 기획하는 부동산 디벨로퍼가 어떠한 일을 수행하는지 설명합니다.
디벨로퍼는 다양한 이해관계를 조율하며 도시, 커뮤니티, 이웃의 미래를 상상하고 만들어 가는 기업가입니다.

소프트 시티
: 사람을 위한 일상의 밀도, 다양성, 근접성

`#지속가능한 도시`

사람을 위한 건축 및 도시계획으로 세계적 명성을 지닌 겔 아키텍트에서 기획한 책입니다.
고밀도-중층 구조의 이웃환경에 공간적 다양성을 가져와 소프트한 도시환경을 만들 것을 제안합니다.

바이오필릭 시티
: 자연과 인간이 공존하는 지속가능한 도시

`#지속가능한 도시`

'인간은 본성적으로 자연 환경 가운데에 있을 때 건강하고 행복하다'는 바이오필리아 이론을 기반으로, 도시 내 다양한 생명체, 자연, 인간이 공존하는 지속가능한 도시계획 모델을 담고 있습니다.

싱가포르의 기적
: 아시아 부동산 금융의 중심지

`#지속가능한 도시`
`#금융투자`

독립 후 반세기 만에 가난한 항구 도시에서 '아시아에서 가장 발전된 부동산 금융 시장을 갖춘 선진화된 도시 국가'로 성장한 싱가포르의 기적 같은 이야기를 담고 있습니다.